이 책을 집필하는 동안 고향에 다녀와준
키런(Kieran), 엘리엇(Elliott), 그리고 캠브리아(Kambria)에게
니일 언스트(Neil Ernst)

~~~~

우리의 불평 불만을 다 들어주고 응원해준
홍 메이(Hong-Mei)에게
릭 캐스만(Rick Kazman)

~~~~

알레한드라(Alejandra)와 츄이(Chewie)에게
줄리엔 디레인(Julien Delange)

개발자를 위한
기술 부채 실무 가이드

지은이 니일 언스트, 릭 캐스만, 줄리엔 디레인

옮긴이 오정민(Jasmine Oh)

펴낸이 박찬규   엮은이 전이주   디자인 북누리   표지디자인 Arowa & Arowana

펴낸곳 위키북스   전화 031-955-3658, 3659   팩스 031-955-3660

주소 경기도 파주시 문발로 115, 311호(파주출판도시, 세종출판벤처타운)

가격 28,000   페이지 344   책규격 175 x 235mm

초판 발행 2025년 01월 17일

ISBN 979-11-5839-561-2 (93000)

등록번호 제406-2006-000036호   등록일자 2006년 05월 19일

홈페이지 wikibook.co.kr   전자우편 wikibook@wikibook.co.kr

개발자를 위한
기술 부채 실무 가이드

소프트웨어 프로젝트의 성공을 위해 알아야 할
기술 부채의 모든 것

니일 언스트, 릭 캐스만, 줄리엔 디레인 지음 / 오정민 옮김

위키북스

감사의 글

이 책은 많은 사람의 도움과 영감이 없었다면 나오지 않았을 것이다. 우리 저자 세 명은 피츠버그에 있는 카네기 멜런 대학교 소프트웨어 공학 연구소(Carnegie Mellon University Software Engineering Institute)에서 근무하면서 만났다. 이 작업을 도와준 우리 연구소의 로버트 노드(Robert Nord), 피터 파일러(Peter Feiler), 이펙 오즈카야(Ipek Ozkaya), 제임스 아이버스(James Ivers), 펠릭스 바흐만(Felix Bachmann), 존 클라인(John Klein), 스테파니 벨로모(Stephanie Bellomo), 필 비앙코(Phil Bianco), 척 와인스톡(Chuck Weinstock)을 포함한 모든 동료에게 감사드린다. 린다 노스로프(Linda Northrop)는 언제나 우리에게 영감을 주는 존재다.

릭 캐스만은 특히 연구에 협력해준 위안팡 차이(Yuanfang Cai), 데이미언 탐부리(Damian Tamburri), 움베르토 세르반테스(Humberto Cervantes)와 소프트서브(SoftServe) 그룹의 세르지 하지예프(Serge Haziyev), 앤드리 샤포카(Andriy Shapochka)에게 감사드린다.

줄리엔 디레인은 인터뷰를 위해 시간을 내준 줄리앙 댄쥬(Julien Danjou)와 니콜라스 데빌라드(Nicolas Devillard)에게 감사의 인사를 전한다.

니일 언스트는 동료들과 이 원고를 익명으로 검토한 모두에게 감사를 전한다. 많은 날을 늦게까지 깨어 있어야 했지만, 의심할 여지 없이 그들이 있어서 최종 원고의 완성도를 높일 수 있었다.

오정민(Jasmine Oh)

기술 세계에서 발생하는 부채에 대한 근본적인 질문을 던지다

《개발자를 위한 기술 부채 실무 가이드》는 기술 부채의 개념을 이해하고, 프로덕트 팀 안팎에서 기술 부채에 대해 논의할 수 있는 좋은 출발점이다. 이 책을 통해 우리는 기술 부채에 대해 여러 질문을 던지게 된다. 프로덕트를 만듦에 있어 팀의 개발자, 프로덕트 매니저, 아키텍트, 경영자가 기술 부채에 대해 함께 깊은 고민을 한 적이 있는지, 비즈니스 요구사항과 사용자 니즈를 기준으로 개발한 프로덕트에 문제가 생기면 개발에 그 책임을 일임하진 않았는지, 기술 부채의 원인이 과연 기술적인 요인에만 있는 것인지 등이다. 이 책은 기술 부채에 대한 다양한 관점을 제시함과 동시에 기술 부채를 올바르게 정의하고, 그것을 이해하기 쉽게 측정하고 해결하는 구체적인 방법을 알려준다.

기술 부채는 프로덕트의 모든 수명주기에서 쌓인다

이 책을 읽다 보면 기술 부채는 요구사항, 아키텍처, 코드베이스, 테스트, 배포 등 프로덕트를 개발하는 모든 과정에서, 그리고 이를 수행하는 팀원 간의 의사소통, 조직 내외의 모든 관계에서 필연적으로 발생한다는 것을 인정하게 된다. 각 장에서 소개하는 방법론, 도구, 다양한 실무 사례는 어떤 부채가 피할 수 없는 부채고, 왜 부채를 쌓게되고, 언제 청산할 것인지 정하기 위해 무엇보다 팀이 프로덕트의 가치(프로덕트를 통해 해결하고자 하는 문제, 즉 존재 이유)를 제대로 이해하고, 이 가치를 어떤 우선순위로 세상에 제공할지 긴밀하게 의사소통하는 것이 필수라는 것을 시사한다.

애자일은 부채를 덜 쌓고, 잘 갚기 위한 최선의 방법론이다

피할 수 없는 기술 부채에 대응하기 위해 이 책은 리팩터링, TDD, 자동화 테스트, 코드 리뷰, 지속적인 통합, 지속적인 배포 등의 실천법과 더 나은 의사소통과 의사결정을 위한 팀 구성 및 전략을 제안한다. 이런 해결책이 한국의 실무 현장에서 얼마만큼 현실적인지 묻는다면, 옮긴이의 대답은 '매우 그렇다'이다. 이는 실제로 옮긴이가 한국에서 여러 기업과 애자일/린 프로덕트 개발 프로젝트를 진행할 때 매일 자연스럽게 수행하는 일이기 때문이다. 프로젝트의 중심이 되는 밸런스 팀(교차 기능 팀. 프로덕트 매니저, 디자이너, 엔지니어가 한 팀을 이뤄 같은 시공간에서 밀접하게 의사소통 및 의사결정하며 프로덕트를 개발하는 애자일 팀 구성)은 프로덕트의 핵심 가치만을 빠르게 사용자에게 제공하고 피드백을 통해 가치를 검증한다. 이는 우리가 가진 기술 부채가 과연 갚아야 하는 진정한 부채인지를 판단하는 가장 확실하고 빠른 근거가 된다. 물론 본문에서도 언급하듯 애자일/린 방법론이 기술 부채의 완벽한 방지책이나 만병통치약은 아니다. 그러나 적어도 애자일/린 방법론은 1) 기술 부채를 인지하고 적극적으로 대응하는 장치가 매일의 실무에 반영된 상태에서 2) 기술 부채가 팀 내 자연스러운 업무 논의 주제가 되고 3) 리팩터링 등의 작업이 프로덕트 개발의 중요한 요소로 우선순위 설정의 명확한 대상이 된다는 점에서 기술 부채를 덜 쌓고, 잘 갚기 위한 최선의 선택이 될 수 있다.

"개발자를 위한 기술 부채 실무 가이드"를 옮김에 있어…

시중에 나와 있는 많은 기술서들이 컨텍스트에 대한 정확한 지식과 이해 없이 번역돼 있어 이에 어려움을 느낀 독자가 결국 원서를 구해 번역본과 비교하며 읽게 되는 상황을 수없이 접했다. 따라서 이 책을 옮김에 있어 가장 큰 목표는 원서가 전하는 내용을 가장 정확하게, 동시에 한국어로 이해하기 쉽게 전달하는 것이었다. 이를 위해 이 책의 번역과 감수는 각 분야의 전문가를 모셨다. 설계 및 아키텍처에 대해서는 브로드컴 클라우드 네이티브 아키텍트 김민석 님, 구현, 테스트, 배포에 대해서는 브로드컴 애자일 소프트웨어 엔지니어 김재식 님과 윤종우 님, 머신러닝에 대해서는 마이크로소프트 본사의 애저(Azure) 머신러닝 플랫폼 시니어 프로덕트 매니저 오상희 님, 사회적 부채와 비즈니스 경영/전략적 관점은 브로드컴 탄주 랩스 APJ를 총괄하는 디렉터 최희원 님, 전반적인 가독성과 한국어 문장 흐름은 스냅챗(Snapchat) 창업 초기 디자이너인 Kylie Oh님으로부터 많은 조언과 도움을 받았다. 번역 작업 전반에 걸친 가이드와 서포트는 위키북스의 김윤래 팀장님께, 책 전체 교정은 위키북스의 전이주 님께 큰 도움을 받았다.

혼자서는 하지 못했을 일을 도와주고 이끌어준 모든 분 덕에 《개발자를 위한 기술 부채 실무 가이드》가 세상에 나올 수 있었다. 앞에서 언급한 전문가분들을 포함해 미국과 일본의 시차에도 불구하고 도와준 언니와 동생, 해외에 있는 딸의 번역을 돕기 위해 셰익스피어 한국어 번역본을 직접 찾아주신 엄마, 이 모든 과정을 응원해주신 아빠와 남편님, 그리고 우리 페이, 르미, 도토리, 에그, 노그, 베네, 피넛버터에게 아주 많이 감사드린다.

베타리더 추천사

김민석(브로드컴 코리아, 클라우드 네이티브 아키텍트)

이 책은 기술 부채라는 복잡한 주제를 누구나 이해하기 쉽게 다양한 관점에서 분석하고 상황별로 장단점을 제시하며 심화학습을 위한 방대한 참고문헌을 제공한다. 또한 다양한 역할의 프로젝트 참여자가 기술 부채에 대해 효과적으로 소통하는 방법을 배울 수 있어서 실무에서 프로젝트의 방향성에 대한 의사결정을 할 때 이 책에서 제시한 관점들이 큰 도움을 줄 것이다.

김재식(브로드컴 탄주 랩스 코리아, 애자일 소프트웨어 엔지니어)

일상생활에서 흔히 사용되는 부채라는 개념을 프로덕트 개발과 접목할 수 있는 게 신기하면서 동시에 너무 공감되었다. 이 책은 린 접근법의 프로덕트 개발 과정에서 기술 부채가 발생할 수밖에 없는 이유를 잘 설명해준다. 또한 기술 부채를 측정하고 최소화하기 위한 기법을 여러 프로젝트 사례와 함께 보여줌으로써 독자들이 쉽게 이해하고 이를 실무에 적용할 수 있도록 도와준다(소개된 많은 기법은 익스트림 프로그래밍의 실천 방법과 일치한다). 이런 프로덕트 개발의 본질을 이해함과 더불어 모든 팀 구성원은 의도적으로 발생시킨 부채를 끊임없이 되돌아보고 관리하여 더 빠르게 변화하고 나아갈 수 있도록 균형을 맞춰야 한다.

이 책을 통해 프로덕트 매니저, 개발자, 관리자 등 모든 팀 구성원이 각자 도메인과 역할에 맞는 실천 사항을 정립하고 서로의 방향성을 이해하여 더 행복한 프로덕트팀을 구성하고 즐겁게 일할 수 있는 환경을 만들 수 있길 바란다.

윤종우(VM웨어 탄주 랩스 코리아, 애자일 소프트웨어 엔지니어)

이 책은 기술 부채를 부정적으로만 생각했던 사람에게 추천하고 싶은 책입니다. 저는 기술 부채라는 용어를 알게 됐을 때부터 기술 부채는 개발 속도를 낮추는 피해야만 하는 것이라고 생각했었습니다. 하지만 저자는 기술 부채가 말 그대로 부채이며, 프로젝트를 진행함에 있어 적절한 레버리지로써 활용해야 한다고 이야기합니다. 기술 부채는 피상적인 개념이 아니고, 프로젝트의 코드베이스 자체와 개발 문화, 상황 등과 상당히 얽혀 있습니다. 또한 기술 부채는 추상적인 것처럼 보이지만 저자가 소개하는 분류와 방법들을 통해 측정하고 관리할 수 있습니다. 우리가 어떤 회사에서 어떤 소프트웨어를 개발하든 기술 부채는 만들게 될 것이며, 적극적인 기술 부채 측정 및 관리와 더불어 XP와 같은 애자일 엔지니어링 프로세스를 통해 적절한 기술 부채 수준을 유지하고 제때 갚는 것이 지속 가능한 소프트웨어 개발 조직을 만드는 데 필수적이라는 생각의 근거가 될 수 있는 책입니다.

오상희(마이크로소프트 본사, 애저 머신러닝 시니어 프로덕트 매니저)

PM으로 일하면서 기술 부채는 항상 인식해야 하는 문제입니다. 이 책은 다양한 케이스의 기술 부채를 초심자도 잘 이해할 수 있게 설명해주기 때문에 프로덕트를 만드는 분들에게 추천해드리고 싶습니다.

최희원(브로드컴 탄주 랩스 APJ, 디렉터)

이 책은 소프트웨어 개발팀 위한 실용적인 부채 해결 방법을 적절한 사례와 함께 자세하게 소개합니다. 특히 주목하고 싶은 부분은 마지막 두 챕터로, 기술 부채를 줄이려는 노력은 엔지니어만의 전유물이 아니라는 점을 강조합니다. 소프트웨어 제작에 참여하는 구성원 전원과 주변의 이해관계자, 그리고 경영진의 공통적인 노력이 필요하다는 것입니다.

> "프로젝트가 순수하게 기술적인 이유만으로
> 실패하는 경우는 굉장히 드물다."
>
> - 10장 '팀 관리와 사회적 부채' 중

> "It's always a people problem(결국은 늘 사람 문제다)."
>
> - 제럴드 와인버그(Gerald Weinberg), 11장 '고기능 팀의 구성'에서

최근 국내의 고객사와 애자일 방법론을 활용한 소프트웨어 제품을 만드는 프로젝트를 진행하게 되었습니다. 과거에 사용하던 소프트웨어에 여러 가지 문제가 있었는데, 사용자의 불편에 대해 이해하면서도 쉽게 고칠 수 없는 점이 가장 큰 문제였습니다.

매년 수억 원의 라이선스 비용을 지출하면서도 원하는 기능을 효과적으로 사용할 수 없다는 것은 비즈니스에 큰 손해인 것이 분명했습니다. 그래서 고객사는 필요한 기능만 정리해서 자체적으로 만들되 사내의 전담 프로덕트 팀을 구성하여 애자일 방법론을 습득해가며 제품과 팀의 역량을 동시에 키워가기로 했습니다. 프로젝트 개시 후 고객 스폰서와 이해관계자와의 경과보고 회의에서 아래와 같은 반응을 들었습니다.

"2주밖에 지나지 않았지만 정말 놀랐어요. 우리 사원들이 이렇게 잘할지 몰랐거든요. 프로젝트 룸에 들어가면 공기부터 달라요. 모두들 적극적으로 의견을 내고, 다 같이 아이디어를 하나하나 검토하며 빠르게 결정을 내리는 모습에 군더더기라고는 없어 보여요. 주변 팀들과 이해관계자들도 모두 협조적으로 만드는 힘도 보이더라고요."

3개월이 지난 시점에 팀이 만들고 있는 제품의 가치는 더 확실해졌고, 팀원들 개개인 또한 눈부시게 성장했습니다. 경영진의 관심은 더욱더 커졌고, 주변의 다른 부서들에도 같은 방법으로 애자일 문화를 확산하려는 계획이 세워졌습니다.

이 팀은 밸런스 팀이 운영함으로써 사회적 부채를 완화하고 있습니다. 밸런스 팀은 보통 프로덕트 매니저, 디자이너, 소프트웨어 엔지니어로 구성됩니다.

프로덕트 매니저는 각 이터레이션이 비즈니스에 어떤 공헌을 할 것인지에 큰 관심을 갖고 팀원의 협업을 돕습니다. 디자이너는 사용자에게 어떤 가치를 전달할 것인지에 집중하고, 엔지니어는 기술적으로 가장 간단하면서 깨끗한 코드로 기능을 구현합니다.

각 기능의 구성원은 각자의 역할에 대한 권한과 리더십을 보장받으면서도 자신의 크래프트가 다른 구성원들에게 어떤 영향을 줄 것인지 이해하려고 노력합니다. 같은 공간과 시간에 상주하며 끊임이 없되 최대한 간결한 커뮤니케이션으로 언제나 싱크된 상태를 유지함으로써 팀원 간의 커뮤니티 스멜을 줄일 수 있습니다. 이는 리모트 환경에도 동일하게 적용됩니다.

밸런스 팀은 구성원 전원이 정신적으로 안전하다고 느끼는 상태에서 제대로 작동합니다. 서로의 피드백에 상처를 받지 않고 오직 개인과 프로덕트의 성장에 집중하는 환경을 만들기 위해 노력해야 합니다. 애자일, 특히 XP와 린 환경에서는 각 기능 간 페어를 이루어 일하며, 따라서 더욱 간결하고 명확한, 그리고 친절한 커뮤니케이션이 중요합니다.

결국엔 기술 부채를 '기술적'으로 줄이는 것은 '사회적'인 장치가 확보되었을 때 비로소 효과적으로 가능해지는 것이므로 엔지니어뿐만 아니라 프로덕트 매니저, 디자이너 등의 팀원 외에도 경영진을 비롯한 주변의 이해관계자들에게 이 책을 권하고 싶습니다.

목차

목차

03
요구 사항 부채

04
설계 및
아키텍처 부채

목차

목차

06

테스트 부채

목차

07
배포 부채

목차

08

문서 부채

목차

목차

11

비즈니스 사례 만들기

12

결론

목차

01

서론

빚만큼
한 사람을 나락으로 떨어뜨리는 것도 없다.

- P. T. 바넘(Phineas Taylor Barnum)
미국의 정치가이자 기업가

1.1 기술 부채란 무엇인가?

신용 카드를 사용해 본 적이 있거나 주택담보대출 혹은 자동차 대출을 받아본 적이 있다면 빚이나 부채[1]에 대해 이미 어느 정도 알 것이다. 또한 '빚더미에 오르다', '빚에 빠져 허우적거리다', '빚에 파묻히다' 등 우리가 빚에 관해 생각하고 이야기하는 방식을 둘러싼 많은 메타포에도 꽤 익숙할 것이다. 이웃의 저녁 식사 초대에 응하고 반대로 다시 초대하지 않았을 때 빚진 느낌이 들듯이, 사람과의 관계 혹은 사회적 관계 속에서 우리는 빚에 관해 이야기하곤 한다. 빚에 대한 메타포가 우리 삶에 널리 퍼져있기에 그것을 기술 분야에 적용하는 것 또한 그리 놀라운 일은 아니다. 이 책을 펼쳤다는 것만으로도 이미 빚에 대한 메타포가 여러분에게 의미 있게 자리하고 있음을 암시한다. 소프트웨어 개발자라면 최소 한 번쯤 기술 부채(technical debt)에 대한 메타포를 들어봤겠지만, 사실 메타포 그 자체만으로는 의미를 전달하는 데 한계가 있다. 이 책이 가진 목표는 그런 단순한 메타포를 넘어 우리가 소프트웨어 엔지니어로서 실행 가능한 통찰, 방법, 도구를 통해 기술 부채를 처리할 수 있게 하는 것이다.

복잡한 소프트웨어 시스템을 만드는 모든 조직은 기술 부채를 가지고 있으며 소프트웨어 개발 세계에서 이 부채에 대한 의식은 점점 더 커지고 있다. 페이스북(Facebook)[2]은 비즈니스 초기 단계에 제품 프로토타입을 만들고 신속하게 제품을 시장에 내놓기 위해 PHP 언어를 사용했지만, 점차 성장함에 따라 초기에 내렸던 기술 결정의 한계를 느끼게 됐다. PHP로는 계속 증가하는 사용자 기반을 지원하는 데 필요한 성능을 제공하거나 확장할 수 없었기 때문에 페이스북은 PHP 트랜스파일러를 만들어 기술 부채를 해결할 방법을 모색했다. 이는 대부분 회사가 직면하는 문제로 이 책에서는 보잉과 에어버스, 트위터[3] 및 기타 여러 회사가 경험한 기술 부채의 다양하고 구체적인 사례를 알아볼 것이다. 물론 이런 기술 부채에 관한 무시무시한 이야기(이런 이야기는 수없이 많다)를 단순히 전달만 하는 것이 아니라, 더 구체적이며 실용적으로 해결할 방법론과 도구, 기법을 함께 제공하고자 한다. 이 책에서 전달하는 중요한 메시지는 기술 부채를 절대 가져서는 안 된다가 아니라, 언제 어떻게 갚을지 모르는 상태에서 **부주의하게** 많은 부채를 가져서는 안 된다는 것이다.

---

1 (옮긴이) 뉘앙스에 따라 빚 또는 부채를 같은 의미로 혼용해서 번역함
2 (옮긴이) 2022년에 페이스북은 메타로 사명을 변경함
3 (옮긴이) 2023년에 트위터는 X로 명칭이 바뀌었다.

이 책을 통해 여러분은 부채를 식별하고 식별한 부채를 관리하며 가능할 때는 부채를 피하는 기법에 대해 알게 될 것이다.

소프트웨어 개발을 빚지는 과정에 빗대어 표현하는 것은 1992년 워드 커닝햄(Ward Cunningham)[4]이 시작했다. 커닝햄은 언어학자이자 철학자인 조지 레이코프(George Lakoff)가 행한 메타포의 힘에 대한 연구에서 영감을 받았는데, 레이코프는 인간이 아이디어를 발전시키는 데 메타포가 핵심적인 역할을 수행하며 인간은 메타포를 사용하지 않고는 말하거나 사고할 수 없다고 주장했다.

이 통찰에 영감을 받은 커닝햄은 자신의 소프트웨어 개발 작업과 결정을 상사에게 설명하는 방법으로 부채라는 메타포를 사용하기 시작했다. (사실 '기술 부채'라는 말은 추후 다른 사람들에 의해 만들어진 용어다. 커닝햄은 초기 저서에서 이것을 단순히 '부채'라고 불렀다.) 그는 재무 쪽 이력을 가진 상사에게 자신이 **어떤** 일을 하고 **왜** 그 일을 하고 있는지 이해시키기 위해서는 상사에게 친근한 개념, 즉 '빚을 지는 것'이라는 메타포에 연결시키는 방법이 가장 확실하다고 생각했다. 커닝햄은 비즈니스 세계와 개인의 삶에서 사람들이 자동차나 주택 구입 등 자신의 목표를 좀 더 빨리 달성하기 위해 종종 돈을 빌린다는 데 주목했다. 하지만 그런 결정에는 빌린 돈에 대한 이자를 지불해야 하는 일종의 '벌칙'이 따른다.

그는 기술 부채가 궁극적으로는 소프트웨어 제품에 긍정적으로 작용한다고 생각했다. 세상도 마찬가지다. 우리는 일상에서 주택담보대출, 자동차 대출, 신용 카드와 떼려야 뗄 수 없는 삶을 산다. 소프트웨어 세계에서는 제품이 미완성이거나, 타깃 시장 혹은 제품 기능이 온전히 숙지되지 않은 상태라도 우선 가능한 한 제품을 빠르게 출시하려 한다. 그러나 그 과정에서 빠른 제품 출시를 위한 노력의 일환으로 불가피하게 쉬운 길[5]을 택하거나 때로는 잘못된 결정을 내리기도 한다.

이런 부정적인 면에도 불구하고 커닝햄은 '부채를 가지는 것'은 여전히 **좋은** 것이라는 입장을 고수했다. 그에게 기술 부채란 반복적으로(iteratively) 소프트웨어를 만드는 데 필수적인 부분으로, 소프트웨어 이론이 실제 코딩한 것과 다를 때 자연스럽게 발생하는 것이었다.

---

4 (옮긴이) 워드 커닝햄(Ward Cunningham): 컴퓨터 프로그래머로, 위키 개념의 창시자

5 (옮긴이) shortcut: 문맥상 '해야 하는(힘든) 일을 하지 않는 것'을 의미할 때는 쉬운 길로, 그 외는 지름길로 번역했다.

기술 부채를 상환한다는 것은 마치 실생활에서 대출을 상환하듯 이론에 따라 구현된 코드를 재정비하는 것을 의미한다. 여기서 부채는 단순히 목적을 위한 수단일 뿐이지만, 실생활에서 빌린 돈을 제때 갚지 않는다면 점점 더 많은 돈이 빚을 갚는 데 쓰인다. 신용등급이 떨어지고 미수금 처리 기관이 집 앞에 나타나기 시작하며 앞으로 빌릴 수 있는 금액 또한 크게 줄어든다. 같은 맥락으로 소프트웨어 세계에서도 리팩터링(초반에 빠르게 배려 없이 작성한 코드를 이해하고 유지보수하기 쉽게 재정비하고 개선하는 작업)을 통해 기술 부채를 상환하지 않으면 그 부채에 되레 압도당할 수 있다. 이것은 실제로 많이 일어나는데, 뒤늦게 버그를 수정하는 데 모든 노력을 기울이다 보면 결국 고객이 진정으로 가치 있게 여기는 새로운 기능은 추가하지 못하게 된다. (경험 많은 개발자는 이걸 읽는 순간 '나도 그런 적 있었지' 할 것이다.)

소프트웨어 엔지니어링에서 완벽함이란 일반적으로 선(善)의 적이다.[6] 요구되는 모든 사항을 완벽하게 이해하며 그에 부합하는 최상의 디자인이 나올 때까지 마냥 기다린다면 결국 그 시장에서 점유율을 확보할 기회를 놓칠 것이다. 사용자를 소외시킬 수도 있고 경영진으로부터 지원이 끊길 수도 있다. 여기서 더 나은 접근법은 먼저 무언가를 개발하고 그것을 사용자에게 선보여 피드백을 받는 것이다. 그리고 그 과정을 반복하고 문제되는 부분을 알아가면서 점진적으로 제품을 개선하는 것이다. 따라서 부채란 그 자체로는 문제가 되지 않는다. 진정한 문제는 부채를 제대로 식별하거나 인지하지 않고, 그 양을 측정하지 않고, 상환하지 않는 데서 발생한다. 우리는 부채에 대한 메타포를 단순히 이해하는 것을 넘어 그 이상으로 나아가기 위한 액션을 취해야 한다. 부채를 인정하는 것뿐만 아니라 측정하고 관리해야 한다. 그러나 보통 부채를 무시할 뿐 아무것도 하지 않는다. 왜 이런 일이 발생하는 걸까?

이유는 간단하다. 제품 초기 단계에는 기술 부채에 대해 발생하는 이자가 그리 크지 않기 때문이다. 코드베이스가 커져도 여전히 개발자가 이해할 수 있는 범위이기 때문에 큰 어려움 없이 제품의 기능을 추가할 수 있다. 즉, 개발자도, 사용자도 행복한 상태다. 사용자로부터 긍정적인 피드백을 받은 상황이라면 개발자는 그저 다음 기능을 추가할 의욕이 충만하다. 그리고 기술 부채는 계속 뒷전이 된다.

---

6 (옮긴이) 'The best is the enemy of the good(최선은 선의 적이다).'은 프랑스 철학자 볼테르(Voltaire)가 한 말이다. '최선에 도달하려다 선에 도달하지 못한다'는 의미다. 어느 정도의 노력으로도 충분히 좋을 수 있는 일을 조금 더 완벽하게 하려고 하다가 망치는 것을 뜻한다.

시간이 흐름에 따라 당연히 복잡성은 증가한다. 물론 어느 정도까지는 기존의 상황이 유지될지도 모른다. 어떤 사람은 몇천 줄[7]의 코드를, 뛰어난 프로그래머는 2만 줄, 5만 줄 혹은 10만 줄의 코드를 머릿속에 갖고도 그 모든 정보를 소화하고 이해하며 이를 바탕으로 매우 효율적으로 작업할 수 있기 때문이다. 그렇다면 이런 질문은 어떤가? 공학 법칙이 허용하는 가장 규모가 큰 시스템이란 무엇일까? 물론 이 질문이 어리석게 들릴 수도 있다. 인공적인 시스템은 그 어떠한 법칙적 제약을 받지 않으며 애초에 타고난 한계가 존재하지 않는다. 그렇기 때문에 크로미엄(Chromium) 프로젝트[8]가 거의 2천만 줄 이상의 코드로 구성되고, 리눅스 커널도 그에 준해 거대할 수 있는 것이다. 인간은 2천만 줄 이상의 코드를 소화할 수 없다. 여러분이 1초당 한 줄의 코드를 읽을 수 있다고 가정하고 온종일 쉬지 않고 일한다고 해도 크로미엄 프로젝트의 전체 코드를 읽는 데는 거의 8개월이라는 시간이 걸린다.

시스템의 복잡성을 제대로 관리하지 않고 방치한다면 그에 압도당할 것은 자명한 일이다. 이해할 만한 수준에서 시작한 시스템도 최선을 다해 노력한다 해도 결국에는 이해하기가 어려워진다. 개발 초기 단계에는 모든 것을 머릿속에서 관리할 수 있기 때문에 모든 것이 잘 돌아가고 있다고 스스로를 위안할 수 있지만, 결국 증가하는 복잡성, 즉 증가하는 부채를 감당할 수 없게 된다. 제품 기능을 출시하는 프로젝트 초기 단계에서 맛보는 일시적인 만족감을 포기하고 부채의 일부를 갚으며 의식적으로 복잡성을 관리하지 않는 한 이 과도하게 복잡해진 시스템은 우리를 압도할 것이다. 코드, 테스트, 문서 등의 기술적 산출물을 재구상하고 재구성하고 리팩터링하는 것은 눈에 보이지는 않지만 매우 중요한 작업이다. 이 책에서는 개발 초기에서 후기 단계에 걸친 이 작업의 프로세스를 여러 사례 연구를 통해 정확히 설명할 것이다.

기술 부채 분야가 발달하면서 사람들은 서서히 부채가 다양한 형태로 존재하며, 부채를 언제, 어떻게, 왜 떠안아야 하는지, 그리고 떠안을 필요가 있는지와 관련해 미묘한 차이가 있음을 깨닫기 시작했다. 마틴 파울러(Martin Fowler)는 이에 관해 2009년에 그림 1.1과 같은 기술 부채에 대한 훌륭한 분류 체계를 만들었다.

7 (옮긴이) lines of code: 문맥에 따라 코드를 세는 경우는 줄로, 그 외는 라인으로 번역했다.
8 (엮은이) 구글에서 주도하는 오픈소스 프로젝트이자 그 프로젝트에서 개발 중인 오픈소스 운영체제의 명칭

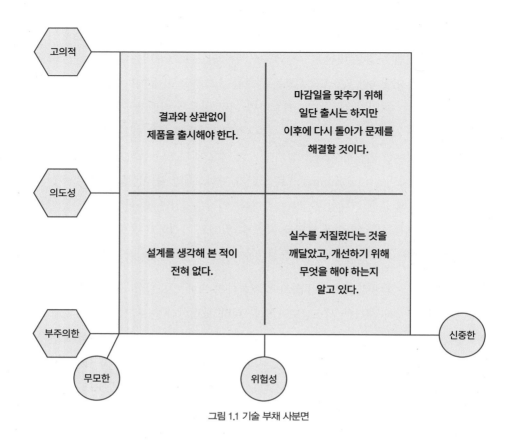

그림 1.1 기술 부채 사분면

이 분류 체계에서 파울러는 부채를 두 가지 관점으로 구분했다. '위험성'이라는 관점 1에서는 이 부채가 무모한 것인지 아니면 신중한 것인지 질문한다. 개발자가 설계를 고려하지 않고 단순히 코딩만 했다면 이것은 무모한 부채다. 이는 건축가나 토목 기사가 설계나 분석 없이 건물을 짓는 것과 같다. 건설 산업에서 이런 일은 상상할 수 없는 불법적인 일이다. 반면 전략적으로 신중하게 부채를 만드는 경우도 있다. 촉박한 일정 내에 제품을 만들어야 하지만, 뭘 만들어야 사용자가 좋은 반응을 보일지 모를 때가 그렇다. 이는 프로토타입과 같은 **무언가**를 일단 만들어서 사용자에게 제공하고 피드백을 받아 실제로 어떤 제품을 만들어야 하는지 알아보는 것으로, 이때 발생하는 부채는 신중한 부채로 분류된다. 다시 말해 마감일을 맞추는 것과 같이 더 중요한 목표가 있거나 올바른 제품을 만든다는 확신이 없을 때 설계에 많은 노력을 쏟는 것은 오히려 낭비다(그래서 프로토타입을 만들어야 한다). 잘못된 제품을 잘 만들거나 완벽한 제품이라도 마감일이 지난 후 제공하면 아무 소용이 없다.

따라서 미래에 부채를 분석하고 상환하기로 약속만 한다면(이것이 어려운 부분이긴 하지만) 부채를 떠맡는 것은 오히려 완벽하게 합리적인 판단이다.

파울러의 관점 2에서는 '의도성'이라는 질문을 탐구한다. 부채가 고의로 만들어진 것인가, 아니면 그저 부주의의 산물인가? 무시무시하게 들릴 수도 있지만, 부채가 고의적인 동시에 무모함의 결과물인 경우도 분명히 있다. 많은 경우 이것은 비현실적으로 설정된 마감일, 인력 부족, 적합하지 못한 채용, 불충분한 직원 교육 등 경영진의 결정에서 비롯된 결과다. 이때 개발자는 자신이 기술 부채를 지고 있다는 사실조차 인지하지 못하는 상황에서 일단 제품을 만들게 된다. 마감일과 목표를 달성하기 위한 단순 생존 모드인 상황이다. 물론 부채가 고의로 만들어지는 경우도 있다. 팀은 계산된 투자로써 지름길을 택했다는 걸 알고 있다. 단기적인 필요로 현 상황에서 부채가 발생하는 차선책을 쓰지만, 이 결정에서 발생하는 비용을 완전히 갚을 의사가 있다는 뜻이다. 신중하게 고의로 발생시키는 부채는 주택담보대출처럼 실제로 도움이 되는 좋은 부채다. 이와 달리 무모하고 고의적인 부채는 문제가 있는 프로젝트에서 흔히 나타난다. 이런 상황을 개인의 재무적 측면에 비유하면 과도한 신용카드 빚이나 월급날 상환하는 조건으로 받는 대출 또는 사채와 같다고 볼 수 있다. 갚을 능력 없이 무작정 빌려 쓰고 보는 것이다. 무모하고 부주의한 부채는 대개 충분하지 않은 금융 지식과 교육에서 비롯된다. 물론 **이** 책을 읽는 독자가 이런 상황에 처할 가능성은 높지 않지만, 세상의 많은 사람들은 금융에 대한 가장 기본적인 개념조차 가지고 있지 않은 게 현실이다.

기술 부채 분야에 있어 또 다른 초기 개척자인 스티브 맥코넬(Steve McConnell)은 커닝햄이 도입한 개념을 더욱 세분화해 분류했다. 그는 단기 부채와 장기 부채의 개념을 구분했다. 앞에서 논의한 것처럼 부채는 때때로 의도적으로 만들어진다. 스타트업이 초기 자본을 아끼거나 시장에 제품을 출시하는 시간을 단축하고자 할 때를 예로 들 수 있다. 이런 부채는 더 나은 자금 조달이 이뤄지거나 시장에 제품이 출시되면 갚겠다는 의도의 단기 부채다. 물론 전략적 이유로 장기 부채를 만들기도 한다. 예를 들어 어떤 시스템의 수명이 거의 다 되어 간다는 사실을 인지하고 있어도 여전히 몇 년은 더 사용할 수 있고 수익을 계속 창출할 수 있다면 그 시스템을 유지하는 데 필요한 최소한의 관리만 하는 게 합리적이다. 이 두 가지 예시에서 짚고 넘어갈 점은 부채를 만들고 상환하는 것을 모두 고의적으로 결정했다는 점이다. 의도하지 않은 상태에서 일어나는 부채는 일반적으로 부족한 지식이나 느슨한 규율, 또는 잘못된 프로그래밍 실무[9]가 반영된 결과로, 앞으로 이 책 전체를 통해 논의할 내용이다. 안타깝게도 대다수의 사람은 부채 관리에 능숙하지 않으며 프로그래머 또한 마찬가지다(그렇지 않다고 생각한다면 박스 1.1의 금융 이해력 테스트를 참고하기 바란다).

박스 1.1 금융 이해력 테스트

약 10년 전 조지 워싱턴 대학의 교수인 올리비아 미첼(Olivia Mitchell)은 기본적인 금융 지식을 평가하기 위해 간단한 질문 세 가지를 고안했다.

1. 예금 계좌에 100달러가 있고 이자율이 연 2%라고 가정해보자. 돈을 찾지 않고 그대로 놔뒀을 때 5년 후 이 계좌에는 얼마가 남아있는가?

    a. 102달러 이상

    b. 정확히 102달러

    c. 102달러 미만

    d. 모른다

    e. 대답하기를 거부한다

2. 당신의 저축 예금 이자율은 연간 1%로 인플레이션은 연간 2%다. 1년 후 이 계좌에 있는 돈으로 얼마만큼 구매할 수 있는가?

    a. 오늘보다 많이

    b. 오늘과 똑같이

    c. 오늘보다 적게

    d. 모르겠다

    e. 대답하기를 거부한다

3. 다음 문장은 사실인가 아니면 거짓인가?

    "단일 회사 주식을 사는 것이 일반적으로 주식 뮤추얼 펀드보다 더 안전한 수익을 제공한다."

    a. 사실이다

    b. 거짓이다

---

9 (옮긴이) practice: 문맥에 따라 실무, 실천 방법으로 번역했다.

c. 모르겠다

d. 대답하기를 거부한다

놀랍게도 50세 이상 미국인의 3분의 1만이 세 문제의 정답을 모두 맞힐 수 있었다. 이러한 결과는 추후 다른 많은 나라에서 진행된 테스트에서도 마찬가지였다. 응답자의 학력이 높을수록 정답률이 조금 더 나아지기는 했지만, 여전히 아쉬운 결과다. 대학 학위를 가진 응답자 중에서도 세 질문의 정답을 모두 맞힌 것은 고작 44.3%뿐이었기 때문이다.

이 이야기가 시사하는 바는 무엇일까? 그것은 아주 간단하다. 사람들이 금융 부채를 제대로 생각할 줄 모르면 기술 부채를 생각할 때는 더더욱 불리한 상황에 놓인다는 점이다. 가장 단순하고 기본이 되는 금융 지식조차 부족한 상태에서 평범한 프로그래머, 아키텍트, 프로젝트 매니저, 비기술직 관리자가 대개 몇 년간은 그 대가가 바로 체감되지 않는 기술 부채라는 개념을 보다 추상적인 코드와 설계의 세계에 적용하고 이해할 가능성이 얼마나 될까?

요점은 대부분의 조직 구성원이 부채와 그에 따른 결과를 즉시 깨닫거나 정확히 이해하기 어렵다는 것이다. 따라서 여러분은 누적된 기술 부채를 모니터링하고 어떤 때는 부채를 상환하기 위한 비즈니스 사례를 만드는 작업을 해야 한다.

아, 참고로 금융 이해력 테스트의 정답은 A, C, B다. 이 중 하나라도 오답이 나왔다면 여러분이 가진 금융 이해력도 바로잡을 필요가 있다.

1.2 메타포를 넘어서

기술 부채는 처음에는 막연하게 표현된 메타포로 시작했지만 점차 관리가 가능한 것으로 변하고 있다. 그저 해커가 아닌 진정한 소프트웨어 엔지니어가 되려면 우리의 소프트웨어를 측정하고 추적하고 사고해야 한다. 마리 쇼(Mary Shaw)가 쓴 "소프트웨어 엔지니어링 분야에 대한 전망(Prospects for an Engineering Discipline of Software)"이라는 논문을 보면 엔지니어링이란 '인류에 기여하는 과학 지식을 현실적인 문제에 적용해 비용 대비 효율적인 해결책을 만드는 것'이다. 엔지니어링은 과학적 토대를 바탕으로 하기 때문에 소프트웨어 엔지니어링 프로세스와 산출물을 적절하게 관리하기 위해서는 그에 맞는 측정이 필요하다. 측정할 수 없다면 관리 또한 할 수 없다는 건 어떠한 경영 과학자라도 동의할 부분이다. 그러나 오늘날 만들어지는 대다수 소프트웨어는 설계되지도, 측정되지도, 관리되지도 않는다. 우리는 지속적으로 늘어나는 소프트웨어에 대한 수요와 소프트웨어가 가진 유

11

연성을 구실로 그동안 무신경한 태도로 개발에 임할 수 있었다. 그러나 명심할 것은 이런 태도로 개발하는 것은 엔지니어링이 아니라는 것이다. 프로젝트에서 소프트웨어 개발은 아무리 잘 만들어도 결국 사람이 만드는 것이고 그 결과물은 결국 엔지니어의 기량에 달려 있다.

앞으로 이 책을 통해 차차 설명해 나가겠지만 희망은 있다. 기술 부채라는 메타포를 넘어서는 것이다. 개인의 기량에 따라 달라지는 소프트웨어 엔지니어링, 그 이상을 실현할 수 있다. 이를 위해서는 습관과 도구의 변화, 그리고 규율이 필요하다.

기술 부채는 현대 소프트웨어 프로젝트에서 소스코드를 넘어 더 많은 측면을 포함하는 방향으로 성장 중이다. 사회적 부채(social debt)와 설계 부채를 측정하고 분석할 수 있는 도구도 생겨났다. 사회적 부채를 잠깐 살펴보자. 부족한 기술력보다 병적으로 피폐한 조직 구조 때문에 성공하지 못한 프로젝트 사례를 여럿 알고 있을 것이다. 연구원들은 중복된 코드, 만능 클래스(god class), 클래스 간 지나친 결합 등의 코드 스멜을 찾아낸 것처럼 조직에 존재하는 스멜(organizational smells) 역시 발견해 냈다. 데이미언 탐부리(Damian Tamburri) 팀이 찾아낸 조직에 존재하는 스멜, 즉 사회적 부채는 다음과 같다.

- **인지 거리**: 교육적, 경험적, 문화적 배경에서 상당한 차이가 있는 팀원 사이에서 개인이 타인을 인식하는 거리
- **과도한 비공식성**: 정보 관리와 제어 프로토콜의 부족으로 공식적인 절차 없이 업무를 처리하는 상황
- **성급한 출시**: 제품이 준비되지 않은 상태임에도 불구하고 제품이 성숙하다고 생각하고 출시해 버리는 상황
- **제도적 동형**: 한 하위 그룹의 프로세스 및 구조가 다른 하위 그룹의 프로세스 및 구조와 지나치게 유사한 상황

회사들은 기술 부채를 모니터링하고 관리하는 데 투자하기 시작했다. 예를 들어 우리는 한 회사를 대상으로 여덟 개의 프로젝트를 분석한 뒤 세 개의 보완 분석 기법을 적용해 기술 부채를 측정하고 모니터링했다. 각 프로젝트가 가진 소프트웨어 아키텍처의 품질을 평가하기 위해 분석한 코드베이스, 이슈 트래킹 시스템, 버전 관리 시스템은 추후 4장에서 설명하겠다. 분석 결과 우리가 알아낸 것은 다음과 같다. (1) 분리 수준(DL, Decoupling Level)과 전파 비용(PC, Propagation Cost)을 이용한 아키텍처 전반의 응집도 측정을 통해 회사는 그들의 시스템을 업계 벤치마크와 비교할 수 있다. (2) 각 프로젝트에서 발견된 설계 결

함과 (3) 각 프로젝트의 설계 '핫스팟'은 아키텍트와 개발자가 리팩터링할 가치가 있는 파일 그룹이다.

우리는 이 여덟 개의 프로젝트를 측정하고 추적하며 누적된 부채로 인해 발생하는 비용을 수치화함으로써 그중 여섯 개의 프로젝트를 리팩터링하도록 경영진을 설득할 수 있었다. 이 데이터를 수집하기 전의 프로젝트 구성원은 기술 부채를 매일 경험하고 있었음에도 불구하고 그에 대한 인식이 막연한 상태였다. 그들에게는 기술 부채를 측정할 방법이 없었기 때문에 매니저가 이를 해결할 시간과 노력을 투자하도록 설득할 수도 없었다. 여기에 관련된 메타포는 자동차 공학에서 처음 나온 **린 사고법(Lean Thinking)**이다. 이 사고법에 따르면 자동차 제조든 소프트웨어 개발이든 공통으로 실천해야 하는 중요한 한 가지는 낭비(waste)를 줄이는 것이다. 여기에서 말하는 낭비는 제품에 직접적인 가치를 더하지 않는 모든 업무를 말한다. 이 맥락에서 기술 부채는 부채의 영향을 없애기 위한 추가 발생 작업이다. 이는 애초에 발생하지 말았어야 하는 부채를 제거하기 위해 재작업이 필요하다는 의미에서 낭비라고 볼 수 있으며, 궁극적으로는 재정과 생산성에 영향을 미친다.

좋은 소식은 기술 부채란 분명히 모니터링과 관리가 가능하다는 것이다. 따라서 이 책은 우울한 이야기가 아니라 우리가 희망을 가질 이유가 된다.

1.3 이번 장을 마치며

우리가 전달하려는 메시지는 소프트웨어 개발과 기술 부채는 통제하고 관리할 수 있는 대상이라는 것이다. 그러나 이런 관리 프로세스는 반드시 측정에서 시작해야 한다.

다시 한번 말하지만, 기술 부채는 현실이며 프로젝트가 성공하는 데 큰 영향을 미친다. 따라서 신중한 프로젝트 매니저 혹은 기술 리드라면 기술 부채를 피하고, 식별하고, 모니터링하고, 관리하고, 상환하는 방법을 계획해야 한다.

이 책의 나머지 장에서는 설계, 코드, 테스트, 문서에서 어떻게 부채가 발생할 수 있는지 설명하고 사례별로 부채를 피할 수 있는 실용적인 전략을 제공할 것이다. 이상적인 세계가 아닌 실제 상황에서 벌어지는 많은 프로젝트에서 부채는 이미 발생했거나 일정 압박으로 인해 불가피하게 발생하고 있다. 따라서 이미 존재하는 부채를 해결하는 데 도움이 될 수 있게 기존 부채를 식별하고 수치화하며 기술 부채를 상환할 수 있는 전략 또한 비즈니스 사례[10]를 통해 알아볼 것이다.

1.4 이 책의 개요

이 책은 소프트웨어 개발 수명주기에서 발생하는 기술 부채를 다루는 법에 대한 세부적인 설명을 주요 골자로 다룬다. 각 장에 걸쳐 요구 사항 부채, 구현 부채, 테스트 부채, 아키텍처 부채, 문서 부채, 배포 부채 그리고 사회적 부채를 소개함으로써 일반적으로 기술 부채라는 한 단어로 통용됐던 부채에 대한 시각을 넓히고, 동시에 우리가 왜 이러한 종류의 부채를 걱정해야 하는지를 각 장마다 연구 사례를 들어 설명할 것이다. 그림 1.2는 제품 수명주기 내에서 일어나는 다양한 활동이 어떻게 부채를 발생시키는지를 보여준다. 이것은 수명주기를 크게 봤을 때의 이야기로, 이를 통해 완벽하지는 않아도 간략한 개요는 알 수 있다. 우리는 요구 사항, 설계[11]와 아키텍처, 테스트, 배포 및 전달, 문서화 등 프로젝트와 관련된 모든 주요 활동과 기술 부채로 인한 결과를 살펴볼 것이다. 또한 거의 연구되지 않았던 해로운 영향을 끼치는 사회적 부채도 함께 논의할 것이다.

---

10 (옮긴이) case: 문맥에 맞게 케이스, 사례 두 가지로 번역했다.
11 (옮긴이) design: 비주얼 디자인과 헷갈릴 수도 있기 때문에 이 책에서는 설계로 번역했다.

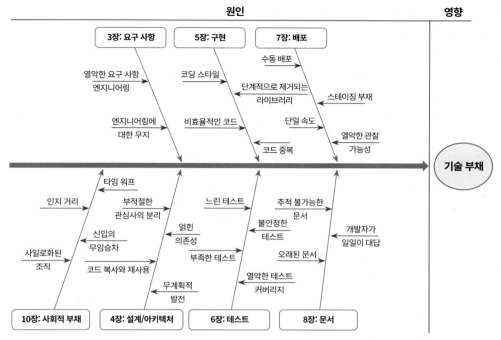

원인   영향

3장: 요구 사항   **5장: 구현**   **7장: 배포**

수동 배포

열악한 요구 사항 엔지니어링   코딩 스타일   단계적으로 제거되는 라이브러리   스테이징 부재

엔지니어링에 대한 무지   비효율적인 코드   단일 속도   열악한 관찰 가능성

코드 중복

기술 부채

타임 워프

인지 거리   부적절한 관심사의 분리   느린 테스트   추적 불가능한 문서   개발자가 일일이 대답

신입의 무임승차   얽힌 의존성   불안정한 테스트

사일로화된 조직   코드 복사와 재사용   부족한 테스트   오래된 문서

무계획적 발전   열악한 테스트 커버리지

10장: 사회적 부채   **4장: 설계/아키텍처**   **6장: 테스트**   **8장: 문서**

그림 1.2 소프트웨어 수명주기 단계에 따른 기술 부채의 원인을 보여주는 생선 뼈(이시카와) 다이어그램.
이 다이어그램은 오른쪽(머리)은 문제를 나타내고 왼쪽은 해당 문제의 원인을 나타낸다.

이 책에서 소개할 기술 부채의 특성은 여러분이 지금까지 다른 책이나 논문에서 읽어온 것과 조금 다르게 다가올 수도 있다. 기존 문헌과 기술 부채를 감지하는 도구는 대부분 코드를 기술 부채의 중심으로 생각해왔기 때문이다. 물론 코드에 기술 부채의 큰 부분이 존재한다는 것에 전적으로 동의하지만, 소프트웨어 프로젝트의 다른 영역에서도 부채는 '존재할 수 있다'. 결국 기술 부채는 쉬운 길을 택할 때마다 혹은 프로젝트 수명주기에서 일어나는 활동의 한 측면을 충분히 이해하거나 관리하지 못할 때 발생한다. 예를 들면 대규모 팀 아래 하위 팀끼리 소통이 원활하게 이뤄지지 않으면 그 프로젝트에 문제가 생길 수 있다. 이것이 부채인 이유는 새로운 프로젝트 구성원을 멘토링하거나 더 나은 의사소통을 할 수 있는 채널과 의사소통을 실천하는 방법을 정립하기 위해 더 많은 관심을 기울이면 피할 수도 있는 문제이기 때문이다. 밀접한 의사소통과 멘토링 없이 프로젝트와 관련된 모든 사람이 대충 일하면서 최고의 성과를 기대한다면 그것이야말로 사회적 부채가 된다.

다른 예를 생각해 보자. 여러분이 참여한 프로젝트는 간단한 코드베이스로 서로를 잘 알고 긴밀하게 협력하는 소규모 개발자들로 시작했다. 그러나 프로젝트가 성장함에 따라 많은 개발자가 추가되고 그중 일부는 원격으로 근무하는 상황이 됐다. 작은 규모로 긴밀한 협업이 가능했던 예전 방식에서는 굳이 작업을 문서화할 필요도 없었다. 필요한 정보 공유는 동료에게 걸어가 가볍게 말을 걸거나 점심을 먹으면서 자연스럽게 이뤄졌기 때문이다. 하지만 프로젝트가 진행되고 성장함에 따라 이런 식의 정보 공유 방식은 더 이상 불가능해졌음에도 많은 사람이 여전히 같은 방식으로 더 많은 시간을 써서 정보 공유를 시도했다. 이런 경우 발생하는 부채가 바로 문서 부채다. 시스템 이면에 존재하는 이론적 해석, 코딩 표준, 아키텍처 가정, 그리고 설계 제약조건을 문서화하는 데 적당한 시간을 할애했다면 피했을 부채다. 그러나 프로젝트 초기에는 굳이 필요하지도 않고 우선순위도 아니었을 부분이다.

많은 유형의 기술 부채와 이를 발생시키는 원인은 서로 완벽하게 독립적이지 않다. 요구 사항 부채는 소프트웨어가 수행해야 하는 작업에 대한 이해 부족으로 이어지고 이는 아키텍처가 어떤 모습이어야 하는지 알기 어렵게 만든다. 잦은 변화가 일어나는 상황을 누군가가 나서서 문서화하기를 기대하기는 더더욱 어렵다. 아키텍처를 제대로 이해하지 않으면 구현에도 문제가 생기기 쉽다. 원래의 요구 사항을 제대로 알지 못하면 테스트를 작성하는 데 역시 어려움을 겪게 된다. 마지막으로 이 모든 단계에서 부채가 발생하는 상황에서는 높은 확률로 이 모든 문제로 인한, 혹은 이 모든 문제를 야기하는 사회적 부채 역시 생겨난다.

소프트웨어 개발 수명주기의 전 측면에서 부채가 생겨난다는 것을 바탕으로 우리는 이 책을 요구 사항 부채, 구현 부채, 아키텍처 부채, 테스트 부채, 문서 부채, 배포 부채로 구성했다. 각 장의 구조는 동일하다. 먼저 각 수명주기 단계에서 기술 부채를 **식별**할 수 있는 방법, 즉 기술과 도구 및 측정 기준을 사용해 그림 1.2를 발생시키는 원인을 찾는 방법을 다룬다. 이어서 앞서 식별한 문제를 **관리**하고 완화할 수 있는 방법을 설명한다. 마지막으로 미래에 발생할 수 있는 문제를 **방지하는 방법**을 논의한다. 수명주기의 각 단계에서 일어날 수 있는 일을 개선해서 기술 부채가 다시 발생하지 않게 하는 전략도 함께 알아본다. 각 장의 끝에서는 우리의 생각의 원천이 된 참고 문헌을 소개하겠다.

9장에서는 머신러닝 시스템에서 찾을 수 있는 기술 부채의 개념을 다룬다. 머신러닝 시스템은 전통적인 형태의 소프트웨어 개발에 비하면 상대적으로 새로운 분야이기 때문에 여기서 발견하는 부채의 종류를 살펴보고 이를 식별하고 관리할 수 있는 방법을 설명할 것이다.

10장과 11장에서는 기술 부채를 사회적 측면과 관리적 측면에서 살펴본다. 프로젝트 자체와 프로젝트 매니저 및 아키텍트가 기술 부채와 사회적 부채의 불가피성에 대응할 수 있는 방법을 좀 더 자세히 다룰 것이다. 또한 코드 차원과 프로그래머 차원에서 일어나는 활동을 부채 유형의 지표로 삼아 측정하는 방법에 관해 이야기할 것이다. 사회적 부채는 많은 기술 부채가 조직의 문제에서 비롯된다는 개념이다. 사회적 부채는 재무적 의미의 부채와 마찬가지로 측정하고 관리할 수 있다는 것과 이를 위한 몇 가지 프로젝트 관리 기법에 대해 논의할 것이다.

책 전반에 걸쳐 여러 실무자와의 인터뷰를 통해 그들이 가진 다양한 종류의 부채에 대한 경험을 자세히 소개한다. 또한 기술 부채의 영향을 받은(또는 여전히 받고 있는) 실제 프로젝트 사례 연구를 살펴보고 그에 관한 여러 가지 부채에 대해서 논의한다. 이런 '실무자의 목소리'는 기술 부채를 실무적인 관점에서 바라봄으로써 기술 부채 관리에 대한 교훈을 준다. 전체적인 인터뷰 내용은 책 마지막 부록에서 참고할 수 있게 정리했고, 각 인터뷰는 인터뷰의 목적과 기술 부채에 관한 주요 요점으로 요약했다. 사례 연구도 같은 방식으로 알기 쉽게 정리했다.

모든 장에서 기술 부채를 어떻게 식별하고 피하고 관리해서 고품질의 제품을 어느 때보다 더 빠르게 제공하는 방법에 대한 구체적인 조언을 제시한다. 또한 부채를 제거해서 어떤 이득이 있었는지 성능 문제나 기능 회귀(regression), 출시 지연 또는 설계 부패와 같은 장기적인 문제를 어떻게 해결할 수 있었는지에 대한 실제 사례 역시 제공한다.

참고 문헌

메타포의 역할과 그 힘에 대한 멋진 논의에 관심이 있다면 조지 레이코프, 마크 존슨의 ≪삶으로서의 은유≫(박이정출판사, 2006)를 추천한다.

'기술 부채'(또는 원래는 그냥 '부채')라는 용어는 워드 커닝햄이 "와이캐시 포트폴리오 관리 시스템(The WyCash Portfolio Management System)"(http://c2.com/doc/oopsla92.html, 1992)에서 만들었다. 이것은 나중에 마틴 파울러와 같은 많은 사람에 의해 더 세련되고 정교하게 발전되었는데, 마틴 파울러는 여기서 자신의 "기술 부채 사분면'을 설명했다. https://martinfowler.com/bliki/TechnicalDebtQuadrant.html(2009)를 참고하라. 스티브 맥코넬은 "기술 부채(Technical Debt)"(http://www.construx.com/10x_Software_Development/Technical_Debt/, 2007)를 썼다. 조지 페어뱅크스는 IEEE 소프트웨어 기사 "당신의 기술 부채(Ur-Technical Debt)"에서 부채의 반복적인 특성을 요약했다. https://www.georgefairbanks.com/ieee-software-v37-n4-july-2020-ur-technical-debt를 참고하라.

안나마리아 루사디(Annamaria Lusardi)와 올리비아 미첼(Olivia Mitchell)은 경제 분야에 관한 광범위한 조사와 연구를 "금융 이해력의 경제적 중요성: 이론과 증거(The Economic Importance of Financial Literacy: Theory and Evidence)", 《경제 문헌 저널》(Journal of Economic Literature) 52권, no. 1(2014년 3월), 5-44페이지에서 논의했다.

마리 쇼는 진정한 엔지니어링 분야로서 소프트웨어 엔지니어링의 발전에 대해 광범위하게 저술하고 연설했다. 이것이 처음 제시된 기술 보고서는 "소프트웨어 엔지니어링 분야에 대한 전망(Prospects for an Engineering Discipline of Software)", CMU/SEI-90-TR-20(1990년 9월)으로 인용은 2페이지에 있다.

데이미언 탐부리(Damian Tamburri), 릭 캐스만(Rick Kazman), 하메드 파히미(Hamed Fahimi)는 사회적 부채에 대한 논의와 아키텍트가 이를 어떻게 찾아내고 방어할 수 있는가에 대해 "커뮤니티 이끌기에서 아키텍트의 역할(The Architect's Role in Community Shepherding)", 《IEEE 소프트웨어》(IEEE Software) 33권, no. 6(2016년 11월-12월): 70-79페이지에서 논의했다.

린 사고법은 엘리야후 골드렛과 제프 콕스의 《더 골》(플랜비디자인, 2019)에서 소개됐다. 도널드 라이너센은 "제품 개발 흐름의 원칙(Principles of Product Development Flow)"(Celeritas, 2009)에서 제품 개발 및 지연 비용 개념을 개척했다. 소프트웨어에 린을 적용한다는 개념은 메리 포펜딕(Mary Poppendieck)과 톰 포펜딕(Tom Poppendieck)의 ≪린 소프트웨어 개발≫(인사이트, 2007)에서 소개됐다. 에릭 리스의 저서 ≪린 스타트업≫(인사이트, 2012)은 린 사고법이 소프트웨어 개발을 넘어 전체 회사를 실험하고 피벗하는 방법을 이해하는 데 영향을 미쳤다.

마지막으로 차이(Cai)와 동료들은 기술 부채로 이어지는 설계 문제에 대해 아키텍처를 자동으로 분석하는 주제에 관한 상당한 경험을 가지고 있는데, 그들의 작업의 기반인 위엔팡 차이, 루 씨아오, 릭 캐스만 및 란 모, 차옹 펑의 "설계 규칙 공간: 소프트웨어 아키텍처를 표현하고 분석하기 위한 새로운 모델(Design Rule Spaces: A New Model for Representing and Analyzing Software Architecture)"은 ≪IEEE 소프트웨어 엔지니어링 저널≫(IEEE Transactions on Software Engineering), 2018년 1월 자료에서 찾을 수 있다. 설계 디그라데이션 및 설계 결함을 자동으로 감지하기 위한 일련의 도구를 설명하고 결함의 결과를 실증적으로 보여주는 내용은 란 모, 위엔팡 차이, 릭 캐스만, 루 씨아오 및 차옹 펑이 쓴 "분리 수준: 아키텍처 유지보수 복잡성을 위한 새로운 지표(Decoupling Level: A New Metric for Architectural Maintenance Complexity)"로 ≪국제 소프트웨어 엔지니어링 컨퍼런스 논문집≫(Proceedings of the International Conference on Software Engineering, ICSE) 텍사스 오스틴, 2016년 5월호에서 찾을 수 있다. 또한 란 모, 위엔팡 차이, 릭 캐스만, 루 씨아오의 "핫스팟 패턴: 아키텍처 스멜의 정형적 정의와 자동 감지(Hotspot Patterns: The Formal Definition and Automatic Detection of Architecture Smells)"는 ≪제12회 IEEE/IFIP 소프트웨어 아키텍처 학회 논문집≫(Proceedings of the 12th Working IEEE/IFIP Conference on Software Architecture, WICSA 2015) 캐나다 몬트리올, 2015년 5월호를 참고할 수 있다.

02

기술 부채의 중요성

빚진 채로 아침에 일어나느니
차라리 저녁을 굶는 편이 낫다.

- 벤자민 프랭클린

기술 부채의 중요성은 두 가지로 생각할 수 있다. 첫째, 기술 부채가 문제가 될 만한 속도로 발생하고 있는지 확인해야 한다. 여기에서 말하는 속도는 "우리가 부채 부담을 더 키우고 있는가?"라고 질문할 만큼 너무 빠르거나 "우리가 신중히 위험을 감수하고 있는가?"라고 반문할 만큼 너무 느릴 수도 있다. 둘째, 코드베이스가 이미 높은 수위의 기술 부채를 가지고 있는지 판단해야 한다. 여기서는 "우리가 이미 부채에 빠져 있는가? 부채가 우리가 빠르게 움직이는 것을 방해하는가?"가 중요한 질문이 된다.

2.1 기술 부채의 발생

엘리야후 골드렛(Eliyahu Goldratt)의 저서 ≪더 골(The Goal)≫(동양북스, 2019)이나 에릭 리스(Eric Ries)의 ≪린 스타트업≫(인사이트, 2012), 믹 커스텐(Mik Kersten)의 ≪프로젝트에서 제품으로≫(에이콘출판사, 2022)는 모두 린 방법론을 대중화하는 데 기여했다. 린 방법론이 제시한 성공적인 소프트웨어 개발에 대한 새로운 관점은 고기능 소프트웨어 프로세스에서 실수는 **무조건** 발생한다는 것이다. 많은 소프트웨어 프로젝트에서 문제의 복잡성은 실험 없이는 무엇이 최상의 프로세스인지 이해할 수 없을 정도다. 이러한 실험은 소프트웨어를 고객이 사용할 수 있는 프로덕션 환경에 출시하는 것도 포함하는데, 이 과정에서 어느 정도 기술 부채는 반드시 발생한다. 부채가 없다는 것은 부채를 만들지 않도록 너무 느리게 움직였거나 얻어야 하는 교훈을 제때 얻지 않고 있다는 뜻이다. 이런 식으로 기술 부채를 발생시키는 의사 결정을 우리는 **원금**이라고 부른다. 원금은 최종 사용자에게는 잘 보이지 않지만, 시스템을 개발한 사람 눈에는 너무나도 뚜렷이 보인다. 커닝햄이 부채를 어떻게 표현했는지를 다시 한번 생각해보면 부채는 (a) 가능한 한 빨리 제품을 출시하는 방법이지만, (b) 빠르게 출시하기 위해 의도적으로 발생시킨 부채(원금)와 실제로 생긴 부채 사이의 격차가 점점 커지면서 갚아야만 하는 것이다.

이 격차가 너무 커지면 기술 부채의 원금은 최종 사용자의 눈에 버그, 품질 문제, 소프트웨어 처리 속도 저하 등의 형태로 나타난다. 버그를 수정하려면 더 오랜 시간이 걸리고 새로운 기능을 출시하는 것은 더더욱 오래 걸리게 된다. 이런 식으로 눈에 보이는 부채 형태가 바로 **이자**다.

기술 부채가 어떠한 방법으로든 발생할 수 있다는 것이 사실이라도 그림 1.1에서 소개한 것처럼 부주의하고 무모한 부채 발생으로 이어져서는 안 된다. 부주의한 것은 무언가를 배우고자 하는 목적을 가지고 실험하는 것과는 다른 이야기다. 일단 빠르게 움직인다는 것은 단순히 코드를 찍어내는 게 아니라 잘 작동하는 가치 있는 소프트웨어를 제공하는 것이다. 이와 관련해 심지어 학파도 존재한다. 마이클 페더스(Michael Feathers, 참고 문헌 참조)는 많은 양의 코드는 사실 더 많은 유지보수가 필요하고, 버그의 양은 코드 규모와 상관관계가 있기 때문에 나쁘게 본다. 좋은 코드는 코드의 양이 아닌 코드가 제공하는 가치로 판단해야 한다.

때로는 신중하게 고의로 만들어진 부채가 최고의 비즈니스 전략이 되기도 한다. 결코 도달할 수 없는 **완벽한** 이해를 위해 힘쓰기보다는 해결책을 위해 **어떠한** 시도라도 하는 게 낫다는 것을 의식하는 것이다. 소프트웨어를 개발하는 프로세스는 많은 경우에 깔끔하지 않고 동시에 불완전하기 때문에 이것을 과도하게 통제할 필요는 없다. 비록 프로파일링 및 성능 최적화의 맥락이기는 하지만, 도널드 커누스(Donald Knuth)는 이렇게 말한다.

> 진짜 문제는 프로그래머가 잘못된 장소와 잘못된 타이밍에 효율성을 걱정하는 데 너무나 많은 시간을 쓴다는 것이다.
> 너무 이른 최적화는 프로그래밍에서 모든(혹은 적어도 대부분) 악의 근원이다.

너무 이른 최적화는 프로그래밍과 마찬가지로 소프트웨어 설계 관점에서도 문제가 된다. 따라서 현명한 전략은 현 상황에서 중요하다고 판단하는 문제에 초점을 맞추고 시스템의 일부 버전이라도 출시해 피드백을 받고 해당 시스템이 수행해야 하는 작업에 대한 감을 잡는 것이다. 피드백 등을 통해 해당 문제에 대한 멘탈 모델을 업데이트하면(예를 들면 배열 대신 연결 리스트를 사용했어야 했다든가 데이터 저장이 아니라 데이터 검색을 최적화했어야 했다 등) 다음 버전은 시스템에 대해 좀 더 깊이 있는 이해를 반영할 수 있다. 여기에서 첫 번째 버전과 그다음 버전의 차이는 첫 번째 버전을 출시하기 위해 발생시켰던 기술 부채를 그다음 버전에서 갚았다는 점이다. 이 부채가 타당한 이유는 첫 번째 버전을 빠르게 출시하여 그다음을 위한 좀 더 나은 접근법을 이해할 수 있게 됐기 때문이다.

기술 부채를 고의로 잘 활용한 예는 페이스북의 초기 기술 아키텍처다. 페이스북은 원래 페이스매시(FaceMash)라는 작은 PHP 웹사이트로 하버드 대학교에 다니는 여학생의 외모를 평가하는 서비스였다. 당연히 마크 저커버그(Mark Zuckerberg)도 PHP가 최상의 웹 언어가 아니라는 것은 알고 있었다. 하지만 더 나은 웹 언어를 찾다가는 페이스매시를 시장에 빠르게 출시하고 성장시키는 극적인 효과를 거둘 수 없을 것임을 알았다. 이것은 사용성과 제품 기능의 확인을 최우선에 둔 결정이었다. 결과적으로 초창기 페이스북의 코드에는 부채가 쌓였고 사용자 기반이 커짐에 따라 PHP와 Zend 웹 프레임워크는 페이스북을 더 이상 지탱할 수 없을 정도가 됐다. 이에 페이스북은 PHP 코드를 C++로 변환하는 트랜스파일러인 HipHop을 작성해서 기술 부채를 제거했다. 이로써 CPU 부하를 절반으로 줄였고 브라우저 요청을 2.5배 더 빠르게 처리해 냈다. 하지만 C++ 코드베이스는 원본보다 다섯 배 컸고, 이는 여전히 많은 부채가 남아 있음을 의미했다.

빚을 갚았다는 것이 더 이상 남은 빚이 없다는 뜻은 아니다. 빚을 갚는다는 것은 원래 부과된 제약, 즉 이자를 제거했음을 의미한다. 페이스북의 초기 성장 스토리는 기술 부채를 발생시키는 것에 대한 가치와 비용을 보여주는 좋은 예시다. 여기서 알아야 할 핵심은 여러분 또는 여러분의 회사가 어떤 빚을 가지고 있고, 이 빚이 질 가치가 있는 것인지 이해하는 것이다.

2.2 기술 부채에 어떻게 접근해야 하는가

코드베이스가 기술 부채를 가지고 있으면 그것이 문제가 될까? 물론이다! 하지만 문제가 되는 것은 우리가 **이자**를 지불하면서 부채가 가진 영향력을 느끼거나 그 영향을 받을 것으로 예상하는 경우에만 해당한다. 여러분에게 주택담보대출을 내준 은행이 파산하는 행복한 시나리오를 생각해보자(은행이 주택담보대출을 양도할 수 없다는 가정하에). 더 이상 부채를 갚지 않아도 되기 때문에 여러분에게는 아무런 영향이 없고 따라서 신경 쓰지 않아도 된다.

비슷한 맥락으로 많은 코드베이스에는 거의, 아니 어쩌면 전혀 관심을 받지 못하는 영역이 존재한다. 시스템에서 이런 영역은 회사에서 우선순위가 높지 않은 제품 기능을 지원하고 있거나 외주사에서 지원하는 제품 기능으로 비록 리포지터리 내에 있으나 적극적으로 개발하지는 않는 상태일 것이다. 코드베이스 안에서 어느 부분에 있든지 실질적인 문제(생산성 감소, 버그 증가 등의 형태로 이자를 지불하게 됨)를 유발하는 기술 부채는 우선적으로 개발하는 제품 기능만큼 우선적으로 제거해야 할 대상이다. 어떤 기술 부채를 먼저 제거해야 하는지 우선순위를 정하는 방법은 11장에서 설명한다.

자원은 한정돼 있기 때문에 자주 변경되고 복잡한 코드에 존재하는 기술 부채에 집중해야 한다. 코드의 일부를 변경할 필요가 거의 없는 상황이라면, 수정하는 것 자체가 오히려 개발자가 다른 작업을 하는 것을 막기 때문에 낭비이자 기회비용이 될 수 있다. 그럼에도 불구하고 기술 부채를 신경 써야 하는 이유는 기술 부채가 코드베이스 내에 큰 문제가 어디에 숨어있는지를 보여주고, 그런 큰 문제가 보이는 상황이라면 기술 부채 원금을 상환해야 한다는 것을 알려주기 때문이다.

그렇다면 이런 문제를 어떻게 찾을 수 있을까? 나중에 자세히 다루겠지만, 한 가지 증상으로 기술 부채의 이자 지불로 잦은 버그, 대규모 고객 이탈, 지나치게 복잡해진 설계가 발생했을 때 알 수 있다. 기술 부채는 코드의 장기적인 품질에 심각하게 영향을 줄 수 있고 더 중요하게는 경쟁력 있는 출시 속도를 유지할 수 있는지를 보여주는 표식이 된다.

2.3 기술 부채의 실질적인 결과

이제 기술 부채에 주의를 기울이는 것의 중요성을 두 가지 간단한 일화를 통해 알아보자. 첫 번째 일화는 제품 초기 출시 단계에서 기술 부채가 이미 너무 많이 쌓여 출시 직전까지 재작업이 필요했고 결과적으로 마감일도 놓치게 됐던 이야기다. 두 번째 일화는 기술 부채를 너무 오랫동안 무시한 탓에 결국 코드를 처음부터 다시 써야만 했던 이야기다.

첫 번째 이야기: 피닉스 급여 시스템

피닉스 급여 시스템(Phoenix Pay System)은 캐나다 연방 정부의 새 급여 명세 프로젝트로 IBM이 만든 피플소프트(PeopleSoft)를 고도로 맞춤화해 만들어졌다. 연방 정부의 기존 급여 시스템은 수십만 명의 직원, 개개인 삶의 중요한 수많은 사건의 기록, 복잡한 급여 체계

(초과 근무, 교대 근무, 위험수당 등)로 인해 이미 상당히 복잡한 상태였다. 이런 복잡성에도 불구하고 정부는 기존 시스템의 폐기를 주장했고, 모든 것을 다 갈아엎고 처음부터 새로 쓰는 빅뱅 방식으로 피닉스 시스템을 출시했다. 문제는 즉시 발생했다.

- 장기 휴가 중인 사람들은 휴가 급여를 받지 못했다.

- 초과 근무를 하는 사람들은 거의 모든 경우에 정확하지 않은 초과 수당을 지급받았다.

- 초과된 액수를 지급받은 경우 사람들은 그 돈이 회수될 때까지 별도의 계좌에 돈을 관리해야 했다. 이 금액에는 소득세가 부과됐고 피닉스 시스템은 이 금액이 표시된 소득세 영수증을 발행해야만 했다. 물론 시스템이 최종적으로 수정됐을 때 수정된 세금 신고서도 발행해야 했다.

- 이에 대응해 공공 부문 노조는 납세자의 부담으로 즉각적인 수정과 보상을 강경하게 요구했다.

- 이 혼란을 해결하기 위해 새로운 팀을 만들어야 했기 때문에 새 시스템 도입으로 기대했던 직원 절감 효과가 사라졌다.

피닉스 시스템 내에 버그가 없었던 것은 아니지만 이 시스템 자체가 기존 제품을 맞춤화해서 만들어졌기 때문에 설계 및 구현 부채는 주된 문제가 아니었다. 문제가 된 부분은 캐나다 회계 감사 총괄이 포스트모템[1]에서 보고한 내용을 보면 알 수 있다. "정부는 민간 부문 회사가 계약을 따냈을 때 무엇을 해야 하는지를 정확히 명시하고자 매우 상세한 요구 사항을 정리하는 데 수년을 보냈다. 계약자는 정부가 명시한 대로 정확하게 계약을 수행했으며 계약 기간 동안 여러 변경 요청에 대응했다." 그러나 이 정리된 사양 안에는 시스템이 해결하고자 하는 근본적인 문제에 대한 이해가 거의 없었고(따라서 요구 사항 부채가 발생), 소프트웨어 테스트도 충분히 이뤄지지 않았다(따라서 테스트 부채가 발생). 프로젝트의 배포와 관리도 단기적 편의 중심으로 이뤄졌다.

일부 사람들은 소프트웨어의 기술 부채가 최종 사용자에게 표시되지 않는 설계 및 구현 결정에만 적용돼야 한다고 주장해왔다. 하지만 피닉스 급여 시스템 사례에 대한 우리의 견해는 장기적 성공을 위태롭게 하는 단기적 편의의 추구가 생각보다 훨씬 더 광범위한 소프트웨어 프로젝트의 문제로 이어진다는 것이다. 소프트웨어 자체의 기술 부채가 중요한 만큼

---

1 (옮긴이) post-mortem: 비즈니스 맥락에서의 포스트모템은 프로젝트 종료 시 프로젝트 전 과정을 되돌아보며 성공(혹은 실패)의 원인을 찾아내고, 필요 시 개선책을 도출하는 활동이다.

소프트웨어를 둘러싼 다른 요소도 똑같이 중요하다. 여기에는 소프트웨어를 애자일 방식으로 점진적으로 출시하는 것과 작고 빈번한 배포를 통해 요구 사항이 가지고 있는 문제를 발견하는 것, 그리고 비즈니스의 목표와 목적을 명확하게 이해하는 것이 포함된다. 이는 10장 '팀 관리와 사회적 부채', '비즈니스 사례 만들기'에서 더 자세히 다룰 것이다.

두 번째 이야기: 넷스케이프 6

넷스케이프 6는 초기 웹 브라우저였던 넷스케이프(Netscape) 제품을 새로 만들다시피 한 것이다(부연하자면, 이런 고생담은 제품의 코드를 대대적으로 갈아엎는 경우 흔히 듣게 된다). 넷스케이프는 수년간 사람들의 컴퓨터에서 탁월한 브라우저로 사용됐다. 하지만 1998년에 인터넷의 중요성을 깨달은 마이크로소프트와 빌 게이츠가 윈도우의 일부로 인터넷 익스플로러(IE)를 묶어 팔기 시작했고, IE의 시장 점유율은 빠르게 올라갔다. 반면, 넷스케이프 내비게이터(Netscape Navigator)는 웹 초기 시대부터 사용됐던 레거시 코드가 혼란스럽게 섞여 있었다. 당시 수석 개발자이자 자바스크립트(JavaScript)의 창시자인 브렌던 아이크(Brendan Eich)는 "넷스케이프 내비게이터라는 이 자동차는 우리가 예상했던 것보다 훨씬 더 장거리를 달려줬다."고 말할 정도였다. 결과적으로 넷스케이프의 경영진은 기존 코드베이스를 완전히 폐기하기로 결정했고 현재 파이어폭스(Firefox)가 된 모질라(Mozilla)의 개발이 시작됐다.

모질라 개발에서 가장 중요시된 부분은 전체 제품이 고도로 컴포넌트화된 아키텍처를 강제적으로 사용하게 하는 것이었다. 예를 들어 브라우저와 이메일 클라이언트에서는 게코(Gecko)라는 웹 렌더링 컴포넌트를 일반적으로 사용했다. 그럼에도 불구하고 이 개발은 현대적인 브라우저 클라이언트의 복잡성과 야심 차게 선택된 아키텍처 접근 방식으로 인해 빠르게 수렁에 빠지고 있었다. 예를 들어 XUL(XML User Interface Language)이라는 컴포넌트는 플랫폼 간 사용자 인터페이스를 단순화하는 것을 의도했지만, 네이티브 코드에 매핑하기에는 어려움이 있었다. 또한 당시 기준으로 새로운 오픈소스 모델로 전환하면서 여러 문제가 합쳐져 결국 모질라 프로젝트가 첫 번째 버전을 출시하기까지는 꽤 긴 시간이 걸렸다. 결과적으로 고객의 신뢰와 시장 점유율은 더욱 약화됐다.

모질라 프로젝트에서 얻을 수 있는 첫 번째 교훈은 기존 코드를 고치거나 업그레이드하지 않고 기술 부채를 그대로 안고 가는 것은 위험하다는 것이다. 두 번째 교훈은 기술 부채는 빅뱅 방식으로는 보통 해결할 수 없다는 것이다. 적어도 복잡한 소프트웨어 시스템에서는 빅뱅 방식이 통하지 않는다. 그 대신 코드베이스에 있는 부채를 식별하고 부채를 줄이기 위한 몇 가지 체계적인 접근 방식, 즉 (지불하고자 한다는 전제하에) 지불 계획을 세우는 것이 중요하다. 앞의 페이스북 사례에서 언급한 PHP 트랜스파일러로의 업그레이드는 단계적으로 진행됐고, 이런 업그레이드 방법은 일선의 개발자가 자신에게 익숙한 PHP 코드로 계속 개발할 수 있는 환경을 만들어줬다.

2.4 기술 부채 관리의 중요성

기술 부채 관리에 대한 가장 좋은 접근은 부채를 적극적으로 관리하는 것이다. 이는 신중하고 정당한 결정을 통해 부채를 발생시키고, 합리적인 전략을 가지고 부채를 측정하고 모니터링하며, 미래에 이 부채를 상환하는 것을 의미한다. 당연하게도 소프트웨어가 주요 제품인 회사는 가장 엄격하고 체계적인 접근 방식을 통해 기술 부채를 관리하고 있다. 구글에서는 팀이 일상적으로 리팩터링에 시간을 할애해 부채를 상환하고 시스템의 성능, 모듈성, 보안 등의 품질 특징을 개선한다. 많은 테크 회사가 기술 부채를 심각하게 받아들인다. 따라서 정기적으로 시간을 할애해 눈에 띄는 문제를 다루고 코드가 회사 표준에 따라 깨끗한 상태를 유지하고 부채 수준이 특정 임곗값 이하로 유지되게 한다. 최고의 회사는 명확하고 품질이 높고 유지보수가 가능한 코드가 매우 핵심적인 주요 자산임을 이해한다.

반면에 가장 심각한 기술 부채 문제는 소프트웨어를 회사의 핵심 자산으로 간주하지 않는 회사와 조직에서 발생하는 경향이 있다. 최근까지 하드웨어 판매로 대부분의 수입을 올렸던 정부 계약자가 그 예다. 소프트웨어를 둘러싼 문제에 대한 지식을 거의 가지고 있지 않지만 그 소프트웨어가 현재 전체 시스템에 들어가는 비용의 대부분을 차지한다. 보통 계약을 통해 소프트웨어를 만들고 납품하는 경우를 말하는데, 이런 세계에서 일반적인 접근 방식은 '프로토타입이 곧 완성품'이다. 입찰 팀이 계약에 입찰할 때 겉으로 보기에 훌륭한 프로토타입을 만들어서 계약을 딴다. 그리고 부채가 많은 상태의 프로토타입을 개발팀이 수정하도록(수정 자체도 드물지만) 넘겨주는 것이다. 이런 상황에서는 넷스케이프가 했던 방식으로 기술 부채를 다루게 된다. 더 이상 고칠 수 없는 지경에 이르러서 결국 완전히 다 갈아엎게 되는 식이다.

2.5 미래의 기술 부채에 대응하는 것의 어려움

기술 부채는 단순히 나쁜 코드 그 이상을 의미한다. 이는 궁극적으로 원래 만들려고 했던 것과 실제로 만들어진 것의 불일치다. 과거의 특정한 상황 및 기간에 아무 문제 없이 작동하던 완벽하게 좋았던 코드가 지금은 더 이상 그 용도에 적합하지 않은 쓸모없는 코드가 될 수도 있다. 초기 IBM 직원이었던 매니 레만(Manny Lehman)[2]은 프레드 브룩스(Fred Brooks)[3]가 그랬듯 IBM OS/360 프로젝트에서 일할 당시 이미 미래의 기술 부채에 사전에 대응하는 것은 어렵다는 사실을 깨달았다. 그는 소프트웨어를 지속해서 유지보수하고 업데이트해야 한다는 법칙을 만들었다. 물론 이것이 모든 소프트웨어가 수십 년의 서비스 수명을 위해 설계돼야 한다는 뜻은 아니다. (비록 사례 연구 C는 실제로 그렇기는 해도 말이다.) 소프트웨어 프로젝트를 위한 관리 계획을 짤 때는 소프트웨어는 결국 변한다는 점을 미리 염두에 둬야 한다. 즉, 필요 이상의 오버 엔지니어링(You Aren't Going to Need It을 뜻하는 YAGNI)과 미리 조정할 수 없는 미래의 시스템 사이의 균형을 맞춰야 한다.

잘못된 코딩 스타일은 분명히 기술 부채가 있음을 보여준다. 하지만 정말로 문제가 있는 코드의 대부분은 린터(linters)[4]나 정적 분석기(static analyzers) 같은 도구로는 찾아낼 수 없다. 이런 문제는 보통 미묘한 부분이 있기에 기술 부채가 있다고 자신 있게 결론짓기 전에 몇 가지 상세한 조사와 데이터 수집 및 분석이 필요하다. 하나의 프로토타입 프로젝트를 예로 들어보자. 특정 버전의 라즈베리 파이(Raspberry Pi) 보드를 사용하는 것은 프로토타입 단계에서는 매우 합리적인 결정으로 보일 수 있다. 누군가는 물론 이 특정 보드의 모뎀이 802.11b 규격만 지원하고 그보다 새로운 버전에는 대응이 불가능하다는 것을 어딘가에 써

2 (옮긴이) 매니 레만(Meir "Manny" Lehman): 소프트웨어 출시 후 계속 발전시키는 소프트웨어 진화론에 기여했고 대부분의 소프트웨어는 변한다는 레만의 법칙을 정립했다.
3 (옮긴이) 프레드 브룩스(Frederick Phillips Brooks Jr.): IBM의 시스템/360 개발을 이끌었고 소프트웨어 개발에 인력을 더한다고 무작정 개발이 빨라진다는 것은 아니라는 프레드의 법칙을 정립했다.
4 (옮긴이) 코드를 분석해서 프로그램의 오류나 버그 등의 문제를 찾아내는 도구

29

낮을 것이다. 하지만 이 사실은 적당히 잊히고 1년의 시간이 흐른다. IT 팀이 라우터를 업그레이드한 순간 갑자기 제품은 더 이상 와이파이에 연결되지 않는다. 결과적으로 복잡하고 비용도 많이 들고 스트레스도 많이 받는 수정 작업이 발생한다.

2.6 기술 부채의 이점

기술 부채는 그 자체로 유용한 지렛대다. 소프트웨어 개발에서 고의로 발생시킨 기술 부채는 일반적으로 개발 기간을 줄여 출시 기간을 단축시키고자 할 때 사용된다. 특정 출시를 통해 얻을 수 있는 **가치**(그림 2.1의 y축)는 작동성과 코드의 품질이 결합되어 만들어지기 때문이다.

그러나 순가치에는 지연으로 인해 발생하는 비용, 구현 및 배포 비용, 그리고 우리가 가장 관심을 가지는 재작업 비용도 포함된다. 게임 회사라면 크리스마스 시즌에 맞춰 게임을 출시하는 것이 너무나도 중요하기 때문에 종종 (심지어 치명적이기도 한) 버그가 발생하는 것을 알면서도 출시한다. 이런 상황에서 부채를 발생시키는 선택을 하는 것은 개발 속도의 향상이라는 면에서 분명한 가치가 있다. 이는 지연으로 발생하는 비용과 출시했을 때 안고 갔던 버그와 코드 스멜 등을 수정하는 것 같은 재작업 비용의 균형을 맞추는 것이기도 하다. 이런 절충안은 게임 업계에서는 일반적일 뿐만 아니라 분기별 마감일이나 회계연도 말 등 고객과 관련된 주요 날짜가 중요한 경우에도 일어난다.

그림 2.1은 관념적인 소프트웨어 가치 곡선을 보여준다. Y축은 잠재적 가치의 함수를 나타내는데, 여기에 들어가는 값은 기능성, 비기능성, 지연 비용, 재작업 비용, 그리고 이런 것이 각기 증가할 때의 비용이다. X축은 시간을 나타낸다. 코드베이스에 대한 작업을 계속함에 따라, 즉 시간이 지남에 따라 가치는 증가해야 한다. 그러나 부채가 발생하고, 이는 결과적으로 추가적인 버그와 버그를 찾고 고치고 변경하기 위한 추가 작업 등의 이자 지불로 이어진다. 이 모든 것은 필연적으로 재작업과 리팩터링, 비용 증가, 그리고 소프트웨어 가치 감소를 불러온다. 가설 안에서의 완벽한 궤적(2지점에서 4지점까지, 그리고 그 이상)과 부채 부담 궤적(2지점에서 3지점까지, 그리고 그 이상) 간의 차이는 소프트웨어 안에서 발생한 부채의 양을 나타낸다.

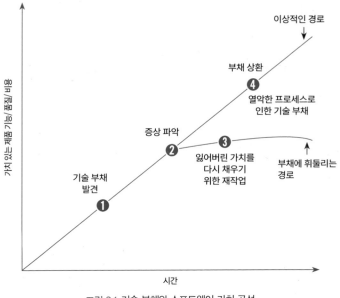

그림 2.1 기술 부채와 소프트웨어 가치 곡선

2.7 부채 발생이 허용되는 경우: 갚지 않아도 될 때

결론적으로 말하자면 기술 부채는 꼭 갚아야 할 때만 신경 쓰면 된다. 버그나 추가 복잡성이 실제로 확실한 영향을 미치지 않는다면 부채 비용이 0에 가까울 수 있다. 예를 들어 코드베이스의 일부는 메인프레임에서 데이터를 검색하기 위해 오래된 코드에 의존할 수 있다. 이상적인 세계에서 이 코드는 업그레이드할 대상이지만, 사실 지금 제대로 작동하고 있고 수십 년 동안 잘 작동해 왔다면 '고치는 것'은 거의 의미가 없다. 물론 이런 결정을 미리 하기는 쉽지 않다. 어쩌면 이 메인프레임은 일 년 내로 퇴출 절차를 밟고 소프트웨어는 더 이상 작동하지 않을 수도 있기 때문이다. 이 책의 나머지 부분에서 서술할 내용은 이런 결정 안에 숨어 있는 절충안을 이해하는 데 초점을 맞춘다.

2.8 이번 장을 마치며

이번 장에서는 기술 부채의 중요성에 대해 논의했다. 기술 부채는 소프트웨어 프로세스의 일부로, 그 프로세스 안에서 발생한다. 따라서 열악한 프로세스는 더 많은 부채로 이어질 수 있다. 마찬가지로 기술 부채도 제품의 일부다. 버그, 기능, 취약점 등과 마찬가지로 감지돼야 하고 우선순위를 정해서 제거해야 한다. 기술 부채는 많은 시스템 장애 또는 문제의 원인이 되기 때문에 혼자서 대응하고 해결할 문제가 아니다. 이런 기술 부채는 잘못된 코딩, 잘못된 설계, 요구 사항, 테스트 또는 문서 부족 등 우리의 결정이 미래에 어떤 영향을 미칠지 생각하지 않을 때 발생한다.

참고 문헌

워드 커닝햄에 대해서는 1장에서 이야기했다. 자세한 내용은 해당 장의 참고 문헌을 참조하기 바란다.

커누스의 인용문은 그의 "튜링 어워드(Turing Award)" 강의에서 발췌했는데, 이 강의는 한 번 처음부터 끝까지 읽어볼 가치가 있다. 도널드 커누스의 "컴퓨터 프로그래밍의 예술적 접근(Computer Programming as an Art)", 《ACM 커뮤니케이션》(Communications of the ACM) 17권, 12호(1974년 12월) 중 667 – 673페이지를 참고했고, 인용문은 671페이지에 있다.

페이스북의 초기 역사는 캐서린 캐플런(Katharine Kaplan)의 "페이스매시 창시자, 징계위원회에서 살아남다(Facemash Creator Survives Ad Board)", 《하버드 크림슨(Harvard Crimson)》, 2003년 11월 19일, https://www.thecrimson.com/article/2003/11/19/facemash-creator-survives-ad-board-the/를 참고하라.

페이스북의 PHP 마이그레이션은 페이스북 엔지니어링 블로그(https://www.facebook.com/notes/facebook-engineering/hiphop-for-php-move-fast/280583813919/) 및 OOPSLA(https://research.fb.com/publications/the-hiphop-compiler-for-php/)에서 찾을 수 있다. 모질라의 빅뱅 방식은 https://www-archive.mozilla.org/roadmap/roadmap-26-Oct-1998.html에서 처음 소개됐다. 1년 후인 1998년에 쓰인 브렌던 아이크의 회고 내용은 https://www-archive.mozilla.org/roadmap/roadmap-26-

Oct-1998.html('useful miles' 검색)을 참고하라. 컴퓨터 게임 업계에서 출시 후 어려운 기술적인 문제를 미루는 것에 대한 예시는 버그를 안고 출시한 배틀필드 4를 참고했다. https://www.usgamer.net/articles/8-games-with-completely-broken-releases를 확인하라.

조엘 스폴스키(Joel Spolsky)는 부채 상환을 위한 리팩터링이 코드를 다시 작성하는 것보다 거의 항상 선호되는 이유를 https://www.joelonsoftware.com/2000/04/06/things-you-should-never-do-part-i/에 기고했다.

프로그래밍과 소프트웨어 엔지니어링이 무엇인지에 대한 최고의 개념화 중 하나는 피터 노어(Peter Naur)의 이론 구축에 대한 아이디어에서 찾을 수 있다. 그의 "이론 구축으로서의 프로그래밍(Programming as Theory Building)"은 마이크로프로세싱 및 마이크로프로그래밍(Microprocessing and Microprogramming) 15(1985): 253-261페이지에 게재돼 있다.

프레드 브룩스와 동일한 IBM 360 프로젝트에 참여했던 매니 레만(Mani Lehmans)과 라슬로 비라디(Laszlo Belady)는 애자일 방법론보다 수십 년 빠르게 '지속적인 변화의 법칙'을 비롯한 소프트웨어 진화의 법칙을 도출했다. 메이어 레만(Meir Lehman)의 "프로그램, 생명 주기 및 소프트웨어 진화의 법칙"(Programs, Life Cycles, and Laws of Software Evolution)은 IEEE 논문집 68권, 9호(Proceedings of the IEEE 68, no. 9)(1980): 1060-1076페이지에서 일부 다른 법칙과 함께 참고할 수 있다.

피닉스 급여 사건의 포스트모템은 다수의 캐나다 뉴스 매체에서 다뤘지만, 공식적인 기록은 2017년 발행된 캐나다의 정부 회계 감사원(GAO, Government Accountability Office)의 회계 감사 총괄이 작성한 http://www.oag-bvg.gc.ca/internet/English/parl_oag_201711_01_e_42666.html의 보고서에서 찾을 수 있다. GGI에서 제작한 다음 재무위원회 보고서도 유용하다. https://www.canada.ca/en/treasury-board-secretariat/corporate/reports/lessons-learned-transformation-pay-administration-initiative.html

인벤토리로서의 코드에 대한 자세한 내용은 마이클 페더스의 기고문을 참고하라. http://michaelfeathers.typepad.com/michael_feathers_blog/2011/05/the-carrying-cost-of-code-taking-lean-seriously.html

03

요구 사항 부채

성공을 위해 필요한 가장 중요한 두 가지 요소는,
첫째 적절한 때 적절한 장소에 있는 것,
둘째 적절한 때와 장소에 있을 수 있도록 뭐든지 하는 것이다.

- 레이먼드 앨버트 크로크(Raymond Albert Kroc)
맥도날드의 창업자

물 위를 걷는 것과 소프트웨어를 사양에서부터
개발하는 것은 쉬운 일이다.
만약 둘 다 고정돼 있다면 말이다.

- 에드워드 V. 베라드(Edward V. Berard)
미국의 소프트웨어 엔지니어

요구 사항은 시스템이 제공해야 하는 기능에 대해 시스템의 이해관계자가 원하는 어떤 제품 기능이나 속성(property)에 대해 명시한 것이다. 요구 사항은 다양한 형식과 크기로 표현되는데, 이는 백로그에서 보이는 이슈일 수도 있고 간단한 텍스트 문서에 적힌 설명일 수도 있다. 요구 사항은 특화된 도구로 모델링할 수 있고 조직 내 수천 개의 다른 산출물과 연결될 수 있다. 우리는 이런 요구 사항이 누군가의 머릿속에만 존재하는 것이 아니길 바란다. 물론 보통 그렇기는 하지만 말이다.

요구 사항은 회사가 가지고 있는 비즈니스나 조직적 가치와 그런 목표를 실현하기 위한 기술적인 소프트웨어 구현을 잇는 연결 고리다. 고객과 최종 사용자를 위한 가치는 요구 사항 **도출** 단계에서 포커스 그룹을 조사하는 마케팅팀 등을 통해 알게 된다. 이 단계에서 알아낸 가치는 소프트웨어의 다음 출시에 반영될 요구 사항이 된다. 가치나 요구 사항은 제품 설계부터 구현, 프로덕션 시스템까지 연결된다. 이 방식으로 A/B 테스트 결과에서부터 초창기 포커스 그룹 또는 아이디어 단계까지 아우르는 피드백 루프가 만들어진다. 피드백을 통해 조직은 사용자에게 실제로 유용한 것과 그렇지 않은 것을 구분해 낼 수 있다.

각 요구 사항은 비즈니스에 중요한 새 시스템 기능 또는 속성에 대한 초기 아이디어를 간결하게 담아낼 수 있어야 한다. 이는 설계에 대한 토론을 도와주고, 마일스톤에 대한 진행 상황을 추적하고, 현재 고객이 요청하는 상황을 그와 함께 논의하는 수단이다. 요구 사항이란 반드시 **요구되는 사항의 사양**을 의미하는 것은 아니지만 일부 상황에서는 이런 사양도 필요하다는 것을 분명히 해야 한다.

요구 사항에서의 기술 부채, 즉 요구 사항 부채란 무엇일까? 요구 사항으로 인해 발생하는 기술 부채와 설계 또는 코드로 인해 발생하는 기술 부채 간의 관계를 이해하는 한 가지 방법은 제품이 가진 가치와 내재된 소프트웨어 품질 간의 관계를 살펴보는 것이다. 제품이 고객에게 가치를 제공하지 않는 상황에서 내재된 품질이 높다는 것은(즉, 낮은 기술 부채) 별로 의미가 없다. 내재된 품질이 낮으면(즉, 제품에 부채가 많은 경우) 가치 있는 제품을 미래에 쉽게 제공할 수 있는 가능성 또한 낮아진다.

3.1 요구 사항 부채 식별하기

3.1.1 요구 사항 부채의 원천

요구 사항 부채는 제품에 가치를 더하지 않는 요구 사항을 우선시해서 구현할 때 발생한다. 제품에 가치를 더하지 않는 요구 사항이 결국은 제품 기능으로 출시되지만, 고객이나 사용자로부터 외면받는(따라서 고객과 사용자는 구매 의사가 없는) 상황이다. 특정 소프트웨어의 기능 중 20%가 실제 사용량의 80%를 차지한다면 나머지 80%의 기능은 꽤 불필요하다는 뜻이다. 요구 사항의 우선순위를 정하는 것은 특정 상태의 제품을 만들기 위해 어떤 요구 사항을 구현할지 선택하는 것을 말한다. 애자일 모델에서는 요구 사항을 백로그에 넣는 것을 의미할 수 있고, 외부 계약자로부터 제품을 납품받는 상황이라면 프로젝트에 관한 제안을 요청하는 단계에서 요구 사항을 공식적으로 필수 항목에 추가하는 것을 의미할 수 있다.

어떤 요구 사항을 우선순위에 올린다는 것은 결국 다른 요구 사항을 무시하거나 구현하지 않겠다는 결정과도 같다. 요구 사항 부채 중 일부는 우선순위에서 밀려 구현되지 않았던 요구 사항(예를 들면 규제 관련 요구 사항 등)의 중요성을 나중에 가서 깨닫기 때문에 발생하기도 한다.

요구 사항 부채는 보통 요구 사항 도출과 분석이 부적절하거나 제대로 수행되지 않았을 때 발생한다. 또는 누군가가 논의 없이 고객의 특정 혹은 모든 요구 사항을 단순히 수락했기 때문에 발생하기도 한다. 요구 사항 단계에서 발생하는 부채는 결국 개발에서 어떤 요구 사항을 우선시**해야 하는지**에 대한 절충안을 나타낸다.

박스 3.1 실무자의 목소리: 앤드리 샤포카(Andriy Shapochka)

> 프로젝트에서 대부분의 마찰을 일으키는 실제 부채는 도구나 문서로는 잡아내지 못할 때가 많습니다. 기술 부채를 수치화할 수 있는 가장 유용한 방법은 상대적 변경 비용을 확인하는 것입니다. 상대적 변경 비용이라는 것은 시스템의 특정 부분을 발전시켜 새로운 요구 사항, 변화하는 요구 사항, 연기된 요구 사항(기능적 또는 비기능적)을 지원하는 데 필요한 비용입니다. 여기에서 '상대적'이라는 의미는 실제 코드를 변경하는 데 필요한 비용과 코드를 변경하는 데 필요할 것 같은 비용(코드에 식별된 기술 부채가 없다는 전제 아래)의 비교를 나타냅니다.
>
> — AS[1]

---

1 [실무자의 목소리]는 실무자의 경험을 인터뷰한 내용을 발췌한 것으로, 인터뷰의 전체 내용 및 다른 실무자 인터뷰는 부록에서 이름을 기준으로 찾을 수 있다.

만약 요구 사항이 나중에 변경되면 그에 따라 설계를 업데이트해야 한다. 하지만 미래에 어떤 요구 사항이 필요할지 정확하게 예측했다면 이 업데이트는 필요하지 않을 수도 있다(박스 3.1 참고). 예를 들어 텔레비전에 자동 업데이트 기능이 있다면 새 스트리밍 비디오 공급자를 추가하는 작업은 무선으로 할 수 있다. 그렇지 않다면 텔레비전에 이 새로운 서비스를 추가할 수 없거나 USB 메모리 등을 통해 수동으로 업데이트해야 한다.

요구 사항 프로세스에서 기술 부채는 어떤 역할을 할까? 요구 사항 부채에는 두 가지 주요 유형이 있다.

1. **열악한 요구 사항 엔지니어링**: 요구 사항 도출을 쉬운 길만 골라서 했을 때 발생한다. 관련된 모든 이해관계자와 대화하지 않은 채 요구 사항을 도출한다면 그 요구 사항은 질이 낮거나 잘못된 우선순위를 가지게 된다. 열악한 요구 사항 엔지니어링의 결과는 보통 시스템의 이해관계자에게 별로 도움이 안 된다. 이것은 요구 사항을 수집하는 과정에서 실패하는 유형이다.

2. **요구 사항에 대한 무지**: 작업에 동기를 부여하게 되는 실제 고객의 필요에 대한 이해 부족으로 인해 제품 기능 구현을 잘못한 유형이다. 이것은 소프트웨어 개발 과정에서 실패하는 유형이다.

열악한 요구 사항 엔지니어링은 요구 사항을 도출하는 과정 그 자체를 고통으로 만들 뿐만 아니라 이후 구현에서도 기술 부채를 발생시키거나 가중시킬 수 있다. 이를 방지하기 위해서 우리는 알고 있는 것과 아직 모르는 것과 알 수 없는 것을 구분할 줄 알아야 한다. 어떤 요구 사항은 우리가 **알고 있는 것**이다. 예를 들어 EU의 GDPR 같은 개인 정보 보호에 관련된 요구 사항에 대해 마땅한 이해 없이 웹 애플리케이션을 만드는 것은 철저한 실험이 아니라 경솔한 행동일 뿐이다. 이런 식의 요구 사항은 알려진 지식이며 웹 애플리케이션을 설계할 때 필요한 상식이기 때문이다. 또 다른 요구 사항은 우리가 아직 **모르는 것**이다. 예를 들면 사업을 하고자 하는 특정 국가 또는 주에 어떤 금융 규제가 있는가인데, 이것은 지금 당장은 모르지만 알아낼 수 있는 부분이다. 반면에 우리가 **알 수 없는 요구 사항**도 있다. 무엇이 가장 가치 있는 소프트웨어 요구 사항인지는 고객과 사용자가 제품을 실제로 사용하기 시작해야 비로소 보인다. 즉, 사전에 알 수 없는 것이다. 이러한 이유로 구현되지 않은 제품 기능, 즉 아직 충족되지 않은 요구 사항이 부채가 아님을 확실히 해야 한다. 이번 장의 뒷부분에서는 요구 사항 분석과 비즈니스 분석 단계에서 무엇이 쉬운 길로 인해 발생한 부채고 무엇이 반복적 개발인지 구분하는 방법을 설명하겠다.

3.1.2 요구 사항 부채 찾아내기

첫 번째 유형인 열악한 요구 사항 엔지니어링이 가진 가장 큰 문제는 문제를 찾아내는 것이 자동화된 도구를 실행하는 것만큼 간단하지 않다는 점이다. 많은 경우 손쉽게 바로 분석에 쓸 만한 유용한 정보가 부족하다. 이것은 비기능적 요구 사항에서 특히 많이 발견된다(박스 3.2 참고).

박스 3.2 요구 사항 유형

> 요구 사항은 일반적으로 **기능적** 혹은 **비기능적**(NFRs, Non-Functional Requirements) 요구 사항으로 구분된다. 비기능적 요구 사항은 시스템의 품질 기준으로 성능과 보안뿐만 아니라 '성'으로 끝나는 유지보수성, 사용성, 가용성이 있다. 이것을 비기능적이라고 부르기는 해도 사실 이는 잘못 명명된 것이다. 비기능적 요구 사항은 대개 검증하기 쉽게 표현돼 있고 개발이 필요한 기능을 포함하기 때문이다. 따라서 우리는 '품질 특징(quality attribute)' 요구 사항이라는 용어를 선호한다. 품질 특징 시나리오는 소프트웨어 시스템에 대한 엔드 투 엔드 요구 사항 및 인수 테스트(acceptance test)인데, 이 시나리오는 적어도 **자극, 반응, 반응 척도**를 지정한다. 예를 들면 "요청이 시작되면 시스템은 10밀리초 이내에 응답한다." 같은 것이다.

홈 사물 인터넷(IoT, Internet of Things) 정보를 관리하는 웹 애플리케이션을 만들려는 회사를 생각해 보자. 이 회사가 제약조건과 법적 요구 사항에 대한 명확한 사전 이해 없이 애플리케이션의 기능을 즉시 개발하기 시작한다면 요구 사항 부채가 발생하게 될 것이다. 물론 회사에 법적인 제약이 걸려 있다고 해서 무조건 이를 바로 처리해야 하는 것은 아니다. 회사 입장에서 요구 사항을 무시하거나 인지하지 못하는 데는 여러 가지 이유가 있기 때문이다. 예를 들어 우버(Uber)는 승차 공유 플랫폼을 먼저 출시하고 성공을 거둔 후에 필요한 규제 승인을 받았다. 우버가 규제 승인을 받아야 하는 의무는 애초부터 존재했고, 이를 무시하는 것은 틀림없이 높은 위험성을 가지고 있었다. 여기에서 질문은 이것이다. 그렇다면 회사가 이런 요구 사항과 관련된 프로세스에서 지름길을 택하는 것을 어떻게 이해해야 할까?

대부분의 상황에서 무언가 잘못되고 있음을 알게 되는 첫 신호는 규제 기관이 방문하거나 짜증 난 사용자들이 불만을 토로하거나 더 심각하게는 사회 캠페인을 벌이는 경우다. 이런 조짐이 보일 때는 사실 이미 너무 늦었다. 좀 더 나은 시나리오라면 회사는 전문가로부터 법적 요구 사항에 대해 조언을 받거나 프로젝트 팀원이 다른 동료들로부터 필요한 정보를 얻는 경우다. 첫 번째 유형의 문제를 피하는 가장 좋은 방법은 요구 사항에 대한 좋은 프로세스를 만드는 것이다. 꼭 복잡하고 부담스러운 것일 필요는 없다. 단지 (1) 요구 사항을 수집하고 우선순위를 지정하는 잘 알려진 프로세스와 (2) 요구 사항 및 제품 기능 요청을 관리하기 위한 도구가 있어야 한다. (2)는 달성하기 쉽다. 다양한 소셜 코딩 도구가 도출된 요구 사항과 기능을 쉽게 추적할 수 있는 이슈트래커를 제공하기 때문이다.[2] 오히려 (1)의 경우 특히 스타트업이라면 주어진 시간 내에 제품 기능을 제공해야 하는 압박 때문에 새로운 기능과 요청이 어디에서 오는지 파악하기 어려워 이를 프로세스화하기 어려울 수 있다. 요구 사항에 대한 부족한 가시성은 특정 기능이 왜 개발되고 있는지, 어떤 요구 사항을 최우선 순위에 둬야 할지 놓치기 쉽다는 것을 뜻한다. 이 요구 사항이 가장 중요한 고객에게서 나온 것인지, 이전의 오래된 제품에서 발생한 아직 해결되지 않은 문제인지, 아니면 프로젝트 매니저나 아키텍트가 개인적으로 가장 마음에 들어 하는 것인지 판단하기 어려워지는 것이다.

잘 정의된 프로세스와 도구는 두 번째 유형의 요구 사항 부채, 즉 요구 사항에 대한 무지를 줄이는 데도 도움을 준다. 린 접근법이 특징인 현대적 소프트웨어 개발 접근 방식은 가치 흐름에 중점을 둔다. 이것은 소프트웨어 제품의 유용하고 가치를 가진 부분이 초기 아이디어에서부터 검증된 프로덕션 환경까지 가는 흐름이다. 가치 흐름은 흐름의 어느 지점에서든 그것을 수치화할 수 있다는 전제 아래 유용하게 쓰일 수 있다. 이는 소프트웨어 개발 수명주기 전반에 걸쳐 제품 기능을 추적하는 것을 의미한다.

예를 들어 IoT 웹 애플리케이션에서 집 안에 있는 스마트 디바이스를 모니터링하는 제품 기능을 추가하려고 한다면 해당 기능이 누구의 요청인지, 누가 기획했는지, 누가 우선순위를 지정했는지, 누가 구현하고 있는지, 어떤 테스트 가능한 구현이 해당 기능의 성공을 판단할 수 있는 피드백을 제공할지(신규 사용자 수 등)를 알 수 있어야 한다.

---

2 깃허브, 비트버킷(Bitbucket), 깃랩을 포함

3.2 요구 사항 부채 관리하기

요구 사항 부채를 관리한다는 것은 좋은 요구 사항을 도출하기 위한 비즈니스 사례를 만들고 우리가 어떤 요구 사항을 왜 작업하고 있는지를 자각하는 것이다. 이는 현재 사용하는 요구 사항 프로세스와 작업 중인 요구 사항에 왜 관심을 기울여야 하는지 논의하는 것을 의미한다.

가치 흐름 접근 방식(그림 3.1 참고. 더 많은 예시는 참고 문헌 참조)을 사용하면 이 논의에 가장 쉽게 접근할 수 있다. 여기서는 왜 이 기능을 개발하고 있는가? 라는 질문이 가장 도움이 될 것이다. 이 질문에 아무도 즉각적이고 수월하게 대답할 수 없다면 이는 요구 사항 부채가 있다는 것을 의미한다. 반면에 질문에 대한 대답뿐만 아니라 검증 가능한 증거를 기반으로 한 이유까지 제시된다면 이것은 보너스 점수를 받아 마땅하다. 예를 들면 "이 기능을 개발하면 운영자 실수가 10% 줄어들 것으로 예상되기 때문이다."라는 식의 대답이다.

그림 3.1 도구 샘플을 함께 표시한 가치 흐름 모델.
화살표는 아이디어가 이슈 트래커에서 A/B 테스트 결과로 어떻게 이동하는지 보여준다.
이 시각화를 통해 우리는 어디서 병목 현상이 일어나는지,
즉 제품 기능이 개발될 때 어디서 가장 오랜 시간이 걸리는지 알 수 있다.

질문에 답하기가 쉽지 않았다면 첫 번째로 할 일은 소프트웨어 개발 접근 방식을 지원하는 도구를 분석하는 것이다. 최근 프로덕션에 적용된 커밋으로 시작해보자. 이 커밋이 왜 만들어졌는지 말할 수 있는가? 이 커밋은 어떤 문제를 수정하고 해결해 주는가? 모든 커밋은 이상적으로 버그를 수정하거나 코드와 설계 부채를 리팩터링 등을 통해 상환하거나 제품 기능을 제공(박스 3.3 참고)하는 역할을 해야 한다.

커밋을 통해 문제나 부채 또는 제품 기능을 추적해 냈다면 그다음은 이슈 트래커 및 백로그를 살펴봐야 한다. 그곳에 무엇이 있는가? 각 이슈가 어디에서 발생한 것인지 알 수 있는가? 이슈 트래커에서 하나의 이슈가 담당자에게 지정된 순간부터 테스트할 수 있는 제품

출시와 함께 해결되기까지 걸리는 시간은 얼마인가? 이 시간은 늘어나고 있는가, 혹은 줄어들고 있는가?

요구 사항 부채는 새롭게 추가될 제품 기능을 알아내는 데 걸리는 시간이 이미 정해진 다른 어떤 임곗값보다 오래 걸렸을 때 높다고 볼 수 있다. 무엇을 임곗값으로 설정하는지는 경쟁업체를 살펴보거나 이해관계자의 의견을 조사해서 알 수 있다. 경우에 따라 이 값은 자주 바뀔 수 있다는 것을 명심해야 한다. 고객이 불만을 표시하고 버그가 수정되기 전까지 백로그에 너무 오래 남아 있다면 이것은 요구 사항 부채가 생긴다는 신호다.

다시 한번 말하지만, 잘못된 것을 작업하는 것은 사실 문제가 아니다. 제품이 프로덕션에 반영될 때까지 '얼마나 잘못되었는지'를 아는 게 불가능한 경우라면 말이다. 하지만 눈에 빤히 보이는 제약, 특히 법적 및 규제 요구 사항을 무시하는 것은 변명의 여지가 없다. 따라서 요구 사항 부채를 관리하고 줄이는 가장 좋은 방법은 팀이 그들이 하는 일의 가치를 이해할 수 있도록 도구로 지원되는 명확한 프로세스를 갖추는 것이다.

박스 3.3 크로미엄의 요구 사항 추적성

요구 사항 추적성(requirements traceability)은 특정한 개별 요구 사항을 코드, 설계 요소, 테스트와 같은 다른 소프트웨어 산출물에 연결하는 기능이다. 추적성은 광범위한 추적성 행렬을 사용하는 공식적인 추적성 메커니즘에서부터 IDE나 깃허브 같은 협업 소프트웨어에서 자동으로 생성하는 링크처럼 덜 공식적인 것에 이르기까지 다양하다. 공식적인 상황에서 추적성 연결은 규제 기관을 만족시키고, 심각한 안전 문제가 발생한 경우 발견성(discoverability)을 제공하기 위해 존재한다. 비공식적인 상황에서 추적성은 커밋에 이슈 ID를 태그하는 것 같은 단순한 링크에 가깝다.

크로미엄 브라우저(이 글을 쓰는 시점 기준으로 세계에서 가장 인기 있는 브라우저인 크롬(Chrome)의 기반)와 크로미엄 OS를 포함하는 크로미엄 프로젝트는 요구 사항 추적성에 대해 엄격한 접근 방식을 취한다. 예를 들어 모든 버그는 프로젝트의 이슈 트래커(https://bugs.chromium.org)에 저장된다. 이것이 이 프로젝트가 가진 차별점은 아니다. 크로미엄의 진짜 차별점은 프로젝트에서 지켜지는 규율인데, 이 규율은 버그나 이슈를 레이블하는 것, 그리고 커밋을 버그나 이슈에 연결하는 것이다. 버그는 버그 타입으로 레이블을 지정하고 type=bug-security 또는 type=bug-regression을 통해 보안 버그 또는 회귀를 검색할 수 있다. 수정하기로 결정된 버그에는 우선순위가 적용된다. 더 나아가서 버그가 수정되면(커밋에 의해) 이 커밋은 수정 중인 이슈를 참조하게 된다. 이것은 간단하고 매우 분명한 실천법처럼 보여도 많은 프로젝트가 이를 실천하지 못한다. 그저 버그를 보고하고, 요청된 제품 기능을 개발하고, 이것이 이슈 트래커에 보이면 어떤 시점에 커밋이 이뤄질 뿐이다. 이 일련의 작업에서는 어떠한 관련성도 찾을 수 없다. "**이** 커밋은 **저** 이슈를 해결하기 위한 것이다."라고 말하는 태깅 규율이 따로 없기 때문이다. 이 규율 없이는 프로젝트를 이해하기가 너무 어려워진다. 코드에서 어느 부분이 가장 심각한 버그와 관련돼 있는지, 혹은 프로젝트가 발전하는 추이가 어떤지 알 수 없게 되는 것이다. 4장에서 이 주제를 다시 살펴보겠지만, 크로미엄 프로젝트의 요구 사항 추적성에서 규율을 적용하는 것은 기술 부채를 모니터링하고 관리하기 위한 엄격하면서 체계적인 접근 방식의 기초 중 하나로 보기에 충분하다.

3.3 요구 사항 부채 피하기

애초에 요구 사항 부채가 쌓이는 것을 피하기 위한 방법으로 두 가지를 추천한다. 요구 사항을 잘 도출하는 것과 크라우드 소싱 기법을 활용해 요구 사항을 수집하는 것이다.

3.3.1 요구 사항 도출

요구 사항 도출은 그냥 이뤄지는 것이 아니다. 조직 안에서 훈련을 통해 의식적으로 발달시킬 필요가 있는 스킬이다. 요구 사항 도출은 일반적으로 어느 정도의 마케팅 지식, 도메인 전문 지식 및 의사소통 스킬을 포함하는데, 보통 이런 스킬을 가진 사람은 개발자가 아니다. 이를 관리하는 사람은 보통 개발자나 고객 모두와 대화할 수 있는 충분한 기술적 스킬을 갖춘 프로덕트 또는 프로젝트 매니저(PM)다. 요구 사항 도출에는 여러 측면이 있는데, 하나는 이 요구 사항을 어디서 찾을지 이해하는 것이다. 가치 흐름이 중심이 되는 조직이라면 적어도 일부 제품 기능은 프로덕션 분석에서 나온다. 사람들이 무엇을 클릭하는지, 특정 페이지를 찾는 데 얼마나 시간이 걸리는지, 관심을 끌지 못한 기능은 무엇인지 등에 대해 PM과 고객지원, 그리고 고객 성공 관리자와 같은 기타 이해관계자는 신규 고객이 가진 요구 사항이나 기존 고객을 통한 설문 조사 등의 여러 데이터 포인트를 넘나들며 요구 사항 작업을 함께해야 한다. 오늘 요구 사항 도출을 위해 사용한 몇 시간이 내일 설계를 다시 하고 구현하는 데 쓰일 더 많은 시간을 절약해준다. 이때 잠재적으로 쓸모없는 기능과 관련된 버그를 수정하는 시간은 계산하지 않는다.

요구 사항 도출의 또 다른 측면은 요구 사항을 적합하게 수집하고, 수집한 요구 사항을 관리하는 것이다. 이는 어떤 요구 사항이 비슷하고, 어떤 요구 사항이 다른 요구 사항에 종속돼 있으며, 어떤 요구 사항이 이미 구현돼 있는지 이해하는 것을 의미한다. 여기에 IBM 도어스(DOORS)와 같은 요구 사항을 관리하는 도구가 꼭 포함될 필요는 없지만, 이러한 도구는 상황을 구체화하는 데 도움이 된다. 특히 자동차 또는 항공과 같이 고도로 규제된 환경에서는 도구를 사용해서 요구 사항의 구체적인 모델을 만드는 것 자체가 ISO 26262[3] 또는 DO-178C[4]같은 표준에 의거한 요구 사항일 가능성이 높다.

요구 사항 도출의 마지막 작업은 도출된 요구 사항을 개발자가 이해하기 쉽고 명확한 언어로 바꾸는 것이다. 이것은 다음과 같은 세 가지를 의미한다.

1. 개발자와 팀 리드가 이해할 수 있는 형식으로 요구 사항을 작성한다.
2. 구현하지 않을 요구 사항을 걸러낸다.
3. 작성한 요구 사항을 개발자용 도구에 추가한다.

개발자가 요구 사항의 필요성을 잘 이해할 수 있는 상황에서 이에 관한 도출은 왜 다른 사람에게 맡기는 것일까? 예를 들어 '온도 조절기란 무엇인가'를 토론하는 방에 엔지니어를 가득 채워 넣는 것은 낭비이기 때문이다. 요구 사항을 시스템 자체에서 사용하는 것과 동일한 언어로 바꿀 수 있는 PM이나 요구 사항 엔지니어링 전문가에게 맡기는 것이 더 낫다. 요구 사항 도출은 어떻게 설계해야 하는지를 논의하는 게 아니고 이것이 요구 사항 프로세스의 일부가 돼서는 절대 안 된다. 이는 PM이 제품 기능을 어디에, 어떻게 구현할지를 이해한다는 뜻이다.

PM은 결국 구현되지 않을 요구 사항을 따로 골라내는 작업도 해야 한다. 이 작업의 기준은 인사와 예산에 영향을 미치는 조직에서 기존에 내린 우선순위 결정일 수도 있고 조직이 가진 일부 명백한 제약일 수도 있으며 이미 착수한 작업일 수도 있다. 물론 이것은 PM에게 막대한 권한을 부여하기 때문에 위험한 제안이 될 수 있다.

---

3 (옮긴이) 자동차 기능 안전성 국제 표준
4 (옮긴이) 항공기 소프트웨어 안전성을 위한 감항 인증 표준

마지막으로 PM은 요구 사항을 관리하는 도구에서 개발자가 자주 쓰는 도구로 요구 사항을 옮기고 추적할 책임이 있다. PM이 요구 사항을 관리하는 것은 도어스와 같은 도구에서 이뤄져도 개발자의 작업은 지라 같은 이슈 트래킹 시스템에서 티켓이나 이슈로 진행될 수 있기 때문이다. PM은 이러한 다양한 도구 간에 추적성과 연속성을 확인해야 한다.

3.3.2 요구 사항 수집에 대한 새로운 접근 방식

좋은 요구 사항 정보를 수집하기 위한 또 다른 방법은 사용자가 주는 피드백을 활용하는 것이다. 가장 확실한 방법은 사용자에게 직접 물어보는 것이지만, 그런 일은 대부분의 조직에서 놀라울 정도로 드물게 일어난다. 여기서 첫 번째 문제는 사용자가 누구인지 파악하는 것이다. 편향 없이 사용자 기반을 대표하는 설문 조사나 A/B 테스트 및 관찰을 포함한 다양한 접근 방식으로 피드백을 얻을 수 있다.

사용자 피드백을 이해하기 위한 더 새로운 접근 방식은 데이터 분석이다. 여기에는 두 가지 접근 방식이 있다. 하나는 사용자와 소프트웨어 사이에 일어나는 모든 상호 작용을 모니터링하고 분석하는 것이고, 다른 하나는 자연어 처리(NLP, Natural Language Processing)를 사용해서 대규모 텍스트 리포지터리에서 제품 기능 아이디어를 뽑아내는 것이다.

첫 번째 접근 방식은 가능한 범위 내에서 사용자와 소프트웨어 사이의 모든 상호 작용을 기록한다. 웹 환경이라면 로그 파일 분석이 될 수 있고, 앱이라면 많은 서드파티 라이브러리가 사용자 인터페이스상에서 일어나는 상호 작용을 기록한다. 온프레미스 소프트웨어라면 자체 내부 로깅 서비스를 추가해야 한다.

이런 데이터는 사람들이 어떻게 소프트웨어를 사용하고 이에 대해 반응하는지를 분석하는 데 엄청난 가치를 가진다. 특정 페이지에서 보낸 시간 등 소프트웨어에 대한 사용자 반응은 궁극적으로 기존 요구 사항이 어땠는지에 대해 사용자가 주는 피드백이다. 이는 두 가지 통찰을 제공하는데, 하나는 기존 요구 사항이 가치가 있는지를 알려주는 것이다. 더 중요한 다른 하나는 데이터를 통해서 새로운 잠재력을 가진 기능을 발굴할 수 있다는 것이다. 예를 들면 방문자의 5%가 구매 직전에 떠났다는 로그가 있다면 이것은 이 5%를 구매자로 전환하기 위한 기능이 필요하거나, 아니면 기존 기능의 개선이 필요함을 시사한다.

두 번째 접근 방식은 소프트웨어에 관해 토론하는 온라인 포럼을 활용하는 것이다. 앱이나 웹사이트 같은 소프트웨어 제품이라면 관련 앱 스토어나 일반 토론 포럼이 존재한다. 맞춤형 소프트웨어라면 자체 피드백 포럼을 만들 수도 있다. 이런 리포지터리, 즉 여러 의견이 쌓여 있는 포럼은 잠재적으로 고객 피드백의 풍부한 원천이 된다. 앱 스토어라면 별점, 사용자 댓글과 같은 항목을 마이닝하고 자연어 처리를 할 수 있다. 예를 들면 먼저 스팸과 열 단어 미만의 사소한 댓글은 걸러내고 키워드에 대한 텍스트를 파싱한다. 그다음에 감정 분석을 적용하여 사람들이 제품에 어떻게 반응하는지 이해할 수 있다. 혹은 "X가 있었으면 별 5개를 줬을 것이다"와 같이 동일한 리뷰의 조합으로 새로운 기능에 대한 제안을 찾는 방법도 있다.

3.3.3 요구 사항 기록하기

요구 사항을 도출한 후에는 그것을 정확하게 충분히 기록해야 한다. **'정확하게'**라는 것은 간단히 말하면 도출된 정보가 요구 사항에 반영돼 있다는 것을 의미한다. **'충분히'**라는 것은 상황에 따라 달라진다. 예를 들어 레스토랑 웹사이트처럼 간단한 시스템이라면 종이 한 장에 쓰인 목록이나 '지난번에 한 것과 똑같이, 그런데 이번에는 파란색으로'와 같은 말 한 마디로 충분할 수 있다. 반면에 항공전자공학처럼 더 복잡하거나 규제가 있는 산업이라면 충분하다는 것은 훨씬 더 자세한 내용을 필요로 한다.

마이크로소프트 같은 대규모 소프트웨어 회사에서는 각 요구 사항이 티켓에 다음과 같이 정의돼 있다.

- 요청자
- 지정된 담당자
- 기존 소프트웨어 제품과 관련된 컴포넌트
- 우선순위
- 이 요구 사항에 관련된 다른 요구 사항

이쯤 되면 도구는 거의 필수다. 스프레드시트처럼 기본적인 도구를 사용할 수도 있지만, 요구 사항에 맞춤화된 도구는 요구 사항을 설계와 관련된 산출물이나 코드 커밋 등에 바로 연결한다. 배포와 마찬가지로 업계 추세는 요구 사항 엔지니어링의 자동화를 확대해 나가는 것이며, 도구를 통한 지원은 이 자동화를 가능하게 하는 핵심이다.

박스 3.4 린과 애자일, 그리고 요구 사항 부채

일찍이 요구 사항 엔지니어링에는 잘 알려진 특정한 방법이 있었다. 워터폴 접근 방식이라고 불리는 것이다. 이 오래된 소프트웨어 프로세스에는 요구 사항을 수집하고 분석하는 것에만 집중하는 하나의 분리된 단계가 따로 존재했다. 이 단계를 거친 다음에야 요구 사항을 설계에 구체적으로 반영하고 구현했다. 이런 요구 사항의 유용하고 정확한 정의는 IEEE 29148 같은 표준에 잘 나타나 있다.

이 접근 방식이 가진 유일한 문제는 현실의 소프트웨어 개발에는 딱히 효과가 없었다는 것이다. 애자일 선언문을 시작으로 소프트웨어 엔지니어는 앞서 일어나는 분리된 요구 사항 단계가 오히려 비생산적이라고 주장하기 시작했고 작동하는 소프트웨어에 집중할 것을 촉구했다. 사실 이 시점에서 워터폴 이론가로 알려진 대부분의 사람도 반복적이고 점진적으로 제품을 제공할 필요가 있다고 이해했다. 이는 나중에 도널드 라이너센 등이 소개한 린 제조 초점(lean manufacturing focus)과 엘리야후 골드렛의 ≪더 골≫ 같은 책으로 확대됐다. 현대적 사고에서는 끊임없는 변화와 피드백의 과정에 집중하고 요구 사항을 빠르게 제품 기능으로 개발한다. 이 과정에서 너무 깊이 생각하는 것은 최소한으로 하되 제품 기능의 기획과 사용자의 제품 경험 사이 지연은 최소화하도록 노력한다.

이에 대한 한 가지 예시는 에릭 리스가 설명한 린 스타트업 철학이다. 그는 요구 사항 자체는 가치가 없다고 주장한다. 오직 프로덕션에서 테스트할 수 있는 요구 사항만이 기업이나 조직이 사용자가 실제로 원하는 것이 무엇인지에 대해서 배우고 이해하는 데 도움이 된다는 접근이다.

이 맥락이라면 요구 사항 부채는 애초부터 발생하지 않을 수도 있지 않나 하는 궁금증이 생길 수 있다. 요구 사항 부채가 요구 사항 수집, 분석, 사양 정리 프로세스에서 깊이 생각하지 않고 쉬운 길로 가는 것으로 인해 발생한다면 빠른 피드백과 빈번한 이터레이션 모델이 이를 줄이는 데 도움이 될 것이다. 요구 사항의 우선순위를 잘못 지정해도 이를 빠르게 눈치챈다면 부채가 발생한다고 해도 그 규모는 그리 크지 않을 것이다. 다만 요구 사항 부채가 발생한다는 사실은 안타깝게도 변하지 않는다.

린 접근 방식으로 한 발짝 더 다가가 보면 부채는 제품 기능을 만드는 한 가지 이터레이션에 너무 집중한 나머지 이 제품 기능이 사용자가 원하는 것인지 충분히 확인하지 않을 때 발생한다. 특히 애자일과 린 접근 방식은 단기적인 우선순위 지정에 집중하다가 장기적인 제품 목표를 등한시할 수 있다. 이럴 때 가장 가능성이 큰 부채의 원인은 처음에 생각한 요구 사항이나 제품 아이디어를 최종적으로 출시하거나 기능 토글로 연결하는 데 어려움을 겪는 것이다. 결과적으로 해당 요구 사항이 가진 가치를 알아내기는 매우 어려워진다.

3.4 이번 장을 마치며

부채를 줄이는 요구 사항 프로세스는 도구를 사용하여 요구 사항을 프로덕션 단계까지 추적한다. 이 프로세스는 왜 이 제품 기능을 개발하고 있는지를 쉽게 답할 수 있게 한다. 요구 사항 부채를 피하는 가장 좋은 방법은 프로세스가 무엇이며 왜 존재하는지 잘 이해하는 것이다. 이는 누군가가(심지어 시간제 근로자일지라도) 요구 사항을 도출하고 무엇을 언제 만들지 결정하는 책임을 분명히 지는 것을 의미한다.

궁극적으로 부채가 적은 조직에서는 요구 사항이 신속하고 빠르게 프로덕션에 반영되고 그 끝에 실행 가능한 피드백을 얻는 흐름을 가진다(린 접근 방식에 대한 박스 3.4 참고). 이는 요구 사항이 처음 도출되는 순간부터 프로덕션에 이르는 전 과정에서 그것을 추적한다는 것을 의미한다. 이상적으로 요구 사항은 해당 요구 사항을 구현한 특정 빌드와 실험, 그리고 요구 사항의 중요성을 주장하는 데이터에 연결할 수 있어야 한다.

참고 문헌

린 및 가치 흐름 매핑의 개념은 현대 소프트웨어 실무에서 널리 쓰인다. 이 개념은 처음에 자동차 제조와 토요타 방식(Toyota Way)에서 나왔는데, 관련해서는 다음과 같은 저술이 있다. 데이비드 J. 앤더슨과 도널드 라이너센의 ≪칸반: 지속적 개선을 추구하는 소프트웨어 개발≫(인사이트, 2014)과 메리 포펜딕과 톰 포펜딕이 쓴 ≪린 소프트웨어 개발≫(인사이트, 2007)이다. 최근에 나온 것으로는 에릭 리스의 저서인 ≪린 스타트업≫(인사이트, 2012)이 있다. 믹 커스텐의 ≪프로젝트에서 제품으로≫(에이콘출판사, 2022)는 제품 기능을 출시하는 것보다 가치를 제공하는 것에 초점을 둔다. 이 가치는 작동하는 소프트웨어의 급진적이고 반복적인 출시를 허용하는 프로세스에서 쉽게 평가될 수 있어야 한다.

우리가 사용하는 요구 사항 정의는 I. J. 주레타(I. J. Jureta), J. 마일로풀로스(J. Mylopoulos), S. 폭너(S. Faulkner)의 "요구 사항 엔지니어링의 핵심 개념 모델과 문제 재고찰"(Revisiting the Core Ontology and Problem in Requirements Engineering)로, 2008년 IEEE 공동 국제 요구 사항 엔지니어링 컨퍼런스 논문집(Proceedings of the IEEE Joint International Conference on Requirements Engineering)의 71-80페이지에서 가져왔다.

추적성이라는 개념은 1994년 IEEE 국제 요구 사항 엔지니어링 컨퍼런스(IEEE International Requirements Engineering Conference)에서 올리 고텔(Olly Gotel)이 "요구 사항 추적성 문제에 대한 분석"(An Analysis of the Requirements Traceability Problem)에서 처음 정의했다. 최근에는 제인 클레랜드-황(Jane Cleland-Huang)과 그녀의 학생들이 자동화를 위해 자연어 처리 접근 방식을 적용하는 데 집중했다. J. 클레랜드-황, B. 베레나크(B. Berenbach), S. 클락(S. Clark), R. 세티미(R. Settimi), E. 로마노바(E. Romanova)의 "추적성 자동화의 모범 사례"(Best Practices for Automated Traceability)는 《Computer》 40권 6호 (2007년 6월): 27 – 35페이지에 수록돼 있다.

앱 스토어의 자연어 처리는 와리드 마알레지(Walid Maalej), 지자드 쿠르타노비치(Zijad Kurtanovic), 하데르 나빌(Hader Nabil), 크리스토프 스타닉(Christoph Stanik)이 쓴 "앱 리뷰의 자동 분류에 관하여"(On Automatic Classification of App Reviews)를 참고했다. 이 논문은 《Requirements Engineering》 21권 3호 (2016): 311 – 331페이지에 수록돼 있다.

요구 사항 사양에 가장 일반적으로 사용되는 표준은 전기 전자 기술자 협회(Institute of Electrical and Electronics Engineers, IEEE) 29148 표준이며, https://ieeexplore.ieee.org/document/8559686에서 확인할 수 있다. 조금 더 가볍게 쓸 수 있는 표준은 EARS(쉬운 요구 사항 구문 접근법, the Easy Approach To Requirements Syntax)이며, 이 또한 https://ieeexplore.ieee.org/document/8559686에서 찾아볼 수 있다.

04

설계 및 아키텍처 부채
─ 위엔팡 차이(Yuanfang Cai)와 함께

미국 필라델피아 드렉셀 대학교(Drexel University)의 컴퓨터 사이언스학과 교수

> 예술은 자유로워지기 위한 것이다.
> 디자인은 문제를 해결하기 위한 것이다.
>
> - 카니예 웨스트

> 성공적인 디자인은 완벽함의 달성이 아니라
> 불완전함을 최소화하고 그것을 수용하는 것이다.
>
> - 헨리 페트로스키(Henry Petroski)
> 미국의 저명한 공학자. 일상 속 사물의 디자인 유래와
> 실패 분석 및 공학적 의미에 관해 연구했다

이번 장에서는 설계를 살펴본다. 설계 부채는 다음 장에서 논의할 코드에 관련된 기술 부채와 달리 광범위해서 발견하기가 더 어렵다. 설계 부채의 원인은 시스템 파일에 분산돼 있고 프로젝트의 이력이나 추세를 분석하는 순간에나 알게 되는 경우가 많다. 지금부터 우리는 요구 사항 부채가 거의 없는 상황, 즉 우리가 무엇을 만들려고 하는지 이해하는 상황을 가정한다. 이번 장의 주요 메시지는 설계 부채는 프로젝트의 장기적인 성공에 매우 중요하며, 이 부채는 실제로 찾아낼 수 있고 해결할 수 있다는 것이다. 기술 부채가 설계나 아키텍처에 나타나는 방식은 유사하므로 여기서는 '설계 부채'라는 용어를 설계 부채와 아키텍처 부채 둘 다 지칭하는 데 사용한다.

기술 부채는 보통 편의를 중시한 잘못된 선택에서 발생한다. 성숙한 소프트웨어 개발은 편의성 대신 의식적으로 코딩 표준과 설계 규칙(design rules) 또는 가이드라인을 만들어 프로젝트의 발전을 도모하고 개념적 무결성(conceptual integrity)을 제공해야 한다. 이를 위해 리드 개발자, 팀 리더, 소프트웨어 아키텍트는 효과적인 설계 규칙을 만들 수 있는 능력을 핵심 스킬로써 가지고 있어야 한다. 설계 규칙은 조직 전체가 지켜야 하는 원칙이다. 소프트웨어 설계에 관련된 질문을 어떻게 해결하고 관리하는지, 특히 어떤 품질 요구 사항이 가장 중요한지를 정의할 뿐만 아니라 프로젝트의 품질과 생산성에도 중대한 영향을 미친다. 소프트웨어 아키텍트는 계층화, 모델 뷰 컨트롤러, 모델 뷰 프레젠터 또는 추상 팩토리와 같은 패턴의 광범위한 사용에 관한 규칙을 만든다. 또한 세부적인 구현을 숨기기 위해 특정 프레임워크는 중간 인터페이스를 통해서만 호출되게 하는 등의 규칙을 만들기도 한다. 이런 규칙은 프로젝트가 발전할 수 있게 해주며 개념적 무결성을 가질 수 있게 한다.

그러나 설계라는 것은 모든 소프트웨어 산출물이 그렇듯이 엔트로피 법칙을 따른다. 세심한 주의와 양분을 공급하지 않으면 설계 규칙이 훼손되고 만다. 훼손된 규칙으로 인해 해당 규칙이 가진 영향력이 줄어들면 설계 자체가 개념적 무결성을 잃어버리게 되는데, 이는 기술 부채의 특별한 형태로서 엔트로피 설계 부채라고 부른다. 설계 부채는 특히 해로운 형태의 기술 부채다. 정의상 광범위한 관심사를 포함하기 때문이다. 광범위한 관심사란 보안이나 성능과 같이 여러 클래스나 파일 또는 모듈에 퍼져 있는 소프트웨어의 한 측면이다. 이런 관심사는 코드의 한 부분에 국한되지 않는다. 따라서 부채를 감지하고 제거하는 도구나 코드 수준의 지표, 코드 인스펙션 등으로 쉽게 찾아낼 수 없다. 비교적 흔한 형태의 부채의 예로 여러 파일 사이에 존재하는 순환 의존성(cyclic dependencies)이 있다. 이 순환 의존성은 여러 파일에 걸쳐 있으므로 놓치기 쉽다. 부채가 있는 상황을 눈치채려면 순환 의존성 내의 모든 파일에 대해 잘 알아야 한다. 이것은 대규모 시스템에서는 일부 파일이 개발팀이 관리하는 범위를 크게 벗어날 수도 있음을 의미한다.

따라서 리드 개발자나 아키텍트는 설계 규칙을 만드는 것뿐만 아니라 프로젝트에 관련된 사람들이 설계 규칙을 잘 따르도록 안내하는 역할도 해야 한다. 부채에 대한 사회적 측면은 10장에서 더 자세히 다루겠지만, 기본적으로 리드 개발자의 임무는 프로젝트 전반에 걸쳐 개발자가 버그를 수정하거나 제품 기능을 추가하는 등의 모든 활동에서 이 규칙을 올바르게 따르도록 설계의 무결성을 유지하는 것이다. 마감일이 가까워지는 등 상황에 따라 아키텍처의 수준을 조금 떨어뜨려야 할 때가 있다. 여기서 아키텍트가 더욱 중요시해야 하는 작업은 부채의 출처를 찾고, 그 영향을 수치화하고, 장기적으로 위험성이 높아질 것 같은 부채를 리팩터링하는 것이다. 실제로 기술 부채는 아키텍처 부채에서 가장 많이 발생한다는 연구 결과도 있다. 한마디로 아키텍처 부채는 돈이 많이 든다.

다행히도 설계 부채에서는 부채를 제거하기 위한 리팩터링의 투자수익률(ROI)을 비교적 간단하게 계산할 수 있다. 소프트웨어 엔지니어링에서 모범 사례를 따라 하는 것이 비즈니스에 실제로 도움이 되는 일은 꽤 드물지만, 이 경우에는 실제로 도움이 된다. 관련 내용은 4.2절 '설계 부채 관리하기'에서 확인하자.

4.1 설계 부채 식별하기

설계 부채의 원인에는 여러 가지가 있다. 예를 들면 다음과 같다.

- **잘못된 관심사 분리**: 같은 클래스에 여러 책임이 구현되어 클래스가 필요 이상으로 커져서 개발자가 이해하고 테스트하고 수정하기 어려워진 상황이다.

- **코드 복사와 재사용**: 코드의 일부를 복사해서 가져와 수정하는 상황. 프로그래머가 원래 코드의 의존성을 이해하지 못하고 이를 수정하거나 시간을 들여 이해하는 것을 꺼려해서 발생한다.

- **얽힌 의존성**: '커다란 진흙 덩어리'라고 부르기도 하는데, 이것은 아키텍처에 대해 딱히 생각하지 않은 상태에서 설계 활동을 암묵적으로 진행하는 상황을 말한다.

- **무계획적 발전**: 새로운 기능과 버그 수정이 시스템의 전체적인 구조와 개념적 무결성에 미치는 영향을 고려하지 않고 진행되는 경우다. 요즘 많은 팀에서 흔하게 일어나는데, 유지보수성이나 가독성, 변경 용이성을 고려하지 않은 채 즉각적이고 시급한 제품 기능 구현 및 버그 수정에 집중하는 상황이다.

이런 목록은 나열하자면 끝도 없지만, 앞에서 소개한 것이 설계 부채를 일으키는 가장 일반적인 원인이라고 볼 수 있다. 그렇다면 이런 상황이 왜 부채로 이어지고 이런 일이 발생하는 것을 어떻게 알 수 있을까? 간단히 설명하면 설계 부채는 좋은 설계를 위한 원칙을 위반하기 때문에 발생한다. 이러한 실무는 결합도(coupling)를 증가시키거나 응집도(cohesion)를 감소시키는 경향이 있다(박스 4.1 참고). 시스템의 모듈식 구조 역시 저하시킨다. 여기에서 '모듈'은 개발과 유지보수 단위를 말한다. 언어에 따라 모듈은 클래스를 포함하는 패키지(자바 또는 파이썬의 경우)이거나 파일을 포함하는 디렉터리에 있는 파일 그룹(C언어)일 수 있다. 모듈을 다르게 사용하는 것도 물론 가능하다.

여기서 객체지향(OO, Object-oriented) 설계를 위한 5가지 SOLID 원칙을 생각해보자.

1. **단일 책임 원칙(Single responsibility principle)**: 모든 클래스 또는 모듈은 단 하나의 기능, 즉 책임을 지고 있어야 하며, 그 책임은 클래스 또는 모듈에 의해 캡슐화돼야 한다.

2. **개방-폐쇄 원칙(Open/closed principle)**: "소프트웨어 엔티티는… 확장을 위해 열려 있어야 하지만 수정을 위해서는 닫혀 있어야 한다." 즉, 원래 엔티티를 수정하지 않고도 클래스는 상속 등을 통해 확장될 수 있음을 뜻한다.

박스 4.1 결합도와 응집도의 기본 지침

결합도와 응집도의 개념은 1960년대 후반 래리 콘스탄틴(Larry Constantine)에 의해 소프트웨어 엔지니어링 커뮤니티에서 처음 소개됐다. 기본적으로 결합도는 이름에서도 알 수 있듯이 두 모듈이 서로 의존하는 정도를 나타낸다. 이 의존성은 순전히 구조적일 수도 있고(한 모듈 안에 있는 코드가 다른 모듈 안에 있는 함수를 호출하는 경우) 두 개의 모듈이 파일, 데이터베이스 혹은 메시지 포맷의 구조에 의존하는 것처럼 데이터에 의존할 수도 있다. 조금 다른 유형의 결합도도 존재한다. 예를 들어 A와 B 사이에 감지되는 의존성이 없더라도 두 개의 모듈이 논리적으로 연결될 수 있다(모듈 A가 올바른 실행을 완료해야 모듈 B가 실행됨). 결합도가 일시적일 수도 있는데, 예를 들어 A와 B가 동시에 실행돼야 하기 때문에 하나의 프로세스로 함께 묶이는 것이다. 소프트웨어 개발에서 일반적으로 우리는 가능한 한 결합도를 낮추려고 노력한다. 낮은 결합도는 모듈을 좀 더 쉽고 독립적으로 개발, 디버그, 수정을 가능하게 하기 때문이다.

낮은 결합도는 종종 높은 응집도와 연관된다. 응집도는 모듈의 책임이 서로 연관된 정도를 나타낸다. 예를 들어 전자상거래 웹사이트에서 가격을 책정하는 로직을 생각해 보자. 이 웹사이트에는 단 하나의 가격 책정 로직만 존재하고 그것이 하나의 모듈에 들어있는 상황이라면 그 모듈은 매우 응집도가 높다고 볼 수 있다. 반대로 그 모듈 안에 HTML 폼 안에 있는 가격을 계산하는 로직뿐만 아니라 데이터베이스에 가격을 저장하고 조회하는 로직까지 들어 있다면 이 모듈은 가격 책정 로직과 직접 관련되지 않은 다른 책임까지 포함하므로 응집도가 낮다고 볼 수 있다.

일반적으로 소프트웨어 개발에서는 응집도를 높이려고 노력한다. 이는 버그나 요구 사항에 변경이 생겼을 때 프로그래머가 어디를 보고 무엇을 변경해야 하는지 알기 쉽게 해주기 때문이다.

3. **리스코프 치환 원칙**(Liskov substitution principle): 객체는 프로그램의 정확성을 바꾸지 않으면서 하위 타입의 인스턴스로 대체될 수 있어야 한다. 즉, 프로그램의 동작이나 속성에 영향을 주지 않으면서 부모 클래스를 자식 클래스 중 하나로 교체할 수 있어야 한다.

4. **인터페이스 분리 원칙**(Interface segregation principle): 하나의 범용 인터페이스를 사용하기보다 특정한 역할을 수행하는 여러 개의 인터페이스를 사용하는 것이 낫다는 원칙이다. 이 원칙에 대한 일반적인 설명은 각 기능이 자신이 사용하지 않는 인터페이스에 강제로 의존하게 해서는 안 된다는 것이다. 이는 인터페이스가 가능한 한 구체적으로, 그리고 본질적으로 응집도가 있어야 함을 의미한다.

5. **의존 역전 원칙**(Dependency inversion principle): "상위 레벨 모듈은 하위 레벨 모듈에 의존해서는 안 된다. 두 모듈 다 추상화에 의존해야 한다." 그리고 "추상화는 세부 사항에 의존해서는 안 되고 세부 사항은 추상화에 의존해야 한다." 이 말은 하위 레벨 모듈이 그것이 구현하는 인터페이스를 상위 레벨 모듈로 제공해야 한다는 것이다. 이렇게 하면 이 둘을 분리할 수 있고 인터페이스의 클라이언트에 영향을 주지 않으면서 하위 레벨 구현을 변경할 수 있다.

SOLID 원칙은 30년이 넘게 체계화돼 왔다. 이 원칙과 비슷한 다른 원칙들(예를 들면 일반 책임 할당 소프트웨어 패턴인 GRASP와 박스 4.2 참고)은 높은 응집도와 낮은 결합도를 갖도록 소프트웨어를 구조화하는 방법을 설명한다. 소프트웨어의 높은 응집도와 낮은 결합도는 모듈성을 증가시키고, 그 결과 시스템 내에서 모듈을 변경, 결합, 교체할 수 있는 능력을 높인다. 물론 이러한 원칙에 따라 소프트웨어를 개발하면 분명히 초기에는 더 많은 시간이 필요하다. 예를 들어 소프트웨어의 두 계층 간에 추상 인터페이스를 만드는 것은 상위 계층이 하위 계층을 직접 호출하게 하는 것보다 더 오래 걸린다. 하지만 이렇게 하면 하위 계층의 구현이 바뀌어도 인터페이스가 안정적으로 유지되기 때문에 상위 계층을 수정할 필요가 없어진다.

그러므로 아키텍트나 개발자는 작업하는 모든 클래스에 대해 지금 대가를 치를지, 아니면 나중에 치를지 선택해야 한다. 물론 익스트림 프로그래밍의 YAGNI(you aren't gonna need it)를 기억한다면 모든 것을 추상화해서는 안 된다. 하지만 이미 두 가지 주요 하위 시스템이나 계층 간의 의존성이 바뀔 것을 알고 있거나 그간의 경험이 그렇다고 말해준다면 지금 필요한 것은 정해져 있다. 바로 추상화다!

이러한 원칙을 하나라도 위반한다면 설계 부채는 항상 발생한다. 불필요한 책임이 얽혀서 어떤 변경도 깔끔하게 할 수 없는 상황으로 이어지기 때문이다. 다만 앞에서 말했듯이 모든 부채가 나쁜 부채는 아니기 때문에 가치 있는 절충안이 있는 원칙의 위반은 허용된다. 예를 들어 성능을 개선하거나 출시일을 맞추기 위해 낮은 결합도나 높은 응집도를 희생하는 것이다. 이런 판단을 위해서라도 원칙을 위반했을 때 발생하는 비용과 그 영향을 측정해야 한다.

그렇다면 무엇을 할지 어떻게 결정할까? 1장에서 말했듯 설계 부채(혹은 다른 종류의 부채)를 측정할 수 없다면 관리 역시 불가능하다. 지금부터 설계 부채가 어떤 결과를 불러오는지 알아보자. 부채를 어떻게 측정해야 하는지, 상환해야 하는지, 상환한다면 그 시기와 방법은 무엇인지에 대해 원칙적인 결정을 내리는 방법을 소개하겠다.

박스 4.2 설계 원칙

이번 장에서는 SOLID와 같은 객체지향 접근 방식에 초점을 둔다. 설계적으로 특별한 이유가 있다기보다는 우리가 이 접근 방식에 더 익숙하기 때문이다.

함수형 프로그래밍에서 좋은 설계를 위한 원칙은 대개 언어의 의미(semantics) 자체에 강제돼 있다. 불변성이나 합성성(compositionality), 참조 투명성(referential transparency)은 스칼라(Scala) 또는 하스켈(Haskell)의 언어 요소로 프로그래머가 깨끗한 코드를 작성하게 도와준다. 물론 정보 은닉, 관심사의 분리와 같은 개념은 이러한 프로그램에서도 여전히 매우 중요하다.

그 밖에도 패러다임에 특정된 언어 특징(language feature)도 있다. 리액티브 웹 개발 원칙이나 동시성 프로그래밍의 액터 모델, 혹은 효과적인 데이터베이스 설계 같은 원칙이다. 각 패러다임에는 시스템의 개념적 무결성을 유지하는 데 도움이 되는 설계 규칙이 있지만, 이 개념적 무결성은 지속해서 리소스를 투자하지 않으면 시간이 흐름에 따라 저하되고 만다.

4.1.1 설계 부채의 수치화

살면서 실제로 진 빚에 대해 그 원금과 이자가 얼마인지 아는 것은 매우 기본적인 일이다. 이는 단순 상식으로, 해당 정보는 모든 주택담보대출이나 신용카드, 자동차 대출 명세서에 인쇄돼 있다. 이와 달리 소프트웨어 개발에서 발생하는 부채는 원금과 이자가 얼마인지 거의 알려져 있지도 계산돼 있지도 않다. 원금과 이자의 액수는 매일 정신없이 처리해야 하는 주요 업무인 제품 기능을 개발하는 일과 버그를 수정하는 일에 가려 잘 보이지 않는다. 대부분의 개발자와 아키텍트는 프로젝트에 누적된 부채를 막연한 개념으로만 가지고 있을 뿐이다. 부채가 있음을 알고 일상 업무에서 그 부채와 씨름하고는 있지만 그 부채가 실제로 얼마인지, 어떤 영향력을 가지는지, 어디에 있는지 정확히 말할 수 없는 것이다. 어떻게 하면 부채를 수치화할 수 있을까?

부채를 수치화하기 위해서는 먼저 설계 부채에 대한 간결한 정의가 필요하다. 설계 부채는 (1) 연결된 모듈로 이루어진 파일 그룹을 원금으로 치고 (2) 유지보수 비용 모델과 시간이 지남에 따라 증가하는 비용을 이자로 친다. 이 정의를 자세히 살펴보자.

먼저 파일들이 연결돼 있는지 확인해야 한다. 비교적 간단한 두 가지 방법이 있다. 첫 번째는 프로젝트 내 파일 간의 정적 의존성(static dependencies)을 알아내는 것이다. 언더스탠드(Understand)[1] 같은 정적 코드 분석 도구를 사용해서 호출 의존성 또는 상속 의존성 같은 파일 간의 의존성을 추출할 수 있다. 이 경우 한 파일의 일부 코드가 다른 파일의 메서드를 호출하는 경우 의존성이 존재할 수 있다. 두 번째는 프로젝트의 파일 간의 진화 의존성(evolutionary dependency)을 찾아내는 것이다. 진화 의존성은 두 개의 파일이 함께 변경될 때 일어나고 버전 관리 시스템을 통해 알 수 있다. 두 종류의 의존성을 모두 찾아내야 하는 이유는 둘 중 하나만으로는 소프트웨어 시스템 내의 의존성에 대한 전체적인 그림을 볼 수 없기 때문이다. 두 파일이 함께 변화하지만 구조적 의존성이 없을 수도 있다. 두 파일이 일부 가정이나 지식을 공유하는 경우, 즉 같은 파일이나 데이터베이스에서 동일한 데이터 조직을 가정하거나 동일한 통신 프로토콜, 메시지 형식, 키 크기 또는 메타데이터 등을 가정하는 경우다.

---

[1] (엮은이) https://scitools.com/

그림 4.1을 참고해보자. 여기에서 파일 의존성은 설계구조행렬(DSM, Design Structure Matrix)을 통해 표현된다. DSM은 수십 년 동안 엔지니어링 설계에 사용됐으며, 현재 Lattix[2], Silverthread[3] 및 DV8[4]과 같은 여러 산업 도구에서 지원하고 있다. DSM에서 살펴볼 엔티티(이 경우 파일)는 행렬의 가로 행과 세로 열에 같은 순서로 나열돼 있다. 행렬의 셀에는 의존성 유형을 나타내기 위한 애너테이션이 달려있다. 예를 들어 하나의 DSM 셀에서 가로 행의 파일이 세로 열의 파일로부터 상속받거나 세로 열의 파일을 호출하거나 세로 열의 파일과 함께 변경됨을 나타내는 정보를 애너테이션으로 달 수 있다. 첫 번째와 두 번째 애너테이션은 구조적 의존성을, 세 번째 애너테이션은 이력상 진화한 의존성을 나타낸다. 자연스럽게 대각선의 셀은 자립성(self-dependency)을 나타낸다.

그림 4.1은 한 산업 프로젝트에서 발췌한 예시로 총 27개의 파일과 그것들의 의존성을 보여준다(보안을 위해 파일명은 임의로 변경했으나 이 예제의 요점에는 영향을 주지 않는다). 이 그림은 가로 행 4의 파일인 FederatedLoginController.java 파일이 세로 열 1의 MenuBean.java 파일(의 인스턴스)을 생성하고 가로 행 18인 ReportGeneration Controller.java 파일이 세로 열 11에 있는 BaseGenerationController.java 파일을 사용하는 것을 보여준다. 정적 의존성은 소스코드(또는 대부분의 경우 컴파일된 코드)를 리버스 엔지니어링하는 것으로 쉽게 추출이 가능하다.

그림 4.1에서 언뜻 봐도 알 수 있듯이 이 행렬은 꽤 흩어져 있다. 이것은 일반적으로 좋은 것이다! 이는 파일이 서로 심하게 결합되지 않았으며, 결과적으로 파일을 각각 변경하기가 비교적 쉬울 것으로 예상된다.

---

2 http://lattix.com/lattix-architect
3 https://www.silverthreadinc.com
4 https://www.archdia.net/products-and-services

	1	2	3	4	5	6	7	8	9	10	11	12	13	14	15	16	17	18	19	20	21	22	23	24	25	26	27
1 session.MenuBean	(1)																										
2 springmvc.support.BasicRoleProvider		(2)																									
3 springmvc.web.audit.AccessConfigController			(3)																								
4 springmvc.web.login.FederatedLoginController	Create,			(4)																							
5 springmvc.web.login.LoginController	Create				(5)																						
6 springmvc.web.login.PostLoginController	Create,					(6)																					
7 springmvc.web.reporting.AllowedTrafficController							(7)																				
8 springmvc.web.reporting.AttributeMetricModelUtil								(8)																			
9 springmvc.web.reporting.AuthenticatingReportPersistenceService									(9)																		
10 springmvc.web.reporting.AuthenticatingReportService										(10)																	
11 springmvc.web.reporting.BaseGenerationController											(11)																
12 springmvc.web.reporting.CompositeReportsController												(12)															
13 springmvc.web.reporting.CreateEditCompositeReportsController													(13)														
14 springmvc.web.reporting.CreateEditRecipientsController														(14)													
15 springmvc.web.reporting.CreateEditReportScheduleController															(15)												
16 springmvc.web.reporting.HomeController																(16)											
17 springmvc.web.reporting.LandingController											Use						(17)										
18 springmvc.web.reporting.ReportGeneationController																		(18)									
19 springmvc.web.reporting.ReportScheduleController																			(19)								
20 struts.ScancentreAction																				(20)							
21 struts.admin.PopulateAccessAuditAction																				Use,	(21)						
22 struts.admin.PopulateAdminUsersAction																				Use		(22)					
23 struts.admin.PopulateAudit																				Use			(23)				
24 struts.login.SuperUserEditAction	Create																			Use				(24)			
25 struts.login.SuperuserWorkAsResellerAction	Create,Use,																			Use					(25)		
26 web.tag.RenderServiceTabsTag	Cast,Use,																									(26)	
27 web.tag.WelcomeTag	Cast,Use,																										(27)

그림 4.1 구조적 의존성을 보여주는 산업 프로젝트의 DSM

59

다시 말해 이것은 설계 부채가 상대적으로 적은 것처럼 보인다. 하지만 안타깝게도 그렇지는 않다. 그림 4.2에서 진화 의존성 정보를 숫자로 셀 안에 추가하면 이야기가 달라지기 때문이다. 예를 들어 파일을 프로젝트의 커밋 히스토리에서 추출해 보면 가로 행 20의 파일은 세로 열 1의 파일과 함께 총 16번 변경됐다는 것을 알 수 있다.

그림 4.2를 간단히 살펴보면 이 프로젝트를 굉장히 다른 관점으로 바라보게 된다. 행렬은 이제 더 **빽빽**해졌다. 여기서 행렬이 가진 세부 사항은 그다지 중요하지 않다. 그것보다 먼저 눈치채야 하는 점은 이 행렬에 **더 많은** 셀이 채워져 있다는 것이다. 이런 파일은 대체로 구조적으로 서로 결합돼 있지는 않지만 진화적으로 강하게 결합되는 것을 알 수 있다! 또한 행렬의 대각선 위에 존재하는 셀에서 많은 애너테이션을 볼 수 있는데, 이것은 결합이 상위 레벨에서 하위 레벨 파일로 이동할 뿐만 아니라 모든 방향으로 진행된다는 것을 의미한다. 실제로 이 프로젝트는 아키텍트가 보고한 바와 같이 매우 높은 아키텍처 부채를 안고 있다. 프로젝트 내에서 일어나는 거의 모든 변경은 비용이 많이 들고 복잡한 작업이다. 그렇기 때문에 언제 새로운 기능을 준비하고 버그를 수정할 수 있을지 예측하는 것도 까다롭다.

이러한 일반적인 통찰은 그 자체만으로도 흥미롭지만 부채의 비용과 영향을 정확하게 수치화함으로써 여기서 한 발짝 더 나아갈 수 있다.

프로젝트에 대해 두 가지 의존성을 찾아냈다고 가정하면 유지보수 비용의 성장 모델을 계산할 수 있다. 연결된 상태의 상호 의존적인 파일 그룹이라면 특정 기간(예를 들면 출시 완료까지)을 기준으로 버그 수정에 사용된 코드 수정[5](커밋된 코드 라인)의 양으로 프로젝트 이력상 유지보수 비용이 얼마나 들었는지 알아낼 수 있다. 또한 시간이 지남에 따라 각 파일 그룹에 대해 이 비용이 어떻게 증가해 가는지를 추적할 수 있다. 이 성장률을 프로젝트 평균과 비교해 부채를 포함할 가능성이 있는 그룹을 매우 간단히 알아낼 수 있다. 이 작업을 정확히 어떻게 수행하는지에 대해서는 곧 논의할 것이다.

---

5 (옮긴이) code churn: 특정 줄의 코드가 삭제나 대체를 포함해 다시 작성된 측정치를 나타낸다.

	1	2	3	4	5	6	7	8	9	10	11	12	13	14	15	16	17	18	19	20	21	22	23	24	25	26	27
1 session.MenuBean	(1)																			,16			,8				
2 springmvc.support.BasicRoleProvider		(2)												,8	,8												
3 springmvc.web.audit.AccessConfigController	,10		(3)											,10	,10	,10	,8	,8	,8	,8							
4 springmvc.web.login.FederatedLoginController	Create,			(4)	,10									,8	,8	,8			,8	,10							
5 springmvc.web.login.LoginController	Create,10			,10	(5)														,14								
6 springmvc.web.login.PostLoginController	Create,		,8			(6)																					
7 springmvc.web.reporting.AllowedTrafficController			,8				(7)		,8			,12	,16	,14	,16	,10	,10	,8	,10								
8 springmvc.web.reporting.AttributeMetricModelUtil								(8)								,10											
9 springmvc.web.reporting.AuthenticatingReportPersistenceService							,8		(9),8	,8		,10	,10	,12	,8	,8	,10	,12									
10 springmvc.web.reporting.AuthenticatingReportService									,8	(10)				,10	,8	,8											
11 springmvc.web.reporting.BaseGenerationController											(11)							,8									
12 springmvc.web.reporting.CompositeReportsController							,12		,10			(12),14	,14	,10	,12	,10	,10	,10	,8								
13 springmvc.web.reporting.CreateEditCompositeReportsController							,16		,10			,14	(13),8	,14	,16	,10	,10	,10									
14 springmvc.web.reporting.CreateEditRecipientsController							,14					,10	,14	(14),8	,14	,10	,8	,14	,10								
15 springmvc.web.reporting.CreateEditReportScheduleController	,8		,8				,16		,12	,10		,12	,16	,14	(15),10	,14	,14	,10									
16 springmvc.web.reporting.HomeController	,8		,8				,10		,8	,8		,10	,10	,10	,14	(16),12	,12	,8	,8					,8			
17 springmvc.web.reporting.LandingController			,8				,10		,10			,10	,10	,8	,12	,12	(17)		,10								
18 springmvc.web.reporting.ReportGeneationController							,8		,12		Use,8	,10	,10	,10	,10			(18)									
19 springmvc.web.reporting.ReportScheduleController			,8				,10							,10	,14	,8			(19)								
20 struts.ScancentreAction	,16		,10	,14																(20)							
21 struts.admin.PopulateAccessAuditAction																				Use,	(21)	,8	,10	,8	,8		
22 struts.admin.PopulateAdminUsersAction																					Use,8	(22)	,14				
23 struts.admin.PopulateAudit																				Use,8	,10,14		(23)				
24 struts.login.SuperUserEditAction	Create,8																			Use,8				(24),10	,10		
25 struts.login.SuperuserWorkAsResellerAction	Create,																			Use,8				,10	(25)		
26 web.tag.RenderServiceTabsTag	Cast,Use,																									(26),8	,8
27 web.tag.WelcomeTag	Cast,Use,																									,8	,8 ▼(27)

그림 4.2 그림 4.10에서 소개한 산업 선업 프로젝트의 DSM으로, 진화 의존성 정보가 추가됐다.

61

4.1.2 관련된 정보 수집하기

설계 부채에 대한 통찰은 세 종류의 정보를 통해 얻을 수 있다. 이 정보는 거의 모든 프로젝트에서 수집하거나 얻을 수 있다.

- **이슈**: 지라(Jira)와 같은 이슈 트래킹 시스템에서 얻을 수 있는 이슈로 깃허브(GitHub) 또는 깃랩(GitLab)과 같은 플랫폼에서 얻을 수 있는 티켓일 수도 있다.
- **커밋**: 깃(Git) 또는 서브버전(Subversion)과 같은 버전 관리 시스템에서 얻을 수 있다.
- **소스코드**: 하나 혹은 그 이상의 프로그래밍 언어로 된 소스코드.

코드를 리버스 엔지니어링해서 코드 모듈 간의(정적) 구조적 관계를 알아낼 수 있다.

모듈 A가 모듈 B에서 상속되는 경우 파서는 의존성 정보를 찾아 그림 4.1의 표로 나타낼 수 있다. 동적 관계는 조금 더 까다로운데, 파이썬, 자바스크립트, 루비와 같은 동적으로 타입을 선언하는 프로그래밍 언어와 메시지 전달에 사용되는 분산 시스템에서 나타난다. 이 경우, 정적 코드 분석으로는 어떤 아키텍처 관계가 존재하는지 확실하게 알 수 없다. 따라서 일반적으로는 일종의 보조 코드(instrumentation) 또는 모니터링을 삽입한 다음 시스템의 보조 코드 버전을 실행해서 데이터를 수집해야 한다.

또한 프로젝트의 커밋을 사용해서 공동 변경 관계의 이력을 알아낼 수 있다. 앞에서 설명한 대로, 각 커밋에 대해 쌍으로 함께 변경이 일어난 파일이 있다면 그것을 기록해서 그림 4.2에 나와 있는 것처럼 공동 커밋의 누적 총계를 쌓아가는 것이다. 프로젝트가 3장에서 이야기한 접근 방법을 따른다는 전제하에 적절한 규율을 사용해 모든 커밋에 이슈 ID로 애너테이션을 달게 한다면 이슈 리포지터리에서 이 커밋이 왜 일어났는지를 알 수 있다. 이런 규율은 코드 리뷰를 통해 강제될 수 있는데, 예를 들어 어떤 커밋이 버그를 수정하기 위해 이뤄졌고, 어떤 커밋이 새로운 기능을 구현하기 위해 이뤄졌는지 알아낼 수 있다. 자세한 내용은 5장을 참고하길 바란다. 문제 정보를 변경 이력과 연결해보면 버그를 수정하고 해당 기능을 구현하기 위한 코드 수정의 양, 즉 커밋된 코드 라인을 쉽게 추적할 수 있다.

이 모든 것은 대부분의 프로젝트에서 이미 수집하고 있지만 딱히 분석에 사용하지 않는 정보를 사용해서 간단하게 할 수 있다. 혹시 프로젝트에서 모든 커밋에 이슈 ID를 기록하는 관행이 없다면 반드시 도입할 필요가 있다! 이 정보가 없으면 변경이 이뤄진 이유를 알 수 없기 때문이다.

4.1.3 수집한 정보 분석

최소한의 의존성 정보와 이력 정보가 어느 정도 수집되면 몇 가지 유용한 분석을 할 수 있다. 의존성으로 인해 어떤 파일이 함께 군집화되는지에 대한 흥미로운 정보를 얻을 수 있는데, 의존성이 결합의 한 형태이기 때문에 이 정보는 중요하다. 파일 간의 결합이 높으면 다른 파일에 영향을 주지 않으면서 한 파일만 변경하는 것은 어렵다. 결합은 명시적(한 클래스의 메서드가 다른 클래스의 메서드 호출)일 수도 있고 암묵적(두 클래스가 일부 가정을 공유하는 경우)일 수도 있다. 암묵적 가정은 범위가 넓고 다양하다. 예를 들면 하나의 파일 그룹은 데이터 전송 프로토콜, 키 길이(key length), 이벤트 순서에 대한 지식 또는 시스템의 상태나 모드에 따라 시스템 데이터 값이 어떻게 변할 수 있는지에 대한 지식 등을 암묵적으로 공유하고 있을 수 있다. 이러한 경우 데이터 전송 형식을 변경하는 등 하나의 파일을 변경하면 다른 파일도 변경해야 할 가능성이 높다.

뭔가를 변경할 때마다 주의를 기울여야 하고 변경할 때마다 여러 개의 소스 파일을 수정해야 한다면 이것은 변경이 일어날 때마다 비용이 추가된다는 뜻이다. 그 변경이 기능 구현을 위한 것인지, 버그 수정을 위한 것인지와 관계없이 말이다. 이것은 부채의 한 형태다. 이 추가 비용은 자연적으로 발생하는 게 아니라 종종 우발적으로 발생하기 때문에 중요하게 다뤄져야 한다. 코드베이스에는 물론 매우 복잡한 비즈니스 규칙이 있는 등 어느 정도 복잡성이 늘 존재한다. 하지만 어떤 복잡성은 여러 개발자가 각각 개별적으로 코드를 변경하면서 시간이 지남에 따라 누적된 이자에서 비롯된다.

그림 4.3은 실제 생활에서 쉽게 볼 수 있는 누적된 설계 복잡성에 대한 몇 가지 예시다.

그림 4.3 실제 세계에서의 설계 복잡성과 설계 결함[6]

그림과 같은 상황의 설계 복잡성은 너무나 명확히 즉각적으로 우리 눈에 보이지만, 소프트웨어에서의 복잡성은 보이지 않게 누적된다. 이런 종류의 실수는 설계 결함이나 아키텍처 안티패턴으로 분류할 수 있다. 이런 안티패턴의 몇 가지 예시를 살펴보자.

순환 의존성에 연결돼 있는 파일은 긴밀하게 결합돼 있다. 예를 들면 하나의 순환 관계 안에서 A 클래스의 메서드가 B 클래스를, B 클래스가 C 클래스를, C 클래스가 다시 A 클래스를 호출하는데, 이런 순환적 결합(cyclic coupling)은 일반적으로 리팩터링해서 끊을 수 있다. 일부 기능을 C 클래스에서 A 클래스로 이동시키는 것이다. 이런 종류의 순환은 거의 모든 시스템에서 찾을 수 있다. 그림 4.4는 크로미엄 프로젝트의 예시로, 파일 13부터 파일 17 사이의 거의 모든 파일이 서로를 사용하거나 호출하며 의존하는 군집을 형성한다.

---

6 출처: 왼쪽 이미지 https://pxhere.com/en/photo/996703, 오른쪽 이미지 ©Rick Kazman

		1	2	3	4	5	6	7	8	9	10	11	12	13	14	15	16	17	18	19
1	chrome.renderer.render_view.h	(1)	Use																	
2	chrome.renderer.render_thread.h		(2)																	
3	chrome.browser.extensions.extension_message_service.cc			(3)																
4	chrome.renderer.extensions.renderer_extension_bindings.h	Use			(4)															
5	chrome.browser.debugger.extension_ports_remote_service.cc			Use		(5)	Use													
6	chrome.browser.debugger.extension_ports_remote_service.h						(6)													
7	chrome.renderer.extensions.event_binding.h	Use	Use					(7)												
8	chrome.browser.automation.extension_port_container.cc			Use					(8)	Use										
9	chrome.browser.automation.extension_port_container.h									(9)										
10	chrome.renderer.resources.event_binding.js										(10)									
11	chrome.renderer.resources.extension_process_binding.js										Call	(11)								
12	chrome.browser.extensions.extension_message_unittest.cc			Use									(12)				Call			
13	chrome.renderer.extensions.extension_process_binding.cc	Call												(13)	Call		Use	Use		
14	chrome.renderer.render_view.cc	Call,Use	Call										Call	(14)	Call	Call	Call		
15	chrome.renderer.render_thread.cc	Call,Use	Call,Use										Call	Call	(15)	Call	Call		
16	chrome.renderer.extensions.event_binding.cc													Call	Call	Call	(16)			
17	chrome.renderer.extensions.renderer_extension_bindings.cc																Call,Use	(17)		
18	chrome.renderer.extensions.extension_process_binding.h																		(18)	
19	chrome.common.render_messages_internal.h																			(19)

그림 4.4 순환 의존성의 예시

우발적 결합의 또 다른 흔한 유형은 상속 계층에서 발생한다. 예를 들어 아파치 하둡(Apache Hadoop)에서 리버스 엔지니어링된 그림 4.5를 생각해 보자. 이 DSM은 하둡의 중요한 추상화인 FileSystem 클래스(org.apache.hadoop.fs.FileSystem)를 보여준다. 여기에는 FileSystem을 상속받는 7개의 클래스(FilterFileSystem, RawLocalFileSystem, S3FileSystem, KosmosFileSystem, DistributedFileSystem, HftpFileSystem 및 RawInMemoryFileSystem)가 포함되고, 상속 관계는 DSM에서 'ih'로 표시된다. 셀(1,6)의 'dp' 애너테이션으로 미루어 봤을 때 FileSystem 클래스는 호출 관계를 통해 DistributedFileSystem 클래스에 의존한다. 이것은 부모 클래스가 자식 클래스를 호출한다는 뜻인데, 이는 SOLID 원칙 중 하나인 리스코프 치환 원칙(어떤 클래스든 하위 클래스 중 하나로 대체될 수 있어야 한다)을 위반하기 때문에 좋지 않은 객체지향 설계다.

		1	2	3	4	5	6	7	8
1	org.apache.hadoop.fs.FileSystem	(1)					dp,26		
2	org.apache.hadoop.fs.FilterFileSystem	ih ,5	(2)						
3	org.apache.hadoop.fs.RawLocalFileSystem	ih ,5	,5	(3)					
4	org.apache.hadoop.fs.s3.S3FileSystem	ih ,8	,4	,6	(4)				
5	org.apache.hadoop.fs.kfs.KosmosFileSystem	ih				(5)			
6	org.apache.hadoop.dfs.DistributedFileSystem	ih ,26	,6	,7		,9	(6)		
7	org.apache.hadoop.dfs.HftpFileSystem	ih						(7)	
8	org.apache.hadoop.fs.InMemoryFileSystem$RawInMemoryFileSystem	ih ,7	,5	,8	,7		,9		(8)

그림 4.5 아파치 하둡에서의 아키텍처 안티패턴

이 불필요한 의존성은 유지보수 비용을 늘어나게 한다. 셀(1,6) 및 셀(6,1)에는 숫자 26이 애너테이션으로 표시됐는데, 이것은 하둡의 변경 이력에 따라 FileSystem과 DistributedFileSystem이 공동으로 커밋된 횟수(co-committed)를 나타낸다. 이런 과도한 공동 변경은 설계 부채의 한 형태다. 이것은 단순한 부채 이상으로, FileSystem을 하나 변경하려면 DistributedFileSystem 역시 변경해야 할 뿐만 아니라, 누군가가 이를 알고 암묵적 의존성을 기억해야만 하기 때문이다. 다행히도 이 부채는 일부 기능을 자식 클래스에서 부모 클래스로 이동시키는 리팩터링을 통해 쉽게 제거(즉, 상환)할 수 있다. 다만 자식 클래스 간에 의심스러울 정도로 많은 수의 공동 변경이 일어나고 있음에 유의해야 한다. 셀 안의 공동 변경된 숫자가 4에서 9 사이인 것은 자식 클래스가 서로 의존하는 것을 의미한다. 자식 클래스는 서로 독립적이어야 하며 부모 클래스에만 의존해야 하는데 말이다! 이것은 리팩터링으로 제거해야 하는 우발적 결합을 다시 한번 보여준다.

여기서 또 한 번 강조하고 싶은 것은 오늘날 이런 식의 분석은 상용화된 도구 및 연구용 도구, 그리고 정상적인 개발 활동의 일부로 이미 수집하고 있는 정보를 사용해서 충분히 할 수 있다는 것이다. 지금 그런 환경이 아니라면 이런 정보는 저렴한 도구와 개발 프로세스를 약간 변경하는 것으로도 쉽게 수집할 수 있다. 수많은 연구에 따르면 프로젝트에서 커밋된 대부분의 코드 라인은 아키텍처 결함에 영향을 끼친다고 한다. 이것이 의미하는 바를 잠시 생각해 보자. 여러분은 프로젝트에 관심을 가지고 제품 기능을 구현하는 데(슬프지만 물론 버그 수정에도) 시간과 노력을 들이고 싶을 것이다. 하지만 정작 하게 되는 일은 코드베이스에 아무도 모르게 발생해 있는 결함을 처리하는 데 시간과 노력을 밑도 끝도 없이 쏟게 되는 것이다.

그렇다면 이러한 결함은 정확히 무엇일까? 지난 십 년간 반복되는 설계 결함 유형으로 확인된 여섯 가지의 흔한 아키텍처 안티패턴을 소개한다.

1. **불안정한 인터페이스**: 영향력이 큰 파일이 변경 이력에 기록된 대로 이 파일에 의존하는 파일들과 함께 자주 변경되는 경우

2. **모듈성 위반**: 구조적으로 분리된 모듈이 자주 함께 변경되는 경우

3. **비정상 상속**: 상위 클래스가 하위 클래스에 의존하거나 클라이언트 클래스가 상위 클래스와 하나 이상의 하위 클래스에 모두 의존하는 경우

4. **순환 의존성 혹은 클릭(clique)**: 파일 그룹이 강한 연결성을 가진 그래프를 형성하는 경우

5. **패키지 순환**: 둘 이상의 패키지가 계층 구조를 형성해야 함에도 불구하고 서로 의존하는 경우

6. **교차점(crossing)**: 팬인(fan-in)과 팬아웃(fan-out)이 모두 높은 파일이 이 파일에 의존하는 파일들 및 이 파일이 의존하는 파일들과 함께 자주 변경되는 경우

이러한 안티패턴은 버그, 변경 및 코드 수정에 드는 노력과 매우 강한 상관관계가 있다. 뒤에서 관련 데이터를 보여주겠지만, 지금 이 순간 명심해야 하는 것은 하나의 파일이 많은 설계 결함과 관련돼 있다면 버그가 발생할 가능성이 훨씬 높고 수정하거나 변경하는 데 더 많은 노력이 필요하다는 것이다. 예를 들어 하나의 파일이 하나의 파일 세트의 모듈성을 위반하면서 동시에 다른 파일 세트와의 순환 의존성, 또 다른 파일 세트와의 부적절한 상속에 모두 연관될 수 있다. 따라서 설계 결함은 절대로 등한시하면 안 된다! 개념적 무결성이나 설계의 아름다움과 우아함이라는 추상적인 의미에서가 아니라, 설계 결함을 고치는 데 낭비되는 맨먼스가 프로젝트에 실질적인 영향을 끼치기 때문이다. 박스 4.3은 설계 결함이 보안 측면에서도 얼마나 중요한지를 보여준다.

4.2 설계 부채 관리하기

앞에서 언급했듯이 측정할 수 없는 것은 관리할 수 없기에 설계 부채를 식별하고 수치화하는 것은 매우 중요하다. 측정 및 수치화 없이 부채를 제거하는 비즈니스 사례를 만드는 것은 사실상 불가능하다.

박스 4.3 크로미엄 프로젝트의 보안 설계 결함

설계 결함이 얼마나 광범위하게 영향을 미치는지를 느끼기 위해 크로미엄 프로젝트의 예를 살펴보고자 한다. 크로미엄은 매우 큰 오픈소스 프로젝트(웹 브라우저 및 운영체제)로, 길고 잘 문서화된 역사를 가졌기에 분석을 위한 사례 연구로 이상적이다. 여기서는 크로미엄의 보안 버그에 중점을 두는데, 이것을 살펴보면 재미있는 그림이 나온다. 우리는 'Plus 10'이라고 부르는 버그를 추출해 냈는데 이 버그는 크로미엄의 이슈 트래커에서 "Type=Bug-security"로 레이블이 지정된 버그로, 이 버그를 해결하려면 열 개 이상의 개별 소스 파일에 커밋해야 한다. 여기서 하나를 변경할 때 열 개 이상의 파일을 수정해야 한다는 것은 단순한 하위 레벨의 코딩 문제가 아니라 설계 문제가 존재할 수 있다고 가정했다. 예를 들어 어떤 기능이 코드 모듈에 잘못 분배됐거나 모듈 간 결합도가 지나치게 높거나 공유된 '비밀'이나 가정이 수정돼야 하는 상황일 수 있다. 이는 수많은 동시다발적인 변화를 일으켰는데, 각각의 케이스에서 문제의 핵심은 모두 설계에 있었다.

Plus 10 버그들은 크로미엄의 모든 보안 버그 중 6.7%에 불과했지만, 이를 수정하기 위해서는 지금까지의 프로젝트 이력상 보안 버그를 고치기 위해 수정했던 모든 파일 중 44.6%를 변경해야 했다. 이것은 작은 비율의 버그가 매우 큰 영향을 미칠 수 있음을 보여준다. 심지어 이 Plus 10 버그들은 모든 보안 버그를 수정하는 데 쓰인 전체 코드 라인의 47.1%를 차지했고, 각각의 Plus 10 버그는 평균적으로 다른 보안 버그를 수정하는 데 쓰인 코드보다 약 7배 더 많은 코드가 필요했다(따라서 약 7배 더 많은 노력이 필요하다고 가정한다). 마지막으로 이런 버그는 다른 보안 버그보다 더 많은 커밋이 필요했다.

어쩌면 여러분은 이 데이터에 대해 여전히 회의적일 수 있다. 어쩌면 이것은 단순히 크고 복잡한 문제였고, 이런 큰 문제는 고치는 데 당연히 많은 시간과 노력이 필요하니까 말이다. 물론 합리적인 의심이다. 하지만 여기서 이 Plus 10 버그의 또 다른 특성을 고려해 보자. 평균적으로 이런 버그를 해결하기 위해 수정된 파일 세트에는 7.37개의 아키텍처 결함이 포함돼 있었다. 이제 이 버그의 복잡성이 이해되지 않는가?

예를 들어 크로미엄 이슈 #58,069를 들여다보자: "윈도우 샌드박스는 콘솔에 대한 액세스를 허용한다."[7] 이 보안 버그는 문제가 최종적으로 해결되기까지 13개의 다른 파일에 대해 네 번의 커밋이 필요했으며 이런 커밋에는 코드 4,682줄에 대한 수정 사항이 포함됐다. 수정된 파일은 아키텍처적으로 연결됐으며 파일 간의 관계에서 불안정한 인터페이스 2개, 순환 의존성 1개, 모듈성 위반 2개를 포함한 5개의 아키텍처 결함이 감지됐다.

이 패턴은 크로미엄 프로젝트에서 지속적으로 반복된다. 거의 모든 Plus 10 버그는 아키텍처 안티패턴으로 인해 발생하며, 대부분은 이러한 안티패턴의 여러 경우에 의해 영향을 받는다.

크로미엄 버그 #34,151을 살펴보자: "크롬프레임(ChromeFrame): 크롬 프레임에서 쿠키 정책이 적용되지 않음"은 관련 파일 간의 복잡한 아키텍처 관계로 인해 취약점을 수정하기가 극도로 어렵게 된 또 다른 예시다. 이 버그는 인터넷 익스플로러의 쿠키 정책을 위반한 크롬프레임 플러그인에 관한 것으로, 이 문제를 해결하려면 크롬프레임 렌더러가 쿠키를 요청할 때 인터넷 익스플로러 같은 호스트에서 쿠키를 읽어야 한다. 이 문제에 대한 수정에는 여러 결함이 포함된 20개 이상의 파일이 포함됐는데, 세 가지를 살펴볼 수 있다. 첫 번째로, `chromeFrameActivexBase.h`, `chromeFrameNpapi.h`, `chromeFrameNpapi.cc`, `chromeFrameDelegate.h`, `chrome-FrameDelegate.cc`는 모두 `OnGetCookiesFromHost` 메서드를 구현했으나 이들 모듈 간에 구조적 의존성은 찾아볼 수 없었다. 이런 추상화의 부족은 그 자체로 모듈성 위반을 보여준다. 두 번째로 `OnResponseStarted` 메서드는 `pluginUrlRequest.h`에서 영구 쿠키(persistent cookie)를 사용하지 않도록 수정되는데, 이는 다시 다섯 개의 다른 파일에 영향을 준다. 이것은 **불안정한 인터페이스**의 한 가지 예시다. 세 번째로, `chromeUrlRequest_context.h` 안의 새로운 메서드 `IsExternal`은 `AutomationProfileImpl.cc`와 `resourceMessageFilter.cc`에 영향을 줌으로 또 하나의 불안정한 인터페이스를 보여준다. 이 세 가지 설계 결함으로 인해 팀은 결국 최종 수정까지 20개 이상의 파일을 넘나들며 528줄의 코드를 작성해야 했다.

---

7 https://bugs.chromium.org/p/chromium/issues/detail?id=58069

모든 중요한 소프트웨어 프로젝트에는 설계 부채를 포함한 기술 부채가 존재하기 마련이다. 따라서 이 시점에서 여러분은 스스로 다음과 같은 질문을 던져야 한다. 내 프로젝트에서 가장 비용이 많이 드는 아키텍처 부채와 관련된 파일 그룹은 무엇인가? 이 질문에 답하고 나면 그다음 질문이 분명해진다. 이 부채를 상환하는 ROI는 얼마인가? 이 두 가지 질문에 대답했다면 부채를 상환하는 것(일반적으로 리팩터링을 통해 상환하게 된다)에 대한 결정은 간단해진다. 즉, ROI에 따른 경제적 결정으로 ROI가 크면 리팩터링 작업을 수행하면 된다. 따라서 지금부터는 설계 부채를 식별하고 수치화하고 제거하기 위한 리팩터링 비용을 추정하는 일련의 프로세스를 상용 소프트웨어 프로젝트의 사례 연구를 통해 설명하고자 한다. 이 사례 연구에서는 부채를 제거함으로써 얻을 수 있는 이익과 부채를 제거하는 데 드는 리팩터링 비용에 근거하여 기대되는 ROI 값을 얻을 수 있었다.

이 연구는 다국적 소프트웨어 아웃소싱 회사인 소프트서브(SoftServe)와 함께 진행했다. 소프트서브는 미래 지향적이고 체계적인 소프트웨어 엔지니어링 조직이자 성숙한 소프트웨어 회사로서 높은 명성을 가지고 아키텍처, 테스트, 애자일 개발, 프로세스 및 프로젝트 관리에서 많은 모범 사례를 도입해 왔다.

여기에서 소개할 SS1이라는 웹 포털 시스템의 사례 연구에 앞서, 소프트서브 아키텍트는 이미 프로젝트 안에 존재하는 기술 부채 항목을 목록으로 작성했다. 부채는 여러 도구에 의해 감지됐는데, 예를 들면 소나큐브(SonarQube)라는 도구가 찾아낸 코드 위반과 이클립스(Eclipse)가 찾아낸 수많은 Todo 및 FIXME 태그 등이 있었다. 개발자는 이런 도구가 찾아낸 너무 많은 문제에 압도된 상태였고, 무엇을 어디에서부터 고쳐야 할지 결정할 수 없었다. 도구를 통해 찾아낸 부채에는 다른 문제도 있었다. 각 위반으로 인해 발생한 부채의 규모나 부채를 상환함으로써 얻을 수 있는 가치에 대한 평가가 없었다는 것이다. 이 연구를 통해 우리가 달성하고자 했던 것은 SS1의 설계 부채의 성격과 규모를 이해하는 것뿐만 아니라, 부채의 수치화를 통해 다양한 문제의 우선순위를 지정하고 부채 상환의 ROI를 수치화하는 것이었다.

분석 당시 SS1은 797개의 소스 파일을 가지고 있었다. 이 소스 파일에서 2년여 기간의 변경 이력과 문제를 찾아냈다. SS1은 여섯 명의 풀타임 개발자와 훨씬 많은 사람의 기여에 의해 유지보수되고 있었다. 사례 연구 기간 동안 지라 이슈 트래커에는 1,079개의 버그를 포함한 2,756개의 이슈가 등록됐고, 깃 버전 관리 리포지터리에는 3,262개의 커밋이 기록됐다. 사용된 분석 프로세스는 그림 4.6에 나와 있듯이, 우선 데이터를 수집하고 DV8이라는 도구를 사용해서 설계 부채를 식별한 다음, 팀과 함께 해당 부채를 검증하는 것이었다. 그러고 나서야 마지막으로 부채 비용을 수치화할 수 있었다.

이 분석 파이프라인의 중심에는 DV8이라는 도구가 있었는데, 이 도구는 아키텍처 관계를 군집화, 시각화, 조작 및 분석하기에 적절했다.[8] 그림 4.6과 같은 프로세스를 정립함으로써 우리는 핫스팟을 식별해낼 수 있었다. 이 핫스팟은 아키텍처에 관련된 파일 군집이었는데, 이 파일 군집은 프로젝트 내에 가장 버그가 많고 변경 가능성이 높은 파일들로 구성됐을 뿐만 아니라, 설계 결함 및 아키텍처 안티패턴에도 해당하는 것으로 밝혀졌다.

결국 최종적으로 세 개의 핫스팟(**DRSpaces**라는 아키텍처 관련 파일 군집)에 이 프로젝트의 가장 많은 부채가 포함된 것이 확인됐다. 'DRSpace'는 '설계 규칙 공간(Design Rule Space)', 즉 특정 설계 규칙을 따르는 파일 그룹을 의미한다. 이번 장의 시작 부분에서 언급했듯이 설계 규칙은 시스템 내의 중요한 추상화 혹은 인터페이스다. 예를 들면 추상화된 팩토리 패턴을 쓰는 경우 설계 규칙은 팩토리가 일반적인 인터페이스를 정의하고 이 인터페이스는 추상 팩토리의 클라이언트에 의해 인스턴스화된 특정 하위 클래스에 의해 구현되는 것이다. 추상 팩토리 인터페이스는 이 추상화에 의존하는 파일들을 이끌게 된다.

SS1 프로젝트에서 식별된 세 개의 DRSpace는 각각 이 프로젝트 내에서 다른 많은 파일에 영향을 미치는 한개의 중요한 파일에 의해 이끌렸다. 각 DRSpace의 중요 파일은 그림 4.7의 A2, A3, A4셀에 표시돼 있다.

---

8 https://archdia.com

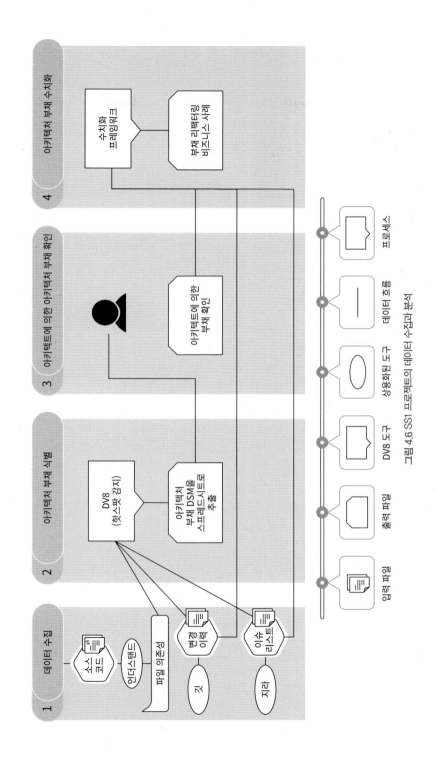

그림 4.6 SS1 프로젝트의 데이터 수집과 분석

	A	B	C	D	E	F	G	I	J	K	L	M	N
1	**DRSpace Leading File**	DRSpace Size	Norm Size	Current Defects/Yr	Norm Defects	Current Changes/Yr	Norm Changes/Yr	Tot LOC Changed	Norm LOC Changed	Refactor Cost (PM)	Norm Exp Defects/Yr	Norm Exp Changes/Yr	Norm Exp LOC Changed
2	Pear.java	139	119.33	166	142.5	1068	839.2	49,171	42,213	5.5	39	346	20,281
3	Apple.java	158	133.83	63	53.4	607	451.7	25,603	21,686	7	44	388	22,745
4	Bean.java	65	37.83	72	41.9	429	207.2	17,807	10,364	1.5	12	110	6,429
5													
6	DRSpace Total		290.99		237.8		1498		74,263		96.0	843.871	49,455
7	Project Total	797		265		2332		135,453		14			
8	Savings										142	654	24,808
9													
10													
11	Base defect rates	0.33											
12	Base change rates	2.9										Exp PM saved	41.35
13	Base LOC/file	169.95											
14	Base /PM	600											

그림 4.7 SS1 프로젝트에서 개선된 부채

각각의 DRSpaces에서 발생하는 부채를 계산하기 위해 그림 4.7과 같이 간단한 스프레드
시트를 만들어봤다. 세 개의 DRSpaces는 그들을 이끄는 파일 이름으로 구분했다(파일 및

채소 이름을 사용해서 익명 처리함). A2~4 셀에 표시된 것처럼 세 개의 중요 파일은 Pear. java, Apple.java, Bean.java로, 각각 139개, 158개, 65개의 파일 그룹을 이끈다. 일부 파일은 복수의 DRSpaces에 포함되어 있지만, 단일 파일이 다른 파일과 많은 관계를 갖는 것은 종종 있는 일이고, 또한 여러 DRSpaces에 포함돼 있을 수 있기 때문에 이는 정상이다. 물론 이 파일에서 부채를 이중 또는 삼중으로 계산하는 것을 막기 위해 부채를 계산하는 방법을 정규화(normalize)했다. 즉, 파일이 두 개의 DRSpaces에 나타나면 각각 0.5로 계산하고 파일이 3개의 DRSpaces에 나타나면 각각 0.33으로 계산했다. 이 방식으로 우리는 C2~4 셀에 표시된 것처럼 3개의 DRSpaces의 정규화된 크기를 얻을 수 있었다. 또한 전년도에 각 파일에서 발생한 결함 및 변경의 수와 그 버그를 수정하고 변경하기 위해 커밋된 코드 줄을 세어봤는데, 이것이 바로 부채에 대한 **이자**였다. 프로젝트의 커밋 기록과 이슈 트래킹 시스템에서 이 정보를 쉽게 추출할 수 있었는데, 적절하게 정규화된 이 숫자는 E, G, J 열에 표시돼 있다.

다음으로 아키텍트에게 DRSpaces를 리팩터링해서 결함을 제거하는 데 드는 비용을 추정하도록 요청했다. 각 결함과 관련된 파일의 목록을 제공할 수 있었기 때문에 아키텍트는 어려움 없이 그 비용을 추정할 수 있었다. K2~4 셀에 표시된 것이 맨먼스 단위의 리팩터링 비용 추정치다.

그리고 리팩터링 후에 DRSpaces에서 발생할 것으로 예상되는 버그, 변경 사항, 코드 수정을 추정했다. 이 추정치는 전체 프로젝트(B11~13 셀)의 평균 결함, 변경, 코드 수정률(churn rates)을 기반으로 하는데, 여기서의 가정은 원래 결함이 있던 파일은 결함이 제거된 후에는 정상적인 파일이 된다는 것이다. 파일의 버그 발생성과 변경 경향성, 그리고 코드 수정은 아키텍처 결함과 높은 상관관계가 있는 것으로 나타났으므로 결함이 제거되면 파일이 정상으로 되돌아갈 것이라고 가정하는 것이 합리적이다. 이 가정은 SS1 프로젝트 리더들에 의해 채택됐으며 실제로 검증됐다. 리팩터링을 진행한 파일에 대해 예상되는 버그, 변경 사항 및 코드 수정 수가 L, M, N 열에 표시되는데, 이 추정치는 단순히 파일 수에 B11~13 셀에 있는 평균 버그, 변경 및 코드 수정률을 곱해서 얻었다.

이 과정을 통해 마침내 리팩터링에 대한 예상 ROI를 얻을 수 있었다. ROI는 예상 절감액, 즉 리팩터링이라는 투자를 통해 얻어질 것으로 예상되는 이익을 예상되는 비용으로 나눠서 계산했다.

여기에서 예상되는 비용이란 앞에서 언급한 대로 아키텍트가 추정한 리팩터링 비용이고, 예상되는 이익(절감된 비용)은 리팩터링한 결과 작성할 필요가 없는 코드 라인 수가 된다. 이 기댓값은 현재 코드 수정과 예상 코드 수정의 차이로 계산된다. SS1 프로젝트의 경우 N8 셀에 표시된 것처럼 연간 절약되는 예상 코드 라인은 24,808줄로, 이것은 단순히 세 개의 리팩터링된 DRSpaces(N2~4셀)에 대한 예상 절감액의 합계다.

이 회사의 생산성 지표(맨먼스[9]당 600LOC, B14 셀)에 비추어보면, 연간 24,808줄의 코드를 절약할 수 있다는 것은 연간 41.351맨먼스를 절약할 수 있음을 의미한다. 리팩터링에 소요되는 비용이 연간 14맨먼스(K2 셀부터 K4 셀의 합계로, K7 셀에 표시됨)로 추정된다는 점을 감안하면, 이 설계 부채를 상환하는 것에 대한 예상 ROI는 첫해에만 거의 300%였다. 심지어 이것은 훨씬 적은 수의 버그를 처리함으로써 얻게 되는 단축된 품질 보증 시간과 평판의 향상은 고려하지 않은 계산이다. 따라서 리팩터링한다는 것이 SS1의 매니저들에게는 매우 내리기 쉬운 결정이었다.

우리는 또 다른 사례 연구 A: 브라이트스퀴드(Brightsquid)를 통해 이런 유형의 분석이 프로젝트 생산성 향상 측면에서 얼마나 큰 기여를 했는지 보여줄 것이다. 이런 종류의 자동화된 아키텍처 분석은 오늘날 대부분의 회사에서 코드와 설계 부채를 관리하기 위해 수행하는 코드 지표(code metrics)를 단순히 계산하는 것보다 훨씬 더 효과적이다(지표에 대한 조언은 박스 4.4 참고).

박스 4.4 소프트웨어 지표와 코드 라인

> 소프트웨어 지표는 소프트웨어 산업만큼 오랫동안 존재해 왔다. 주요 지표 중 하나는 코드 라인 수(LOC)인데, 이는 측정 기준으로서 문제를 가지고 있다. 어떤 개발자는 코드를 간결하게 쓰는 반면에 어떤 개발자는 코드 두 줄로도 할 수 있는 작업을 열 줄로 하기 때문이다. 프로그램 크기 또한 언어 선택과 프레임워크 사용에 따라 크게 달라진다. 하지만 대체적으로 코드 라인 수는 대략적인 스케일의 비교를 통해 어느 정도의 복잡성을 알려준다.
>
> 코드 라인 수 외에도 여러 가지 지표가 있다. 예를 들면 프로그램을 통한 경로의 수와 같은 순환 복잡도나 결합도, 그리고 의존성 수와 결합도 측정 및 핫스팟과 같이 이 책에서 소개한 것들이 포함된다.

---

9 (옮긴이) 원서에서는 LOC(Lines of Codes) per person-month라고 되어 있지만, 번역문에서는 맨먼스로 바꿔 썼다.

지표를 보편적인 진리로 사용하는 것은 곤란하다. 모든 지표는 심각한 측정 오류와 정밀도 문제를 가지고 있기 때문이다. 하지만 이것은 분명히 유용한 조기 경고 지표로 사용될 수 있다. 특히 추세를 살펴보면 증가하는 버그 비율 같은 잠재적인 문제를 빠르게 알아볼 수 있다. 그림 4.7에 표시된 숫자는 정확하지는 않지만, 상대적 중요성을 알아보는 데 도움이 된다는 면에서 중요하다. 즉, 지표의 숫자 자체보다 무엇이 더 많은 비용이 드는 수정을 해야 하는 문제이고 무엇이 무시해도 되는 사소한 문제인지를 판단해야 한다.

4.3 설계 부채 피하기

아키텍처 부채를 피하는 가장 좋은 방법은 애초에 부채를 발생시키지 않는 것이다. 하지만 많은 시스템이 아키텍처에 대해 딱히 생각하지 않은 채로 만들어지기 때문에 이것은 꽤 어려운 일이다. 애자일 선언문의 12가지 원칙에 따르면, "최고의 아키텍처와 요구 사항 및 설계는 자기 조직화되는 팀(self-organizing team)[10]에서 나온다"[11]고 한다. 물론 작거나 설계 선택이 거의 없거나 중요하지 않은 시스템이라면 이렇게 해도 잘 굴러가겠지만, 훨씬 더 크고 전례 없는 시스템에서는 이것이 제대로 효과를 내는 것을 본 적이 없다. 이 책에 실린 많은 사례 연구는 좋은 설계가 그냥 나오는 것이 아니라는 사실에 대한 반증이다(박스 4.5 참고).

박스 4.5 실무자의 목소리: 마르코 바르톨리니(Marco Bartolini)

이 [SKA라고 불리는 10억 달러 규모의 전파 망원경] 프로젝트는 2019년 7월 시점에 설계 단계를 마무리하고 있습니다. 이 단계에서 망원경은 가볍게 만들어진 중앙 조직에 의해 다양한 요소의 집합체로 설계됐습니다. 그중 일부는 과학 데이터 프로세서(SDP, Scientific Data Processor)나 망원경 관리자(TM, Telescope Manager)와 같이 확실히 소프트웨어가 중요한 부분을 차지하는 요소들이 있었습니다. 이러한 요소들에 대해서는 잘 문서화된 소프트웨어 아키텍처를 개발하고 제공하는 데 설계 노력을 집중했고, 시간과 리소스가 허용되는 한 프로토타입을 통해 일부 가정을 검증했습니다. 이제 아키텍처를 단일 시스템으로 통합하는 단계에 있으며 이전 단계에서 설계된 아키텍처를 검증하는 데 도움이 되는 진화적 프로토타입을 점진적으로 개발하고 있습니다.

…

우리는 소프트웨어 시스템이 망원경의 수명, 즉 최소 50년 동안 유지보수되고 업데이트돼야 한다는 점을 항상 염두에 두고 있습니다. 이는 종종 제품의 성숙도와 즉각적으로 얻을 수 있는 성능 이점을 놓고 절충안

10 (옮긴이) 다른 팀이나 관리자에 기대지 않고 업무에서 성과를 내고 성취할 수 있는 가장 좋은 방법을 선택하는 팀
11 (옮긴이) "The best architectures, requirements, and designs emerge from self-organizing teams."

을 찾지 않으면 안 된다는 것을 의미합니다. 이런 식의 열린 접근 방식을 유지하고 세트 기반의 설계를 도입하는 것은 가장 수익성 있는 순간에 결정을 내리는 데 매우 중요합니다.

— MB[12]

여러분이라면 자기 조직화된 팀이 고안해 낸 비행 제어 시스템이 탑재된 비행기를 타겠는가? 그렇지 않을 것이다. 이는 일반적으로 그림 4.3에 묘사된 것과 같은 더 큰 혼란을 야기한다.

복잡한 시스템을 구축하는 경우라면 어쩌면 특징 기반 설계(ADD, Attribute-driven design)와 같은 설계 방법을 사용해서 설계에 대한 사전 작업을 수행함으로써 최소한의 설계 부채를 피하는 것이 바람직할 것이다. ADD는 패턴, 전술 및 프레임워크 등의 **설계 콘셉트**를 사용해서 생각을 정리하고 가능한 설계의 공간을 제한해 경쟁력 있는 설계 결정을 내리는 것을 강조한다.

하지만 이런 최선의 노력이나 초기 아키텍처의 아름다움에도 불구하고 기능을 조금씩 추가하고 버그를 수정하다 보면 시간이 지남에 따라 설계 무결성은 대부분 조금씩 저하된다. 앞서 이야기한 대로 이것은 아키텍처 부채로 누적된다. 이 부채를 식별한 뒤 제거하자는 비즈니스 결정을 내렸다면 이제는 부채를 제거하기 위한 전략이 필요하다. 이것은 일반적으로 리팩터링을 통해 이루어진다.

리팩터링의 목적은 기능을 많이 변경하지 않고도 시스템 구조를 변환해서 시스템 컴포넌트 사이의 결합도를 줄이고 응집도를 높이는 것이다. 이것은 많은 조직에서 마이크로서비스로 전환함으로써 달성하고자 하는 주요 목표 중 하나이기도 하다. 고도로 결합된 시스템은 카드로 만든 집과 같아서 단독으로는 어떤 변경도 하기 어렵고 많은 변경은 부정적인 파급 효과를 가져와 결국 집을 무너뜨린다.

설계 부채를 제거하려면 불안정한 인터페이스, 모듈성 위반, 비정상 상속, 순환 의존성, 패키지 순환 및 교차점과 같이 앞에서 설명한 안티패턴의 영향을 자주 상쇄시켜야 한다. 다행스럽게도 이런 안티패턴이 식별된 경우라면 안티패턴 자체가 (자체적으로 부과된) 문제를

---

12 [실무자의 목소리]는 실무자의 경험을 인터뷰한 내용을 발췌한 것으로, 인터뷰의 전체 내용 및 다른 실무자 인터뷰는 부록에서 이름을 기준으로 찾을 수 있다.

해결하기 위한 가이드이기 때문에 그리 어렵지는 않다. 순환 의존성 또는 클릭을 수정하려면 한 모듈에서 다른 모듈로 코드를 이동하거나 의존 중인 것 중 하나의 방향을 반대로 해서 순환을 끊으면 된다. 비정상 상속의 경우라면 수정 방법은 더 명확해지는데, 기능을 하나 혹은 그 이상의 자식 클래스에서 부모 클래스로 이동시키면 된다. 모듈성 위반을 수정하려면 암묵적 의존을 명시적으로 만들면 된다. 모듈 그룹은 키의 길이나 파일 형식에 대해 암묵적인 가정을 가지고 있을 수 있다. 가정의 세부 사항을 숨기는 명시적이지만 추상적인 인터페이스를 작성해서 모듈에 넣으면 이 가정을 명시화하고 모듈화하게 되어 모듈성 위반은 마법처럼 사라진다.

이런 리팩터링은 앞의 SS1 논의에서 이야기한 것처럼 각각에 대해 예상되는 이점과 비용에 대해 평가돼야 한다. 리팩터링은 자체적으로 위험성을 가진다는 것을 기억해야 한다. 리팩터링은 시스템을 한번 휘저어 놓기 때문에 리팩터링 직후에 버그는 일시적으로(제발 일시적이기를!) 늘어난다. 하지만 장기적으로 시스템은 더 안정적이고 유지보수가 용이한 상태가 된다.

4.4 이번 장을 마치며

이번 장에서는 설계(또는 아키텍처) 부채의 근본 원인과 종류를 알아봤다. 코드베이스 내의 기술 부채와 달리 설계 부채는 근본적인 원인이 여러 파일에 분산돼 있고 정적 분석만으로는 감지할 수 없기 때문에 식별하기 어려운 경우가 많다. 여섯 개의 파일을 거쳐 발생하는 순환 의존성이 있는 경우라면 조직의 어느 누구도 이 순환을 완전히 이해하지 못할 것이고 또한 쉽게 관찰되지도 않을 것이다. 따라서 설계 부채를 식별하기 위한 도구의 도움이 종종 필요하다.

이렇게 식별해 내는 부채는 매우 가치 있다. 설계 부채는 종종 프로젝트의 실행 가능성을 위태롭게 할 수 있기 때문이다. ABB라는 회사와 함께 연구한 여덟 개의 사례에서는 여덟 개의 시스템 중 여섯 개에서 상당한 설계 부채를 발견했다. 한 사례는 너무나도 많은 기술 부채에도 불구하고 시스템의 의존성을 이해하는 사람이 아무도 없었기 때문에 아주 사소한 변경이라도 개발자에게 너무나도 큰 고통을 줬다. 심지어는 코드 한 줄을 변경하는 데 무려 1개월 이상 걸린 경우도 많았다!

설계 부채가 일단 확인된 상태에서 부채가 충분히 심각하다고 판단했다면 리팩터링을 통해 제거해야 한다. ABB 연구에서 식별된 여섯 개의 시스템과 사례 연구 A에서 소개할 브라이트스퀴드에서도 모두 대규모 리팩터링 작업이 진행되고 있다.

참고 문헌

이번 장에서 사용된 아키텍처(설계) 부채의 정의는 L. 샤오(L. Xiao), Y. 차이(Y. Cai), R. 캐스만(R. Kazman), R. 모(R. Mo), Q. 펑(Q. Feng)의 '아키텍처 부채 식별 및 정량화'(Identifying and Quantifying Architecture Debts)를 참고했고, 이는 2016년 ICSE(소프트웨어 엔지니어링 국제 컨퍼런스)에서 발표됐다. SS1 예시는 R. 캐스만, Y. 차이, R. 모, Q. 펑, L. 샤오, S. 하지예프(S. Haziyev), V. 페다크(V. Fedak), A. 샤포카(A. Shapochka)의 '기술 부채의 아키텍처적 뿌리 찾기 사례 연구'(A Case Study in Locating the Architectural Roots of Technical Debt)에 나와 있고, 소프트웨어 엔지니어링 국제 컨퍼런스(Proceedings of the International Conference on Software Engineering, ICSE) 2015를 참고했다. 설계 규칙의 개념은 카를리스 발드윈(Carliss Baldwin)과 킴 클락(Kim Clark)의 저서 ≪설계 규칙: 모듈화의 힘(Design Rules: The Power of Modularity)≫(MIT Press, 2000)을 참고했다.

기술 부채에 대해 실무자를 대상으로 한 연구에 따르면 아키텍처 부채가 프로젝트 부채의 가장 큰 원인인 것으로 나타났다. 이 연구는 N. 에른스트(N. Ernst), S. 벨로모(S. Bellomo), I. 오즈카야(I. Ozkaya), R. 노르드(R. Nord), I. 고턴(I. Gorton)의 '측정할까? 관리할까? 무시할까? 소프트웨어 실무자와 기술 부채'(Measure It? Manage It? Ignore It? Software Practitioners and Technical Debt)에서 찾을 수 있으며, 이는 2015년 10번째 소프트웨어 엔지니어링 기초 공동 회의(Proceedings of the 2015 10th Joint Meeting on Foundations of Software Engineering)에서 발표됐다.

SOLID 원칙에 대해서는 많은 저서가 있는데, 단일 책임 원칙, 인터페이스 분리 원칙 및 의존 역전 원칙은 로버트 C. 마틴(Uncle Bob)에게서 빌려왔다. ≪클린 소프트웨어≫(제이펍, 2017)를 읽어보기 바란다. 개방-폐쇄 원칙은 베르트랑 메이어(Bertrand Meyer)의 ≪객체지향 소프트웨어 구축(Object-Oriented Software Construction)≫(Prentice

Hall, 1988)의 23페이지를 참고했다. 리스코프 치환 원칙은 바바라 리스코프(Barbara Liskov)에 의해 만들어졌다. B. 리스코프, J. M. 윙(J. M. Wing)의 '하위 타입의 행동적 개념'(A Behavioral Notion of Subtyping)은 프로그래밍 언어 및 시스템 ACM 저널(ACM Transactions on Programming Languages and Systems) 16권, 6호(1994): 1811-1841 페이지를 참고하면 된다. GRASP 패턴은 크레이그 라먼(Craig Larman)의 ≪UML과 패턴의 적용(Applying UML and Patterns)≫(홍릉과학출판사, 2005)에 설명돼 있다.

결합도 및 응집도의 역사적 뿌리는 다른 여러 원칙과 함께 W. 스티븐스(W. Stevens), G. 마이어스(G. Myers), L. 콘스탄틴(L. Constantine)의 획기적인 논문 '구조적 설계'(Structured Design), IBM 시스템 저널(IBM Systems Journal) 13권, 2호(1974년 6월): 115-139페이지에서 읽어볼 수 있다.

DSM을 만들고 분석하는 데 사용되는 도구의 일부는 L. 샤오(L. Xiao), Y. 차이(Y. Cai), R. 캐스만(R. Kazman)의 '타이탄: 소프트웨어 아키텍처와 품질 분석을 연결하는 도구 세트'(Titan: A Toolset That Connects Software Architecture with Quality Analysis)로 제22회 ACM SIGSOFT 소프트웨어 엔지니어링 기초 국제 심포지엄 논문집(Proceedings of the 22nd ACM SIGSOFT International Symposium on the Foundations of Software Engineering) (FSE 2014)에 나와 있다. 아키텍처 결함을 감지하는 도구는 R. 모, Y. 차이, R. 캐스만, L. 샤오의 '핫스팟 패턴: 아키텍처 스멜의 정형화된 정의와 자동 감지'(Hotspot Patterns: The Formal Definition and Automatic Detection of Architecture Smells)로 제12회 실용 중심 IEEE/IFIP 소프트웨어 아키텍처 회의 논문집(Proceedings of the 12th Working IEEE/IFIP Conference on Software Architecture)(WICSA 2015)에 소개돼 있다. 또한, 설계 결함의 결과 분석은 여러 논문에서 찾아볼 수 있다. Q. 펑, R. 캐스만, Y. 차이, R. 모, L. 샤오의 '아키텍처 중심 보안 분석 접근'(An Architecture-Centric Approach to Security Analysis)은 제13회 실용 중심 IEEE/IFIP 소프트웨어 아키텍처 회의 논문집(Proceedings of the 13th Working IEEE/IFIP Conference on Software Architecture (WICSA 2016)에 있다. R. 모, W. 스나이프스(W. Snipes), Y. 차이, S. 라마스와미(S. Ramaswamy), R. 캐스만, M. 네델레(M. Naedele)의 '자동화된 아키텍처 분석 도구 적용 경험'(Experiences Applying Automated Architecture Analysis Tool Suites) 역시 자동

화 소프트웨어 엔지니어링(Automated Software Engineering)(ASE) 2018에서 찾아볼 수 있다. 여기에는 이번 장의 결론에서 언급한 여덟 개의 ABB 사례 연구가 포함돼 있다.

H. 세르반테스와 R. 캐스만의 ≪소프트웨어 아키텍처 설계: 실용적인 접근(Designing Software Architectures: A Practical Approach)≫(Addison−Wesley, 2016)에서는 설계 방법, 특히 ADD에 대해 읽을 수 있다.

ADD는 패턴 및 전술과 같은 설계 개념을 사용해 반복 가능한 방식으로 설계하는 방법이다. 패턴과 전술에 대한 자세한 내용은 L. 배스(L. Bass), P. 클레멘츠(P. Clements), R. 캐스만의 ≪소프트웨어 아키텍처 실제, 3판(Software Architecture in Practice, 3rd ed.)≫(Addison−Wesley, 2012)과 '소프트웨어 아키텍처 패턴'(Patterns of Software Architecture) 또는 F. 부시만(F. Buschmann), R. 무니에(R. Meunier), H. 로흔트(H. Rohnert), P. 소머라드(P. Sommerlad)의 멀티 북 시리즈 그리고 M. 스탈(M. Stal)의 ≪패턴 지향 소프트웨어 아키텍처, 1권, 패턴의 체계(Pattern−Oriented Software Architecture, Volume 1, A System of Patterns)≫(Wiley, 1996)를 참고하기 바란다.

마지막으로 애자일 선언문의 원본은 http://agilemanifesto.org/에 있다.

<h1 style="text-align:center">사례 연구 A:
브라이트스퀴드</h1>

요약 및 주요 통찰

이 사례 연구에서는 현대의 제품 중심 소프트웨어 회사가 기술 부채를 어떻게 처리하는지 살펴본다. 특히 4장에서 소개한 대규모 아키텍처 분석 기법이 회사가 기술 부채를 식별하고 전략적으로 관리하는 데 어떤 도움을 주는지, 또한 설계 지표를 사용해서 코드베이스 내 문제 발생 지점을 찾는 방법 역시 자세히 설명할 것이다. 이 사례에서는 설계 문제를 개선하기 위해 코드를 리팩터링해서 더 효율적인 구현 작업을 할 수 있었다. 설계 지표는 기술 리드가 경영진에게 이 리팩터링의 중요성을 설명하는 데 큰 도움이 됐다.

배경

브라이트스퀴드(Brightsquid)는 캐나다 캘거리에 기반을 둔 소프트웨어 회사로 의료 산업을 위한 보안 통신 솔루션을 제공한다. 이 회사는 10년 넘게 사업을 해 오며 오랜 시간에 걸쳐 핵심 **플랫폼**을 지속해서 개발하고 발전시켜 왔다. 대부분의 수명이 긴 소프트웨어가 그러하듯 이 플랫폼에도 상당한 기술 부채가 축적돼 있었다. 브라이트스퀴드의 개발자들은 이것을 감지하고는 있었지만 그들에게는 이 부채를 식별하고 영향을 측정하며 리팩터링할 가치가 있는지를 판단할 방법이 없었다.

분석

우리는 이 플랫폼을 DV8 도구와 4장에서 설명했던 여러 기법을 사용해서 분석했다. 특히 브라이트스퀴드 플랫폼에서 다음의 데이터를 수집하는 데 집중했다.

- **의존성 데이터: 언더스탠드**라는 리버스 엔지니어링 도구를 사용해 프로젝트의 일부인 플랫폼의 단일 스냅숏에서 의존성 데이터를 추출했다. 이 스냅숏에는 1,713개의 자바 및 자바스크립트 소스 파일이 포함돼 있다.

- 8개월간의 지라 기록

- 프로젝트의 변경 이력: 10년 동안의 프로젝트 발전 이력이 깃 로그로 기록돼 있다.

이 원시(raw) 데이터를 기반으로 다음 4가지를 분석했다.

- 아키텍처 지표 계산
- 아키텍처 루트
- 아키텍처 부채 계산
- 설계 결함

각 분석에 대해 앞으로 하나하나 설명하고자 한다.

아키텍처 지표

우리는 먼저 플랫폼 내의 전반적인 결합도를 전파 비용(PC, Propagation Cost)과 분리 수준(DL, Decoupling Level)을 사용해 측정했다.

- **전파 비용(PC, Propagation Cost):** 맥코맥(MacCormack)의 전파 비용이라는 지표는 시스템 의존성을 표현하는 설계 구조 행렬(DSM)을 기반으로 계산한다. 이 지표는 시스템이 얼마나 밀접하게 결합돼 있는지를 0~1 범위의 척도로 측정한다. 프로젝트의 의존성에 대한 DSM 값이 산출되면 PC 지표를 분석하는 과정은 다음과 같다. 우선 행렬의 이행적 폐쇄(transitive closure)[13]를 계산해 간접 의존성을 DSM에 더 이

---

13 (옮긴이) 자료 구조의 개념으로 두 연결 지점 사이에 경로가 존재하면 1, 존재하지 않으면 0의 값을 가진다.

상 더할 수 없을 때까지 더한다. 모든 직간접적 의존성을 포함한 최종 DSM이 산출되면 PC 지표가 계산되는데, 이는 비어 있지 않은 셀의 개수를 셀의 개수의 총합으로 나눈 값이다. 이 PC 지표는 하나의 프로젝트 내의 모든 파일에 대한 직간접적 의존성의 평균을 보여주는데, 이는 평균적으로 한 파일에서 일어나는 변경에 의해 몇 개의 파일이 영향을 받는지를 의미한다. 즉, 이 지표는 하나의 변경이 얼마나 전파될 가능성이 있는지를 보여주기 때문에 전파 비용이라고 불린다.

- **분리 수준(DL, Decoupling Level)**: 분리 수준은 하나의 아키텍처가 얼마나 잘 모듈로 분리되었는지를 측정한다. DL은 0~1 범위의 점수로 DL이 1인 시스템은 두 파일 간에 의존성이 없는 완전히 분리된 것을 나타낸다. 반면에 하나의 모듈이 다른 모든 모듈에 직간접적으로 영향을 미치는 시스템의 DL은 0이다. 물론 현실적으로 모든 프로젝트는 0과 1 사이의 어딘가에 위치한다. 요점은 하나의 파일이 많은 파일에 영향을 미칠수록 평균 DL이 낮아지고, 모듈이 크면 클수록 더 많은 파일에 영향을 미치게 되므로 DL이 낮아진다는 것이다. 반대로 파일이 서로 독립적일수록 DL이 높아진다. 따라서 DL 지표는 평균적으로 시스템 파일이 **분리**된 정도를 알려준다.

더 나은 아키텍처는 더 낮은 PC와 더 높은 DL을 갖는 경향이 있으며, 이는 프로젝트 전반적으로 분리된 정도가 높음을 나타낸다. 비교를 위해 제시하는 표 A.1은 벤치마크용으로 이전에 분석한 129개 프로젝트(21개의 상용 프로젝트 및 108개의 오픈소스 프로젝트)의 평균 PC와 DL을 보여준다. 흥미롭게도 PC 및 DL 측정값은 오픈소스 프로젝트와 산업 프로젝트가 크게 다르지 않다.

브라이트스퀴드 플랫폼에 대한 PC 및 DL 측정값은 표 A.2에 나와 있다. 방금 언급했듯이 아키텍처의 경우 DL이 높을수록 좋고 PC가 낮을수록 좋은데, 그런 점에서 브라이트스퀴드 플랫폼의 PC는 낮고 구조적 DL은 높아 상당히 고무적이다. 그러나 이것은 순수하게 구조적인 정보만을 기반으로 한 분석이다. DL 계산은 두 가지 유형이 있다.

- **정적 의존성**: 의존성은 코드 정보에서 추출된다. 예를 들면 어떤 모듈이 임포트되거나 호출되거나 다른 모듈에 의해 사용되는지를 나타낸다.
- **정적+이력 의존성**: 정적 의존성 정보에 추가로 버전 관리 이력(커밋)에서 의존성을 추출한다. 예를 들어 두 개의 모듈이 자주 함께 수정되는 경우, 그들 사이에 의존성이 있다고 추론한다.

표 A.1 업계 벤치마크 데이터. 높은 DL과 낮은 PC가 바람직하다.

통계	오픈 소스 프로젝트		상용 프로젝트		전체 프로젝트	
	DL	PC	DL	PC	DL	PC
평균값	0.6	0.2	0.54	0.21	0.59	0.21
중앙값	0.58	0.18	0.56	0.2	0.57	0.18
최댓값	0.92	0.72	0.93	0.5	0.93	0.72
최솟값	0.14	0.02	0.15	0.02	0.14	0.02

표 A.2 플랫폼의 아키텍처적 측정. 공동 변경의 유무를 각각 표시했다.

	파일 수	DL	PC
플랫폼(정적 의존성)	1,713	0.82	0.05
플랫폼(정적+이력 의존성)	1,713	0.30	0.05

이력 정보가 분석에 포함되기 시작하면 이야기가 달라진다. 표 A.2의 두 번째 행에서 볼 수 있듯이 DL이 문제가 있는 0.30으로 떨어져 버린다. 4장의 내용을 떠올리면 이력, 즉 공동 변경 정보는 종종 코드의 간단한 검사나 구문 분석에서는 명확하게 드러나지 않는 코드 파일 간의 관계를 보여주기 때문에 설계 분석에 유용하게 쓰인다.

예를 들어 두 개 또는 그 이상의 코드 모듈이 파일 형식이나 통신 프로토콜에 대한 지식 또는 기타 암묵적인 지식을 공유하는 경우라면 해당 파일은 명백한 의존성이 없음에도 불구하고 서로 의존하게 된다. 감지하기 어려운 다른 종류의 관계도 있다. 시간적 의존성(A는 50밀리초 이후 B를 실행해야 함), 의미론적 의존성(A는 B의 모드에 따라 동작을 변경함), 리소스 기반 의존성(A와 B는 메모리나 CPU 또는 기타 계산 자원을 공유함) 등이다. 이런 의존성은 찾기 어렵지만, 프로젝트 이력에서 A와 B처럼 발견되는 경우가 많다. 이들은 기능을 구현하거나 버그를 수정할 때 종종 함께 변경된다.

아키텍처 루트 분석

아키텍처 루트는 시스템에서 가장 많은 변경을 담당하는 파일 그룹이다. 이런 아키텍처 루트에 들어 있는 파일과 해당 관계는 시스템의 유지보수성에 가장 큰 영향을 줄 수 있다. 여기서 발생하는 오류 경향성이나 변경 경향성은 아키텍처 관계를 통해 전파될 수 있기 때문이다.

플랫폼에서 추출한 데이터를 기반으로 아키텍처 루트들, 즉 프로젝트에서 가장 많은 유지보수 노력을 필요로 하는 파일 그룹을 얻었다. 표 A.3에는 탐지된 가장 중요한 4가지 아키텍처 루트의 데이터가 나열돼 있다. 이 표에서 각 열의 의미는 다음과 같다.

표 A.3 아키텍처 루트 분석

	루트 크기	커버리지	커버 정도
루트 1	128	0.23	0.43
루트 2	48	0.19	0.57
루트 3	50	0.50	0.68
루트 4	120	0.10	0.74

- **루트 크기**: 루트 내에 존재하는 파일 수
- **커버리지**: 이 루트에 포함된 프로젝트 내에서 버그가 발생할 수 있는 모든 파일의 비율
- **커버 정도(Cover_up_to)**: 상위 n개의 루트에서 버그가 발생할 수 있는 파일의 누적 비율

표 A.3은 플랫폼에 대한 다음과 같은 사실을 보여준다.

- 이 네 가지 루트를 모두 합하면 프로젝트에서 발생하는 버그의 74%를 차지한다. 128개와 48개 파일만 포함하는 처음 두 개의 루트는 프로젝트에서 발생하는 버그의 57%를 차지한다.
- 각 루트 내의 파일은 구조적으로 직간접적으로 연결돼 있어 변경 경향성은 전파될 가능성이 있다.

이 분석에서 얻은 결과는 수백 개의 다른 오픈소스 및 산업 프로젝트 분석에서 얻은 모든 결과와 일맥상통하는데, 즉 유지보수 노력의 대부분이 항상 시스템 파일의 작은 부분에 집중돼 있다는 것이다. 다음 절에서는 이 부채의 영향을 수치화해 본다.

아키텍처 부채 분석

아키텍처 부채는 추가로 들어가는 유지보수 노력으로, 아키텍처 관련 파일 그룹인 **아키텍처 루트** 간의 결함 관계로 인해 발생한다. 여기서는 가장 결함이 많은 루트를 유지보수하기 위해 추가되는 변경의 수와 코드 라인을 통해 아키텍처 부채를 수치화해 본다.

4장에서도 설명했듯이 변경 경향성이나 오류 경향성을 다수의 프로젝트 파일에 전파하는 아키텍처적 구조 결함은 일종의 아키텍처 부채다. 이 결함이 제거되지 않으면 부채에 대한 **벌금** 또는 **이자**의 형태로 추가 유지보수 비용이 누적된다.

플랫폼에서 결함이 있는 각 파일 그룹을 아키텍처 부채로 간주하고 페널티, 즉 변경된 코드 라인 수(LOC)와 수행된 커밋 수를 계산해보자. 이런 부채를 상환하면 상당한 투자수익률 (ROI)을 얻을 수 있다. 표 A.4는 브라이트스퀴드 플랫폼의 아키텍처 부채 데이터 및 분석 요약이다.

그림 A.1에서 볼 수 있듯이 Contact_java, UserProxy_java, MessageAccount_java, BrandName_java가 이끄는 상위 4개 그룹은 프로젝트 LOC의 16.5%뿐임에도 불구하고 버그의 79.3%, 변경의 53.2%를 차지한다.

이런 루트를 리팩터링하면 프로젝트의 버그, 변경 및 코드 수정이 극적으로 감소할 것이다. 루트 리팩터링을 위해 다음에 논의할 설계 결함을 제거하는 것을 제안한다.

Root Index	Leading File	DRSpace Size	Norm Size	Current Bugs	Norm Bugs	Tot Loc bug changed	Norm Loc bug changed	Current Changes	Norm Changes	Tot Loc changed	Norm Loc changed	Norm Exp Bugs	Norm Exp Loc Bug changed	Norm Exp Changes	Norm Exp Loc Changed	Norm Extra Bugs	Norm Extra Loc bug changed	Norm Extra Changes	Norm Extra Loc Changed
root1	Contact_java	128	101	273	144	8,399	4,123	4,212	2,552	135,320	82,478	27	789	698	20,130	117	3,334	1,854	62,347
root2	UseProxy_java	48	47	55	53	2,000	1,993	1,127	1,069	37,069	36,002	12	363	321	9,245	41	1,630	748	26,757
root3	MessageAccount_java	50	31	241	114	7,275	3,391	2,773	1,210	79,879	31,625	8	238	211	6,081	106	3,153	999	25,545
root4	BrandName_java	120	105	134	48	3,718	1,223	2,714	1,447	82,280	38,492	28	817	722	20,826	21	406	724	17,665
	DRSpace Total		283		359	10,730			6,277		188,597	75	2,207	1,952	56,283	284	8,523	4,326	132,314
	Percentage		16.5%		79.3%		80.3%		53.2%		55.4%								
	Savings											284	8,523	4,326	132,314				
	Debt Percentage											62.8%	63.8%	36.6%	38.8%				

그림 A.1 아키텍처 부채 계산

87

설계 결함 및 심각도 순위

4장에서 설명한 대로 DV8 도구는 다음 유형의 아키텍처 결함을 감지한다.

- **순환 의존성(클릭)**: 상호 연결돼 있는 파일 그룹으로, 강력하게 연결된 컴포넌트를 형성하지만 단일 모듈에 속하지는 않는다.

- **패키지 순환**: 일반적으로 소프트웨어 시스템의 패키지 구조는 계층 구조를 형성해야 한다. 패키지 간에 존재하는 순환은 유해하다고 간주한다.

- **비정상 상속**: 상속 계층구조가 다음 중 하나에 해당하면 문제가 있는 것으로 간주한다. (1) 부모 클래스가 하나 혹은 그 이상의 자식 클래스에 의존한다. (2) 클래스 계층 구조의 클라이언트가 부모와 하나 혹은 그 이상의 자식을 모두 사용/호출함으로써 리스코프 치환 원칙을 위반한다.

- **모듈성 위반**: 적절하게 설계된 모듈, 즉 정보를 숨겨두는 것을 염두에 두고 설계된 모듈이라면 서로 독립적으로 변경할 수 있어야 한다. 만약 시스템에서 구조적으로 독립적인 두 개의 모듈이 변경 이력에서 자주 함께 변경된 것이 발견된다면 그 두 개의 모듈은 서로에게서 독립적이지 않다. 경험상 이와 같은 모듈은 대부분 해로운 암묵적 의존성을 가지므로 제거해야 한다. 이 결함을 가리켜 모듈성 위반이라고 한다. 이 프로젝트에서는 제공받은 변경 이력이 상대적으로 짧기 때문에 참고할 수 있는 변경 횟수와 공동 변경 횟수가 적었다. 따라서 두 파일이 최소 2번 이상 함께 변경됐지만 서로 구조적 의존성이 없는 경우라도 모듈성 위반으로 간주한다.

- **교차점**: 파일이 많은 의존 항목을 갖고 있고 다른 많은 파일에 의존하는 경우, 이 파일은 DSM에서 십자가의 중심에 표시된다. 따라서 이 결함을 '교차점'이라고 부른다.

- **불안정한 인터페이스**: 영향력이 큰 파일이 직접 또는 간접적으로 의존하는 다른 파일과 함께 자주 변경되는 경우 이를 '불안정한 인터페이스'라고 한다. 이 프로젝트에서는 파일이 다섯 개 이상의 다른 파일과 함께 두 번 이상 변경되면 불안정한 인터페이스로 간주한다.

표 A.4는 브라이트스퀴드 플랫폼에서 탐지된 설계 결함 데이터를 보여준다. 이 데이터를 보면 많은 유형의 결함 중 특히 모듈성 위반의 수치가 높은 것을 알 수 있다. 그러나 모듈성 위반은 둘째치더라도 여전히 많은 수의 순환 의존성(클릭), 불안정한 인터페이스, 교차점 등이 존재한다. 대규모 소프트웨어 프로젝트의 연구에서와 마찬가지로 이런 결함은 버그 비율, 변경 비율 및 코드 수정의 증가와 밀접한 상관관계를 가진다.

표 A.4 브라이트스퀴드 플랫폼의 설계 결함

아키텍처 결함	파일 수	커밋된 코드 라인 수
불안정한 인터페이스	12	471
비정상 상속	60	222
순환 의존성(클릭)	17	71
모듈성 위반	7,018	767
교차점	29	387
패키지 순환	34	242

리팩터링

플랫폼에서 확인된 설계 결함을 기반으로 브라이트스퀴드 팀은 2개월간의 리팩터링 작업을 시작했다. 설계 결함을 제거하기 위한 리팩터링은 실제로 매우 명확했다. 비정상 상속이 있는 경우 리팩터링을 통해 일반적으로 하나 이상의 메서드를 자식 클래스에서 부모 클래스로 이동시킨다. 순환 의존성으로 인해 발생하는 클릭이 있는 경우 일반적으로 하나 이상의 의존성을 제거하거나 반대로 해서 순환을 깨면 된다. 모듈성 위반이 있는 경우 현재 파일 간에 공유되는 지식을 모듈화하면 되는데, 기존 파일이 호출할 수 있는 추상 인터페이스와 함께 자체 파일에 넣는 식으로 하면 된다.

물론 이 기간 동안 제품 기능 구현 및 버그 수정 등의 정상적인 개발 활동도 같이 진행됐기 때문에 리팩터링은 일반적인 개발 흐름과 병행해서 진행했다. 리팩터링이 완료되면 프로젝트의 또 다른 스냅숏을 만들고 분석했다.

추가로, 리팩터링의 결과를 평가하기 위해 이후 6개월간의 프로젝트 이력을 기록했다. 이제부터 플랫폼의 리팩터링 버전을 분석해서 배운 내용을 보고하고자 한다.

결과

브라이트스퀴드는 극적인 결과를 냈다. 시스템 파일 수를 줄일 수 있었고, 그 파일 사이에 존재하는 설계 결함 수 역시 극적으로 줄일 수 있었다. 표 A.5는 리팩터링 전후의 결함 수와 결함의 영향을 받는 파일 수를 보여주는데, 순환 의존성 수는 17개에서 10개로, 해당 순환 의존성과 관련된 파일 수는 71개에서 26개로 줄었다. 불안정한 인터페이스로 인한 결함 수는 12개에서 8개로, 결함의 영향을 받는 파일의 수 역시 471개에서 단 59개로 줄었다.

표 A.5 플랫폼 내 리팩터링 전후의 아키텍처 결함

아키텍처 결함	결함 수 (전)	결함 수 (후)	결함에 영향받은 파일 수(전)	결함에 영향받은 파일 수(후)
순환 의존성(클릭)	17	10	71	26
비정상 상속	60	30	222	102
불안정한 인터페이스	12	8	471	59
교차점	26	6	387	47
패키지 순환	34	19	242	94

물론 이 수치는 브라이트스퀴드의 생산성과 품질 향상으로 이어지지 않는 한 의미가 없는데, 그것 역시 성과가 있었다. 표 A.6은 리팩터링 후 생산성이 얼마나 극적으로 개선됐는지를 보여준다. 6개월 동안 케이스마다 버그가 아닌 이슈와 버그인 이슈의 총합을 공평하게 비교했다.

표 A.6 브라이트스퀴드 플랫폼의 생산성 측정

측정	전	후
파일 수	1,713	711
수정을 기다리는 이슈	680	843
수정된 이슈	583	653
수정을 기다리는 버그	157	310
수정된 버그	137	267
플랫폼 파일에서 코드를 수정하게 한 버그	24	78
버그 하나당 코드 수정의 양	102	33.9
버그 수정에 걸린 평균 시간	10.74	7.31

코드 수정(커밋된 코드 라인 수) 양은 리팩터링 전 커밋당 평균 102개에서 리팩터링 후 33.9개로 줄었다. 이것은 무려 70%의 감소를 뜻한다. 평균 버그 수정 시간은 버그당 10.74일에서 7.31일로 30% 단축됐다. 리팩터링하기 전에는 71건의 플랫폼 코드 변경 요청(24건의 버그 보고서 포함)을 해결하는 데 5개월이 걸린 반면, 리팩터링 후에는 비슷한 시간 내

에 150건의 변경 요청(78건의 버그 문제 포함)을 해결할 수 있었다. 의미 있게도 모든 개선 작업은 정확히 같은 개발팀에 의해 수행됐다.

아키텍처 부채를 제거하기 위한 리팩터링은 브라이트스퀴드가 거둔 큰 성과였다. 경영진은 아키텍처 결함의 형태 안에서 명시적으로 부채 항목을 식별해 내는 것과 해당 부채의 지속적인 비용을 수치화하는 것이 리팩터링에 대한 비즈니스 사례를 만드는 것의 핵심임을 느꼈다. 이 플랫폼의 리드 아키텍트는 2018년 9월 20일 저자에게 다음과 같이 말했다. "결합도, 순환 관계, 의존성을 아우르는 아키텍처 부채 분석은 저희의 가설을 검증해줬고, 덕분에 가능한 한 빨리 리팩터링을 진행해야 한다고 경영진에게 말할 수 있었습니다."

참고 문헌

이번 장에서 소개한 많은 경험과 분석 결과는 M. 나예비(M. Nayebi), Y. 차이(Y. Cai), R. 캐스만(R. Kazman), G. 루에(G. Ruhe), Q. 펑(Q. Feng), C. 칼슨(C. Carlson), F. 추(F. Chew)의 논문 "아키텍처 부채 식별 및 상환에 관한 장기적 연구(A Longitudinal Study of Identifying and Paying Down Architectural Debt)"를 참고했다. 해당 논문은 《국제 소프트웨어 엔지니어링 컨퍼런스 논문집(Proceedings of the International Conference on Software Engineering (ICSE) 2019)》에 실려 있다. 또한, 아키텍처 부채를 감지하고 수치화하는 방법에 대한 기존 사례 연구는 R. 캐스만, Y. 차이, R. 모, Q. 펑, L. 샤오, S. 하지예프, V. 페닥(V. Fedak), A. 샤포카가 저술한 "기술 부채의 아키텍처적 근원을 찾는 사례 연구(A Case Study in Locating the Architectural Roots of Technical Debt)"에 있다. 이 논문은 《국제 소프트웨어 엔지니어링 컨퍼런스 논문집(Proceedings of The International Conference on Software Engineering (ICSE) 2015)》에서 찾을 수 있다.

분리 수준 지표가 처음 소개되고 경험적으로 검증된 것은 R. 모, Y. 차이, R. 캐스만, L. 샤오, Q. 펑의 논문 "분리 수준: 아키텍처 유지보수 복잡성을 위한 새로운 지표(Decoupling Level: a New Metric for Architectural Maintenance Complexity)"에서다. 해당 논문은 《제38회 국제 소프트웨어 엔지니어링 컨퍼런스 논문집(Proceedings of The 38th International Conference on Software Engineering, 2016)》에서 찾을 수 있다. 또한 A. 매코맥(A. MacCormack), J. 루스낙(J. Rusnak), C. 볼드윈(C. Baldwin)은 "복잡한 소

프트웨어 설계 구조 탐구: 오픈 소스와 독점 코드를 비교한 실증적 연구(Exploring the Structure of Complex Software Designs: An Empirical Study of Open Source and Proprietary Code)"에서 전파 비용 지표를 소개했다. 해당 논문은《매니지먼트 사이언스》 52권 7호(2006)에 실려 있다.

아키텍처 결함 및 아키텍처 부채의 관계에 대한 가장 완전한 논의는 R. 모, Y. 차이, R. 캐스만, L. 샤오, Q. 펑의 논문 "아키텍처 안티패턴: 자동으로 감지할 수 있는 설계 원칙 위반 사례(Architecture Anti-Patterns: Automatically Detectable Violations of Design Principles)"에 있다. 해당 논문은《IEEE 소프트웨어 엔지니어링 저널(IEEE Transactions on Software Engineering)》2019년판에 실려 있다.

아키텍처 부채에 대한 또 다른 흥미로운 논의는 R. 모, Y. 차이, R. 캐스만, L. 샤오, Q. 펑의 논문 "아키텍처 부채의 식별 및 수치화(Identifying and Quantifying Architectural Debts)"를 참고하라. 해당 논문은《국제 소프트웨어 엔지니어링 컨퍼런스 논문집 (Proceedings of the International Conference on Software Engineering (ICSE) 2016)》 에 실려 있다.

마지막으로 DV8 도구에 대한 자세한 내용은 https://archdia.com/에서 확인할 수 있다.

05

구현 부채

코드는 유머와 같다.
굳이 설명할 필요 없이 한 번에 이해돼야 한다.

- 코리 하우스(Cory House)
리액트 및 자바스크립트 스페셜리스트

구체적인 아이디어도 중요하지만
더 중요한 것은 그 아이디어를 제대로 구현하는 것이다.

- 윌버 로스(Wilbur Louis Ross Jr)
미국의 기업가이자 전 상무부 장관(2017년~2021년)

설계 부채와 요구 사항 부채는 제품 비용과 품질에 광범위한 영향을 미친다. 하지만 궁극적으로 어떤 영향을 미치는지는 많은 부분이 소스코드를 통해서 밝혀진다. 이번 장에서는 소스코드 등 프로젝트의 구현 산출물에서 발견되는 기술 부채를 식별 및 관리하고 그것을 피하는 방법에 대해 설명한다. 구현 부채가 발생하게 되는 경우는 두 가지가 있는데, 하나는 프로토타입이 곧 제품이 될 때이고 다른 하나는 이미 오래된 기술을 선택했을 때다.

개발자가 몇 년 전에 프로토타입으로 만들어 둔 것이 지금도 여전히 '제품'인 것은 너무나 흔히 일어나는 일이다. 이 프로토타입은 업데이트되지 않은 상태로 보안이란 그저 있으면 좋은 것으로 여겼던 과거를 기준으로 만들었기 때문에 해커의 공격을 받을 수 있는 수백 개의 취약점을 가진다. 또한 오래된 백엔드를 사용해서 쉽게 확장하기 어렵고 그 인프라 비용은 고스란히 회사의 재무 부담이 된다.

프로젝트가 이제는 아무도 사용하지 않는 코볼 같은 언어나 프레임워크로 작성됐다면 가장 숙련된 개발자를 포함해서 팀의 어느 누구도 이를 완전히 이해하지 못할 것이다. 이런 상황에서 코드베이스를 업데이트하고 기존 문제를 해결하려는 위험을 감수할 팀원은 없다. 코드 변경이 어떤 영향을 미치는지 이해하기 어렵고 테스트와 검증 역시 쉽지 않기 때문에 코드베이스를 유지보수하는 데는 예상보다 긴 시간이 필요하다.

좋은 코드를 작성하는 것은 건강을 유지하는 것과 같다. 규칙은 간단하다. 운동을 하고 영양가 있는 음식을 적당히 섭취하는 것이다. 하지만 이런 규칙을 긴 시간 꾸준히 따르는 것은 어렵고 대다수의 사람은 그렇게 하지 못한다. 규칙을 따르지 않으면 어떤 형태로든 부채는 쌓이기 마련이다. 규칙을 몇 달 동안 어기면 그만큼 쌓인 부채를 나중에 갚는 것은 당연히 꽤 고통스러울 것이고, 그것이 몇 년이 되면 1장에서 설명한 것처럼 갚는 것이 거의 불가능한 상황이 될 것이다. 같은 맥락으로, 코드베이스의 어느 부분이 미래에 중요할지 거의 예측할 수 없기 때문에 처음부터 좋은 코드를 일관되고 체계적으로 작성하는 것이 중요하다. 좋은 코드, 즉 유지보수가 가능하고 테스트 가능한 코드를 작성하는 것이 일상적인 코딩 습관이 돼야 한다. 오늘 그다지 중요하지 않다고 생각하고 작성한 코드가 내일 비즈니스를 구성하는 핵심 요소가 될 수 있다.

사례 연구 B에서 더 자세히 논의하겠지만, 잠깐 트위터의 사례를 살펴보자. 트위터는 초기에 루비 온 레일즈(Ruby on Rails) 프레임워크를 사용했지만 회사가 계속 성장하면서도 기본 스택을 변경하지 않았기 때문에 그 프레임워크가 가진 한계에 부딪혔다. 이를 확장할 수 있는 유일한 방법은 더 많은 CPU 리소스를 확보하고(따라서 상당한 추가 비용이 발생) 데이터베이스 결과를 가능한 한 많이 캐시하는 것이었다(따라서 일관되고 시기적절한 방식으로 달성하기 어려움). 당연히 사용자는 빠르게 이 접근 방식의 한계를 느꼈고 이 시기에 트위터 사이트는 잘 멈추기로 유명했다. 그 이후로 트위터는 이러한 기술적 과제들을 해결했고, 막대한 기술 부채를 상환했다. 이 예시는 요구 사항(확장의 필요성)과 설계(레일즈의 사용)와 구현 이 세 가지가 어떻게 어우러져 상호 작용하는지 보여준다. 이번 장에서는 이것을 각각의 분리된 문제로 다루지만, 실제로는 모든 문제에 적용되는 공통의 관심사다.

구현 부채의 여러 측면을 다루는 이번 장도 이 책의 다른 장과 같은 패턴을 따른다.

1. **식별**: 코드에서 기술 부채를 구성하는 구조와 패턴을 식별한다.

2. **관리**: 코드의 기술 부채를 관리하는 데 도움이 되는 적절한 도구와 지표를 효율적으로 사용해 코드의 기술 부채를 관리한다.

3. **방지**: 애초부터 코드에 기술 부채가 존재하는지 확인하기 위해 프로세스를 도입하고 올바른 도구를 사용해 부채를 피한다.

5.1 코드에서 기술 부채 식별하기

코드 내 기술 부채는 조직 차원에서 코드가 작성되는 방식에서의 지름길을 택하는 데서 비롯된다. 새로운 제품 기능을 개발하기 위해 코드를 복사하는 등의 지름길은 고의적이지만, 여기서는 보통 부주의로 인해 쉬운 길을 가려고 하는 경향에 대해 논의하고자 한다. 이는 셰프의 쉬운 길, 즉 멋진 요리를 한 후에 청소를 하지 않는다거나 냄비와 칼을 전혀 치우지 않는 것과 유사하다. 구현 부채에는 코딩 스타일, 비효율적인 코드, 더 이상은 사용되지 않는 코드 및 코드 중복이 포함된다.

5.1.1 코딩 스타일

코딩 스타일은 두 가지 차원에서 고려할 수 있다.

1. **구문적**(Syntactic): 코드가 어떻게 보여야 하는가?
2. **의미론적**(Semantic): 프로그래밍 언어의 어떤 특징(language feature)을 사용하거나 제한할 것인가?

구문적 측면

코드가 어떻게 보이는지는 단순히 미관뿐만 아니라 가독성 측면에서도 중요한 결과를 가져온다. 코드를 읽기 쉽게 작성하면 소프트웨어 수명주기에서 드는 비용의 약 50~80%를 차지하는 코드 리뷰와 유지보수가 쉬워진다. 예를 들어 들여쓰기 유형(탭 vs. 공백), 하나의 탭당 공백 수, 중괄호 삽입 위치 등이다. 대부분의 관리자에게 이런 이야기는 매우 사소하게 들릴 수 있지만, 들여쓰기가 들쑥날쑥하고 중괄호가 이상하게 배치된 코드베이스를 읽는 것은 악몽 그 자체가 될 수 있다. 파이썬 같은 일부 언어는 훌륭하게도 개발자가 코드를 특정 방식으로 들여쓰기 하도록 정해 놓았으며 고(Golang) 같은 언어는 gofmt 같은 자동화된 포매터를 제공한다. 하지만 그렇지 않은 언어도 많아서 잘못 들여쓰기한 코드로 인해 개발자가 조건문을 놓치는 경우도 발생한다. 코드의 미관적 측면에 대한 올바른 접근과 강제적 시행법은 NetBSD 코딩 스타일이나 리눅스 커널 코딩 스타일이 좋은 예시다.

의미론적 측면

프로그래밍 언어 특징을 사용하거나 반대로 제한하는 것은 코드 스타일만큼, 아니 어쩌면 그보다 훨씬 더 중요하다. 언어는 개념을 표현하는 다양한 방식을 제공하는데, 전달하려는 개념을 통일되지 않은 방식으로 표현하면 혼란이 야기된다. 코드베이스는 일관성이 있어야 하고 이를 위해 팀은 단 하나의 접근 방식만을 사용해서 코드베이스 전체를 작업해야 한다. 이렇게 하면 코드 리뷰와 디버깅 및 수정을 할 때 코드를 이해하기가 훨씬 더 쉬워진다. 예를 들어 C 언어에서 상수(constant)를 정의하기 위한 방법은 const 변수를 사용할 수도 있고 #define 매크로를 사용할 수도 있다. 각 방법에는 장단점이 있지만(여기서 이것까지 논의하는 것은 이 책의 주제를 벗어난다.) 꼭 명심해야 하는 것은 단 한 가지, 즉 프로젝트에서 하나의 규칙을 만들고 그것을 따르는 것이다. 이것이 깨끗하고 일관성 있는 코드베이스를 만들어 가독성과 이해도를 높이고 향후 수동으로 하는 코딩 실수를 최소화하여 기술 부채를 최소화하는 방법이다.

명확성을 높이고 모호하거나 복잡한 특징을 제거하기 위해, 그리고 사용하는 프로그래밍 언어에 따라 해당 언어가 제공하는 일부 특징을 사용하지 않는 것이 좋을 수도 있다. 예를 들어 C++에서는 코드베이스 전체에 걸쳐 명확한 범위를 정의하는 스마트 포인터만 사용하고, 일반 포인터의 사용을 없앨 수 있다. 자바에서는 특정 라이브러리나 일부 함수의 사용을 허용하거나 금지할 수 있다. 중요한 실시간 시스템을 개발하는 경우라면 런타임 시 메모리 할당을 피해야 할 수도 있다. 이런 언어 특징 제한은 웹, 실시간, 임베디드, 포터블 등 제품이 가진 제약에 따라 다르며 코딩 가이드라인을 통해 무엇을 허용하고 허용하지 않는 지의 여부를 명확하게 정의해야 한다.

여기서 중요한 것은 코드베이스가 이런 규칙을 무조건 따라야 하는 이유를 열거하고 공식화하고 **설명**하는 것이다. 코딩 가이드라인에서 이렇게 해야 하는 이유를 제대로 설명하지 않고 무시한다면 개발자는 규칙에 대해 의문을 가지고 자기 마음대로 작업을 진행할 것이다.

5.1.2 비효율적인 코드

어떤 코드 패턴은 비용이 많이 들고 비효율적일 뿐만 아니라 프로그램 속도를 느리게 한다. 이것은 수년에 걸쳐 구축된 코드베이스에서 매우 흔히 일어나는 일로, 때로는 발생한 문제를 급하게 해결하기 위한 요령으로 사용되기도 하고, 또는 초보 프로그래머가 신중한 리뷰 없이 새로운 기능을 구현할 때도 발생할 수 있다. 이런 비효율적인 작업에서 흔하게 일어나는 한 가지 상황은 문자열 연결(string concatenation)인데, 이는 거의 모든 언어에서 발생할 수 있다.

C++를 전제로 다음 프로그램을 생각해보자. 단순히 "bar" 문자열을 "hello" 문자열에 1,000번 연결한 것이다. 굉장히 간단한 프로그램으로 URI를 만들거나 JSON 또는 XML 문서 등을 출력하는 많은 코드베이스에서 이와 본질적으로 동일한 유형을 찾아볼 수 있다.

```
#include <string.h>
#include <iostream>

using namespace std;

int main() {
    string foo("hello");
    for (int i=0 ; i<1000 ; i++)
    {
        foo = foo + "bar";
    }
    cout << foo;
}
```

이 프로그램은 현재 정상으로 돌아간다. 하지만 **밸그린드(Valgrind)**[1](메모리 누수 감지기 및 프로파일러)를 사용해서 이 **프로그램**[2]의 성능을 한번 평가해 보자.

```
==17081== HEAP SUMMARY:
==17081==     in use at exit: 0 bytes in 0 blocks
==17081==   total heap usage: 1,995 allocs, 1,995 frees,
4,586,137 bytes allocated
```

평가 결과, 이렇게 간단한 코드에서 무려 1,995개의 메모리 할당이 일어나는 것을 발견했다. 이게 가능한 일일까?

답은 다음 코드에서 찾을 수 있다.

```
foo = foo + "bar";
```

이렇게 하면 기존의 **foo** 변수가 소멸(할당 취소)되고 새 변수가 문자열 **"bar"**와 연결된 이전 변수의 자리에 할당된다. 간단한 연결이지만 메모리 할당 측면에서 프로그램이 엄청난

---

1 https://valgrind.org/
2 이 프로그램은 컴파일러 최적화의 부작용을 막기 위해 -O0 플래그로 컴파일됐다.

비용을 지불하게 되는 것이다. 이것은 매우 비효율적이며 이 함수가 자주 호출되는 상황이라면 성능에도 심히 부정적인 영향을 끼친다. 물론 노트북에서 이 함수를 실행할 때는 이런 비효율로 발생하는 비용이 눈에 보이지 않는다. 하지만 이런 식의 함수 수백 개와 함께 수천 개의 동시다발적인 요청을 처리하는 다중 스레드 프로그램을 돌린다면 그때 발생하는 비용은 무시할 수 없을 것이다. 이것은 애플리케이션을 확장할 때 더 많은 컴퓨팅 성능이 필요하다는 의미에서 기술 부채가 된다. 그리고 궁극적으로 확장이 어려워진다는 기술적 결과와 더 많은 처리 능력을 획득하기 위해 드는 비용, 즉 이 기술 부채에 대한 이자라는 재무적 결과를 낳는다.

이런 식의 비효율은 흔하게 발생하기 때문에 다행히 많은 언어가 그에 따른 효율적인 해결책을 제공한다. 문자열 문제에 대해 C++ 표준 라이브러리는 스트링스트림(stringstream) 타입을 제공한다. 이는 문자열을 저장하기 위해 메모리를 사전 할당하고, 용량에 도달할 때까지 연결하고, 메모리가 더 이상 남아있지 않을 때 메모리를 재할당한다. 앞에서 살펴본 프로그램은 스트링스트림을 사용해서 다음과 같이 다시 구현할 수 있다.

```cpp
#include <string.h>
#include <iostream>
#include <sstream>

using namespace std;

int main() {
    stringstream ss;
    ss << "hello";
    for (int i=0 ; i<1000 ; i++)
    {
        ss << "bar";
    }
    cout << (ss.str());
}
```

밸그린드를 다시 실행해 보면 메모리 할당 측면에서 상황이 훨씬 더 나아진 것을 알 수 있다. 훨씬 적은 메모리 할당과 해제가 일어나기 때문이다.

```
==17098== HEAP SUMMARY:
==17098== in use at exit: 0 bytes in 0 blocks
==17098== total heap usage: 7 allocs, 7 frees, 84,418 bytes
allocated
```

이런 비효율성은 거의 모든 언어에서 발견된다. 자바로 작업할 때 개발자는 `StringBuilder` 또는 `StringBuffer`의 사용을 대안으로 두고 `String` 변수를 연결할 것이다. 문자열 연결 작업을 `StringBuilder`와 `StringBuffer`의 시퀀스로 교체하면 이는 상당한 성능 개선으로 이어진다. 참고로 이 두 유형의 차이점은 `StringBuilder`는 스레드 안전(thread-safe)하지 않지만, `StringBuffer`는 스레드 안전하다는 것이다. 컴파일러 역시 프로그램과 작업을 최적화할 수 있는데, 이 최적화는 눈에 보이지 않게 일어난다. 즉, 사용하는 언어와 컴파일러 설정에 따라 이 비효율적인 코드 역시 최적화되어 가장 효율적인 버전만큼 빠르게 실행될 수 있다. 하지만 컴파일러에 의존하기보다는 소스코드 자체에서 문제를 해결하는 것이 우선이다. 정적 코드 분석 도구는 이 흔한 패턴을 쉽게 감지해 낼 수 있다(더 자세한 내용은 5.2절 '구현 부채 관리하기' 참고).

5.1.3 오래됐거나 단계적으로 제거됐거나 안전하지 않은 함수 또는 프레임워크 사용

기술 부채의 가장 주목할 만한 예시 중 하나는 여전히 `str*()` 함수를 사용하는 C 코드다. 이 함수는 수년 동안 보안에 영향을 주며 버퍼 오버플로 문제의 근본적인 원인으로 알려졌다. 기본적인 보안 코딩 원칙에서는 이런 함수를 사용하지 않을 것을 권장한다.

웹 개발 세계에도 비슷한 문제가 존재한다. 예를 들어 잘 알려진 SQL 인젝션 문제다. 이 문제는 개발자가 걸러내지 않았거나 즉흥적인 방법으로 걸러낸 사용자 인수를 기반으로 SQL 요청을 만들 때 발생한다. 이는 수많은 공격과 데이터 침해의 원인이 되는데, 이런 종류의 버그에 대항해 지난 수년간 많은 해결책이 존재해 왔다. 인터셉팅 밸리데이터(intercepting validator)도 그러한 보안 패턴 중 하나다.

오래된 함수를 사용해도 기술 부채가 발생한다. 좀 더 현대적이고 안전한 대안을 사용하지 않으면 당장은 코드 변경의 단기 비용과 리팩터링 비용은 피할 수는 있어도 잠재적으로 제품이 치명적인 보안 결함에 노출된다. C 언어의 **str*** 함수 사용은 잘 알려진 예시지만, 다른 언어도 비슷한 문제가 있다. 코드베이스에서 오래되고 더 이상 안전하지 않은 함수를 사용하고 있다면 이슈 트래킹 시스템에 추가해서 제거해야 한다. 이상적으로는 자체 보안 코드(웹 양식의 입력 유효성 검사 등)를 그대로 쓰기보다는 보안 프레임워크에서 제공하는 서비스로 교체하는 것이 좋다(박스 5.1에서 자세히 설명). 훌륭한 웹 개발 프레임워크는 모두 자체 유효성 검사 도구를 가지고 있다.

박스 5.1 보안 프레임워크를 사용해야 할까, 사용하지 말아야 할까?

> 몇 년 전 네 가지 웹 기반 시스템의 보안 접근 방식에 대한 연구에 참여한 적이 있다. 이 연구의 목적은 각 시스템에서 보안 접근 방식의 결과를 평가하는 것이었다. 한 시스템은 코드베이스에 직접 보안 함수를 구현하고 있었고 다른 시스템은 프레임워크를, 나머지 시스템은 이 두 가지 방법을 섞어서 사용하고 있었다. 짐작할 수 있듯이 자체적으로 보안 통제를 하려고 시도한 시스템의 결과는 재앙과도 같았다. 시스템에는 자동 스캐너가 판단했을 때 다수의 높은 위험성을 가진 취약점이 있었고 전체 프로젝트에 들이는 노력 중 약 20%가 보안에 사용되고 있었다. 반면 프레임워크 기반의 보안 접근 방식을 사용(또는 사용하기 위해 시스템을 리팩터링)한 시스템은 훨씬 더 나은 결과를 보였으며 보안을 위해 들이는 노력도 10% 미만이었다.
>
> 리팩터링은 기술 부채를 줄이기 위해 혹은 다른 이유로라도 항상 ROI 측면에서 정당화돼야 한다. 이 연구가 보여준 투자수익률은 놀랍도록 분명했다. 보안 관련 언어 특징 또는 프레임워크 기능을 채택하도록 코드를 리팩터링하는 것이 노력과 위험성 측면에서 모두 이익이 된다.
>
> – 릭 캐스만

5.1.4 코드 복사: 똑같은 일을 두 번 하지 말 것

기술 부채를 일으키는 흔한 코딩 문제 중 하나는 코드 복사와 관련이 있다. 기존 코드를 복사해서 붙여 넣는 것은 빠른 수정이라는 환상을 제공하지만, 결국 스파게티 코드나 이해하기 어려운 코드, 유지보수가 어려운 코드, 그 외 기타 여러 형태의 잠재적 부채를 만든다. 여기에 적용시킬 수 있는 모범적인 프로그래밍 모범 사례가 있으니, 바로 똑같은 일을 두 번 하지 말 것(Don't Repeat Yourself)이라는 DRY 개념이다. DRY를 지키면 코드를 복사하지 않으므로 잠재적인 오류 역시 복사되지 않는다. 한 줄의 코드에 버그가 있어도 이 한 줄이 반복되지만 않으면 그 코드를 열 개의 함수에서 사용해도 한 줄을 수정하는 것으로 문제를 해결할 수 있다. 하지만 이 한 줄의 코드가 열 번 복사되어 쓰이면 복사본까지 다 고치는 데 열 배의 노력이 든다. 게다가 이 한 줄의 코드가 어디로 복사됐는지 확인하고 균일하게 수정하는 데 또 그 열 배 이상의 시간이 낭비된다. DRY 원칙을 따르지 않으면 모두의 시간을 낭비하게 되는 것(WET, Waste Everyone's Time)이다. 이 현상을 앞 장에서는 설계상 **모듈성 위반**이라는 아키텍처 결함으로 식별했다.

코드를 복사해서 쓰는 것은 거의 항상 같은 이야기다. 개발자가 무언가를 구현하려고 할 때 문제에 대한 해결책이 이미 코드베이스 일부에 존재한다면 개발자는 이미 잘 작동하는 기존 코드에서 코드를 복사해서 약간 수정해 다시 사용하는 것이 가장 좋은 방법이라고 자연스럽게 가정한다. 간단하지 않은가! 다만 개발이 진행됨에 따라 다른 개발자도 그가 가진 맥락에서 똑같은 식으로 작업하고 결국 하나의 코드베이스에 여러 개의 동일한 코드(혹은 부분적으로 동일한 코드)가 산재하게 된다. 그뿐만 아니라 스택오버플로(StackOverflow)나 다른 소셜 코딩 사이트에서 코드 블록을 복사해서 붙여 넣고 쓰는 일은 똑같이 일어난다. 하지만 언젠가 누군가는 원래 코드에서 버그나 보안 문제를 발견하거나 로직을 변경하고자 할 것이고, 이 코드 변경은 원래 코드뿐만 아니라 모든 복사본에까지 적용됐을 때에야 비로소 제대로 수정됐다고 할 수 있을 것이다. 맨 처음 코드를 복사했던 개발자가 이제는 다른 일을 하거나 몇 년 전에 코드를 복사해서 썼다는 사실을 까먹었다면 지금 이 제품을 작업하는 개발자는 코드 변경을 어떻게 해야 할지 알 수 없는 상황에 놓일 것이다. 결과적으로 변경된 사항에 대한 출시는 지연될 것이고, 개발자는 변경해야 하는 모든 것을 변경했다는 확신을 할 수 없게 되며, 해야 하는 커밋 수가 늘어날 것이다. 결코 좋은 상황이 아니다!

좀 더 구체적인 예시로 OpenSSL의 CVE-2006-2940을 살펴보자. 이 버그는 서비스 거부(DoS, Denial of Service) 취약점으로 공격자가 매우 큰 지수 값(exponent value)과 계수 값(modulus value)의 공개키를 X.509 인증서에 사용했을 때 발생한다. 이렇게 큰 값은 엄청난 양의 처리가 필요했기 때문에 결과적으로 DoS 공격으로 이어졌다. OpenSSL에서 이 문제를 해결하는 간단한 방법은 값의 최대 크기를 설정하고 처리하기 전에 패킷 크기를 확인하는 것이었다. 하지만 이 '단순한' 변경은 OpenSSL 내 DSA, RSA, DH 및 EC의 네 가지 암호화 알고리즘에 영향을 미쳤다. 개발자는 이와 같거나 비슷한 코드로 각 알고리즘을 구현했고(중복된 코드) 이런 알고리즘은 알고리즘 하나당 세 개의 파일로 구현됐다. 결과적으로 개발자는 이 12개의 파일을 모두 조사해서 영향을 받는 코드를 모두 찾아내야 했고 모두 수정해야 했다(중복된 코드에 대한 자세한 내용은 박스 5.2 참고).

이러한 문제의 해결책은 지금부터 하는 이야기에 나온다. 개발자는 문제를 감지하고 코드베이스 안에서 적절한 해결책을 찾는다. 코드를 리팩터링하고, 공통된 코드를 프로젝트 전체에 공유되는 단일 모듈에 넣고, 이 변경으로 인해 회귀 버그가 발생하지 않는지 테스트해서 확인하고, 새로운 모듈을 사용할 새 코드를 작성하면 된다. 이렇게 하면 버그나 취약점이 발견됐을 때 공통 모듈만 수정하면 되기 때문에 보통 몇 시간 길어도 며칠 정도면 수정 사항을 출시할 수 있다. 이것이 바로 바람직한 소프트웨어 엔지니어링이고 코딩과 아키텍처가 함께 어우러지는 지점이다. 문제를 해결하기 위해 코드 자체에 접근하는 것, 즉 각 구현에서 영향을 받는 코드를 찾아 그때그때 수정하는 것보다 문제가 있는 코드를 찾아내고 모듈화하는 아키텍처적 접근 방식을 지향한다.

박스 5.2 코드와 버그 복사

오래전 자바 기반의 모델링 플랫폼에서 작업했을 때의 일이다. 우리는 연구기관뿐만 아니라 업계의 고객도 사용하는 코드를 개발했는데 개발자 중 한 명이 거의 모든 새로운 기능을 코드를 복사하고 붙여넣는 식으로 작업했다. 시간이 지남에 따라 이로 인한 혼란이 발생했고 코드베이스에서 일어난 거의 모든 변경은 새로운 기능뿐만 아니라 기존에 있는 기능도 망가뜨리기 시작했다.

몇 년간 코드베이스 내에 중복된 코드 수가 30%나 증가했다! 테스트가 거의 없었기 때문에 많은 버그가 출시 후에 발견됐고 이로 인해 긴급 수정 사항과 다른 패치를 배포해야 했다. 당연히 생산성은 감소했고(이런 긴급 상황에 대응하느라 새로운 기능에 대한 작업을 하지 못했다) 고객의 불만 역시 커져만 갔다(소프트웨어가 더 이상 작동하지 않는 이유가 뭐죠?). 결과적으로 우리는 우리가 제품에 대해 가졌던 자신감마저 잃게 됐다("이 소프트웨어가 제대로 된 결과를 낼 것이라고 어떻게 믿을 수 있지?"). 하지만 이것은 애초부터 적절하게 모듈화된 코드를 작성해 코드 중복을 피했다면 해결할 수 있었던 문제였다.

— 줄리엔 디레인

5.2 구현 부채 관리하기

지금까지 기술 부채가 발생할 수 있는 몇 가지 코딩 패턴과 프로세스를 정의했다. 이제부터는 어떻게 관리를 시작해야 하는지 설명하고자 한다.

5.2.1 코드 분석기 사용

정적 분석으로 문제 해결하기

정적 분석 도구는 코드를 처리하고 구문적이고 의미론적인 문제를 찾아낸다. 이 도구는 간단한 들여쓰기 스타일(탭, 공백 등의 일관된 사용)부터 잠재적인 보안 문제에 이르기까지 광범위한 문제를 감지할 수 있다. 일부 언어에 대해서는 더 이상 사용하지 않는 언어 특징이나 메서드도 표시한다. 이 도구는 심각도에 따라 다를 수 있는 위반 목록을 만들어준다. 이에 따라 가장 중요한 것(예: 보안 또는 안전과 관련된 것)을 먼저 해결하고 시간이 허락하는 선에서 덜 중요한 것(예: 코드 포매팅 등)을 조사해야 한다.

코드 정적 분석 도구는 현재 인기 있는 모든 프로그래밍 언어에서 사용할 수 있다. 분석기는 코드베이스에서 다양한 결함을 찾아내는데, 하나의 도구에만 의존하기보다는 여러 도구를 사용해서 감지할 수 있는 결함 목록을 늘리는 것이 중요하다. 어떤 도구는 보안 문제에 초점을 맞추고 어떤 도구는 코드 포매팅에 초점을 맞춘다. 사용하는 도구 수를 늘리면 코드베이스에 대한 더 많은 통찰을 얻을 수 있을 뿐만 아니라 궁극적으로 수정해야 할 항목의 우선순위를 정하는 데 도움이 된다. 물론 정보 과부하를 방지하기 위해 도구를 수정해서 중요하지 않은 것을 걸러내는 것이 필요하다.

중복된 코드 확인하기

중복된 코드를 찾는 것은 생각보다 간단하지 않다. 아주 단순한 방법이기는 해도 비슷한 줄을 서로 비교하는 것부터 시작하는 것이 아무것도 하지 않는 것보다 낫다. 이 경우 코드를 원시 텍스트 수준에서 분석할 뿐 언어의 의미론적 부분을 고려하지는 않는다.

우리는 일반적으로 다음과 같은 유형으로 중복된 코드를 구별한다.

1. 공백과 레이아웃 측면에서 약간의 변형만 있을 뿐 구문적으로 유사한 경우

2. 식별자와 타입만 변경하면 구문적으로 유사한 경우

3. 일부 업데이트되거나 삽입된 문장과 구문적으로 유사한 경우

4. 구문적으로는 다르지만 의미적으로 유사한 경우

1번에 해당하는 코드는 찾아내기 쉽다. 프로그래머는 코드를 복사할 때 종종 변수나 클래스 또는 함수 이름 등만 조금 변경하는데, 미숙한 중복 코드 감지 도구는 이런 문제를 잡아내지 못한다. 다음은 중복 코드 감지 도구가 찾아내지 못하는 매우 간단한 (그리고 비효율적인) 코드의 예다.

기존 코드

```
def checkValue(value: String) {
    if (value == "foo"){
        return True;
    }
    return False;
}
```

복사된 코드

```
def checkValue(value:String) {
    if (value.equalsIgnoreCase("foo"))
    {
        return True;
    }
}
```

더 효과적인 중복 코드 감지 도구는 라빈 카프(Rabin-Karp) 같은 문자열 처리 알고리즘이나 언어 의미 체계를 사용해서 언어의 추상 구문 트리(Abstract Syntax Tree)에서 유사한 코드 패턴을 찾는 등의 고급 기법을 사용하기도 한다. 중복된 코드 문제는 여러 텍스트 문서에서 표절을 감지하는 것과 매우 유사하다. 이런 도구는 구현하기가 훨씬 더 어려운 만큼 더 정확한 결과를 제공한다.

정적 분석은 몇 가지 오픈소스와 상용화된 도구를 사용해서 진행할 수 있다. 이런 도구는 주로 고급 문자열 처리에 의존하고 라빈 카프 알고리즘을 구현하여 더 정확한 결과를 내는 축에 속한다. 또한 도구를 사용할 때는 필요에 맞는 설정을 해야 한다. 예를 들어 코드 블록이 중복됐다거나 최대 중복 수 등을 판단하기 전에 판단의 근거가 되는 최소 토큰 수나 코드 줄 수를 지정할 수 있다. 중복된 코드를 찾기 시작할 때는 중복이 큰 코드 블록에 집중할 수 있게 코드 줄 수나 토큰 수를 코드 100줄과 같은 높은 값으로 시작하는 것이 좋다. 중복이 큰 블록을 먼저 리팩터링하고 나면 이 값을 20줄 등으로 줄여 그 밖에 좀 더 작은 중복 항목으로 넘어가면 된다.

취약점 스캐너

보안은 너무나도 중요하기 때문에 정적 분석 도구 중에서 코드 내 보안 문제를 전문적으로 감지하는 도구도 생겨났다. 취약점 스캐너(vulnerability scanner) 같은 도구는 코드베이스에 있어서는 안 되는 공통 취약점과 노출(CVE, Common Vulnerabilities and Exposures) 또는 주요 보안 취약점(CWE, Common Weakness Enumeration) 같이 잘 알려진 보안 문제를 찾아낸다. 이런 도구는 CVE와 CWE에 관한 코드 패턴을 감지하려 한다는 점에서 정적 분석 도구와 기술적으로 겹치는 부분이 있다. 초반에는 대다수의 도구가 안전하지 않은 C 함수에 중점을 뒀지만, 이제는 웹 기반 응용 프로그램에서 발생하는 크로스사이트 스크립팅 또는 SQL인젝션과 같은 잠재적인 취약점에 관련된 문제 역시 감지한다.

대중에게 공개되는 제품(임베디드 시스템 또는 공개 API를 노출하는 웹 서비스)을 개발하는 프로젝트를 맡고 있다면 취약점 스캐너를 사용해야 한다. 일부 정적 코드 분석기는 CVE와 CWE 위반 또한 함께 찾아내기도 한다. 오픈소스 세계에서는 플로파인더(flawfinder)가 C/C++ 코드 내 많은 보안 문제를 찾아낼 수 있는 매우 좋은 도구다.[3] 해결되지 못하고 방치된 취약점은 고객 데이터가 노출되거나 서비스가 장기간 멈추는 원인이 될 수 있다. 부채를 조기에 적극적으로 상환하면 이런 문제를 방지하는 데 도움이 된다.

---

3 https://dwheeler.com/flawfinder/

5.2.2 코딩 가이드라인 정의

프로젝트 전체에서 코드를 일관되게 유지하고 구문적 및 의미적 규칙이 지켜지게 하려면 코딩 가이드라인을 정의해야 한다.

코딩 컨벤션은 CODING_GUIDELINES 같이 명확한 이름을 가진 파일 내에 있어야 하고 프로젝트 구조 최상단에 위치해야 한다. 이것은 코드 형식과 스타일 및 언어 특징 제한에 있어서 단일 진실 공급원(single source of truth)이 돼야 한다. 팀에 새로운 개발자가 들어오면 이 파일을 참고한 가이드를 제공해야 한다. 여기서 중요한 것은 이 정보를 어느 곳에도 복사하지 않고 단지 참고만 하게 해야 하는 것이다. 복사본을 만드는 것만으로도 규칙에 변경이 생기면 복사된 코드를 일일이 다 찾아 수정해야 하는 것과 같은 문제가 일어나기 때문이다. 참고할 수 있는 단 하나의 버전을 유지하는 것은 8장에서 소개할 좋은 문서화 실천 방법의 일부이기도 하다.

코딩 가이드라인 규칙을 시행하는 방법과 관련해서 다음과 같은 옵션이 있다.

- 어떤 컴파일러는 코드 구조에 대해 매우 엄격하거나 규칙을 준수하지 않는 코드가 컴파일되지 않도록 소스 코드에 규칙을 강제하는 옵션을 가지고 있다. 예를 들어 에이다(Ada)에 사용되는 GNAT는 많은 언어 특징이 있으며 컴파일 타임에 GNAT 스타일을 강제한다.[4] GCC/clang도 일부 제한을 강제한다.
- 파이썬을 비롯한 그 밖의 다른 언어는 flake8[5] 같은 유용한 도구를 지원한다. 이러한 도구는 파이썬용 코딩 스타일인 PEP8[6]과 같은 코딩 스타일을 준수하는지 확인한다.
- 상용화된 정적 검사기를 설정해서 코딩 가이드라인을 강제할 수 있다.
- 자체적으로 정적 분석기를 개발하는 것은 시간과 유지보수 측면에서 비용이 많이 들고 이미 존재하는 도구만큼 완전하거나 성능이 강력하지 않을 수 있지만, 프로젝트 도메인과 해결해야 하는 문제에 있어서 오히려 문맥상 더 적합할 수 있다.

코딩 스타일을 엄격하게 적용하고 이를 준수하지 않는 코드 변경을 거부하는 것은 중요하다. 이 유효성 검사는 코드 리뷰(5.3절 '구현 부채 피하기' 참조) 또는 코드 변경이 푸시될 때 일어나야 한다. 개발자 입장에서는 처음에 좌절감을 느낄 수도 있겠지만, 장기적으로 볼 때는 코드 일관성, 코드 이해도, 낮은 유지보수 비용면에서 상당한 성과가 있을 것이다.

---

4 https://gcc.gnu.org/onlinedocs/gnat-style.pdf
5 https://gitlab.com/pycqa/flake8
6 https://www.python.org/dev/peps/pep-0008/

5.2.3 새로운 언어 특징 사용

언어와 프레임워크는 시간이 지남에 따라 변경되거나 개선된다. 이 개선 사항을 잘 활용하지 않으면 가독성, 보안, 성능 혹은 이 모든 사항에 영향이 있을 수 있다.

C++와 자바의 예를 들어보자. 몇 년 전만 해도 C++와 C++11의 이전 버전과 자바 5의 이전 버전은 범위 기반 for 루프를 지원하지 않아 코드를 읽기가 매우 복잡했다. 다음의 코드 예시는 자바 5 이전 버전과 이후 버전의 차이점을 보여주는데, 왼쪽 코드는 자바 5 이전의 범위 기반 루프가 없는 상태에서 컬렉션을 순회하는 코드이고, 오른쪽 코드는 자바 5부터 채용된 범위 기반 루프를 이용해 컬렉션을 순회하는 코드다. 오른쪽 코드가 읽기도 더 쉽고 오류가 발생할 가능성도 적다. 왼쪽 코드에서는 j가 다른 곳에 정의된 상태에서 실수로 list.get(j) 줄이 삽입돼도 잘못된 코드가 그대로 컴파일되고 실행된다.

```
for (int i=0 ; i<list.size() ; i++) {        for (String s: list) {
    System.out.println(list.get(i));              System.out.println(s);
}                                             }
```

프로그래머가 언어를 사용하고 그 언어의 새로운 버전이 계속 출시되는 한, 코드를 더 읽기 쉽고 안전하게 만드는 개선은 계속 진행된다. 지난 10년 동안 가장 많이 변한 언어는 C++로 C++14는 C++98과 거의 완전히 다른 언어일 정도로 새로운 특징이 많이 추가됐다. 이 가운데 최고는 메모리 관리를 더 쉽게 한 스마트 포인터, 더욱 간결한 코드를 작성할 수 있게 해준 람다 함수, 그리고 자동 타입 추론이라고 볼 수 있다. 자바 역시 지난 10년간 많은 부분이 개선됐는데, 범위 기반 루프의 도입과 스트림이나 람다 함수의 사용 등이 있다. 이런 새로운 특징을 사용하면 코드가 더욱 강력해지고 잠재적인 기술 부채를 피할 수 있게 된다. 따라서 새로운 특징이 출시되고 그것이 프로젝트 빌드 시스템에서 공식적으로 지원되는 순간 바로 사용하기 시작해야 한다.

마찬가지로 데이터베이스 또는 웹 프레임워크 등 사용 중인 프레임워크와 외부 라이브러리에도 새로운 버전이 나오는지 관심을 기울여야 한다. 새 버전은 일반적으로 더 많은 언어 특징을 제공할 뿐만 아니라 보안 문제 역시 해결하기 때문이다. 예를 들면 하트블리드(Heartbleed) 버그가 발견된 후 OpenSSL 라이브러리를 업데이트하지 않은 프로그램은 심각한 취약점에 노출됐다. 개발자와 관리자는 사용하는 제품의 업데이트 메일링 리스트에 등록하거나 제품 웹사이트에 방문하는 등의 방법을 통해 새 버전 또는 향후 버전에 대한 정보를 얻고 새 버전이 안정적인 상태로 출시되면 사용하기 시작해야 한다. 여기서의 목표는 그저 갓 출시된 새롭고 흥미를 끄는 언어 특징을 무작정 사용하는 게 아니라(개발이나 테스트 브랜치를 가져다 운영 환경에서 사용하면 안 된다) 현재 코드베이스가 성능과 보안 수정 면에서 가장 최근에 출시된 안정된 버전에서 실행될 수 있는지 확인하는 것이다. 새 버전이 이전 버전과 호환되지 않을 수 있고 프로덕션에 채택되고 배포되기 전에 작업을 필요로 할 수 있으므로 이러한 결정은 신중하게 내려야 한다.

5.3 구현 부채 피하기

지금까지 코드 안에서 기술 부채가 되는 코딩 스타일이나 중복된 코드 등의 요소, 코드 분석기를 사용해 이를 식별하는 방법, 일관성 있는 좋은 코드를 작성하는 데 도움이 되는 코딩 가이드라인을 살펴봤다. 이제부터는 구현 부채를 피하고 코드베이스에 더 이상 부채가 추가되지 않게 하기 위한 프로세스와 도구에 대해 설명하겠다.

5.3.1 언어와 라이브러리를 현명하게 선택하기

새 프로젝트를 시작할 때 언어와 라이브러리를 현명하게 선택하는 것은 매우 중요하다. 어떤 언어와 라이브러리를 사용하는가에 따라 기술 부채를 얼마나 쉽게 관리할 수 있는지도 달라지기 때문이다. 언어의 선택은 도메인과 산업에 따라서도 신중하게 이뤄져야 한다. 이런 선택이 장기적으로 미치는 영향은 박스 5.3에 설명돼 있다.

마찬가지로 어떤 라이브러리를 선택하는가도 매우 중요하다. 최근 들어 특정 도메인에서는 그 중요성이 훨씬 더 강조된다. 흔히 개발자는 최신 라이브러리를 선택하고 싶은 유혹을 받는다. 이것이 개발을 더 빠르게 해주거나 새로운 기능을 통합하는 데 도움이 될 것이라고 믿기 때문이다. 안타깝지만 이는 보통 라이브러리가 중단되거나 더 이상 지원되지 않을 가능성을 간과하는 근시안적인 접근임을 기억해야 한다. 이런 일이 발생하면 새 라이브러리를 마이그레이션해서 사용하거나 라이브러리를 직접 지원하는 수밖에 없다.

111

언어나 라이브러리를 선택할 때 추천하는 가장 좋은 방법은 해당 업계가 무엇을 사용하는 지 그 사용량을 모니터링하는 것이다. 깃허브의 사용 횟수(포크 또는 '좋아요' 수)와 스택오 버플로의 질문 수는 해당 언어 또는 도구의 인기도를 측정하는 척도가 된다.

새로운 웹사이트 설계를 담당하고 있다면 사용하기에 가장 적절한 언어는 C가 아닐 수도 있다(쓸 수 있는 라이브러리도 거의 없다). 반면에 백엔드용 자바와 프런트엔드용 자바스 크립트는 훌륭한 언어 선택으로 보인다. 둘 다 이런 유형의 시스템에 사용되며 자바는 스프 링, 자바스크립트는 리액트라는 탄탄하게 지원되는 훌륭한 라이브러리나 프레임워크를 가 지고 있기 때문이다.

박스 5.3 실무자의 목소리: 니콜라스 데빌라드

기존 소프트웨어를 재구현하는 것은 생각보다 훨씬 더 많은 작업을 필요로 합니다. 레거시 기술의 벽에 부딪 힌 소프트웨어 엔지니어는 어쩌면 "이 36개의 클래스를 통해서 구현하려는 기능은 고 언어가 이미 기본적으 로 제공하는 거잖아. 버그도 셀 수 없이 많고, 난 모든 세부 사항을 이해하지도 못하겠어. 고 언어로 전환하 는 즉시 이 모든 문제가 사라질 거야."라고 생각할 수 있습니다.

하지만 이 레거시 기술이 전 세계 약 200명의 고객에 의해 사용되고 있다는 사실을 잊지 말아야 합니다. 당 신이 고객에게 멋지고 새로운 고 언어 버전을 가져가도 그들은 "이게 나에게 어떤 도움이 되지?"라고 되물 을 것입니다. 만약 새 버전이 기존과 동일한 기능을 제공한다면 고객은 업그레이드할 이유가 없을 것이고, 결국 제거하고자 하는 레거시 버전과 새로운 버그가 있는 새 버전을 모두 유지보수해야 하는 상황에 놓이게 될 것입니다.

이전 회사에서 저희는 네 개의 레거시 제품을 하나로 대체할 계획이었으나, 결국 남은 것은 레거시 버전과 새로운 제품, 4+1이었습니다. 부채라는 놈은 꽤 끈질겨서, 반짝이는 새 도구로 대체되기 전까지는 오랜 기간 남아 있을 수 있습니다. 은행 업계가 여전히 코볼 소프트웨어에 의존하는 데는 이유가 있습니다.

— ND[7]

---

7 [실무자의 목소리]는 실무자의 경험을 인터뷰한 내용을 발췌한 것으로, 인터뷰의 전체 내용 및 다른 실무자 인터뷰는 부록에서 이름을 기준으로 찾을 수 있다.

5.3.2 효과적인 코드 리뷰

코드 리뷰에 익숙하지 않다면 지금 당장 시작해야 한다. 코드 리뷰는 기술 부채가 실수로 코드에 누적되지 않게 하는 가장 좋은 방법 중 하나다. 도구가 일부 부채 감지를 자동화하기는 하지만, 모든 것을 파악할 수는 없기 때문에 궁극적으로 사람인 개발자를 통한 리뷰가 매우 중요하다. 코드 리뷰를 효과적으로 하기 위해서는 모든 규칙이 잘 지켜졌는지 검사하고 코드가 코딩 가이드라인을 준수하는지 확인해야 하기 때문에 잘 정의된 프로세스가 필요하다. 여기서는 코드 리뷰를 더욱 효과적이고 생산적으로 만들기 위한 일련의 규칙을 제시하고자 한다.

규칙 0: 기본 검사 자동화

코드 리뷰의 대부분은 일련의 규칙에 대해 코드 변경을 검사해주는 정적 분석기를 사용하여 자동화할 수 있다. 이 도구가 코드 리뷰 프로세스에 어떻게 통합되느냐에 따라 자동으로 주석을 달거나 새로운 변경을 허용하거나 차단할 수도 있다. 물론 이런 검사는 앞에서 논의한 것처럼 코딩 가이드라인에 맞춰 수행해야 한다.

코드 리뷰의 일부를 자동화함으로써 개발자는 자동화할 수 없는 다른 유효성 검사에 집중할 수 있다. 여기에는 전체 아키텍처의 유효성 검사, 코드 정확성 보장, 테스트 커버리지 및 주석의 품질 등이 포함된다. 또한 아직 리뷰할 단계가 아닌 코드를 리뷰하는 데 소모되는 시간을 없애기 때문에 개발자의 생산성 역시 높아진다. 깃허브 같은 일부 코드 호스팅 플랫폼은 코드 리뷰 프로세스를 자동화하는 도구를 제공하기도 한다.

규칙 1: 변경 하나를 두 명이 리뷰

코드 리뷰의 주된 목적 중 하나는 코드에 대한 새로운 시각을 갖고 작성자가 걸려들 수 있는 함정이나 덫을 찾아내는 것이다. 모든 개발자는 자기 나름의 편견, 사각지대, 전문 분야를 가지고 있기 때문에 두 명이 코드를 리뷰하면 잠재적인 실수를 포착할 가능성이 극대화된다. 또한 버디쉽잇 증후군(buddy ship-it syndrome), 즉 개발자가 어떤 코드든 목표 환경에 반영(ship-it)해줄 누군가(buddy)를 찾는 경향으로 인해 품질과 상관없이 모든 코드를 출시해버리는 현상을 피할 수 있다.

코드가 페어 프로그래밍을 통해 작성됐다면 페어 프로그래밍에 참여한 개발자는 코드 리뷰에 참여하거나 코드를 병합할 수 없다. 작성 과정에 참여함으로써 이미 편견이 생겨 코드 품질에 대해 정직하고 독립적인 의견을 가지지 못하기 때문이다.

규칙 2: 코드 변경 범위의 제한

코드 변경 범위를 확장하는 것은 보통 귀가 솔깃해지는 일이다. 제품 기능을 개발하는 동안 이전에 발생한 문제를 수정하거나 일부 컴포넌트를 다시 설계할 수 있기 때문이다. 구현자는 코드베이스를 더 간단하고 안전하게 개선하고자 하는 좋은 의도를 가지고 있겠지만, 이것은 일반적으로 나쁜 습관으로 이어진다.

첫째, 코드 리뷰에 더 많은 변경을 포함하기 때문에 리뷰 대상의 규모가 커지고 따라서 리뷰하기가 더 어려워진다. 잘 정의된 범위와 몇 줄의 변경을 리뷰하는 데 필요한 시간은 10분에서 20분 정도면 충분하다. 하지만 범위가 지정되지 않은 리팩터링이나 재설계를 도입하려는 리뷰는 토론으로 이어지기 쉽고 따라서 평가에 더 많은 시간이 소요될 수 있다. 이것은 변경 사항을 제품 기능으로 제공하기까지의 개발 민첩성을 떨어뜨린다. 아울러 논의하고 리뷰하는 사이 변경에 병합된 다른 변경을 리베이스해야 하는 등 또 다른 업데이트를 하게 될 수도 있다.

둘째, 하나의 리뷰에 다수의 코드 변경을 추가하는 것은 변경한 것에 새로운 문제가 생겼을 때 롤백을 더 어렵게 만든다. 코드 변경의 규모가 작고 단일 문제로 제한된 경우라면 롤백해서 이를 코드베이스에서 제거하면 된다. 하지만 동일한 커밋에 여러 개의 변경이 한꺼번에 포함돼 버리면 이 커밋을 제거했을 때 함께 묶여 있는 여러 개의 변경 또한 제거된다.

따라서 코드 변경은 신중하게 범위를 설정해야 하고 즉각적인 수정이 바로 진행될 수 있을 만큼 가능한 한 작아야 한다. 코드 리뷰는 동료가 단 몇 분 만에 끝낼 수 있게 보통 100줄 미만의 코드로 진행돼야 한다. 큰 코드 변경은 작은 코드 단위로 나눠서 진행해야 하고 각 단위 역시 동료가 몇 분 안에 리뷰할 수 있는 양이어야 한다. 이렇게 한다면 코드 변경을 신속하게 푸시할 수 있고 가능한 한 빨리 메인 브랜치에 병합할 수 있다.

규칙 3: 커밋 메시지 형식 정의

커밋 메시지는 리뷰에 관련된 가능한 한 많은 정보를 제공해야 한다. 이를 통해 리뷰하는 사람은 무엇을 예상하고 질문해야 하는지 알 수 있다. 커밋 메시지에는 다음과 같은 내용이 담겨 있어야 한다.

- 변경 사항을 간결하게 담은 한 줄짜리 설명

- 변경된 사항, 이 변경 사항이 도입된 이유, 수행된 접근 방식을 담은 자세한 설명

- 이슈 트래커에서 참조할 수 있는 이슈(추적성을 위해 일관된 패턴을 따르는 연결 또는 고유 식별자)

- 이 변경 사항이 어떻게 테스트됐는지(단위 테스트의 추가 여부, 테스트나 개발 환경에서 소프트웨어를 이미 테스트했는지 등)

- 어떤 문서가 추가됐는지(문서의 초안 추가)

이렇게 하면 리뷰하는 사람이 코드를 평가하는 데 필요한 모든 정보가 제공되므로 누락된 항목 없이 코드 리뷰가 진행되는 동안 실제 문제에만 집중할 수 있다. 변경 사항이 어떻게 테스트됐는지 등을 물어볼 필요가 없어지기 때문이다.

좋은 커밋 메시지의 예가 그림 5.1에 나와 있다. 여기에는 변경 이유, 작성자명, 검토자, 수정된 버그에 대한 참조, 이슈 트래커상 관련된 잠재적 문제가 포함돼 있다. 테스트 정보는 그다음에 논의된다.

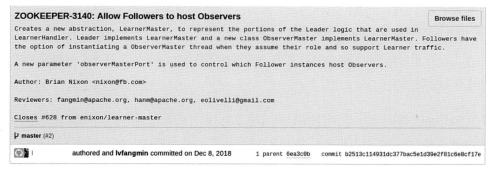

그림 5.1 좋은 커밋 메시지는 변경 및 기타 상세 사항을 설명한다.

코드 리뷰를 위해 코드를 보낼 때 이 정보는 쓰는 데 1분 이상 걸리지 않아야 한다. 이는 프로덕션에서 잠재적인 문제가 발생해서 최근 변경 사항을 파악해야 하는 상황이 닥쳤을 때 특히 코드 리뷰가 이슈 트래커에 연결되어 있다면 엄청난 시간을 절약할 수 있다. 따라서 팀이 커밋 메시지의 형식을 채택하고 이를 지속적인 통합 파이프라인에 적용하게 해야 한다. 예를 들어 좋은 커밋 메시지가 없거나 이슈 트래커에 연결되지 않은 코드 변경은 코드 리뷰 전 선행 검토 단계에서 즉시 거부한다. 이 문제에 대한 자세한 논의는 요구 사항 추적성과 기술 부채에 대해 이야기했던 3장에서 찾을 수 있다.

그림 5.2는 잘못된 커밋 메시지의 예시를 보여준다. 이 설명에는 자세한 사항이 빠져 있고 이슈 트래커에 대한 링크도 없다. 이 커밋이 애초에 왜 이뤄졌는지 누군가가 질문해도 아무도 알 수 없다.

그림 5.2 나쁜 커밋 메시지는 변경 사항을 설명하지 않는다.

규칙 4: 자동화된 빌드와 병합 전 테스트하기

코드 리뷰는 가능한 한 쉬워야 하고 자동화돼야 한다. 코드 변경이 있을 때 자주 발생하는 실수 중 하나는 변경으로 인해 빌드가 망가지는지 또는 깨끗한 환경에서 테스트를 통과하는지 확인하지 않는 것이다. 이런 테스트는 코드 리뷰 시스템에 의해 반드시 자동화돼야 한다. 변경으로 인해 빌드가 망가지거나 회귀가 발생하더라도 코드 작성자나 리뷰하는 사람은 걱정하지 않아도 되기 때문이다. 이에 관해서는 7장에서 프로덕션 환경을 논의할 때 더 자세히 설명하겠다.

코드 리뷰 시스템은 코드가 리뷰를 위해 보내졌을 때 시스템을 빌드하고 테스트를 실행하게 해야 한다. 코드가 테스트에서 실패한다면 이는 코드가 아직 리뷰할 단계에 있지 않다는 뜻이며 리뷰하는 사람은 불필요한 시간을 낭비하지 않게 된다. 코드가 테스트를 통과한다면 지속적인 통합 파이프라인은 변경 사항을 병합하고, 시스템을 다시 빌드하고, 한 번 더 테스트를 실행함으로써 변경 사항이 올바르게 적용됐는지 확인한다. 이렇게 하면 마스터와 프로덕션 브랜치가 일관되게 잘 작동하게 된다. 여기에서 중요한 것은 테스트를 만들고 실행하는 것은 올바르게 정의된 프로덕션 환경을 대상으로 해야 한다는 것이다. 프로덕션 환경이 여러 개인 경우나 타깃 플랫폼이 임베디드나 모바일 등 여러 개 있는 경우 여러 개의 환경을 만들어서 각각 테스트해야 한다.

5.3.3 코드베이스에서 지표를 수집하고 분석하기

코드 위반과 중복된 코드를 확인하기 위해 정적 분석기를 사용하기 시작했다면 그다음은 추세를 분석할 차례다. 이 분석은 위반 횟수가 줄었는지, 리팩터링이 중복된 코드를 제거하고 코드를 단순화하는 데 성공했는지 보여준다. 추세는 코드 지표를 수집하고 시간의 흐름에 따른 변화를 분석해서 얻을 수 있다. 주의 깊게 살펴봐야 할 몇 가지 흥미로운 지표는 코드 1,000줄당 일어난 위반 횟수, 중복된 총 코드 줄 수, 전체적인 보안 또는 안전에 관련된 이슈 수가 어떻게 변했느냐다.

코드베이스의 추세를 시각화한 대시보드를 만들면 이 정보를 한눈에 볼 수 있다. 코드를 자동으로 분석하고 코드 위반과 중복 수의 추세를 보여주는 코드 인스펙터(Code Inspector)나 코드 클라이메이트(Code Climate)[8] 같은 온라인 도구가 있는데, 그림 5.3은 코드 인스펙터가 제공하는 추세, 위반 횟수, 중복 항목을 대시보드로 보여준다.

여기서 충족시키고자 하는 정확한 임곗값은 산업 분야, 사용하는 언어, 개발 중인 시스템 유형에 따라 차이가 난다. 예를 들어 안전 필수 시스템은 0개의 결함을 목표로 해야 하지만, 그렇지 않은 시스템이라면 이 기준은 조금 더 느슨해질 수 있다.

---

8 https://www.code-inspector.com, https://www.codeclimate.com/

(a) 중요 지표와 트렌드

	오늘	하루 전	3일 전	3주 전	3개월 전
소스코드 라인 수	293892	293892	293887	293976	N/A
코드 라인당 발생한 위반	0.0056	0.0056	0.0056	0.0053	N/A
코드 라인당 심각한 위반	0.0002	0.0002	0.0002	0.0002	N/A
코드 라인당 주요한 위반	0.0008	0.0008	0.0008	0.0005	N/A
코드 라인당 중간 심각도 위반	0.0010	0.0010	0.0010	0.0006	N/A
코드 라인당 낮은 심각도 위반	0.0036	0.0036	0.0036	0.0040	N/A
코드 라인당 코드 스타일 위반	0.0033	0.0033	0.0033	0.0034	N/A
코드 라인당 오류 발생 가능성	0.0000	0.0000	0.0000	0.0000	N/A
코드 라인당 문서화 위반	0	0	0	0	N/A
코드 라인당 보안 위반	0	0	0	0	N/A
코드 라인당 설계 위반	0	0	0	0	N/A
코드 라인당 안전 위반	0.0009	0.0009	0.0009	0.0002	N/A

(b) 분류별 위반

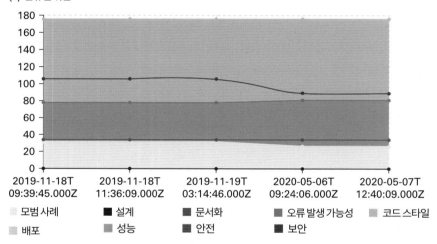

(c) 중복된 코드 라인

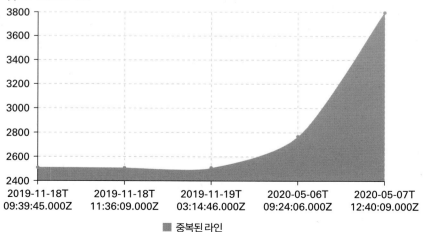

그림 5.3 코드베이스의 트렌드를 보여주는 코드 인스펙터의 대시보드

이런 도구를 사용함으로써 시간이 지남에 따라 코드베이스가 개선되고 위반이나 중복의 횟수가 줄어드는 것을 확인할 수 있다. 대규모 프로젝트에서 기술 부채를 제거하는 데 상당한 시간이 걸리므로 과거 데이터를 유지하고 시간 경과에 따른 진행 상황을 추적하는 것이 중요하다. 브라이트스퀴드 사례 연구 A를 통해 실무에서의 실천 방법과 그에 따른 이점을 참고하기 바란다.

5.4 이번 장을 마치며

기술 부채의 대부분은 코드에 깊이 뿌리내리고 있다. 언어의 선택, 설계 패턴의 사용, 비효율적인 언어 특징의 사용, 코드 복사 등 기술 부채를 유발할 수 있는 코드와 관련된 문제는 끝이 없다. 이번 장에서는 구현에서 발생하는 기술 부채의 가장 흔한 원인과 이를 어떻게 다뤄야 하는지 살펴봤다.

여기서 얻을 수 있는 가장 중요한 가이드라인은 코딩 규칙을 만들고 팀이 이를 지키게 만드는 것이다. 즉, 한 줄의 코드가 변경될 때마다 코드가 코딩 규칙을 잘 준수했는지 확인할 수 있는 적절한 도구가 필요하다는 것이다. 이는 7장에서 논의할 코드를 검사하는 지속적인 통합 파이프라인의 사용을 뜻한다.

한 가지 명심해야 하는 것은 "단순하게 하라고, 바보야!(KISS, Keep It Simple, Stupid!)"라는 원칙을 고수하는 것이다. 오늘날 많은 언어는 전문가들에게 매력적으로 들릴 수 있는 복잡하고 고도화된 특징을 가진다. 하지만 이런 복잡성은 새로 들어온 사람에게는 오히려 장애물이 될 수 있으며 결국에는 득보다 실이 더 많을 수 있다. 언어의 고도화된 특징을 모두 사용할 필요는 없으며 오히려 언어 특징을 제한해 원하지 않는 복잡성을 피할 수 있는 단순한 사용법을 고수하는 것도 방법이 될 수 있다. 이것은 존 카맥(John Carmack)이 둠 3(Doom 3)를 개발할 때 썼던 방법으로 그는 C++라는 복잡한 언어를 단순화하고 가장 유용한 특징만 남겨서 궁극적으로 설계를 단순화했다. 이는 설계를 이해하기 쉽게 만들었고 다른 개발자들이 유지보수하는 데 큰 도움이 됐다.

참고 문헌

제프 앳우드(Jeff Atwood)가 작성한 2007년 블로그 게시물(https://blog.codinghorror.com/twitter-service-vs-platform/)은 확장성과 루비 온 레일즈에 대한 트위터의 초기 문제에 대해 자세히 설명했다.

기능 제한의 좋은 예는 MISRA-C로, 이것은 C의 서브셋인 임베디드, 안전 필수 소프트웨어다. 또 다른 좋은 예는 전설적인 프로그래머 존 카맥이 ID4 게임 엔진을 구현할 때 클래스를 사용해 C++를 C로 축소함으로써 C++ 트랩과 함정을 피하고 코드를 작성하기 수월하게 했다.

보안 문제는 회사나 제품 신뢰에 막대한 영향을 미칠 수 있기 때문에 사람들이 가장 관심을 갖는 버그이자 부채 항목일 것이다. 이에 코드를 좀 더 안전하고 안심할 수 있게 만들기 위한 많은 노력이 있었다. SEI CERT C 코딩 표준 및 관련 서적인 로버트 C. 시코드(Robert C. Seacord)의 《C와 C++에서의 안전한 코딩(Secure Coding in C and C++)》(Addison-Wesley, 2013)은 안전한 코드 작성 방법을 배우기 위한 좋은 출발점이다. 자바 같은 다른 언어에 대한 이 책의 변형도 있는데, 오픈 BSD 프로젝트(가장 안전한 운영체제 중 하나)의 개발자인 마르크 에스피(Marc Espie)가 제공하는 보안 개발 입문(Security Development 101): https://www.lse.epita.fr/teaching/epita/sede/slides-sede.pdf는 시큐어 코딩을 배우는 데 매우 좋은 교재다. MITRE에서 호스팅하는 웹사이트(https://cve.mitre.org/ 및 https://cwe.mitre.org/)에서 공통 취약점과 노출(CVE), 그리고 주요 보안 취약점(CWE)에 대해 참고할 수 있다. 하트블리드 버그(http://heartbleed.com/)는 현재까지 기록된 가장 해로운 취약점 중 하나다.

보안 패턴에 대한 몇 가지 우수한 카탈로그도 있는데, 라메쉬 나가판(Ramesh Nagappan)과 크리스토퍼 스틸(Christopher Steel)의 《핵심 보안 패턴(Core Security Patterns: Best Practices and Strategies for J2EE, Web Services and Identity Management)》(Prentice Hall, 2005)이 그중 하나다. 끝으로 이번 장에서 사용하는 보안 프레임워크는 H. 세르반테스(H. Cervantes), R. 캐스만(R. Kazman), J. 류(J. Ryu), D. 최(D. Choi), D. 장(D. Jang)의 "보안에 대한 아키텍처적 접근(Architectural Approaches to Security: Four Case Studies)", IEEE Computer, 2016년 11월, 60-67페이지를 참고했다.

개발자가 사용하는 프로그래밍 언어 또는 도구에 대한 통찰을 찾는다면 스택오버플로 커뮤니티에서 매년 진행하는 설문조사를 통해 사용되는 도구, 방법 또는 언어에 대한 지표를 확인할 수 있다. https://insights.stackoverflow.com에서 설문조사 보고서를 참고하라.

코드를 기술 부채에서 자유롭게 하기 위한 코딩 가이드라인과 모범 사례는 로버트 C. 마틴의 ≪Clean Code(클린 코드)≫(인사이트, 2013)를 참고하기 바란다.

DRY 원칙은 수년에 걸쳐 잘 문서화됐다. 몇 가지 유용한 참고 자료는 스티븐 풋(Steven Foote)의 ≪프로그래밍 배우기(Learning to Program)≫(Addison-Wesley, 2014)와 앤드류 헌트(Andrew Hunt)와 토머스 데이비드(Thomas David)의 ≪실용주의 프로그래머≫(인사이트, 2022)다.

소프트웨어 유지보수에 드는 비용이 전체 프로젝트 비용의 50%에서 80% 사이를 차지한다는 주장은 수십 년 동안 계속돼 왔다. 정확한 수치는 일관적이지 않지만, 지금까지의 모든 연구에서 시스템 총 비용 중 유지보수에 들어가는 비율이 이 범위 내에 있고 대부분이 범위의 상한(즉, 80%에 가까움)에 위치한다는 결과가 나왔다. 유지보수, 유지보수 유형, 비용에 대한 포괄적인 논의는 피에르 보르크(Pierre Borque)와 리처드 페어리(Richard Fairley) 등의 ≪소프트웨어 엔지니어링 지식 체계 가이드(SWEBOK—Guide to the Software Engineering Body of Knowledge, Version 3.0)≫(IEEE Computer Society Press, 2014)를 참고하라.

많은 설계 문제와 중복된 코드를 피하는 방법은 무엇일까? 설계 패턴을 사용하고 재사용하는 것이다! 설계 패턴은 에릭 감마(Erich Gamma), 리처드 헬름(Richard Helm), 랄프 존슨(Ralph Johnson) 그리고 존 블리시디스(John Vlissides)가 쓴 ≪GoF의 디자인 패턴≫(프로텍미디어, 2015)에서 소개됐다. 또 다른 훌륭한 참고 문헌은 자바를 사용한 설계 패턴을 매우 간단한 용어로 설명한 책으로 에릭 프리먼(Eric Freeman), 버트 베이츠(Bert Bates), 캐시 시에라(Kathy Sierra), 엘리자베스 롭슨(Elisabeth Robson)의 ≪헤드 퍼스트 디자인 패턴≫(한빛미디어, 2022)이다.

코리 J. 카프서(Cory J. Kapser)와 마이클 갓프리(Michael Godfrey)는, "'복제는 해롭다'는 주장에 대한 반론: 소프트웨어에서의 복제 패턴('Cloning Considered Harmful'

Considered Harmful: Patterns of Cloning in Software)"에서 특히 실험과 탐색의 가능성 측면에서 코드 복사에 대한 또 다른 관점을 제공한다. 이 논문은 ≪경험적 소프트웨어 엔지니어링(Empirical Software Engineering)≫(2008년 12월)에 게재됐다.

코딩 스타일과 코딩 가이드라인의 좋은 예는 온라인에서도 많이 찾아볼 수 있다. 리눅스 커널 코딩 스타일(https://www.kernel.org/doc/html/v4.10/process/coding-style.html) 혹은 NetBSD 코딩 스타일(ftp://ftp.netbsd.org/pub/NetBSD/NetBSD-current/src/share/misc/style)을 참고하기 바란다. 둠 3의 코딩 스타일은 C++ 코드베이스의 좋은 예시다. https://fabiensanglard.net/fd_proxy/doom3/CodeStyleConventions.pdf를 참고하라.

코드를 읽고 커다란 코드베이스를 자세히 탐구하는 것을 좋아한다면 파비앙 상글라르(Fabien Sanglard)의 웹사이트인 http://fabiensanglard.net/을 적극 권장한다. 이곳에는 매우 큰 코드베이스에 대한 코드 리뷰를 찾아볼 수 있는데 깃뿐만 아니라 둠(Doom), 퀘이크(Quake), 울펜슈타인 3D(Wolfenstein 3D) 등의 인기 있는 ID 소프트웨어 게임에 대한 것도 있다. 파비앙은 프로그래머가 코드를 깨끗하게 유지하는 방법뿐만 아니라 원하는 제품을 제공하기 위해 절충안을 찾는 방법도 설명한다. 예를 들면 코드 가독성과 유지보수성을 떨어뜨리는 3D 엔진에서 렌더링 속도를 높이기 위한 몇 가지 훌륭한 최적화 방법 등이 있다. 이 웹사이트는 깨끗하고 가장 최첨단인 코드베이스를 살펴보고자 하는 엔지니어에게는 보물창고 같은 곳이다.

06

테스트 부채

매번 링에 올라 스스로를 시험하는 것과
비교할 수 있는 것은 없다.

- 슈가 레이 레너드(Sugar Ray Leonard)
올림픽 금메달과 세계 챔피언을 모두 석권한 전설적인 복싱 선수

시험은 실패로,
실패는 더 깊은 이해로 이어진다.

- 버트 루탄(Elbert L. Burt Rutan)
루탄보이저호와 스페이스쉽원(SpaceShipOne)을 설계한 항공기 디자이너

소프트웨어를 테스트하는 것은 중요하다. 테스트는 잠재적인 기술 부채와 소프트웨어 버그를 드러내는 중요한 방법이다. 그러나 테스트 코드에도 기술 부채가 포함될 수 있다. 이번 장에서는 테스트에서 나올 수 있는 부채를 식별하고 관리하고 피하는 방법에 대해 설명한다.

개발자가 적절한 테스트 없이 코드를 푸시하는 것은 꽤 자주 일어나는 일이다. 이런 일이 일어나는 가장 큰 이유는 제품을 제시간에 출시해야 한다는 압박감 때문이다. 처음에는 이 전략이 효과적이다. 특히 개발 초기 단계에서 프로토타이핑이나 빠른 이터레이션이 일어나는 경우 민첩하게 이터레이션을 진행해서 새 제품 기능을 바로 내놓을 수 있다. 이 단계에서 개발자는 망가진 코드를 몇 분 혹은 몇 시간 만에 수정할 수 있다. 빠르게 수정할 수 있다면 무언가를 망가뜨리는 것은 그렇게 대단한 일이 아니다. 하지만 시간이 흘러 제품이 성장하고, 팀이 바뀌고, 기존 개발자가 떠나고, 새 개발자가 팀에 합류하고, 새로운 제품 기능이 기존 코드 위에 쌓이기 시작하면 이야기가 달라진다. 여기서부터는 버그가 있는 코드를 수정하는 데 며칠 또는 몇 주가 걸린다. 고장 난 기능을 고치는 방법을 아무도 모르는 경우도 생긴다. 프로젝트 초기에 가졌던 모든 민첩성이 금세 사라져 버린다.

이 이야기는 매우 익숙하게 느껴질 만큼 소프트웨어 업계에서 매번 반복된다. 확실하게 자리 잡은 대규모 코드베이스에서 작업하는 개발자조차도 코드 수정과 불안정한 테스트에 며칠 또는 몇 주가 걸린다는 불평을 하곤 한다.

불충분한 테스트는 대기업도 영향을 받는다. 윈도우 95는 사용하기 시작한 지 49일 만에 서비스가 멈추는 현상이 있었는데, 시간을 밀리초 단위로 계산하는 바람에 정수 오버플로가 발생하여 시스템이 차단됐기 때문이다. 2015년 보잉 787 역시 비슷한 문제로 248일마다 시스템을 재부팅해야 한다는 사실이 알려졌다. 이 일로 항공 업계가 교훈을 얻었겠다 싶었지만, 2019년에 에어버스(Airbus) 역시 비슷한 문제로 A350 항공기 시스템을 149시간마다 재부팅하도록 지시한다는 것이 밝혀졌다. 이는 설계에서 비롯된 문제였을까, 아니면 그저 테스트를 많이 했다면 없었을 문제였을까?

이번 장에서는 좋은 테스트 실천 방법에 대해 논의하고 테스트와 기술 부채가 어떻게 연관돼 있는지 설명한다. 테스트 코드 자체에 기술 부채가 존재하는 것도 물론 있지만, 가장 큰 문제는 불충분한 테스트 그 자체가 기술 부채라는 것이다. 부적절한 테스트 관행은 궁극적으로 더 많은 기술 부채를 초래할 것이다. 여기서는 먼저 테스트와 기술 부채의 연관성을 이야기한 뒤 테스트 부족 문제를 식별하고 관리하는 방법과 함께 향후 테스트 문제를 피할수 있는 방법을 설명하고자 한다.

6.1 테스트는 어떻게 기술 부채와 연관되는가

테스트는 어떤 정의된 동작, 즉 일반적으로 사양 또는 요구 사항에 따라 코드와 시스템이 '올바르게' 동작하는지 확인하는 방법이다. 테스트는 메서드나 코드 라인에 대한 세분화된 테스트부터 시스템 전체의 제품 테스트에 이르기까지 다양한 수준에서 진행될 수 있다. 테스트가 가진 주요 이점은 주어진 입력값에 대해 예상되는 동작이나 값이 표시되는지 확인할 수 있다는 것이다. 테스트와 관련된 기술 부채는 테스트 프로세스에서 쉬운 길을 택해서 발생한다. 이는 불충분하거나 충분한 정보가 주어지지 않은 상태에서 테스트하는 것을 말한다. 테스트의 목표(혹은 목표여야 하는 것)는 프로그램의 전체 상태 공간을 커버하는 것이다. 현실적으로는 거의 이뤄지지 않지만, 이것이 테스트의 목표가 돼야 한다. 코드베이스의 복잡도를 측정하기 위해 몇 개의 복잡도 지표가 고안됐고 테스트 스위트(testing suite)도 이 복잡도를 커버하기 위해 그만큼 더 복잡해졌다. 이 중 가장 유명한 것은 맥케이브(McCabe)나 순환 복잡도(Cyclomatic Complexity)다. 순환 복잡도는 프로그램의 소스코드를 통해 다음과 같은 독립적인 경로의 수를 측정한다.

```
if (condition == True)
    // 뭔가를 수행
else
    // 그 외의 뭔가를 수행
```

위와 같은 코드가 있다면 적어도 두 개의 테스트 케이스가 있어야 한다. 하나는 condition == True일 때고 다른 또 다른 하나는 condition == False일 때 경로를 실행하는 것이다.

이 관점을 통해 테스트에서 발생하는 기술 부채의 몇 가지 원인을 알아낼 수 있다.

- **불충분한 테스트**: 중요한 기능이나 모듈조차 충분한 테스트가 수행되지 않은 것이다. 시스템의 전체 상태 공간을 테스트하고 싶다면 최소한 모든 모듈의 모든 코드 라인이 실행되는지 확인해야 한다.

- **잘못된 것을 테스트**: 잠재적 영향이 거의 없는 메서드를 테스트하는 것이다. 어떤 중요한 프로그램이라도 처음부터 끝까지 완전히 테스트하기는 불가능하다는 것을 감안했을 때 테스트는 가장 가치가 높고 실패했을 때 가장 위험성이 큰 영역을 우선으로 진행해야 한다.

- **불필요한 테스트**: 이미 알고 있는 시스템 영역을 테스트하는 것이다. 테스트에 쓸 수 있는 자원은 항상 한정되어 있기 때문에 신뢰할 수 있는 오래된 코드보다는 알려지지 않은 버그가 있을 수 있는 시스템 영역에 시간을 할애하는 것이 낫다.

- **신뢰할 수 없고 불안정한 테스트**: 낮은 신호 대 잡음 비[1]를 가진 테스트다.

- **행복한 경로(happy path)만 테스트**: 성공하는 케이스만을 테스트하고 에러가 날 케이스는 테스트하지 않는 경우다.

- **사양이나 문서와 일치하지 않는 테스트**

인증 시스템의 예시를 통해 조금 더 구체적으로 살펴보자. 인증 시스템은 사용자 이름과 비밀번호의 올바른 조합을 입력하면 사용자를 승인하고 틀린 조합을 입력하면 거부한다. 여기서 입력값(사용자 이름과 비밀번호)과 예상되는 동작(로그인 성공 또는 실패)은 양쪽 모두 명확하고 모호하지 않아야 한다. 테스트 역시 분산 시스템의 변동성을 감안했을 때 가능한 범위 내에서 한번 결정하면 그것을 따라야 한다. 이는 테스트 결과가 항상 동일해야 하고 현재 시간 같은 어떤 환경적 요인에도 의존하지 않아야 한다는 뜻이다. 우수한 테스트 프레임워크에는 시간과 날짜와 같은 상황적 요인을 처리하는 기능이 있다.

테스트는 다음을 보장한다.

1. **코드가 실제로 작동할 것**: 작성된 코드가 의도대로 실행되는지 확인한다. 코드를 개발하는 현재 유용하게 쓰인다.

2. **미래의 변경 사항이 기존 기능을 손상시키지 않을 것**: 코드가 변경될 때마다 주기적으로 실행되는 테스트가 있으면 새로운 코드 변경이 이미 구현돼 있는 것을 망치지 않음을 확신할 수 있다.

---

1 (옮긴이) signal-to-noise ratio: 시스템에서 잡음의 영향이나 수준을 알아보기 위한 지표로, 어떠한 신호를 잡고자 할 때 인접 신호 잡음이 많이 잡힌다면 신호가 무엇인지 구분하기 어려워진다.

6.2 테스트에 대한 인식 증가

지난 20년간 테스트는 그 어느 때보다 훨씬 더 많은 주목을 받았다. 1990년대까지 소프트웨어 테스트는 주로 개발자가 직접 프로그램을 실행하거나 QA 팀이 스크립트를 따라 제품을 일일이 테스트하는 수동적인 방식으로 진행됐다. 이 방식은 테스트를 위한 엔지니어를 고용해야 했기 때문에 비용이 많이 들었고, 인간을 신뢰해야 하면서도 결국 오류는 인간이 만들기 때문에 신뢰할 수 없었고, 시스템을 완전히 커버하기 위한 확장이 어려웠기 때문에 불완전했다. 하지만 지난 10년간 지속적인 통합과 지속적인 배포 접근 방식의 채택이 증가함에 따라 소프트웨어 개발 프로세스에서 점점 자동화된 테스트를 더 많이 사용하게 됐다. 자동화 테스트는 두 가지 이점이 있다. 첫째, 더 쉽게 테스트할 수 있다. 테스트를 자동화하면 테스트는 알아서 일어나는 일이 되기 때문에 컴파일처럼 자연스러운 업무 흐름의 일부가 된다. 둘째, 자동화는 반복성을 보장하므로 모든 사람이 변경 사항에 대해 대부분 동일한 테스트를 실행한다. 적합하고 충분한 수의 테스트를 작성하는 것을 전제로 했을 때 이러한 이점이 모여 프로젝트의 품질을 향상시킨다.

오늘날 소프트웨어 업계의 개발자와 관리자는 테스트의 중요성을 잘 이해하고 있다. 테스트를 위한 많은 라이브러리와 제품이 개발됨에 따라 이것을 사용해서 테스트하는 것에도 초점이 맞춰지고 있는데, 그 예로 모의 객체(mock)를 만드는 기능이나 xUnit 테스트 프레임워크[2]가 있다. 최근에는 모바일 애플리케이션과 웹사이트를 위한 사용자 인터페이스 테스트용 도구 역시 늘어나고 있다.

6.3 테스트의 부족성과 필요성 식별하기

테스트에서 발생하는 기술 부채는 일반적으로 미래에 감당해야 하는 이자 비용으로 나타난다. 특히 소프트웨어 출시 후 버그 리포트가 잔뜩 들어오는 경우가 그렇다. 이것은 테스트가 충분하지 않거나 소프트웨어 제품의 알맞은 부분을 테스트하고 있지 않다는 것을 의미한다.

---

2 https://en.wikipedia.org/wiki/XUnit

6.3.1 민첩성 상실과 버그의 증가

테스트 부족으로 나타나는 첫 번째 증상은 새로운 제품 기능이 기존 제품 기능을 주기적으로 망가뜨리는 버그의 증가와 수정 사항이나 새로운 제품 기능을 제공하는 데 드는 시간이 길어지는 민첩성의 상실이다. 적절한 테스트 없이는 일부 기능이 제대로 작동하지 않는 상태에서 망가진 코드가 버그와 함께 출시되는 것을 피할 수 없을 것이다. 이런 상황에서 버그를 찾고 수정하는 것은 더 많은 시간이 걸릴 것이다. 이 두 가지는 소프트웨어 출시 비용을 어김없이 증가시킨다.

개발자는 보통 이런 증상을 처음부터 알아채지는 못한다. 프로덕트 매니저가 사용자로부터 버그와 망가진 제품 기능에 대한 피드백을 받고 나서야 이 피드백은 소프트웨어 관리자와 개발자에게 전달된다. 이 긴 피드백 루프는 버그 수정에 드는 시간과 고객의 불만을 모두 증가시킨다. 충분한 테스트가 없었던 상황이기 때문에 개발자는 버그의 정확한 원인을 찾는 데 많은 시간을 소비하게 되고 결국 개발 속도와 민첩성이 저하된다.

앞서 언급했듯이 테스트 스위트를 유지하는 가장 큰 ROI는 버그를 가능한 한 피할 수 있다는 것이다. 머지않아 제품은 발전하고 코드는 변경될 것이다. 충분한 테스트가 없다면 기존 제품 기능은 거의 확실하게 망가질 것이다. 테스트 부족으로 인한 기술 부채는 여기서 발생한다. 무엇이 망가졌고, 무엇이 원인인지, 어떻게 이것을 고칠 것인지 찾아내는 것은 상당한 양의 작업이다. 이때 테스트가 있다면 훨씬 더 저렴한 비용으로 고객에게 이 과정을 노출하지 않으면서 작업할 수 있다. 또한 테스트는 코드를 자주 변경해도 제품 기능을 망가뜨리지 않는다는 확신을 준다.

6.3.2 테스트 수준

테스트는 개별적인 함수와 객체에서부터 완전한 통합 시스템에 이르기까지 다양한 수준에서 일어난다. 대상에 따라 각 수준은 다른 이름으로 불릴 수 있지만, 여기서 중요한 것은 이름이 아니라 테스트의 다양하고 세부적인 수준을 이해하는 것과 각 수준의 테스트를 진행하기 위해 무엇을 해야 하는지를 아는 것이다. 어떠한 세부적인 수준에서도 해야 할 일을 제대로 안 하고 대충 처리해버리는 식으로 테스트해버리면 기술 부채를 유발할 수 있다.

단위 테스트

단위 테스트는 코드의 원자처럼 아주 작은 유닛을 확인하는 것이다. 구체적으로 말해 코드에서 기능의 작은 유닛, 즉 함수나 메서드 또는 데이터 액세스 수행 등의 명령문을 테스트하는 것이다. 테스트하는 유닛 타입은 프로그래밍 패러다임과 그 유닛이 개발자가 의도한 대로 동작하는지 검증하는 중요도에 따라 달라진다. 단위 테스트를 수행할 때 외부 서비스의 동작은 시뮬레이션되거나 모의 객체로 만들어진다. 이것은 가장 낮은 수준의 테스트로, 이상적으로는 코드 유닛의 성공과 실패 케이스를 철저하게 테스트한다. '철저하게' 테스트한다는 것은 이 테스트가 유닛의 동작에 대한 확신을 주기에 충분해야 한다는 것이다. 간단하게 제곱근 함수 테스트를 예로 든다면 철저한 테스트는 '모든 실수(real number)'를 테스트하는 것이 아니라 음수, 0, 양수, 부동 소수점 값 등과 같은 중요한 입력 값을 테스트하는 것을 의미한다.

단위 테스트 수준에서 발생하는 기술 부채는 주로 불충분한 테스트, 사양에 맞지 않는 테스트, 그리고 불안정한 테스트에서 비롯된다.

통합 테스트

통합 테스트는 코드 유닛이 사양에 따라 제대로 상호 작용하는지 검증하는 것이다. 이 테스트는 서로 다른 코드 유닛을 함께 연결하고 유닛이 사양에 따라 동작하는지 확인하는 것으로 구성된다. 흔히들 통합 테스트의 중요성을 간과하는데, 대부분의 오류가 여기서 발생한다는 점에서 참으로 안타까운 일이다.

코드 유닛이 특히 서로 다른 독립된 계약자에 의해 개발된 경우 통합 테스트는 요구 사항이 모든 부분에서 올바르게 구현되고 입력과 출력에 일관성이 있는지 확인할 수 있는 방법이다. 이것은 매우 간단하고 심지어 당연한 것처럼 보이지만, 통합 테스트를 건너뛰면 그야말로 화성 기후 탐사선[3]에 버금가는 재난이 발생한다. 이 화성 기후 탐사선은 단위가 표준 미터법(m/s, 초당 미터)과 영국식 표기법 (ft/s, 초당 피트) 두 가지로 표시되는 바람에 궤도를 놓치는 결과를 낳았다. 통합 테스트는 각 코드 변경이 일어날 때마다 자동으로 진행돼야

---

3 (옮긴이) 화성 기후 탐사선: 1999년 9월 23일 9개월을 순항하고 화성 궤도에 진입한 뒤 통신이 두절됐다. 록히드 마틴은 SM-Forces라는 소프트웨어에서 야드 파운드로 단위를 계산했고 나사(NASA) 항해팀은 AMD라는 파일에서 미터법을 사용한 게 원인이었다.

한다. 다만 개발 프로세스에 따라 모듈이 각각 다른 팀 또는 아웃소싱에 의해 개발되는 경우도 있기 때문에 테스트 자동화가 항상 가능하지 않을 수도 있다. 이럴 때는 수동으로 테스트해야 한다.

통합 테스트의 기술 부채는 주로 불충분한 테스트를 하거나 행복한 경로만을 테스트할 때 발생한다. 마땅히 나와야 할 통합 결과를 테스트하는 것은 쉽지만 충분하지 않다. 통합 테스트는 무언가 잘못 돌아갈 때 무슨 일이 발생하는지도 조사해야 한다. 큰 오류가 많이 발생하는 부분은 바로 모듈의 경계가 만나는 가장자리다.

기능 테스트

기능 테스트는 구현 세부 사항을 고려하지 않은 채 컴포넌트가 올바르게 동작하는지만을 테스트한다. 이를 흔히 블랙박스 테스트라고 한다. 기능 테스트의 이점은 테스트 변경 없이 동일한 인터페이스의 다른 구현을 테스트할 수 있다는 것이다.

웹사이트를 테스트할 때 기능 테스트가 확인하는 것은 시스템의 실제 코드가 아니다. 단순히 요청을 보내고 응답하는지(응답의 정확성), 그에 따라 맞는 응답을 하는지(HTTP 응답 코드 200, 4xx 등) 그리고 그 외 전형적인 요소(대기 시간이나 처리량)를 테스트한다. 사실상 기능 테스트를 하기 위해 서버가 어떻게 구현됐는지 알 필요가 없으며 같은 테스트를 다른 플랫폼에서도 재사용할 수 있다.

기능 테스트는 다음과 같은 상황에서 몹시 중요하다.

1. 두 개의 경쟁 제품을 비교할 때(예: 웹 브라우저의 표준 준수를 확인하는 ACID 테스트)

2. 몇 가지 확실한 요소(예: 대기 시간, CPU 사용률 등)에 근거해 다양한 구현 대안을 평가할 때

3. 소프트웨어 컴포넌트를 처음부터 리팩터링하거나 다시 작성할 때. 기능 테스트는 새 제품이 기존 제품처럼 동작하는지 혹은 회귀 버그는 없는지 확인한다.

블랙박스 테스트에서 기술 부채는 사양과 테스트가 불일치할 때 발생한다. 컴포넌트의 동작에 대한 통찰이 거의 없기 때문에 불안정한 테스트를 찾아내는 것은 어렵지 않다. 기능 테스트에서는 입력 스페이스가 잠재적으로 크기 때문에 우선순위 지정이 매우 중요하다.

6.3.3 적절한 수준의 테스트

테스트 수준의 선택은 (1) 제품의 성숙도와 (2) 제품의 도메인에 따라 달라진다. 제품이 미성숙한 상황이라면 일반적으로 변경이 일어나는 속도가 빠르기 때문에 테스트도 지속적으로 업데이트돼야 한다. 따라서 우선 단위 테스트만 하고 제품이 성숙해지고 코드베이스가 안정되면 일부 통합과 기능 테스트를 시작하는 것이 현명하다. 반면에 제품이 성숙한 상태이고 몇 년 동안 고객이 있는 경우 매일 새로운 기능을 개발하기보다는 제품이 안정적으로 유지되고 새로운 기능 때문에 생긴 버그로 인해 기존 기능과 충돌을 일으키는 회귀 버그가 없는지 확인하는 데 중점을 둬야 한다. 이때는 통합과 기능 테스트를 모두 진행해야 할 뿐만 아니라 테스트를 개선하기 위한 노력도 함께 해야 한다.

이 규칙에는 한 가지 예외가 있다. 이는 항공우주, 항공전자, 군용 또는 자율주행 차량 같은 안전이 필수인 시스템의 도메인으로, 개발 단계와 상관없이 첫날부터 폭넓은 테스트가 필요하다. 시스템의 모든 버전을 출시할 때는 단위 테스트와 통합 테스트뿐만 아니라 기능 테스트와 최종 승인 테스트까지 필요할 것이다. 이런 분야에서 작업할 때는 테스트를 자동화하는 것에 막대한 투자를 하는 것이 현명하다. 이렇게 하면 테스트에 필요한 시간과 노력을 줄일 수 있으므로 효율성이 더 높아질 것이다. 이 분야에서는 많은 경우 독립적인 제삼자가 테스트를 수행하는데, 이렇게 하면 요구 사항이 올바르게 구현되고 테스트되는지 양쪽 당사자가 같이 확인할 수 있다(그와 동시에 일치하지 않는 요구 사항을 발견하기도 하는 프로세스다). 또한 행복한 경로뿐만 아니라 모든 에지 케이스도 테스트[4]하는지 확인할 수 있다. 여기에서 말하는 행복한 경로는 결함이나 이상한 조건 없이 개발자가 원하는 대로 코드가 잘 돌아가는 것을 의미한다.

---

4   (옮긴이) 경곗값에 대한 테스트

6.4 테스트 활동 관리하기

6.4.1 테스트 대상은 무엇인가?

오늘날 거의 모든 것은 테스트 대상이 될 수 있다. 가장 테스트하기 어려운 것은 아마 그래픽 사용자 인터페이스일 것이다. 파일 시스템, 네트워크, 요즘 인기 있는 마이크로서비스와 상호 작용하는 코드는 별 문제없이 테스트할 수 있다. 이런 서비스는 시뮬레이션이 가능하며 어떤 언어를 사용해도 웬만해선 기존 서비스를 흉내 낼 수 있는 좋은 라이브러리가 있기 때문이다.

반면에 사용자 인터페이스는 다음과 같은 이유로 가장 테스트하기 어렵다.

- 해상도나 웹 인터페이스의 경우 웹 브라우저, 그리고 리눅스, 윈도우, macOS 등의 설정 같은 모든 환경 설정의 조합을 테스트할 수는 없다.
- 화면 내 UI는 픽셀로 표시되는데, 픽셀은 깨지기 쉽기 때문에 테스트를 통해 좌표 X, Y의 컬러 픽셀이 어떠한 일련의 작업을 수행한 뒤 흰색으로 변해야 한다, 라는 식으로 픽셀값을 확인하기는 쉽지 않다.

사용자의 마우스, 키보드, 터치스크린 등을 사용한 활동을 프로그래밍 방식으로 시뮬레이션하여 개발자가 사용자 인터페이스 상태를 확인할 수 있게 해주는 몇 가지 프레임워크가 있다(대부분 비공개적인 사내용이기는 하지만). 하지만 대부분 설정하기 너무 어렵고 사용 난이도도 높아 많은 개발 회사는 여전히 그래픽 UI를 수동으로 테스트한다.

마지막으로, 거의 모든 것을 테스트할 수 있긴 하지만 외부 시스템에서 발생하는 실패 조건이나 잠재적 장애까지 대응하는 광범위한 테스트 스위트를 갖추는 것은 가장 어려운 일이다. 예를 들어 개발자가 데이터 스토리지 서비스인 아마존 S3에 의존하는 시스템을 설계하고 구현했다고 생각해 보자. 개발자는 구현한 시스템을 잠재적인 S3의 장애 상황을 감안해 테스트하지는 않을 것이다. 왜냐하면 S3는 매우 신뢰할 수 있고 결코 실패하지 않을 거라 생각하기 때문이다(2017년에 안타깝게도 S3 장애가 실제로 일어났다). 물론 아마존 S3 인터페이스를 모의 객체로 만들어 지속적으로 에러나 타임아웃을 반환해서 테스트할 수 있지만, 일부 드문 조건은 간과하기 쉽다. 이것이 5장의 효과적인 코드 리뷰에서 논의했던 대로 테스트 스위트로 코드를 리뷰할 때 더 많은 테스트를 요청해야 하는 중요한 이유다.

6.4.2 코드 커버리지 측정

코드 커버리지 분석은 테스트에서 어떤 코드가 실행됐는지 추적한다. 즉, 현재 코드에서 어떤 부분이 테스트됐는지 알 수 있는 척도로 테스트 스위트에 대해 우리가 얼마만큼 확신을 가져도 되는지 보여준다. 물론 높은 커버리지 숫자가 충분한 테스트를 보장하는 것은 아니지만, 테스트가 충분한지를 대략적으로 보여주는 역할을 한다.

코드 커버리지는 다음과 같은 경우에 사용된다.

1. 테스트 중에 코드 경로가 실행되고 있음을 보고
2. 잠재적인 데드 코드와 테스트되지 않은 코드 부분 등의 빈틈 감지

테스트 커버리지에는 구문, 분기(decision), 수정된 조건/분기 커버리지 등 여러 수준이 있다. 정해진 안전 표준이 테스트 커버리지를 결정하는 안전 필수 시스템을 제외하고는 75% 이상의 구문 커버리지를 목표로 해야 한다. 그렇게 하면 테스트 중에 대부분의 코드가 실행되는 것을 보장할 수 있으므로 (1) 코드의 큰 부분이 테스트되고 있고 (2) 코드의 큰 부분이 예상대로 작동한다는 합리적인 확신을 얻을 수 있다.

오늘날 인기 있는 대부분의 언어는 코드 커버리지를 측정하기 위한 도구를 지원한다. 프로그램 커버리지를 실제로 테스트하는 방법을 설명하기 위해 **커버리지**(coverage)라는 매우 인기 있는 파이썬용 코드 커버리지 도구를 사용해 보겠다.

대부분의 UNIX 시스템에서 /etc/passwd에 위치하는 passwd 파일을 파싱하는 간단한 프로그램을 살펴보자. 다음 파이썬 코드는 파일을 읽고 각 사용자에 대한 정보를 딕셔너리에 저장한다. 이 프로그램은 여러 에지 케이스를 다루는데, 이 에지 케이스에는 파일이 유효하지 않은 경우, 사용자가 이미 처리된 경우, 콘텐츠 자체가 유효하지 않은 경우가 포함된다. 대단히 훌륭한 프로그램이라고는 말할 수 없지만 그렇다고 범죄 수준의 심각한 문제도 아니기는 하다.

```
import os

class InvalidFileException(Exception):
```

```
        pass

class InvalidFileFormat(Exception):
    pass


def read_passwd(filename):
    if filename is None:
        raise InvalidFileException("invalid argument")
    if not os.path.isfile(filename):
        raise InvalidFileException("file does not exist")
    res={}
    with open(filename) as f:
        for line in f:
            parts = line.split(":")
            if len(parts) >= 3:
                if parts[0] in res.keys():
                        raise InvalidFileFormat("username {0} appears more than once!".
format(parts[0]))
                elif not parts[2].isdigit():
                    raise InvalidFileFormat("uid {0} is not a number!".format(parts[2]))
                else:
                    res[parts[0]] = int(parts[2])
            else:
                raise InvalidFileFormat("Non conformant line {0}".format(line))
    return res


if __name__ == "__main__":
    read_passwd("passwd-test")
```

이제 프로그램을 테스트하는 방법을 살펴보자. 여기서는 unittest라는 파이썬 라이브러리를 사용하고 세 개의 특정 조건, 즉 파일이 없을 때(test_no_file), 파일명이 유효하지 않을 때(test_invalid_file_name), 모든 것이 올바르게 진행되고 함수가 무언가를 반환할 때(test_file_ok)에 대한 테스트를 정의할 것이다. 물론 실패 케이스의 테스트 수가 코드의 행복한 경로만 테스트하는 것보다 훨씬 더 많다는 것은 잊지 말아야 한다.

```
import unittest
from lib.passwd import read_passwd, InvalidFileFormat, InvalidFileException

class TestCase(unittest.TestCase):
    def setUp(self):
        pass

    def test_no_file(self):
        with self.assertRaises(InvalidFileException):
            read_passwd(None)

    def test_invalid_file_name(self):
        with self.assertRaises(InvalidFileException):
            read_passwd(None)
        with self.assertRaises(InvalidFileException):
            read_passwd("/tmp/foo/bar/")

    def test_file_ok(self):
        res = read_passwd("test/data/passwd")
        assert(res["julien"] == 1000)
```

테스트를 작성하고 나면 커버리지 도구를 사용해 테스트 실행에서 다음 그림과 같은 코드 커버리지를 측정할 수 있다. 이것은 어떤 파일이 테스트에 포함됐고 몇 개의 구문이 테스트에서 누락됐는지, 정확히 어떤 코드 라인이 커버되지 않았는지 등의 정보를 개발자에게 알려준다. 이에 따라 개발자는 커버리지를 개선하기 위해 필요한 추가 테스트를 파악할 수 있다. 코드 커버리지가 커버하는 범위는 항상 100%가 아님을 기억하는 것은 중요하다. 여기서 작성한 테스트에는 InvalidFileFormat 예외가 발생하는 경우처럼 잘못된 내용으로 프로그램을 확인하는 테스트가 포함돼 있지 않기 때문이다.

```
$ coverage report
Name                Stmts    Miss    Cover
--------------------
lib/__init__.py         0       0    100%
lib/passwd.py          22       3     86%
--------------------
TOTAL                  22       3     86%
```

6.5 테스트 부채 피하기

테스트 부채는 테스트가 부족하거나 쉬운 길로 행복한 경로만 테스트하거나 시스템 품질이 아닌 제품 기능만을 테스트할 때 누적된다(박스 6.1 참고). 그렇다면 우리는 이런 부채를 어떻게 피할 수 있을까? 다시 말해, 어떻게 하면 처음부터 충분한 테스트가 이뤄지는지 확인할 수 있을까? 이제부터 이 문제를 해결해보자.

6.5.1 테스트 주도 개발의 채택

이쯤 되면 극도로 철저한 테스트가 얼마나 유용한지 여러분도 이해했을 것이다. 하지만 불행히도 코드를 작성한 **후** 테스트를 작성하는 것만으로는 충분하지 않은 경우가 많다. 실제로 테스트를 함으로 얻을 수 있는 이점이 다음과 같이 잘못 작성된 테스트로 인해 반감될 수 있기 때문이다.

1. **행복한 경로 같은 성공 케이스만 테스트하는 경우**

   실패 조건을 제외하고 테스트해버리면 요구 사항을 모두 커버하지 못하게 된다. 특히 실패 케이스 또는 에지 케이스는 테스트에서 누락되고 만다.

2. **소프트웨어 자체를 고치기보다는 구현된 코드에 근거하여 테스트를 수정하는 경향**

   결함이 있는 소프트웨어가 잘못된 값을 보고하는 경우다. 예를 들어 예외를 발생시키는지를 확인하기 위한 테스트에서 시스템이 예외를 발생시키는 대신 오류에 대해 널(null)을 반환한 경우가 여기에 해당한다. 물론 오류에 대한 널 반환을 확인하는 테스트도 존재하지만, 이 테스트의 목표는 널 확인이 아니었다. 테스트해야 하는 사양을 확인하지 않는 테스트를 작성해버리면 더 이상 원래의 요구 사항을 테스트하지 않기 때문에 기술 부채가 발생한다.

테스트에 대한 엄격하고 체계적인 접근 방식이 소프트웨어 산업에서 널리 보급됨에 따라 개발자들은 테스트 주도 개발(TDD, Test-Driven Development) 접근 방식을 받아들이기 시작했다. TDD에서 개발자는 말 그대로 소프트웨어 요구 사항을 구현할 코드를 작성하기 전에 테스트를 먼저 작성한다. 예를 들어 이 **API는 특정 순서로 JSON 요소 목록을 반환해야 한다**는 소프트웨어 사양이 있다면 이를 테스트로 먼저 나타내는 것이다. 시스템이 외부 API 또는 데이터 저장소 등 외부 서비스에 의존한다면 해당 서비스를 시뮬레이션한다.

이런 식으로 해당 기능 유닛에 대한 모든 테스트를 작성한 다음 코드 작성을 시작하는 것이 TDD 패러다임이다. 하지만 TDD가 충분한 코드 커버리지를 보장하지는 않기 때문에 코드 커버리지를 확인하는 것은 여전히 중요하다.

TDD 접근 방식에는 큰 이점이 있다. 개발자가 코드를 작성하기 **전에** 다양한 성공 조건과 실패 조건에 대한 명확한 아이디어를 가질 수 있다는 것이다. 이는 모든 에지 케이스를 고려하고 다루는 데 도움이 되고 구현한 것이 실제로 작동한다는 것에 대한 확신을 높인다. TDD는 개발자가 코드를 먼저 작성한 뒤에 코드가 작동할 때만 테스트를 작성했던 기존 개발 접근 방식과 비교하면 획기적인 변화다. 개발자가 에지 케이스를 제외하고 행복한 경로만 테스트하던 때와 비교하면 더욱 고무적이다. 또한 TDD는 테스트를 소프트웨어 개발 프로세스의 결정적인 부분으로 여기기 때문에 테스트 문화 정착의 필요성을 강조하는 데도 유용하게 쓰인다.

소프트웨어는 모든 요구 사항을 충족해야 하고 TDD는 이 요구 사항이 코드에서 올바르게 구현돼 있는지 확신할 수 있게 도와주는 근본적인 프로세스다. 이 프로세스를 정착시키는 것은 초반에는 확실히 많은 시간이 걸리지만, 앞으로 발생할 수 있는 잠재적인 버그로부터 자신을 보호할 수 있는 최고의 무기가 된다.

6.5.2 테스트 실행의 유지와 분석

5장에서 설명한 소프트웨어 지표와 마찬가지로 테스트 지표를 구현하고 이 지표가 시간이 지남에 따라 개선되는지를 확인하는 것이 중요하다. 여기서 집중해야 하는 주요 지표는 다음과 같다.

1. **테스트 수**: 얼마나 많은 테스트가 작성되고 있는가? 테스트 수만 추적하지 말고 테스트 중인 코드 유닛과 비교한 상대적인 테스트의 수를 추적해야 한다. 일반적으로 각 함수나 객체 등의 유닛에는 여러 개의 테스트가 필요하다. 최소 하나는 행복한 경로에, 나머지 여러 개는 각 실패 케이스에 대해 하나씩 테스트한다.

2. **테스트 커버리지**: 테스트 커버리지의 기록을 유지해서 시간의 흐름에 따라 소프트웨어가 개선되고 있는지, 성능 등이 기준치 아래로 내려가지 않는지 등을 확인할 수 있다.

박스 6.1 실무자의 목소리: 앤드리 샤포카

[하나의 프로젝트에서] 일반적으로 유닛, 통합, 부하 테스트를 어느 정도까지는 구현할 수 있습니다. 하지만 프로젝트 후원자는 구현된 시스템의 기능에 직접 더해지지 않는 테스트에 리소스를 쓰는 것을 꺼리고 의사 결정자는 이를 이해하지 못합니다. 따라서 종종 테스트 자체가 부족하거나, 최신 상태가 아니거나, 혹은 비즈니스 로직, 복잡한 시나리오, 극한의 부하를 적절하게 테스트하기에는 너무 단순해서 큰 가치를 제공하지 못하기도 합니다.

— AS[5]

앞에서 언급했듯이 좋은 커버리지의 척도는 70% 또는 80% 이상이지만, 양뿐만 아니라 품질에도 중점을 둬야 한다. 개발자는 실패 사례에 대한 테스트 작성을 생략함으로써 실제 테스트 품질을 높이지 않고도 코드 커버리지를 올릴 수 있기 때문에 높은 커버리지만으로는 성공을 측정할 수 없다. 따라서 테스트가 성공 케이스만큼 실패 케이스를 포함하는지 확인하는 것이 중요하고 코드 리뷰에서도 필수적으로 성공과 오류 경로를 모두 포함하는 테스트를 해야 한다.

테스트 커버리지 분석을 실행하고 관리하는 데는 형상 관리 시스템과 통합되는 여러 서비스가 있다. 이런 서비스는 빌드 시스템에 자동으로 통합돼야 하고, 모든 테스트를 실행하고, 기록된 지표를 유지관리하며, 지표가 시간이 지남에 따라 어떻게 변화하는지 보여줘야 한다. 그림 6.1은 이런 서비스 중 하나가 제공하는 대시보드로 파일당 커버리지와 포함된 혹은 누락된 코드 줄 수 등의 테스트 커버리지 정보를 보여준다.

SOURCE FILES ON MASTER

SEARCH:

LIST 4	CHANGED 0	SOURCE CHANGED 0	COVERAGE CHANGED 0				
⇧ COVERAGE	⇕ Δ	⇕ FILE	⇕ LINES	⇕ RELEVANT	⇕ COVERED	⇕ MISSED	⇕ HITS/LINE
▬ 0.0		server_lib/http.py	97	56	0	56	0.0
▬ 78.5		server_lib/package.py	192	107	84	23	1.0
▬ 84.62		server_lib/utils.py	40	26	22	4	1.0
▬ 100.0		server_lib/__init__.py	0	0	0	0	0.0

SHOW `10 ▼` ENTRIES   Showing 1 to 4 of 4 entries   ‹ PREVIOUS   1   NEXT ›

그림 6.1 coveralls.io에서 제공하는 대시보드의 예시. 커버리지 지표는 어떤 파일이 적절한 수준의 테스트를 거치는지, 어떤 파일이 테스트를 더 필요로 하는지 보여준다.

---

5 [실무자의 목소리]는 실무자의 경험을 인터뷰한 내용을 발췌한 것으로, 인터뷰의 전체 내용 및 다른 실무자 인터뷰는 부록에서 이름을 기준으로 찾을 수 있다.

6.5.3 테스트 자동화

이제 충분한 테스트 커버리지가 확보됐다. 그러나 아직 끝이 아니다. 테스트는 지속적인 통합 파이프라인에서 자동화돼야 하고 다음의 경우에 실행돼야 한다.

1. **코드 리뷰를 위해 코드 변경을 제출할 때:** 리뷰를 위해 제출한 각 코드 조각에 대한 테스트를 실행한다. 테스트가 실패했다는 결과를 받으면 코드 작성자는 코드 내 잠재적 회귀를 즉시 확인해서 코드를 수정해야 하고 시스템 사양이 변경됐다면 테스트를 수정해야 한다.

2. **변경된 코드가 프로덕션(예: 마스터) 브랜치에 병합될 때:** 새 코드를 코드 리뷰에 제출할 때 테스트했다고 해도 변경된 코드가 코드베이스에 합쳐질 때 모든 테스트를 통과할 것이라고 보장할 수 없다. 다른 개발자가 이 테스트 결과에 영향을 미치는 또 다른 변경을 수행했을 수도 있기 때문이다. 따라서 코드 변경이 있을 때마다 모든 테스트를 다시 실행해야 하며 **테스트가 하나라도 실패하면 변경을 거부해야 한다.** 리포지터리에서 항상 지켜져야 할 규칙은 프로덕션 브랜치의 모든 테스트를 통과해야 한다는 것으로, 여기서 실패한 테스트는 가장 높은 우선순위로 수정돼야 한다.

이러한 자동화는 깃이나 서브버전 등의 형상관리 시스템에 훅(hook)을 적용해서 구현할 수 있다. 깃허브, 깃랩 등의 인기 있는 호스팅 플랫폼은 몇 번의 클릭으로 이런 설정을 할 수 있는 옵션을 제공한다. 보통 한 달에 몇 달러 정도 내야 하지만, 소프트웨어 엔지니어의 시간이라는 리소스와 실수에서 발생하는 비용을 고려하면 저렴하고 훌륭한 투자다.

6.5.4 수동 테스트 피하기

누군가는 지금 이 순간에도 여전히 소프트웨어 제품을 배포하고 사용하고 모든 것이 제대로 작동하는지 수동으로 테스트하고 있다. 안타깝지만 이런 수동 테스트는 많은 한계가 있다.

1. **확장:** 코드 변경 하나하나에 대해 테스트를 실행할 여유가 없다. 24시간 연중무휴로 일하는 테스터 부대를 고용할 수 없다면 말이다.

2. **재현성:** 자체 테스트를 수행할 때 제품은 표준화된 환경이 아닌 자체적인 특정 환경에서 테스트된다. 이로 인해 컴파일 또는 배포에 변수가 생길 수 있고 찾기 어렵거나 재현하기 힘든 예기치 못한 버그가 발생할 수 있다.

3. **완전성**: 프로그램의 모든 조건과 에지 케이스를 전부 테스트하는 것은 지극히 어렵다. 네트워크를 통해 연결된 서비스를 테스트한다면 다른 대역폭으로도 테스트하고 싶을 것이고 UI를 테스트한다면 다양한 화면 크기나 디바이스로도 테스트하고 싶을 것이다. 이런 테스트 매개변수를 자체적으로 재현하는 것은 어렵지만, 적어도 시뮬레이션은 가능하다.

4. **오류 경향**: 수동 테스트는 기본적으로 사람이 하는 일이다. 그리고 사람이 하는 일에는 기본적으로 오류가 생길 수 있다. 예를 들어 테스트하는 사람에 따라 요구 사항을 다르게 해석하는 것도 가능한데, 이는 통제 불가능한 변수에 가깝다.

테스트는 대부분 자동화될 수 있지만 기능적으로 엔드 투 엔드 테스트가 수행돼야 하는 임베디드 장치의 통합 테스트 같은 것은 여전히 수동 테스트가 필요하다. 하지만 수동 테스트는 언제까지나 예외로 쓰여야 하며 표준이 돼서는 안 된다.

6.6 이번 장을 마치며

테스트는 여러분이 기술 부채와 싸울 때 가장 가까운 곳에서 함께 싸워 줄 든든한 동맹군이다. 이번 장에서는 기술 부채를 줄이기 위한 최상의 테스트를 실천하는 방법을 소개했다. 테스트는 애플리케이션이 예상대로 작동하는지를 확인하지만, 더 중요하게는 제품이 발전함에 따라 회귀 버그가 발생하지 않는다는 확신을 준다. 프로젝트에서 테스트로 인한 기술 부채가 생기거나, 코드 커버리지가 낮거나 존재하지 않는 등 테스트 전략이 미비하거나, 테스트 수준을 모니터링하지 않고 있다면 지금 당장 필요한 테스트 스위트와 지원 인프라를 만들기 시작해야 한다! 여기서 목표는 모든 것을 100% 테스트하는 게 아니라, 가장 중요한 문제를 효율적이고 완전 자동화된 방식으로 잡아낼 수 있다는 확신을 가질 수 있게 충분한 테스트와 커버리지를 확보하는 것이다. 요즘은 개발자의 테스트를 돕는 도구와 플랫폼이 많다. 개발자와 관리자는 기술 부채를 피하기 위해 이를 적극적으로 사용할 것을 권장한다.

참고 문헌

테스트에 관해서는 제프 오풋(Jeff Offutt)과 폴 아만(Paul Ammann)의 ≪소프트웨어 테스트 입문(Introduction to Software Testing)≫(Cambridge University Press, 2016)을 읽어보기를 추천한다.

테스트 주도 개발에 대해 배우고 싶다면 켄트 벡(Kent Beck)의 ≪테스트 주도 개발≫(인사이트, 2014)을 읽어보기 바란다. 켄트 벡은 JUnit 테스트 프레임워크의 제작자이자 테스트와 소프트웨어 엔지니어링 분야에서 세계적으로 훌륭한 혁신가다. 켄트 벡의 출판물 대부분은 테스트와 관련된 개념을 이해하는 데 도움을 준다.

초기 테스트 지표, 예를 들면 맥케이브 복잡도(McCabe Complexity)를 소개하는 T. 맥케이브(T. McCabe)의 "복잡도 측정(A Complexity Measure)", ≪IEEE 소프트웨어 엔지니어링 저널(IEEE Transactions on Software Engineering)≫ 4권(1976년 12월), 308-320페이지는 흥미로운 자료이며 얼마나 많은 노력이 테스트에 필요한지에 대한 가이드가 될 수 있다. 물론 맥케이브 복잡도보다는 코드 한 줄이 결함을 예측하는 데 훨씬 더 도움이 된다.

테스트 프레임워크에 익숙하지 않다면 업계에서 가장 인기 있는 테스트 프레임워크(프로그래밍 언어에 따라 다름)를 살펴보는 것이 좋다. 자바의 경우 에릭 감마(Erich Gamma)와 켄트 벡(Kent Beck)의 ≪JUnit: 요리사의 탐방(JUnit a Cook's Tour)≫라는 책이 좋은 입문서다(http://junit.sourceforge.net/doc/cookstour/cookstour.htm).

다양한 수준의 코드 커버리지에 대해 더 자세히 알고 싶다면(특히 안전 필수 영역에서 작업하는 경우) 존 조셉 칠렌스키(John Joseph Chilenski)와 스티븐 P. 밀러(Steven P. Miller)의 "수정된 조건/분기 커버리지의 소프트웨어 테스트 적용 가능성(Applicability of Modified Condition/Decision Coverage to Software Testing)", ≪소프트웨어 엔지니어링 저널(Software Engineering Journal)≫ 9권, no. 5(1994), 193-200페이지가 도움이 된다. 이 책은 1994년에 도입된 코드 커버리지 분석 기법인 수정된 조건/분기 커버리지에 대해 자세히 설명한다. 많은 프로젝트에 적용되지 않을 수는 있어도 다양한 수준의 코드 커버리지 기법에 대한 훌륭한 개요를 제공한다.

사용자 인터페이스를 테스트하기 위한 여러 프레임워크와 도구 중 가장 인기 있는 것은 셀레니엄(Selenium)이다. 물론 더 많은 웹 애플리케이션이 개발됨에 따라 사용자 인터페이스를 검증하는 프레임워크의 수가 증가했다. 앱피움(Appium) 같은 오픈소스 도구는 매우 강력하고 기존 프레임워크와 잘 통합되며 지원 역시 우수하다.

화성 기후 탐사선에 대한 이야기는 https://llis.nasa.gov/llis_lib/pdf/1009464main1_0641-mr.pdf의 공식 NASA 보고서에서 자세히 읽을 수 있다.

버지니아 북부 지역의 아마존 S3 서비스 중단 사건에 대한 요약은 https://aws.amazon.com/message/41926/을 참고할 수 있다. '포스트모템 AWS' 또는 기타 다른 서비스 명으로 웹 검색을 해보면 관련된 보고서를 더 많이 찾을 수 있다. 일반적으로 시스템 엔지니어들은 실패를 보고하는 데 진심이다.

테스트의 가치를 어떻게 측정하는지 이해하고 싶다면, 즉 새로운 테스트 작성과 테스트가 제공하는 정보의 가치 사이의 비용 편익 비율(cost-benefit ratio)을 측정하는 방법을 이해하고 싶다면 에릭슨(Ericsson)의 리포트를 추천한다. 이 리포트는 《제41회 국제 소프트웨어 엔지니어링 컨퍼런스: 소프트웨어 엔지니어링 실무(Proceedings of the 41st International Conference on Software Engineering: Software Engineering in Practice)》(2019)에 수록돼 있는 아민 나자피(Armin Najafi), 웨이이 샹(Weiyi Shang), 피터 C. 리그비(Peter C. Rigby)의 "테스트 실행 이력을 활용한 테스트 효과성 향상: 산업 경험 보고서(Improving Test Effectiveness Using Test Executions History: An Industrial Experience Report)"다.

사례 연구 B:
트위터

요약 및 주요 통찰

초기 트위터는 서비스 확장과 관련해서 많은 기술적 난관에 부딪혔다. 서비스에 접속할 수 없는 경우가 많았고 사용자가 볼 수 있었던 유일한 화면은 서비스 이용 불가 시 뜨는 악명 높은 실패 고래 한 마리였다. 이랬던 트위터가 오늘날에는 사용자의 타임라인에 초당 수천 개의 트윗을 전달하는 세계에서 가장 강력한 서비스 중 하나가 됐다. 트위터의 엔지니어들은 제대로 확장되지도 않던 이 시스템을 어떻게 가장 안정적인 시스템 중 하나로 바꿔놨을까? 어떻게 서비스를 중단시키지 않고도 오류를 진단하고 수정했을까?

이번 장에서는 트위터가 직면했던 문제의 중심에 있던 기술 부채에 관해서, 그리고 트위터 엔지니어들이 어떻게 그 기술 부채를 해결하고 안정성 문제가 수없이 반복되던 트위터를 지구상에서 가장 안정적인 서비스 중 하나로 변신시켰는지 이야기하고자 한다. 물론 기술 부채가 생기는 과정과 이를 식별하고 관리하고 마지막으로 상환까지 한 것에 중점을 두지만, 좀 더 자세히는 회사가 직면한 문제를 그들이 몇 년에 걸쳐 어떻게 해결했는지 역시 중요하게 다루고자 한다. 특히 마이크로서비스, 새로운 프레임워크로 전환, 단일 테스트에 초점을 맞춘 대규모 설계 변경이 부채 부담을 줄이는 데 어떻게 도움이 됐는지 보여주고자 한다.

이 사례 연구는 전 트위터 직원인 케빈 링거펠트(Kevin Lingerfelt)와의 인터뷰와 대중에 공개된 회사 자료를 바탕으로 했다.

배경

트위터는 소수의 엔지니어에 의해 개발된 루비 온 레일즈 웹사이트로 시작됐다. 불과 몇 개월 만에 서비스의 인기가 폭발했고 자연스럽게 많은 성장통을 겪었다. 초기에 선택했던 루비 온 레일즈와 MySQL 같은 기술은 확장에 문제가 있었고 웹사이트도 자주 다운됐다.

초기 트위터는 코드나 환경 설정을 변경할 때마다 다시 배포해야 하는 거대한 모놀리식 앱이었다. 루비 온 레일즈와 MySQL을 사용한 기술 스택은 사용자 요구에 맞게 확장되지 않아서 서비스에 접속하면 시스템 오류를 나타내는 이미지인 실패 고래만 보였다. 트위터는 오랫동안 기술 부채라는 진흙탕에 빠져 있었다. 케빈은 "(기술 부채는) 다른 종류의 빚과 똑같다. 지렛대처럼 사용해서 무언가를 빠르게 얻을 수 있지만, 나중에 갚아야 한다. 나중에 갚지 않으면 진짜 문제가 생긴다는 측면에서 금융 메타포와 일맥상통한다."고 인터뷰에서 밝혔다. 이런 상황이었음에도 트위터 엔지니어들은 열심히 일했고 결과적으로 이 진흙탕에서 빠져나올 수 있었다. 트위터가 마주했던 문제는 무엇이었는지, 그리고 그들이 어떻게 그것을 해결했는지는 다음 절에서 자세히 설명한다.

식별된 문제들

맞춤형 기술 스택

트위터가 확장 문제에 맞닥뜨리자 엔지니어들은 루비 런타임, 루비 온 레일즈 웹 프레임워크 등의 주요 컴포넌트를 포크(fork)하고 몇몇 확장 문제를 해결하기 위해 포크한 컴포넌트를 로컬에서 변경하기로 결정했다. 이로 인해 루비에는 새로운 포크 버전인 Kiji가 만들어졌고, Kiji는 메인 브랜치와는 별도로 유지보수됐다. 포크하기로 한 결정은 더 나은 가비지 컬렉션과 향상된 성능 같은 즉각적인 결과를 가져왔지만, 회사로서는 막대한 유지보수가 시작됐다. 처음에 이 Kiji는 메인 루비 코드로 백포트[6]되지 않았다. 따라서 루비에서 일어나는 주요 변경 사항을 Kiji로 백포트해야 했고(혹은 아예 하지 않거나) 이로 인해 개발 시간이 많이 늘어나고 Kiji 런타임의 안정성이 위태로워졌다.

---

6   (옮긴이) 하나의 브랜치에서의 변경사항을 다른 브랜치로 반영하는 일

더 심각하게는 루비의 업스트림 버전의 보안 패치 역시 Kiji로 백포트해야 했으며 트위터 엔지니어들은 어떤 취약점이 잠재적으로 Kiji에 영향을 미칠지를 자세히 모니터링해야 했다. 같은 문제는 루비 온 레일즈의 로컬 포크 버전에도 적용됐다. 트위터 2.0.2에 의해 포크된 버전은 더 이상 커뮤니티에서 지원하지 않았으며 보안 패치는 새 버전에 대해서만 출시됐다. 따라서 트위터 엔지니어는 루비 온 레일즈 포크 버전에도 보안 패치가 적용됐는지 확인해야 할 뿐만 아니라 패치를 적용하는 방법도 알아내야 했다. 패치가 수동으로 적용됐기 때문에 시간이 오래 걸렸고 오류에 취약해졌다.

기술 부채 메타포는 여기에 명확하게 적용된다. 포크하기로 한 결정을 통해 좀 더 나은 확장 능력과 성능이 나아지는 단기적 이익을 얻었지만, 부채는 그대로 남아있었기 때문에 장기적으로 회사에 영향을 끼치게 됐다. 즉, 변경 사항이 결국 루비, 루비 온 레일즈, 기타 기술의 업스트림 브랜치로 백포트되지 않았다.

민첩성과 안정성 부족

트위터 역시 대부분의 신생 기업과 마찬가지로 간단한 단일 코드베이스로 시작됐다. 그러나 회사가 빠르게 성장함에 따라 코드베이스, 제품 기능, 인력 규모도 빠르게 커졌고 이는 몇 가지 문제를 유발했다. 처음에는 코드베이스가 너무 빠르게 변경되는 것이 문제가 됐다. 다른 누군가 역시 코드를 변경하기 때문에 로컬 브랜치에서 잘 작동하던 변경 사항이 몇 시간 후에는 망가져 버리는 것이다. 거대한 코드베이스에서 변경이 일어나는 속도를 따라잡는 것은 트위터가 극복해야 할 큰 과제였다.

이런 문제는 이론적으로는 테스트를 통해 잡아낼 수 있어야 하지만, 당시는 테스트의 코드 커버리지도 매우 낮았다. 결과적으로 프로그램이 실행되는 중에도 버그가 발견됐고 이는 보통 최종 사용자에 의해 보고됐다. 백엔드의 경우 이는 웹사이트에 장애를 발생시키는 사고로 이어졌다. 프런트엔드의 경우 웹사이트가 표시조차 되지 않아 사용자에게는 빈 페이지만 보였다. 트위터 엔지니어들은 이 빈 페이지를 윈도우에서 볼 수 있는 죽음의 파란 화면(BSOD, the Blue Screen Of Death)에 빗대어 죽음의 흰 화면(WSOD, the White Screen Of Death)이라고 불렀다.

이런 장애는 안정적인 이전 버전을 재배포하는 롤백과 동시에 문제의 원인이 무엇인가를 알아내는 것을 필요로 했다. 개발자들은 소스코드 이력을 해부 수준으로 뒤져서 하루 또는 한 주의 버그의 원인이 있는 코드 라인을 찾아내야 했고, 관리자들은 배포 결과를 예측하기가 어려워짐에 따라 출시하는 제품에 대해 시스템 안정성 엔지니어가 변경 사항과 운영에 미치는 잠재적인 영향을 인식할 수 있게 설명하는 회의를 해야 했다. 팀은 최선의 속도로 움직일 수 없었으며 배포 시간은 회의의 빈도에 따라 바뀌었다.

말할 필요도 없이 이러한 모든 요소가 민첩성을 떨어뜨리는 데 일조했다. 변경 사항을 배포하는 데 더 오랜 시간이 걸렸고 웹사이트에서 발생한 많은 안정성 문제에 개발자들은 적지 않은 시간을 빼앗겼다. 그들은 새로운 기능을 개발하는 데 써야 하는 시간을 커밋 기록을 파헤치고 새로운 기능을 배포할 수 있게 코드를 수정하는 데 소비했다. 결과적으로 이는 생산성에 무시 못 할 영향을 끼쳤다.

확장성

루비는 인터프리터 언어로 빠른 이터레이션에 특히 강하지만 중대한 문제도 있다. 앞에서 언급한 것처럼 오류가 개발 중이 아닌 실행 중에 나타나 안정성 문제를 일으키는 것이다. 인터프리터 언어는 프로토타입을 만들고 실행 가능한 최소 제품(MVP, Minimum Viable Product)까지 빠르게 만들 수 있다는 점에서 매우 편리하다. 하지만 자바 가상 머신 위에서 실행되는 자바, 스칼라 또는 코틀린(Kotlin) 같은 솔루션만큼 빠르거나 성능이 좋지는 않고 확장성에도 문제가 있다. 트위터가 이 문제를 정확하게 보여줬는데, 트위터는 단일 스레드로 1GB 램을 소비하고 있었다. 인터프리터 언어로 구현된 이 거대한 애플리케이션은 간단한 모델 덕분에 용량 기반 배포가 매우 쉬웠다. 하나의 요청은 하나의 인스턴스에서 처리되고 램 용량을 기반으로 하나의 머신에서 실행 가능한 인스턴스 수를 알 수 있었다. 하지만 이를 위해 포기한 것이 확장성이었다.

트위터는 서로 다른 서비스를 분리하고 하나의 특정 서비스에 대해 더 많은 인스턴스를 배포할 방법이 없었다. 모든 것이 이 거대한 단일 애플리케이션에 배포돼야 했다. 이는 막대한 자원 낭비를 초래했고 확장하기 어려울뿐더러 가장 많이 사용되는 프로그램의 인스턴스를 더 많이 배포하는 것도 불가능하게 만들었다.

복잡성

성능과 확장성이 주요 문제임이 밝혀짐에 따라 엔지니어들은 이를 개선하기 위해 열심히 움직였다. 백엔드의 부하를 줄이기 위해 메인 애플리케이션의 다양한 레벨에서 캐시를 더하기 시작했다. 캐시는 단기적으로 어느 정도 성능을 개선했지만 추후 애플리케이션을 수정하거나 업데이트할 때 관리해야 하는 많은 복잡성을 추가했다.

이런 복잡성은 새로 들어온 직원이나 코드에 익숙하지 않은 사람에게 문제가 됐다. 여러 레벨의 캐시가 있었고 각 레벨에서의 변경은 예기치 않은 결과를 불러왔다. 이는 명백히 민첩성을 감소시켰고 엔지니어들은 높은 우선순위로 데이터 캐시 방법을 단순화해야 했다.

해결책

이 시점에서 트위터가 이미 있는 문제보다 더 많은 부채를 발생시키게 되면 결국 기술적 파산으로 이어질 것이 분명했다. 회사는 이를 인식하고 모든 문제를 해결하기 위한 작업에 착수했다. 첫 번째 서비스는 빠르게 마이그레이션할 수 있었지만, 나머지의 전환을 완료하기까지 약 3년이 걸렸고 오늘날 모든 사용자가 경험하는 성능과 안정성 수준에 도달하기까지는 6년 이상의 시간이 걸렸다.

마이크로서비스로 문제 해결하기

가장 처음 해야 했던 일은 트위터를 전체적으로 재설계하는 것이었다. 많은 문제의 원인은 트윗, 사용자, 광고 등의 여러 서비스를 모두 하나의 애플리케이션에서 처리하는 것에 있었다. 엔지니어들은 이 모놀리스를 여러 개의 작은 서비스로 리팩터링했고 새로운 아키텍처는 즉각적인 효과를 가져왔다.

- **민첩성**: 팀은 다른 사람의 코드나 무엇을 언제 배포하는지 결정하는 대규모 회의에 의존하지 않고 자신의 속도로 코드를 변경하고 배포할 수 있게 됐다.
- **안정성**: 한 서비스에서 발생한 장애가 더 이상 다른 서비스에 영향을 주지 않게 되어 변경의 영향과 잠재적인 장애 횟수가 줄었다.
- **복잡성**: 코드베이스가 단순하고 이해하기 쉬웠기 때문에 새로운 직원이 적응하기 더 수월했고 더 빨리 성장할 수 있게 됐다.

- **확장성**: 서비스가 분리되고 격리됨에 따라 요청이 더 많은 영역에서 더 많은 서비스를 시작하는 것이 간단해졌다. 예를 들어 사용자가 프로필을 수정할 때보다 타임라인을 읽을 때가 더 많다는 것을 전제로 했을 때 사용자 프로필을 수정하는 서비스보다 타임라인을 제공하는 서비스의 인스턴스를 더 많이 실행할 수 있게 됐다.

마이크로서비스 아키텍처를 도입한 것은 여러 관점에서 봐도 트위터가 거둔 커다란 성과였다. 많은 프로젝트가 작은 팀으로 시작하고 따라서 이해하고 수정하고 업데이트하기 더 쉬운 모놀리스를 선택하지만 확장하는 타이밍에 늦지 않게 재설계하는 것은 중요한 사안이다. 트위터의 사례는 부채를 너무 늦게 상환할 때 어떤 문제가 발생하는지를 보여준다.

물론 이 아키텍처 변경이 기술 스택을 업데이트하고 트위터를 더 신뢰할 수 있게 만드는 데 기여한 유일한 사항은 아니었다. 트위터를 더 빠르게 만들기 위해 소프트웨어 스택을 또 어떻게 변경했는지 다음 절에서 살펴보자.

스칼라와 자바 가상 머신 채택

루비와 루비 온 레일즈는 플랫폼의 초기 설계와 구현을 단순화했지만 성능 측면에서 병목 현상을 일으켰다. 앞서 언급했듯이 루비는 인터프리터 언어로 많은 오류를 런타임에만 나타내 시스템 안정성에 영향을 끼쳤다. 런타임 문제는 충분한 테스트 커버리지가 있다면 해결할 수 있지만 당시 트위터 애플리케이션은 그런 테스트 커버리지가 없었고 커버리지가 빠르게 개선된다는 보장 역시 없었다.

따라서 트위터 엔지니어들은 루비를 대체할 언어를 논의하기 시작했고 그 결과 스칼라에 투자하기로 했다. 당시 스칼라는 아직 초기 단계였기 때문에 사실 이 결정이 그렇게 자신할 만한 것은 아니었지만 다음과 같은 몇 가지 기술적인 이유가 있었다.

- 불변 값과 함수형 프로그래밍 패러다임의 사용은 프로그램을 더욱 강력하고 확장하기 쉽게 만든다.
- 스칼라 프로그램은 바이너리 코드로 컴파일되고 실행 속도가 더 빠르다.
- 구문적 및 의미론적으로 루비와 비슷해 보였으므로 엔지니어가 빠르게 이해하고 활용할 수 있을 것이다.

- JVM(스칼라 프로그램의 실행 플랫폼)은 그 당시 이미 나온 지 15년 이상 된 발달된 그리고 매우 강력한 소프트웨어다.

- JVM은 트위터의 작업 부하에 맞춰 미세하게 튜닝되고 최적화될 수 있다.

이 선택으로 트위터는 스칼라에 막대한 투자를 했고 회사는 비동기 프로그래밍 도입, finagle이라는 RPC 시스템과 finatra 프레임워크의 개발 등을 통해 이 새로운 언어의 에코시스템 형성을 도왔다. 결과적으로 이 스칼라는 트위터가 신뢰할 수 있고 확장 가능한 서비스를 만들 수 있는 기반을 제공했다. 애플리케이션은 더 이상 단일 스레드가 아니었고 여러 요청도 동시에 처리할 수 있게 됐다.

테스트 커버리지 증가와 지속적인 통합

엔지니어들은 테스트 커버리지를 늘리고 지속적 통합(CI) 사고방식과 CI 도구를 사용하기 시작했다. 그들은 특히 WSOD 방지와 프런트엔드에 유용한 엔드 투 엔드 테스트도 시작했다.

효과는 즉각적으로 눈에 보였다. 첫째, 회사가 루비에서 스칼라로 마이그레이션하면서 런타임 대신 컴파일 타임에 더 많은 오류가 노출됐다. 이는 많은 잠재적 오류를 배포 전에 잡아냈음을 의미한다.

둘째, 팀은 배포된 항목을 더 잘 통제할 수 있게 됐다. 프런트엔드 테스트를 통해 새 버전을 배포하기 전에 화면에 일부 픽셀이나 그래픽 산출물이 나타나는지 등 기본 기능이 잘 작동하는지 확인할 수 있었다.

궁극적으로 트위터는 테스트 커버리지를 확대함으로써 변경이 문제를 발생시키지 않는다는 확신을 얻을 수 있었다. 이것은 6장에서 테스트 부채를 해결하기 위한 모범 사례로 논의한 것과 같은 맥락이다.

회고: 전문가의 권장 사항

우리가 인터뷰했던 트위터 엔지니어는 모든 프로젝트는 분명히 어느 정도 기술 부채를 가지고 있다고 말했다. 우리는 그런 기술 부채를 다루는 것뿐만 아니라 어떻게 하면 처음부터 그것을 피할 수 있을지, 또 그가 실무자에게 해 줄 수 있는 조언이 있는지 물어봤다.

복잡성을 줄이고 필요하지 않은 기능은 건너뛰어라

초기 루비 애플리케이션에는 앞에서 언급한 여러 레벨의 캐시 등 매우 복잡한 코드가 있었다. 이로 인해 애플리케이션의 유지보수가 매우 어려웠고 루비에서 스칼라로 마이그레이션하는 것도 어려웠다.

여기서의 조언은 존 오스터하우트(John Ousterhout)가 쓴 ≪소프트웨어 설계 철학(A Philosophy of Software Design)≫이라는 책이 권장한 바와 같이 복잡한 코드를 최대한 피하라는 것이다. 또한 필요하지 않은 기능을 건너뛰는 것도 똑같이 중요하다. 팀이 더 큰 복잡성에 대응하게 하기 전에, (1) 더 많은 복잡성을 일으키지 않고 기능을 구현할 수 있는지 (2) 해당 기능이 애초에 필요한지를 고민하는 편이 현명하다.

모든 것을 문서화하되, 조기에 문서화하라

또 한 가지 조언은 문서화에 투자하는 것이다. 작은 팀은 문서화에 그다지 투자하지 않지만 설계를 할 때 시스템이 어떠해야 하는지를 문서화하고 초기 기술 결정을 기록하는 것은 매우 중요하다. 이는 나중에 시스템을 이해하고 구현된 것과 처음에 명시했던 것 사이의 간격을 메꾸는 데 도움이 된다. 문서화는 엔지니어가 팀을 옮기고 새로운 엔지니어가 정기적으로 팀에 추가되는 환경에서는 더더욱 중요하다.

관찰하고 모니터링하라

운영과 유지보수가 어려운 애플리케이션을 담당하는 경우 특정 문제의 원인이 정확하게 무엇인지 모니터링하고 파악하기가 어렵다. 또한 애플리케이션이 예상대로 작동하지 않는 경우 문제를 일으키는 컴포넌트를 찾는 데도 상당한 시간이 걸린다. 한 가지 좋은 실천 방법은 앞으로 7장에서 설명할 관찰가능성 스택을 설정하고 소프트웨어에서 신호를 받아 동작을 모니터링하는 것이다. 이것은 엔지니어가 코드베이스의 문제를 정확히 찾아내게 도울 것이다.

특정 사건에 관련된 포스트모템을 팀과 함께 진행하는 것도 매우 중요하다. 포스트모템은 특정 문제에 대한 상황을 소통하는 데 도움을 준다. 또한 이전에 비슷한 문제를 경험했거나 문제 해결을 위해서 잠재적으로 더 효과적인 아이디어를 가지고 있는 엔지니어들로부터 통찰과 조언을 얻을 수 있다는 점에서도 중요하다. 포스트모템은 팀 사이에 열린 의사소통을 유지함으로써 사회적 부채를 줄이고 누군가를 콕 집어 비난하는 대신 협력을 통한 문제 해결을 강조하는 문화를 만든다.

참고 문헌

케빈 링거펠트는 인터뷰에서 소프트웨어 복잡성에 대한 존 오스터하우트의 책 ≪소프트웨어 설계 철학(A Philosophy of Software Design)≫(Yaknyam Press, 2018)을 언급했다.

트위터의 기술 생태계에 대해 더 알고 싶다면 트위터 엔지니어링 블로그가 최고의 자료다. 회사에서 구축한 모든 도구와 프레임워크에 대한 훌륭한 통찰을 얻을 수 있다. 엔지니어링 블로그는 https://blog.twitter.com/engineering이고, Kiji 접근 방식은 https://blog.twitter.com/engineering/en_us/a/2011/building-a-faster-ruby-garbage-collector.html에 문서화돼 있다. Finagle은 https://blog.twitter.com/engineering/en_us/a/2011/finagle-a-protocol-agnostic-rpc-system.html을, 그리고 Finatra는 https://twitter.github.io/finatra/를 참고하라.

07

배포 부채

99%는 어떻게 전달하느냐에 달려있다.

- 버디 해켓(Buddy Hackett)
미국의 연극 배우이자 영화배우로 '러브버그'(1968년 작),
'매드 매드 대소동'(1963년 작)으로 유명하다.

측정할 수 없는 것은 관리할 수 없다.

- 피터 드러커

배포 부채는 시스템을 배포하고 운영할 때 발생하는 모든 지름길의 선택, 오류, 실수와 연관돼 있다. 이번 장에서 자세히 설명하고자 하는 일부 개념 및 기술은 데브옵스(DevOps) 및 지속적인 통합(CI) 커뮤니티에서 사용하는 것과 비슷하다. 어떤 이름으로 부르든 가장 중요한 것은 소프트웨어, 그리고 최고 품질의 제품을 가장 안정적인 방식으로 최소한의 노력을 들여 제공할 수 있는 프로세스를 만드는 것이다.

모든 개발자가 소프트웨어의 대규모 배포에 대한 모범 사례에 익숙하지는 않다. **소프트웨어 배포**는 컴파일된 프로그램을 제공하거나 최종 고객이 사용할 수 있는 상태로 만드는 것을 의미한다. 우리는 이 컴파일된 프로그램을 종종 '제품'이라고 부르고, 웹 애플리케이션을 제공한다면 '프로덕션 환경'이라고 부른다. 이 제품은 고객이 직접 사용하기 때문에 안정적이고 버그가 없는 것이 이상적이다. 이것은 보통 모두의 열망이기는 하지만 달성하기 어려운 목표이기도 하다. 따라서 우리는 안정성이라는 목표에 한 발짝 더 다가가기 위해 개발 프로세스에서의 부채뿐만 아니라 최종 제품을 고객에게 효율적으로 제공할 수 있는 배포 프로세스에서의 부채 역시 해결해야 한다.

배포 부채는 소프트웨어를 종종 손이 많이 가는 애드 혹 방식으로 배포할 때 발생한다. 이는 최소한의 인력으로 빠르고 효율적으로 배포하는 것을 어렵게 만들 뿐만 아니라 에러의 원천인 수작업으로 진행되기 때문에 갖가지 혼란을 일으킨다. 배포 부채는 성공적으로 잘 돌아가는 비즈니스를 잠재적으로 망하게 만들 수 있을 만큼 위험하다. 실제로 2012년에 나이트 캐피탈(Knight Capital)이라는 회사는 수작업으로 인해 발생한 배포 오류로 인해 4억 달러의 손실이 발생했고 결국 파산했다. 배포 시 실수로 구버전의 소프트웨어를 출시하는 바람에 회사의 자동 거래 알고리즘이 크게 변경된 것이 원인이었다(참고 문헌 참조).

7.1 배포 부채 식별하기

애플리케이션을 개발하는 과정에서 개발자가 작성한 코드는 코드 리뷰 프로세스를 통해 승인되고 궁극적으로 코드 리포지터리에 저장된다(자세한 내용은 5장 참조). 어느 순간 그 코드는 임베디드 시스템, 전화기의 앱, 웹사이트, 데스크톱의 애플리케이션, 혹은 메인프레임 등의 제품으로 출시된다. 고객이 제품을 직접 사용하는 환경을 **프로덕션 환경**이라고 하는 데, 임베디드 시스템이라면 물리적인 디바이스가 될 것이고, 웹 서비스라면 API 또는 웹 인터페이스가 될 수 있다. 중요한 것은 이것이 바로 최종 사용자에게 제공되는 소비자 경험이라는 것이다. 배포 프로세스에 기술 부채가 있음을 암시하는 가장 일반적인 몇 가지 증상을 검토해 보자.

7.1.1 증상 1: 프로덕션에서 즉시 발견되는 버그

기술 부채 발생의 가장 일반적인 징후는 고객이 프로덕션 환경에서 버그를 바로 발견했을 때다. 엔지니어가 새 버전의 소프트웨어를 배포한 지 몇 분 만에 고객은 버그를 눈치채고 이메일 혹은 버그 리포트를 보내거나 서비스 데스크에 전화하기 시작한다. 이는 미성숙한 배포 도구와 프로세스가 사용됐을 때 매우 흔하게 일어나는 일이다.

어쩌면 누군가는 이것이 대부분 테스트 부족 때문이라고 주장할 수 있지만 6장에서 설명했듯이 테스트가 모든 잠재적 오류를 잡아낼 수는 없다. 테스트로 할 수 있는 일은 시스템 작동을 시뮬레이션하고 소프트웨어에서 생성된 결과가 정확한지 확인한 다음, 에지 케이스와 데이터베이스를 사용할 수 없는 상황 등의 예외 조건을 확인하는 것이다. 더구나 대규모 시스템은 많은 외부 서비스에 의존하기 때문에 잠재적인 문제의 모든 조합을 샅샅이 찾아내 테스트하는 것은 불가능하다. 전 세계가 점차 클라우드 서비스를 기반으로 하는 아키텍처를 사용함에 따라 통제할 수 없는 외부 서비스에 시스템이 의존하는 경우가 다반사인 오늘날에는 더더욱 시스템의 새 버전을 배포할 때 여러 문제가 발생할 수 있다. 새 시스템은 요청을 더 많이 할 수도 있고, 외부 리소스를 더 사용할 수도 있으며, 잘못된 자격 증명으로 환경 설정이 잘못될 수도 있다.

7.1.2 증상 2: 배포 몇 주 후에 발견되는 버그

또 다른 징후는 프로덕션 환경에 배포한 뒤 몇 주 후에 버그가 발견되는 것이다. 이는 출시 직후에 버그가 발견되는 것만큼 매우 흔하다. 이러한 상황이 일어나는 원인은 광범위한 차원에서 두 가지가 있다.

1. **에지 케이스**: 버그가 있는 특정 제품 기능 또는 기능들의 조합이 거의 사용되지 않는 시스템에 들어 있는 경우. 거의 사용되지 않기 때문에 사용자가 이 버그를 경험하기까지 며칠, 몇 주 또는 몇 달이 걸린다.

2. **일시적인 이슈**: 버그는 어느 정도 시간적 제약 또는 리소스 사용과 관련이 있다. 일부 코드가 무한 루프에 빠져서 너무 많은 CPU를 소모하거나 메모리 누수로 인해 메모리 소비가 무한대로 증가한 경우라면 시스템은 배포된 뒤 며칠이 지난 후에 다운된다(박스 7.1 참고).

사실 이런 문제를 찾는 일은 매우 어렵고 이런 버그 중 일부는 비용 대비 효율적인 방법으로 테스트해서는 보통 찾을 수 없다. 앞에서 언급했듯이 테스트는 절대 완벽하지 않고 시스템의 일부는 어떻게 해도 테스트에서 누락되는 것이 거의 확실하기에 잠재적인 버그는 남아있을 수밖에 없다. 물론 더 많은 시간과 비용을 들여서 더 광범위한 테스트를 할 수도 있지만, 이것은 단지 시간과 비용을 많이 들인다고 해결되는 문제가 아니다. 이런 문제는 항상 발생하기 때문이다. 여기서 목표는 테스트가 문제를 발견해 내지 못하더라도 필요한 배포 인프라와 프로세스를 만들어서 문제를 조기에 찾아내고 가능한 한 빨리 완화시키는 것이다.

7.1.3 증상 3: 롤백 불가능

다음 시나리오를 생각해보자. 금요일 오후 3시. 개발자들은 오전 10시에 소프트웨어 새 버전을 출시했다. 고객들은 새 버전이 배포된 직후 버그를 경험하기 시작했다. 이 버그는 새 버전을 배포한 이래 아직 아무도 재현해 내지 못한 버그였다. 주말에 등산계획이 있는 개발팀 리더는 여전히 1시간 후 출발할 예정이고, 시스템에 구체적으로 무슨 일이 일어나고 있는지는 여전히 아무도 모르는 상태다. 엔지니어들이 서버 로그를 살펴보고 있지만 외관상으로는 모든 것이 괜찮아 보인다. 불안해하는 개발자들을 생각해서 지금 버전을 롤백하고 이전 버전을 재배포할 것을 제안해본다. 하지만 아무도 이전 바이너리를 가지고 있지 않다. 한 엔지니어가 이전 버전이 출시된 날짜를 추측해서 코드 리포지터리에서 이전 바이너리를 다시 만들어왔고 소프트웨어는 다시 출시됐다. 마침 데이터베이스 스키마 역시 새 버전으로 변경됐었기 때문에 이것도 롤백해야 한다는 것을 깨달았다. 일부 엔지니어가 이 작업을 수행하다가 데이터베이스를 수정하면서 실수를 저질렀다. 모든 것이 멈췄다.

박스 7.1 배포 상태 추적 장치의 부재

아주 예전에 중요한 서비스를 대규모로 배포하는 회사에서 일한 적이 있다. 이 회사의 서비스는 수만 명의 고객에게 제공됐기 때문에 서비스는 언제나 이용 가능해야 했다. 버그 수정과 새로운 제품 기능이 정기적으로 배포됐고, 우리는 끊임없이 새 버전을 배포하기 위해 서둘렀다. 그러던 어느 금요일 밤, 한 개발자가 방금 출시한 새 버전에서 메모리 사용량이 높다는 사실을 알아챘다.

몇 시간을 들여 조사한 결과, 새 버전에 메모리 누수가 있는 것이 밝혀졌다. 모든 호스트의 메모리가 부족해져서 스와핑이 일어나려던 찰나였다. 말할 필요도 없이 버그를 수정하고 메모리 누수가 없는 새로운 버전을 배포하는 것이 팀의 최우선 과제가 되었고 팀의 절반이 수정 사항을 출시하는 것에 전념했다. 이 개발자가 이 문제를 발견하지 못했다면 서비스는 매우 느려졌을 것이고 고객 경험에 상당한 영향을 미쳤을 것이다. 하지만 여기서 진짜 문제는 팀 전체에서 문제를 추적하는 데 사용되는 지표와 경고가 없었다는 것이다.

– 줄리엔 디레인

이 시나리오가 친숙하게 들리는가? 요즘은 업계에서 데브옵스 도구를 사용할 뿐만 아니라 지속적인 통합, 개발과 운영 엔지니어들의 업무 교차, 자동화되고 더 나은 테스트 등의 실천 방법에 더 많은 투자를 하기 때문에 덜하기는 해도 이런 일은 여전히 발생하고, 결과적으로 제품의 실패로 이어진다. 여기서 중요한 질문은 문제를 완전히 피하는 방법이 아니라 발생과 영향을 최소화하는 방법이 무엇인가다. 이는 자동 롤백의 중요성을 강조한다.

7.1.4 배포 프로세스에서 기술 부채를 구성하는 요소

전부는 아니지만 배포에서 발생하는 기술 부채를 정리해보면 다음과 같다.

- **수동 프로세스에 의존**: 수동 프로세스는 본질적으로 오류가 발생하기 쉽다. 배포와 롤백은 자동화돼야 한다.

- **눈먼 상태로 비행하기(flying blind)**: 시스템이 어떻게 작동하고 잠재적인 문제를 감지하는지를 보여주는 지표 및 이를 관찰하는 관찰가능성 시스템이 없는 상황이다.

- **배포 속도를 관리할 수 없음**: 프로덕션 환경에서 일어나는 변경 사항은 모든 서버가 한 번에 업데이트되는 빅뱅 방식이 아닌 점진적인 방식으로 천천히 롤아웃해야 한다.

- **변경 스테이징 부족**: 변경 사항은 프로덕션 또는 운영 환경과 최대한 비슷한 환경에서 테스트돼야 한다.

- **제한된 관찰가능성**: 시스템 작동을 관찰하고 차선책을 이해하기 위한 지표가 부족한 상황이다.

이러한 항목은 다음 두 절에서 좀 더 자세히 설명하겠다.

7.2 배포 부채 관리하기

다음은 배포 부채를 관리하기 위한 몇 가지 전략이다.

7.2.1 배포 환경의 분리

여기서 가장 먼저 할 일은 시스템을 사전 배포하는 데 사용되는 별도의 환경을 만드는 것이다. 업계에서는 이를 프리프로덕션, 스테이징, 카나리 또는 여러 다양한 이름으로 부르는데, 여기서는 '**프리프로덕션**'이라고 하겠다. 이 프리프로덕션 환경은 리소스 및 사용된 라이브러리 버전이나 의존성 등의 측면에서 실제 프로덕션 환경과 최대한 비슷해야 한다.

여기에서 아이디어는 시스템을 **프리프로덕션** 환경에 먼저 배포해서 얼마 동안 작동하게 하는 것으로 시스템의 새 버전이 잠재적이고 예기치 못한 버그를 감지할 수 있게 하는 것이다. 이렇게 함으로써 시스템이 실제로 올바르게 작동하는지, 외부 의존성과 관련된 이슈가 없는지, 이전 버전에서 없었던 문제가 발생하지는 않는지에 대해 확신을 얻을 수 있다. 배포는 새 버전을 출시하기 전의 마지막 방어선으로, 첫 번째 방어선은 광범위한 테스트, 두 번째는 훌륭하고 효과적인 코드 리뷰, 그리고 마지막이 이러한 안전하고 점진적인 배포다.

현실에서 이 말은 곧 개발 환경이 **세 개** 있어야 한다는 뜻이다.

1. **개발:** 개발자가 시스템을 테스트하는 환경. 모든 것이 망가질 가능성이 있다.
2. **프리프로덕션:** 프로덕션 환경과 최대한 유사한 환경. 모든 것이 안정적으로 돌아가야 한다.
3. **프로덕션:** 고객이 실제 사용하는 환경. 바위처럼 단단하고 바뀌지 않아야 한다.

한 가지 덧붙이자면, 프리프로덕션 시스템에는 프로덕션 환경만큼 트래픽이 많지 않을 수 있다. 이런 이유로 프로덕션 환경에서 실제로 일어나는 동작과 부하를 프리프로덕션 환경에서 시뮬레이션하는 테스트를 정기적으로 할 필요가 있다. 이런 테스트는 시스템이 예상대로 작동하는지, 예를 들면 요청의 X%가 처리되고 가용성은 Y%, 평균 응답 시간은 Z밀리초 등을 확인해 준다. 임베디드 시스템을 개발하는 경우라면 온도, 습도, 연결이 불량한 영역 등 다양한 환경에서의 사용을 시뮬레이션할 수 있다. 실시간 시스템의 경우라면 노이즈를 도입해서 시스템을 실패시키려는 시도를 할 수 있는데, 예를 들면 시간 바운더리를 극한으로 밀어붙임으로써 시스템이 최악의 수행 시간을 초과해서 응답하게 하는 것이다.

이런 식으로 분리된 환경은 **변경 사항에 대한 스테이징이 부족**해서 발생하는 부채를 관리하는 데 도움이 된다.

7.2.2 관찰가능성으로 문제 해결하기

배포 환경을 분리시키는 것은 더 나은 배포 프로세스를 위한 첫 단계다. 이제부터는 시스템이 실행될 때 실제로 어떻게 작동하는지 시스템에 대한 지표를 수집하고, 수집한 것을 공개해서 추적해야 한다. 여기서 정말 필요한 것은 관찰가능성 인프라로, 배포된 시스템으로부터 지표를 받아 의미 있는 방식으로 보여주는 시스템이다.

시스템의 정상 여부 및 상태(다음 두 절에서 자세히 설명할 예정)와 관련된 여러 유형의 지표를 수집해서 표현하면 시스템의 정상 또는 비정상 행동을 추적할 수 있다. 지표는 시스템 가동 시간, 사용 가능한 메모리 또는 CPU 사용률처럼 간단한 것이다. 이런 지표는 시스템을 실행하는 각 호스트 또는 인스턴스(수천 개에 달할 수 있음)에서 얻을 수 있다. 이 지표들은 이후 API 또는 그래픽 인터페이스를 통해 공개되는데, 관찰가능성 시스템의 핵심 기능은 여러 가지 백분위수(50번째, 99번째, 99.99번째)의 지표뿐만 아니라 최소, 최대, 평균도 보여주는 것이다. 이를 통해 시스템의 정상적인 동작과 잠재적인 이상값(비정상적 값과 그 출처)을 알아낼 수 있다. 예를 들어 그림 7.1의 그래프는 갑자기 증가하는 CPU 사용률을 보여준다. 이 정보는 개발자와 엔지니어가 문제의 잠재적 원인과 어디서 추가 정보를 찾을 수 있는지를 파악할 수 있게 해준다(예: 해당 타임스탬프에 대한 로그를 확인).

오늘날 사용할 수 있는 관찰가능성 플랫폼은 여러 가지가 있다. 클라우드에 시스템을 배포하는 경우라면 클라우드 공급자가 지표를 사용해 맞춤형 대시보드를 구축해주는 빌트인 솔루션을 제공할 가능성이 높다. 시스템을 온프레미스에 배포하는 경우라면 리소스를 투자해서 자체 관찰가능성 플랫폼을 배포할 수 있다. 지표를 수집해서 보여주는 외부 서비스도 있긴 한데, 개인 정보 보호 및 보안 측면에서 근본적인 문제가 있기는 하다.

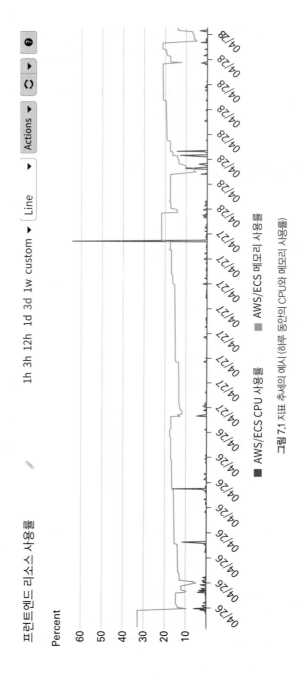

그림 7.1 지표 추세의 예시 (하루 동안의 CPU와 메모리 사용률)

관찰가능성 인프라가 준비되면 이제는 어떤 지표를 추적할지를 정의해야 한다. 이 지표는 두 가지로 분류된다.

1. **비기능적 지표**: CPU 사용량, 메모리, 스왑, 가동시간, 처리 수, 네트워크 트래픽(인/아웃), 대기 시간.

2. **기능적 지표**: 애플리케이션별 지표 (API 호출 수, 로그인 시도 수, 특정 타입의 요청 수 등)

관찰가능성을 위해 로그만 사용하지 말 것

관찰가능성 프레임워크는 타입(정수, 부동 소수점 등)과 의미론을 사용해서 명확하고 모호하지 않은 지표를 보여준다. 이것은 단순히 로그에 의존하는 것보다 낫다. 시스템을 관찰하고 분석할 때 로그만 사용하는 것은 절대로 권장하지 않는다. 그 이유는 첫째, 로그에는 구조가 없으며 시스템을 관찰하기 위해 처리 중인 로그가 내일이라도 당장 예고 없이 변경될 수 있기 때문이다. 둘째, 로그에는 쓸데없는 정보도 포함돼 있기 때문에 올바른 정보를 찾기 위해서는 처리가 필요하며, 형식이 자주, 사전 경고조차도 없이 변경되는 등 취약하고, 이식성이 없으며 비효율적이다. 따라서 로그는 버그나 공격으로 의심되는 것들을 조사하는 데 가장 적합하며, 시스템의 상태에 대한 운영 개요를 얻는 데는 적합하지 않다.

자동화된 관찰가능성을 사용하는 접근 방식은 **눈먼 상태로 비행하기**와 **제한된 관찰가능성**으로 인한 부채를 줄이는 데 도움이 된다.

7.2.3 비기능적 지표의 추적…

비기능적 지표는 애플리케이션 기능의 세부 사항과 관련이 없는 지표로 3장에서 다룬 요구사항 수집 프로세스에서 식별된 품질 특징에서 파생돼야 한다. 비기능적 지표는 애플리케이션이 작동 환경에서 어떻게 실행되는지에 중점을 둔다. 여기서는 시스템의 문제를 드러낼 수 있는 모든 것을 중요하게 여기고 수집해야 한다. 보통 CPU 사용률, 네트워크 트래픽의 인바운드 및 아웃바운드, 네트워크 인터페이스상의 트래픽 폐기 및 오류 수, 메모리 사용량 및 스왑 사용량 등이 수집 대상이다. 자바/스칼라 애플리케이션처럼 가상 머신을 사용해 애플리케이션을 실행하는 경우라면 가상 머신의 동작도 모니터링해야 한다. 이것은 실행 환경의 일부이기 때문이다! 따라서 스레드 수, 가비지 컬렉터의 동작 및 숨어 있는 오류를 나타낼 수 있는 기타 유사한 지표 역시 모두 수집해야 한다.

비기능적 지표를 추적하는 첫 번째 단계는 무엇을 추적할 것인지, 어떤 지표가 여러분 또는 시스템의 성공에 중요한 항목인지를 선택하는 것이다. 보편적으로 어떤 지표를 추적하는지는 추천할 수 없지만, 많은 이해관계자는 트랜잭션 처리량, 응답 시간, 가용성, 사용성과 보안의 일부 측면에 관심을 갖는다. 이러한 지표 중 어떤 것이 성공과 상관관계가 있는지는 여러분이 파악하고 정의해야 할 부분이다. 이러한 지표는 두 가지 유형의 오류를 찾아준다.

1. **인프라 관련 문제:** 인프라의 용량이 너무 작아서 CPU 사용률이 높고 더 많은 리소스를 프로비저닝해야 하거나, CPU 사용률이 낮아서 리소스를 과도하게 프로비저닝해서 비용을 낭비하는 경우
2. **잠재적 버그:** 코드에서 새롭게 발견되는 인프라에 영향을 주는 문제. 메모리 누수는 메모리 사용량을 지속적으로 증가시키고 무한 루프는 CPU를 완전히 소모해버린다.

이런 종류의 지표를 모니터링하기 시작하면 이제 다음과 같은 질문이 나올 수 있다. 어떤 환경에서 모니터링해야 하는가? 개발 환경인가? 프리프로덕션 또는 프로덕션 환경인가? 답은 모두다! 시스템을 배포할 때 모든 지표를 주시해야 하고, 이것들이 여러 배포에 걸쳐 시간이 지남에 따라 어떻게 발전하고 변경되는지를 확인해야 한다. 이는 시스템의 서로 다른 버전 간의 리소스 소비 증가 또는 감소도 보여주는데, 이 데이터는 배포를 최적화하는 데 도움이 된다.

7.2.4 …그리고 기능적 지표의 추가

기능적 지표들은 애플리케이션에 따라 무엇을 중심으로 봐야 할지가 달라지기 때문에 덜 명확하고 덜 일반적이다. 따라서 어떤 시스템을 구현하는지 알지 못하면 수집할 지표를 정의할 수 없다. 그럼에도 불구하고 염두에 둬야 할 몇 가지 좋은 실천 방법이 있다.

첫째, 사용자 행동과 관련된 몇 가지 지표다. 예를 들어 시스템이 웹 기반 애플리케이션이라면 로그인 시도 횟수, 암호 복구 시도 횟수(높은 숫자는 공격을 나타낼 수 있다) 및 시스템에 로그인한 사용자 수를 추적하는 지표가 있어야 한다. 시스템에 잠재적으로 비정상적인 활동을 나타낼 수 있는 모든 것을 추적해야 한다.

둘째, 시스템이 외부 시스템과 상호 운용되는 방식과 관련된 지표다. 웹 기반 애플리케이션을 배포하는 경우라면 대기 시간 및 각 마이크로서비스 간의 통신 성공률을 모니터링해야 하고, 클라우드 제공 업체의 외부 서비스를 사용하는 경우라면 HTTP 연결에 대한 성공률, 대기 시간 및 반환 코드(예: 200(성공)을 반환하는 요청 개수와 5xx나 4xx(실패)를 반환하는 요청 개수)도 추적해야 한다. 상호 운용성 지표는 잠재적 이슈를 더 잘 진단하도록 도와주는데, 시스템이 실패했다면 우리 쪽의 버그가 아니라 외부 서비스의 실패일 수도 있다. 물론 실패하지 않게 설계하는 것도 중요하지만 실패한 경우에는 우아하게 실패하도록 시스템을 설계해야 한다.

마지막으로 생각해야 하는 것은 기능 데이터와 품질 데이터의 상관관계를 찾아내는 것이다. 이는 정말 비정상적으로 이상한 숫자가 무엇인지 강조하는 데 도움을 준다. 예를 들어 높은 CPU 사용률은 버그가 아니라 실제 사용량이 갑자기 늘어서 장기간에 걸쳐 트래픽이 급증했기 때문일 수 있다.

7.3 배포 부채 피하기

마지막으로 배포 관련 부채를 피하기 위한 전략을 몇 가지 살펴보자.

7.3.1 자동화된 점진적 배포

모든 수작업은 어느 시점에 오류가 발생하기 마련이다. 배포도 예외가 아니다. 배포 및 테스트와 관련된 기술 부채의 커다란 잠재적 원인은 오류가 발생하기 쉬운 인간의 행동에 의존하는 데서 비롯된다. 프로덕션 서비스를 배포할 때 실수를 저지르면 그 영향은 상당하며 제품 전체를 사용할 수 없는 지경이 될 수도 있다. 따라서 배포는 자동으로 수행돼야 한다. 물론 실수까지도 자동화할 위험이 있지만 적어도 어디서 그 실수가 나왔는지를 찾아내는 편이 훨씬 더 쉬울 것이다.

자동화 외에도 배포는 점진적이어야 한다. 동일한 서비스의 모든 물리적 인스턴스를 동시에 배포하면 안 된다. 인스턴스는 시간을 들여 점진적으로 배포하면서 지표를 모니터링해서 회귀나 버그 등의 잠재적인 문제를 감지해야 한다. 어떤 서비스가 10개의 인스턴스에서 실행된다면 새 버전의 배포는 그중 한 개에서 시작돼야 한다. 5분을 기다린 뒤 어떤 지표도 떨어지지 않는 것이 확인되면 새 버전이 탑재된 다른 두 개의 인스턴스를 배포한다. 각 5분이 경과하는 것을 기준으로, 모든 인스턴스가 성공적으로 업그레이드될 때까지 앞에 배포한 인스턴스 숫자의 두 배씩을 배포한다. 배포를 점진적으로 하면 이슈를 발생시킬 수 있는 버전을 한 번에 전체에 배포하는 것을 피할 수 있다. 점진적 배포는 잠재적인 치명적 버그의 영향을 제한하고 시스템이 계속 실행되는지 확인할 수 있다(물론 모든 인스턴스가 활성 상태가 아니기 때문에 잠재적으로 성능 저하 모드에서 확인되는 한계가 있기는 하다).

점진적 배포 방식은 임베디드 소프트웨어에서도 가능하다. 예를 들어 자동차 제조업체인 테슬라가 자동차 소프트웨어의 새 버전을 배포할 때 모든 사용자가 동시에 업데이트하는 것은 아니다. 업데이트는 며칠 또는 몇 주에 걸쳐 배포된다.

클라우드에 소프트웨어를 배포하는 경우라면 모든 주요 클라우드 공급자는 코드 배포를 자동화하는 서비스를 제공한다. 이는 클라우드에 배포해야 하는 또 다른 이유다. 자체 인프라를 관리하는 경우라면 외부 배포 솔루션도 유지하도록 투자해야 한다.

7.3.2 지속적인 통합 파이프라인에 배포 통합하기

앞서 언급했듯이 한 가지 핵심 원칙은 여러 단계(개발, 프리프로덕션 및 프로덕션)에 대해 각각 분리된 환경을 유지하는 것이다. 개발 환경은 개발자가 알아서 자신의 코드를 배포할 수 있어야 하지만 프리프로덕션 환경은 메인 브랜치의 현재 상태를 반영하고 배포는 자동으로 이뤄져야 한다.

코드베이스 자체 내에서 또는 라이브러리 의존성에 관련된 것으로 인해 서비스에 코드 변경이 일어나면 이 서비스는 프리프로덕션 환경에서 자동으로 업데이트돼야 한다. 자동화된 업데이트는 프리프로덕션 환경을 지금 코드의 상태가 반영된 상태로 유지해 준다. 이는 통합에서 발생하는 문제를 가능한 한 빠르게 감지하고 방지하게 해 준다.

프리프로덕션에서 프로덕션으로의 배포는 자동화돼야 하지만, 자동으로 작동되지는 않아야 한다. 궁극적으로 프리프로덕션에서 프로덕션으로의 배포를 개시하는 것은 **비즈니스**

결정이기 때문이다. 따라서 프로덕션에 배포할 때는 신중하게 고려하고 잘 정의된 프로세스를 따라야 한다.

7.3.3 배포 프로세스 정립

배포 프로세스가 자동화돼 있다고 해서 주의를 기울이지 않거나 이 프로세스를 대충 정립해서는 안 된다. 오히려 그 반대로 매우 명확하게 문서화해야 한다(문서 부채는 8장에서 다룬다). 모든 대규모 기술 회사는 시스템이 어떻게 배포되는지를 기록하고 배포 상태를 추적하는 고유의 시스템을 가지고 있다. 어떤 회사는 전용 맞춤형 시스템을 사용하고 또 어떤 회사는 티켓 관리 시스템을 사용한다. 여러분이 어떤 전략이나 도구를 사용하든 상관없이 배포 프로세스를 의식적으로 신중하게 정립하는 것이 중요하다.

각 컴포넌트 혹은 서비스에는 배포 프로세스가 있어야 한다. 이 프로세스와 관련된 문서는 최소한 다음 측면을 정의해야 한다.

- 어떤 컴포넌트가 배포되고 있는지

- 배포를 시작하기 위해 어떤 작업이 수행되었는지

- 배포가 진행되는 동안 운영자가 어떤 지표를 모니터링해야 하는지. 회귀 문제 등을 관찰하거나 필요시 배포를 중단하는 판단에 쓰인다

- 배포를 중단하는 방법

- 롤백하는 방법

각 단계에 대해 배포 프로세스는 이런 작업이 어떻게 수행돼야 하는지 반드시 명시적으로 정의해야 한다. 인터페이스를 클릭하거나 셸(shell)에서 명령을 실행하거나 하는 등의 작업이 그 대상이 될 수 있다. 또한 프로세스를 문서화해서 배포와 관련된 전체 지식은 문서 하나만 봐도 알 수 있게 해야 한다. 이렇게 함으로써 시스템을 배포하는 개발자는 배포 프로세스를 작성했는지 여부와 관계없이 배포에 필요한 모든 상황의 정보를 가지게 된다. 이것은 이 프로젝트의 모든 신규 개발자가 원래 작성자와 동일한 정보를 갖게 하는 데도 도움이 된다.

배포 진행 상황을 **추적하면서** 배포 중에 발생하는 모든 일(성공 여부를 떠나)을 기록하는 것이 중요하다. 이를 문서화하는 일반적인 방법은 이슈 트래커의 티켓으로 등록하는 것이다. 티켓은 배포 프로세스를 참조하고 수행 중인 각 작업의 기록을 가지고 있어야 한다. 시스템을 사용하면 수행된 작업과 작업 시점을 추적할 수 있고 포스트모템에서 조사를 진행할 때도 도움이 된다.

임베디드 및 안전 필수 시스템 같은 일부 경우에는 원격으로 장치를 업데이트할 수 없기 때문에 최종 사용자가 직접 업데이트해야 한다. 예를 들어 비행기의 일부 구성 요소는 업데이트가 포함된 USB 키를 사용해서 업그레이드된다. 사용자가 USB 키를 연결하고 시스템은 USB 키의 데이터를 사용해서 업데이트하는 방법이다. 이런 특정한 경우에는 업데이트를 문서화하고 업데이트가 완료되고 성공한 시점, 롤백 방법 등의 신호를 사용자에게 정확하게 제공해야 한다. 안전 필수 시스템을 업데이트하는 경우라면 새 코드가 포함된 업데이트 파일과 업데이트가 들어 있는 USB 키 같은 장치 자체의 보안 침해 여부를 확인하는 것이 매우 중요하다. 이 확인은 업데이트에 서명하고 인증된 컴포넌트를 사용하는 것으로 할 수 있다.

7.3.4 새로운 제품 기능에 킬 스위치 구현하기

코드가 완전히 테스트된 경우에도 새 기능을 배포한 뒤 문제가 발생할 수 있다. 문제는 외부 서비스와의 통신이나 성능 문제 등의 기술적 측면에서 발생할 수도 있고, 사용자가 새로운 특정 기능에 대해 불평하는 등의 비즈니스 측면에서도 발생할 수 있다.

이런 이유로 새로운 기능에 **킬 스위치**(kill switch)나 **기능 토글**(feature toggle)을 통합할 수 있으면 꽤 편리하다. 킬 스위치는 실행 중에도 시스템의 제품 기능을 자동으로 비활성화해주므로 새로 배포할 필요가 없어진다. 새 제품 기능에 문제가 있어 제거해야 하는 경우에도 소프트웨어로 킬 스위치를 작동시키는 것만으로 롤백을 대체할 수 있다. 이는 롤백에 수반되는 모든 관련 위험 및 잠재적 오류에 대응할 필요도 없어진다는 것을 의미한다.

킬 스위치는 극소수의 다른 서비스에 의존해야 한다. 예를 들어 데이터베이스와 함께 킬 스위치를 구현하는 경우 시스템이 데이터베이스에 연결할 수 없는 경우가 생기면 이 스위치를 활성화하지 못할 수 있다. 마찬가지로 킬 스위치는 애플리케이션 자체로부터 독립적이어야 하는데, 애플리케이션이 멈춘 경우 킬 스위치를 활성화할 방법이 없기 때문이다. 이것을 해결하는 한 가지 간단한 (그리고 원시적인) 방법은 파일을 사용하는 것으로, 파일의 존재(또는 부재)는 킬 스위치가 활성화됐음을 의미한다. 이런 메커니즘을 구현하는 다른 여러 방법이 있지만, 가장 중요한 측면은 이 킬 스위치를 기본 시스템에서 분리된 상태로 단순하게 유지하고 이 정보를 문서화하는 것이다.

킬 스위치 목록을 문서화하고 사용 여부를 주기적으로 리뷰하는 것이 중요하다. 비활성화되거나 사용되지 않는 킬 스위치는 데드 코드를 숨길 수 있고 이 데드 코드는 잠재적으로 버그 또는 사람의 실수로 활성화될 수 있기 때문이다. 나이트 캐피탈 참사의 주요 원인 중 하나가 데드 코드로 추정됐던 것을 잊지 말아야 한다. 따라서 어떤 것이 유용한지 주기적으로 검토하고 더 이상 필요하지 않은 것을 제거할 뿐만 아니라 제거된 코드가 활성화하는 코드 역시 제거됐는지 확인하는 것이 중요하다(6장의 데드 코드에 대한 설명 참조).

임베디드 시스템의 경우 이런 메커니즘을 구현하는 것이 어려울 수 있으며 특히 스위치가 원격으로 활성화되는 경우 안전 및 보안 문제를 고려해야 한다. 이 경우 공격자가 스위치를 활성화해 사용자에게 피해를 줄 수 있기 때문이다. 디바이스에 장착된 기계적 스위치, 즉 노트북에서 웹캠을 켜고 끄는 장치 같은 로컬 킬 스위치가 더 이해하기 쉽고 외부 공격 가능성을 줄일 수 있다. 하지만 말할 필요도 없이 이것은 시스템을 설계할 때 논의돼야 하고 이해관계자의 승인을 받아야 하는 부분이다.

7.4 이번 장을 마치며

이번 장에서는 기술 부채의 일반적인 정의를 넘어 기술 부채의 개념을 배포 활동에 적용했다. 물론 많은 배포 프로세스가 코드로 이뤄지지만 여기에서 기술 부채는 코드뿐만이 아니라는 것을 확인할 수 있었다. 배포 프로세스의 기술 부채가 이터레이션 주기와 고객에게 새로운 가치를 제공하는 시간에 미치는 영향에 대해서도 논의했다.

우리는 배포 프로세스에서 나타나는 기술 부채의 증상과 결과를 살펴보고 문제 발견을 쉽게 하고(관찰가능성) 수정된 새 버전을 안전하게 배포하기 위한(점진적 배포 및 롤백과 킬 스위치 활용법 등) 주요 단계를 자세히 설명했다. 이 기법은 이터레이션 속도를 높이고 소프트웨어의 수정된 새 버전을 더 빠르게 배포하는 데 도움이 된다.

결국 시스템 운영은 자동차와 같다. 최고의 제품을 가지고 있는지가 중요한 것이 아니라 제대로 작동시키는 방법을 아느냐가 중요하다. 자동차의 경우라면 작동(운전) 오류는 자동차를 망가뜨릴 수 있고 소프트웨어의 경우라면 단시간에 비즈니스를 망하게 할 수 있다. 2012년에 있었던 나이트 캐피탈 참사는 자동화된 배포 프로세스가 있었다면 애초에 발생하지 않았을 것이고, 각 서버에 어떤 버전이 배포됐는지 관찰하는 지표가 있었다면 문제를 신속하게 감지할 수 있었을 것이다. 다 떠나서 킬 스위치라도 있었다면 출혈을 멈출 수 있었을 것이다. 그 어떤 것도 존재하지 않았기 때문에 엔지니어들은 무엇을 해야 할지 몰랐고 결함이 있는 시스템은 결국 회사를 파산시켰다. 이제까지 배포 시스템에 들어가는 비용은 종종 가치가 없는 것으로 평가됐지만(11장 참조), 앞으로는 회사가 망하지 않게 하는 중요한 투자로 간주돼야 한다.

참고 문헌

이번 장은 주로 배포의 기술 부채 측면을 식별하는 데 중점을 뒀다. 이것은 전체 배포 프로세스나 서비스 수준 계약(SLA, Service Level Agreement) 또는 서비스 수준 목표(SLO, Service Level Objectives)를 정의하기 위한 포괄적인 가이드는 아니다. 이런 주제에 관심이 있다면 ≪사이트 신뢰성 엔지니어링≫(제이펍, 2018)을 추천한다. 시스템 안정성 엔지니어를 위한 시스템의 운영 측면에 대한 최고의 자료일 것이다.

2012년 나이트 캐피탈에서 발생한 소프트웨어 결함 문제는 미국증권협회에 제출된 보고서 외에는 공인된 문서가 없지만, 여러 블로그 포스팅을 통해 살펴볼 수는 있다. 배포 관점에서 봤을 때 최고 중 하나인 블로그 포스팅은 더그 세븐(Doug Seven)의 "나이트메어: 데브옵스의 경고(Knightmare: A DevOps Cautionary Tale)"로, https://web.archive.org/web/20200225104549/와 https://dougseven.com/2014/04/17/knightmare-a-devops-cautionary-tale/에서 확인할 수 있다.

좋은 배포 실천법은 요즘 데브옵스 실천법을 통해 널리 알려지고 있다. 이 주제에 관심이 있다면 제니퍼 데이비스(Jennifer Davis)와 린 다니엘스(Ryn Daniels)의 ≪효과적인 데브옵스: 협업, 친밀감 및 대규모 도구 구축 문화(Effective DevOps: Building a Culture of Collaboration, Affinity, and Tooling at Scale≫(O'Reilly, 2016) 및 렌 베스(Len Bass), 리밍 쭈(Liming Zhu), 잉고 웨버(Ingo Weber)의 ≪데브옵스(DevOps)≫(에이콘출판, 2016)를 읽어보기를 권장한다. 관찰가능성, 특히 모든 대규모 시스템에 필요한 분산 시스템 관찰가능성에 대해 알아보려면 신디 스리다란(Cindy Sridharan)의 ≪분산 시스템 관찰가능성(Distributed Systems Observability)≫(O'Reilly, 2018)을 추천한다.

우수한 지속적인 개발 및 지속적인 통합 실천 방법에 대해 자세히 알아보려면 제즈 험블(Jez Humble)과 데이비드 팔리(David Farley)의 ≪신뢰할 수 있는 소프트웨어 출시≫(에이콘출판, 2013)를 권장한다. 또한 마이클 나이가드(Michal Nygard)의 ≪RELEASE IT≫(위키북스, 2007)도 추천한다.

실용적인 가이드를 찾는다면 특정 기술을 위한 리소스를 담은 니킷 스와라즈(Nikit Swaraj)의 ≪AWS 자동화 쿡북(AWS Automation Cookbook)≫(Packt, 2017) 또는 다니엘 브라이언트(Daniel Bryant)와 아브라함 마린-페레즈(Abraham Marín-Pérez)의 ≪자바에서의 지속적인 전달(Continuous Delivery in Java)≫(O'Reilly, 2018)과 같은 책이 있다.

임베디드 시스템을 개발, 배포, 제공하는 방법에 대한 모범 사례를 배우고 싶다면 필립 쿠프먼(Philip Koopman)의 ≪더 나은 임베디드 시스템 소프트웨어(Better Embedded System Software)≫(Drumnadrochit Education, 2010)를 적극 권장한다. 그의 블로그(https://betterembsw.blogspot.com/)는 이번 장에서 언급한 보잉 787이나 에어버스 A350 문제와 같이 임베디드 소프트웨어의 유명하고 악명 높은 문제에 대한 흥미로운 정보가 담겨 있는 보물상자다.

08

문서 부채

문서는
미래의 자신에게 쓰는 러브레터다.

- 데이미언 콘웨이(Damian Conway)
컴퓨터과학자로 CPAN과 펄6 언어 설계에 기여했다

문서 부채는 소프트웨어 시스템을 문서화할 때 택했던 쉬운 길, 즉 업데이트하지 않은 설계 사양이나 불충분한 코드 주석 등으로 인해 발생한다. 문서 부채는 문서 **안에** 존재하는 부채로, 기술 부채를 찾아내고 설명하는 실천 방법의 일부로 부채에 대해 문서화하는 것과는 다르다.

문서화는 종종 팀의 운 나쁜 신입에나 떨어지는 환영받지 못하는 작업으로 간주된다. 그러나 소프트웨어의 중요한 부분을 이해해야 했던 경험이 있는 사람이라면 누구나 잘 작성된 문서가 시간을 엄청나게 절약해 준다는 것을 단언할 수 있다. 문서화의 기본 규칙은 **문서를 작성할 때 드는 비용**이 **문서가 가져올 수 있는 가치**보다 낮을 때만 하는 것이다.

문서화가 얼마만큼의 가치를 지니는지를 알기 위해서는 물론 약간의 예측이 필요하다. 이는 누가 어떤 목적으로 이 문서를 사용할지에 대해 이해하는 것이다. 대부분의 문서 부채는 이 예측 작업이 잘못되었거나 아예 수행되지 않았을 때 발생한다.

이번 장에서는 문서화를 비용 대비 효과적으로 할 수 있는 몇 가지 방법에 대해 설명할 것이다. 이는 문서화할 대상을 파악하고 유용한 문서화 실천 방법을 정립하고 문서화에서 흔히 저지르는 실수를 방지하는 것이다.

8.1 문서화를 해야 하는 이유

문서화는 사실 소프트웨어 개발에서 동기부여가 쉽지 않은 작업이다. 개발자는 기술 문서 작가가 아니기 때문이다. 대부분의 개발자는 기술적인 측면을 사랑하기 때문에 컴퓨터 공학이나 관련 분야에서 일한다. 그들이 사랑하는 대상에는 수학, 복잡한 시스템의 엔지니어링, 더하여 버그를 찾아내는 즐거움까지 포함된다. 결과적으로 그들은 다른 사람을 위한 글쓰기 훈련을 거의 또는 전혀 받지 않으며 많은 경우에 그것을 딱히 즐기지도 않는다. 하지만 기술적인 글쓰기는 특히 복잡한 시스템의 작동을 설명할 때 가장 중요한 작업이다. 소프트웨어 팀이 가진 또 다른 문제는, 소프트웨어와 관련해 내린 결정을 다른 사람에게 설명할 수 있는 가장 좋은 포지션에 있는 사람이 종종 설명하는 데 별로 관심이 없거나 그럴 필요성을 느끼지 못한다는 것이다.

문서 부채는 어떤 코드나 설계를 봤을 때 이게 왜 이런지에 대한 설명을 찾고자 하지만 그 설명을 쉽게 찾을 수 없을 때마다 나타난다. 이것은 분명히 설명이 있어야 하는 곳에 설명이 없음을 의미한다. 설명이 있어야 하는 곳은 물론 다양하게 정의될 수 있다. 이해하기 어려운 알고리즘 위의 주석일 수도 있고, 팀 협업 서버의 위키 페이지 또는 풀 리퀘스트(pull-request) 토론일 수도 있다. 답을 찾기 위해 여러 아카이브 리포지터리를 추적해야 하는 문서는 그다지 도움이 되지 않는다. 왜냐하면 우리가 성공적으로 관련 정보를 모두 추적해 낼 것이라는 보장도 없고 이렇게 찾아 헤매는 것은 문서 사용 비용과 실수 가능성을 높이기 때문이다.

문서 부채는 빈번하게 발생한다. 다른 사람도 알아야 할 중요한 결정이 내려진 채 나중을 위해 기록되지 않으면 문서 부채가 된다(이는 몇 주나 몇 달 후의 자신을 위해서기도 하다. 개발자는 며칠 전에 쓴 코드도 잊어버리곤 한다). 물론 시스템의 모든 상세한 동작을 몇 장에 걸친 방대한 다이어그램으로 기록하거나 모든 클래스, 메서드, 변수를 문서화하라는 것이 아니다. 그 어떤 것이라도 유능한 개발자가 소스코드에서 쉽게 다시 찾아낼 수 있는 것은 문서화할 필요가 없다. 문서 부채는 편의상이나 단순한 무관심으로 나중에 중요해질 것을 알면서도 문서화하지 않기로 택했을 때 발생한다.

문서 부채는 작성한 문서가 비효율적일 때도 발생한다. 고전적인 소프트웨어 엔지니어링 문서 "합리적인 설계 과정: 어떻게 그리고 왜 속여야 하는가(A Rational Design Process: How and Why to Fake It)"(Parnas and Clements, 1986)에서는 효과적인 문서화를 위한 7가지 핵심 원칙을 설명한다. 다음 원칙 중 하나라도 위반하게 되면 문서 부채가 발생한다.

1. 독자를 위해 써라.
2. 반복하지 말라.
3. 모호함을 피하라.
4. 정리 형식을 사용하라.
5. 결정을 내린 근거를 기록하라.
6. 문서를 최신 상태로, 하지만 너무 최신은 아니게 유지하라.
7. 문서 적합성을 리뷰하라.

그럼 각각에 대해 자세히 살펴보자.

8.1.1 독자를 위해 써라

좋은 문서는 독자에게 유용하고 독자가 기꺼이 읽고 싶도록 만든다. 이런 문서는 독자가 이해할 수 있는 언어로 쓰여 있다. 이 문서의 독자가 최종 사용자인가? 그렇다면 모든 약어(acronym)가 설명돼 있는지 확인해야 한다. 물론 어떤 경우 독자들은 고에너지 물리학 분야의 석사 학위를 가지고 있을 것이기 때문에 전자 스핀에 대해서 일일이 설명할 필요가 없을 수도 있다. 문서화에는 분석, 구축, 교육의 세 가지 주요한 용도가 있다. 문서화는 누군가가 나중에 시스템을 이해하기 위한, 혹은 시스템이 제안된 변경을 어떻게 지원할지 알기 위한 분석에 쓰인다. 설계의 문서화는 적절한 분석 끝에 설계를 구현하는 시스템을 구축할 수 있게 한다. 이는 건물의 청사진이 건축 공사의 지침이 되는 것과 같다. 마지막으로 문서화는 프로젝트에 새로 들어온 사람을 적절하고 효율적으로 교육하는 데도 쓰인다.

8.1.2 반복하지 말라

문서 부채는 같은 내용이 여러 번 문서화될 때 발생한다. 동일한 내용을 두 번 문서화하는 것은 노력의 낭비임은 말할 것도 없으며, 반복은 독자의 인지 부담을 증가시키고 문서가 결국 일관적이지 않게 될 것이라는 위험성을 크게 증가시킨다. 게다가 중복된 코드에서 발생하는 문제처럼 작성자가 중복된 각각의 문서를 업데이트할 것이라는 보장도 없다. 예를 들면 설계 선택에 대한 근거는 한 곳에만 문서화돼 있어야 한다. 그래야 모든 사람이 그 근거가 어디에 쓰여 있는지 안다(소스코드와 같이 있을 수도 있다는 것을 기억하라).

8.1.3 모호함을 피하라

궁극적으로 우리는 독자가 문서를 계속 사용하기를 원한다. 그 이유 중 하나는 독자가 문서를 사용해야 원래 문서를 작성한 사람을 찾아가 이것저것 물어보면서 귀찮게 하지 않기 때문이다. 잘 작성된 문서는 실질적인 힘이 된다. 하지만 모호하게 쓰인 문서는 그냥 나쁜 것보다 더 나쁘다. 예를 들면 중요한 결정에 관해 유용해 보이는 내용이 문서에 있는 것 같긴

한데 명확한 답은 없는 경우다(int32여야 하나, int64여야 하나? 빅엔디언(Big-endian)인가?). 사양은 모호하기로 악명이 높고 그 모호함은 구현을 통해서만 해결된다는 말이 있다. 모호함은 '나에게는 엄격하게, 남에게는 관대하게'라는 포스텔의 법칙(Postel's law)으로 이어진다. 즉, 문서를 쓸 때는 명확하게 쓰되, 타인의 작품을 해석할 때는 자유롭게 하라.

8.1.4 정리 형식을 사용하라

재차 강조하자면, 독자가 문서 내에서 필요한 정보를 찾는 것은 중요하다. 문서에서 다루는 내용이 흩어져 있어서 찾기 어려울 때도 문서 부채가 발생하기 때문이다. 문서를 작성할 때 표준 조직 구조를 사용하면 독자가 필요한 정보를 위해 어디를 봐야 하는지 빠르게 알 수 있다. 오늘날 문서화는 위키(Wiki)나 텍스트 파일 모음(오프라인뿐만 아니라 마크다운 같은 포맷을 사용해 온라인으로 렌더링할 수도 있어서 온/오프라인의 장점을 모두 얻을 수 있다) 또는 소스코드 자체에서 할 수 있다. 특정 알고리즘이 선택된 이유 등 코딩 결정을 설명하는 문서는 소스코드에 넣고, 설계 근거, 협업 프로세스, 코딩 가이드라인 등을 설명하는 문서는 텍스트 파일 세트에 넣는 것을 추천한다.

8.1.5 결정을 내린 근거를 기록하라

코드를 읽으면 소프트웨어가 어떻게 작동하는지 이해할 수 있다. 하지만 어떻게 혹은 왜 이 특정 알고리즘이나 데이터 저장 방식을 선택했는지는 알 수 없다. 이런 결정의 근거를 문서화하지 않으면 문서 부채가 된다. 어떤 기능이 처음 구현되고 몇 달 혹은 몇 년 후에 문서를 읽게 될 독자가 문제에 대해 다시 사고해야 하거나 그 방식을 선택하게 된 맥락을 완전히 놓칠 수 있기 때문이다. 세계 최대 전파 망원경을 설계하는 제곱킬로미터 배열 망원경(Square Kilometer Array, SKA)[1] 프로젝트가 이런 상황의 예다. 이 프로젝트의 과학 미션은 2023년에 예정돼 있었지만, 운영 소프트웨어의 중요한 설계 결정은 2018년과 2019년에 이뤄졌다. 초기 설계 결정이 내려진 5년 뒤에 이 망원경을 개발하게 될 소프트웨어 팀은

---

1 http://skatelescope.org

분명히 설계 결정의 배경이 되는 맥락을 필요로 할 것이므로 SKA는 결정의 배경이 되는 사고를 신중하게 문서화해야 할 것이다(사례 연구 C의 ALMA 프로젝트 참고). 물론 해당 결정이 어떤 사고에서 나왔는지를 지금 기록한다고 해서 나중에 온 팀이 결정을 바꿀 수 없는 것은 아니다. 여기서 문서 부채는 그저 원래 결정이 왜 내려졌는지 이해할 수조차 없을 때 존재한다.

8.1.6 문서를 최신 상태로, 하지만 너무 최신은 아니게 유지하라

문서 부채의 가장 큰 원인 중 하나는 문서가 최신으로 업데이트되지 않았거나 시스템의 현재 상태(대부분 소스코드지만 새 하드웨어 또는 프로세스 변경을 의미할 수도 있음)와 일치하지 않는 것이다. 이것은 문서에 대한 신뢰를 무너뜨린다("문서에는 론스키(Wronski) 프로세스를 사용했다고 쓰여 있는데, 우리는 10개월 전에 이미 사용을 중단했단 말이다!" 같은 식이다). 하지만 매번 빌드가 나올 때마다 변경되는 문서 역시 신뢰하기 어렵다. 독자로서 문서가 의지할 수 있는 고정된 존재라는 믿음을 가지기 어렵기 때문이다. 게다가 너무 최신인 문서는 군이 필요 없는 단순한 코딩 결정이나 커밋으로 자동 생성된 자잘한 주석 등을 담고 있을 수도 있다. 문서는 출시 주기에 맞춰 업데이트하는 것이 적당하다.

8.1.7 문서 적합성을 리뷰하라

문서 부채는 문서가 독자의 필요를 충족시키지 못할 때 발생한다. 누가 문서를 읽을 것인지 뿐만 아니라 문서가 독자의 필요를 충족시키는지의 여부도 생각해야 한다. 즉, 문서 자체가 우리가 기대한 역할을 하는지를 알아내야 한다. 이를 문서화에 대한 인수 테스트라고 생각해보면 한 그룹의 독자에게 문서의 현재 상태가 그들에게 도움이 되는지 여부를 확인할 수 있다. 5장의 효과적인 코드 리뷰의 세 번째 규칙인 '커밋 메시지 형식 정의'에서도 코드를 리뷰하는 사람이 무엇을 리뷰하면 되는지 예상할 수 있는 문서를 포함하는 것에 대한 필요성을 설명했다.

8.2 문서 부채 식별하기

8.2.1 문서화 수요 예측

많은 프로젝트, 특히 신규 또는 소규모 프로젝트에서는 문서화의 필요성이 확실해지기 전에 이미 다량의 코드를 작성해 버리기 쉽다. 맹렬한 속도로 앞으로 나아가고자 하는 스타트업 또는 탐색적 성격의 프로젝트에서 문서화에 동기를 부여하는 것은 매우 어렵다. 결국 회사가 순식간에 실패하거나 다음 달에 프로젝트가 취소될 수도 있기 때문이다! 이런 경우 우리는 문서화의 가치 제안으로 돌아가야 한다. 문서화에 노력을 들일 가치가 있는가? 표 8.1은 문서화에 대한 접근 방법을 제안한다.

표 8.1 프로젝트 유형에 따른 문서화 접근 방법

문서화 접근 방법	프로젝트 유형			
	탐색적 프로젝트 혹은 초기 스타트업	성숙한 스타트업	IT 기업	규제된 소프트웨어
문서화 우선순위	낮음	엑시트를 위한 핵심요소	고객 수용을 위한 핵심요소	규제 승인을 위한 강제요소
핵심 설계 선택	화이트보드나 코드 주석 등을 통해 가볍게 기록	문자로 기록하고 설계 결정 기록을 버전 관리에 저장	정식으로 기록하고 문서화 관리 시스템을 사용	정식으로 기록하고 ISO42010같은 산업 표준 준수
코드 표준	없음/외부	언어별로 다름. 파이썬의 독스트링(docstring)같은 구문 사용	커밋 체크, 회사 표준	계약자는 계약 표준을 따름. 문서는 납품 목록의 일부분
무엇을 문서화할지를 누가 결정하는가	CEO/CTO가 결정	팀 리드/CTO가 결정	문서화 리뷰 위원회	모두

8.2.2 문서화에 관련된 문제 인식

일단 문서화가 가능할 것 같은 프로젝트의 유형(스타트업, IT 회사, 규제된 환경 등)을 찾았다면 문서화에 대한 기존 접근이 효과적이지 않았고 문서 부채가 발생하고 있다는 것을 보여주는 몇 개의 증상을 확인해볼 수 있다.

증상 1: 질문에 리드 개발자가 대답

문서화가 필요하다는 첫 번째 증상은 경험 많은 개발자가 시스템에 대한 같은 질문에 계속해서 답하는 상황이다. 새로운 팀원이 사무실에 일부러 오는 이유 역시 그런 정보를 위키나 이슈 트래커 등 어디에서 찾아야 하는지 모르기 때문이다. 경험에 비추어 볼 때 만약 여러 명에게 똑같은 정보를 몇 번이고 설명한다면 그게 바로 문서화를 시작할 때다.

증상 2: 스스로를 자책하기 시작

문서화가 필요하다는 또 하나의 증상은 스스로 작성한 코드를 다시 읽으려고 앉았을 때 불과 몇 주 전에 쓴 코드임에도 불구하고 그때 무슨 생각을 하면서 쓴 코드인지 이해하기 어렵게 느껴질 때다. 며칠 전에 쓴 코드여도 어떤 사고를 기반으로 썼는지는 매우 빨리 잊혀진다.

증상 3: 불필요한 문서

문서 부채는 이미 존재하는 문서가 도움이 되기는커녕 해를 끼칠 때 역시 발생한다. '해를 끼친다'는 것은 개발자의 생산성이 저하되고 설정한 목표 달성에 실패하는 등 개발자에게 악영향을 끼쳤음을 의미한다. 이런 상황은 필수 문서가 소스코드가 아닌 별도 파일 시스템에 포함돼 있거나 모든 사람이 길고 맥락 없는 슬라이드를 읽어야 할 때, 코드를 보면 다 알 수 있는 시스템 요소가 읽기 전용 PDF 파일에 극도로 장황하고 자세히 적혀 있을 때 발생한다. 불필요한 문서화가 일어나고 있는지 확인할 수 있는 가장 좋은 방법은 개발자에게 먼저 문서의 어떤 부분을 사용하지 않는지 물어보는 것이다. 경험상 개발자는 이런 문제에 대해 매우 솔직하게 대답해 준다! 또 다른 방법은 파일 액세스 로그를 사용해서 액세스가 거의 없는 디렉터리를 확인하는 것이다. 요즘은 자연어 처리나 머신러닝을 사용해서 'eigenvalues(Matrix m)'라는 메서드에 대한 '//return the eigenvalues of the matrix' 같은 도움이 안 되는 주석을 찾아내는 새로운 접근 방식도 있다.

증상 4: 문서의 노후화

소프트웨어와 마찬가지로 문서도 구식이 된다. 설계 문서나 소스코드 주석을 읽었을 때 이 문서가 잘못됐음을 깨닫는다면 (a) 해당 문서를 새 문서로 대체하거나 잘못된 부분을 수정 혹은 완전히 삭제하고 (b) 문서가 최신 상태로 유지될 수 있는 합리적인 프로세스를 고안해야 한다. 잘못된 문서는 그대로 놔두기보다는 삭제하거나 잘못된 부분을 잘못됐다고 표시해 두는 편이 훨씬 낫다. 우리가 잘못됐다고 알고 있는 것도 사실 빠르게 바뀔 수 있고, 무엇이 잘못되었는지 역시 문서를 만든 사람이 없거나 원래 접근 방식에 대한 맥락이 잊히면 함께 변할 수 있다. 따라서 일관성이 없거나 잘못된 문서보다는 차라리 문서가 없는 편이 더 안전하다.

그림 8.1 윈스턴 처칠이 1943년에 승리를 의미하는 브이(V) 표시를 하고 있다.

이렇게까지 말하는 목적은 모호함을 피하고자 하는 것이다. 한 가지 일화를 보면, 그림 8.1의 V 표시는 문맥에 따라 의미가 크게 바뀐다. 이것은 승리의 의미일까, 아니면 평화의 의미일까? 손바닥의 방향에 따라 이것은 공격적인 의미가 되기도 한다. 단어나 그림 및 정보는 맥락에 따라 다르게 읽히기 때문에 문서 역시 몇 년이 지나도 같은 의미를 전달할 수 있도록 확실히 해야 한다.

8.2.3 문서화해야 하는 내용

시스템을 문서화해야 하는지 여부에 대한 모델을 확인했다면 다음으로 무엇을 문서화할 것인지를 생각해야 한다.

표 8.2 문서화 접근 방법

산출물	문서화 난이도	변화의 속도	문서화의 중요성
코드	쉬움	일정함	중간
테스트	중간	빠름	낮음
설계	어려움	중간	높음
UI	쉬움	빠름	낮음

표 8.1에서 볼 수 있듯이 무엇을 문서화해야 하는지는 어떤 유형의 프로젝트인지에 따라 달라진다. 예를 들어 의료 기기 작업을 하는 경우라면 회사는 거의 확실히 소프트웨어에 대한 미국 식품의약청(FDA, US Food and Drug Administration) 규정인 FDA 소프트웨어 검증 일반 원칙(FDA General Principles of Software Validation)을 준수해야 한다. 이러한 규정에는 일반적으로 문서화할 내용과 문서 형식에 대한 구체적인 지침이 포함돼 있다. 계약으로 개발되는 소프트웨어 역시 종종 납품목록의 일부로 문서 표준을 지정한다. 필요한 문서 작성에 실패하는 것은 분명히 비즈니스 문제를 일으킨다.

어떤 환경에서는 무엇을 문서에 담아야 하는지 더 알기 어렵다. 이럴 때는 '문서화가 예상한 이점을 제공하지 않는다면 애써서 하지 않아도 된다.'라는 문서화에 관한 금언을 잊지 말자. 애초부터 문서화가 필요하지 않다면 굳이 문서화를 함으로써 문서 부채를 짊어질 필요가 없다. 표 8.2에는 가능한 우선순위 지정 방식이 나열돼 있다. 대부분의 프로젝트는 암묵적으로 다음의 문서 성숙도 모델을 사용한다.

1. 새로운 프로젝트 개발에 대한 규율 및 문서화된 사항이 없는 경우

2. 코딩 표준이 도입된 상황에서 코드 주석을 병합해야 하는 경우

3. 새 설계를 제안하는 것에 있어 설계 문서와 그 타당성을 제공해야 하는 경우

4. 위키, 문서 관리, 온라인 API 문서화 같은 문서 시스템이 도입되는 경우

문서화는 기록하기 쉬운 산출물부터 시작할 수 있지만 중요하다고 예상되는 것의 문서화와 균형을 유지하는 것이 중요하다.

8.2.4 문서 부채가 문제가 되는 이유

소프트웨어 개발에서 문서화는 너무나 낮은 수준의 작업으로 대우받는다. 관리자는 개발자가 코드를 작성한 뒤에야 문서화 작업을 하게 하든가, 더 심한 경우에는 개발자가 코드를 배포한 뒤 다른 프로젝트를 작업하고 있는 타이밍, 즉 이전 프로젝트의 내용을 잊어버린 뒤에 문서를 작성하게 하는 일까지 있다! 대부분의 개발자 또는 관리자는 소프트웨어 수명주기 안에서의 다양한 산출물을 문서화하는 것에 대한 중요성과 문서화가 제품을 내부적 및 외부적으로 가시화하는 데 얼마나 중요한지를 이해하지 못한다.

내부적인 관점에서 좋은 문서는 소프트웨어에 대해 배우고 익숙해지는 시간을 줄여준다. 새로 고용됐거나 프로젝트에 처음 합류한 사람이라도 빠르게 능률을 높여 예상보다 빨리 혹은 일정 내에 새로운 제품과 기능을 제공할 수 있게 된다. 좋은 문서는 팀 전체의 의사소통에도 도움이 되는데, 문서화되지 않은 API는 개발자가 코드가 실제로 어떻게 작동하는지 이해하기 위해 몇 시간이고 코드를 파고드는 것을 의미하기 때문이다. 팀이 분산돼 있거나 여러 시간대에 흩어져 있는 경우, 혹은 아웃소싱된 컴포넌트를 작업하는 경우라면 더더욱 중요하다.

외부적인 관점에서는 적절하고 최신인 문서가 표준이어야 한다. 외부 이용자에 대해 문서화를 하지 않은 것은 꼭 해야 하는 업무에서 지름길을 택함으로써 발생한 기술 부채에 대한 이자라고 할 수 있다. 불완전한 문서화보다 더 나쁜 것은 없다. 예를 들어 API의 문서화에서 성공 사례만 문서화하고 실패 사례는 문서화하지 않았다면 API의 실패 모드와 실패 동작을 다시 파악해야만 한다. 잘못된 문서가 제품과 함께 제공된다면 사용자는 그나마 다행인 경우에는 불만을 느끼는 것으로 그치겠지만 최악의 경우에는 제품을 전혀 사용하지 못할 것이다. 제품 자체가 아무리 강력해도 사용자가 제품을 이해하지 못해 성공하지 못한 제품은 수도 없이 많다. 여러분의 제품이 그중 하나가 되지 않게 해야 한다.

2011년 애플은 iOS 및 OSX의 앱을 위한 객체 수준 클라우드 스토리지 및 동기화 API인 iCloud Core Data를 도입했다. 이 API는 다양한 디바이스에서 콘텐츠와 환경 설정을 동기화하는 솔루션으로 구글이나 드롭박스, 기타 제품과 경쟁하기 위해 만들어졌다. 하지만 오래되지 않아 외부 개발자에게 이 제품은 수많은 버그뿐만 아니라 문서화되지 않은 API로 인해 문서 부채로 가득 차 있다는 사실이 밝혀졌다. 수년간의 불만과 의심할 여지 없는 수익 손실 이후, 애플은 iOS10용 전체 API 서비스를 단계적으로 제거하고 이것을 클라우드 킷(CloudKit)으로 대체했다.

훌륭한 문서화, 특히 외부 API 사용자를 위한 문서화에는 여러 가지 요소가 있다. 최고로 잘 된 문서화는 예를 들어 빠른 시작(quickstarts), 샘플 코드, 각 함수에 대한 폭넓은 설명, 잘 정의된 데이터 타입 및 용어집을 제공한다. 관련된 수많은 예시는 온라인에서 찾을 수 있다(참고 문헌 참조).

좋은 문서화는 투자수익률을 높일 수 있다. 문서 작성은 한 명이 한다고 쳐도 그 영향은 내부적으로 여러 개발자나 관리자에게, 외부적으로는 사용자에게까지 미치기 때문이다.

8.3 문서 부채 관리하기

어떤 항목을 문서화할 것인지와 어떤 문서가 누락돼 있는지를 확인했다면 다음 단계는 문서화 프로세스를 관리하는 것이다. 문서 부채를 관리한다는 것은 문서 작성을 더 쉽게 만들고 해당 문서를 일관된 장소에 보관하는 것을 의미한다.

8.3.1 코드를 작성하면서 문서화도 진행

꽤 오랜 기간 동안 문서와 코드는 소프트웨어 시스템에서 별개의 산출물로 여겨졌다. 이는 프로세스 내의 모든 단계가 각기 제한된 워터폴 개발 모델과도 대체로 일치했다. 지금까지 국방이나 정부 및 기타 조달 중심 산업의 소프트웨어 개발에서는 문서화를 별도의 단계에서 진행하고 때로는 완전히 다른 팀이나 계약자가 담당하게 강제했다. 이것은 애자일 선언문이 반대하는 피할 수 없는 문서화 문제, 즉 작동하는 소프트웨어를 만드는 대신 크고 다루기 힘들고 아무도 끝까지 읽지 않는 모놀리식 문서를 만드는 것으로 이어졌다. 물론 작업 인수 담당자가 납품목록을 승인할 때 한번 읽어보기는 하겠지만 말이다. 불필요한 문서를 만드는 것이 기술 부채라는 것은 너무나도 명백하다. 더 많은 예시는 참고 문헌에 있다.

지난 몇 년간 컴퓨터 언어와 도구 역시 이런 문서 문제를 다루기 시작했다. 변화의 근원은 아마도 월드와이드웹(WWW, World Wide Web)으로 이어진 CERN 하이퍼텍스트 프로젝트였을 것이다. HTML과 그 이후의 위키는 가볍고 주로 텍스트로 이루어진 형식이 빠르게 보급될 수 있음을 보여줬는데, 사실 팀 버너스 리(Tim Berners-Lee)[2]의 WWW 프로젝트의 원래 목적도 CERN에서의 지식 공유를 더 쉽게 하는 것이었다!

이와 관련해서 1984년에 소개된 도널드 커누스의 문학 프로그래밍(Literate Programming)이라는 개념이 있다. 그는 코드와 문서는 서로 얽혀 있어야 하므로 둘 중 하나를 변경하는 것은 같은 장소에서 일어나야 한다고 봤다. 그가 사용한 도구는 **웹(Web)**[3]이라는 코드 안에 문서를 짜 넣는 언어 구문을 정의한다. 다음 코드는 커누스의 이진 트리의 간단한 예시다.

```
\datethis
@* Introduction.
A binary tree is a {\it normal form\/} if it is the
representation of
some integer as described above. It isn't hard to
prove that this condition
holds if and only if each node $x$ that has a right child $x_r$ satisfies
the condition $v(xl)>v(x_{rl})$.
```

---

2 (옮긴이) 팀 버너스 리(Sir Timothy John Berners-Lee), 월드와이드웹(World Wide Web)의 창시자
3 (엮은이) https://en.wikipedia.org/wiki/Web_(programming_system)

```
@s node int
@c
#include <stdio.h>
@#
@<Type definitions@>@;
@<Global variables@>@;
@<Basic subroutines@>@;
@<Subroutines@>@;
@#
main()
{
    register int k;
    register node *p;
    @<Initialize the data structures@>;
    while(1) @<Prompt the user for a command and execute it@>@;
}
```

이 코드는 커누스가 열정적으로 믿는 원칙이 무엇인가를 보여준다. 즉, 프로그램에 대한 설명을 코드에서 분리하는 것은 실수라는 것이다. 비록 강력하지는 않아도 비슷한 메커니즘은 대부분의 현대 언어 인프라에서도 찾을 수 있다.

- 자바 코드에서 문서 생성을 지원하는 자바독(JavaDoc) 애너테이션
- 고독(Godoc)은 블록 앞에 있는 모든 주석을 문서로 추출해준다.
- 파이썬 독스트링은 인라인 메서드 문서를 추가하기 위한 위치와 구문을 정의한다.

이런 도구는 언어 자체와는 분리돼 있지만, 언어 인프라에는 밀접하게 통합돼 있다. 파이썬 스타일의 코드 주석을 리스프(Lisp)에서는 사용하지 않는 것이 그 예시다.

폴리글랏 프로그래밍(단일 시스템에서 여러 언어를 사용하는 프로그래밍 방법)으로 인해 발생하는 문제를 해결하기 위해서는 문서화를 지원하는 도구의 사용이 중요하다. 오랜 시간 동안 가장 인기 있는 것 중 하나는 1997년에 처음 출시된 독시젠(Doxygen)으로 코드에서 애너테이션을 추출하고 필요한 형식에 맞춰 문서를 생성해준다. 다른 비슷한 도구로는 스핑크스(Sphinx)나 리드 더 독스(ReadtheDocs) 등이 있다. 모든 도구는 마크다운이나

리스트럭처드텍스트(reStructuredText) 또는 판독(Pandoc)과 같은 단순한 일반 텍스트 형식을 사용한다는 점에서 유사하다.

일반 텍스트 형식에는 두 가지 이점이 있다. 우선 문서를 다른 형식으로 추출하는 것을 매우 간단하게 만들어 PDF 같은 특정 공급 업체에 의존하는 것을 막는다. 더 중요한 것은 단순 텍스트 형식이기 때문에 문서화 대상인 코드와 같은 리포지터리에 저장하고 버전화할 수 있다는 것이다. 비록 커누스가 오래전에 제안했던 코드 안에 문서를 포함하는 방법만큼은 아니지만 문서가 코드와 더 가깝게 위치하게 되면서 실제로 업데이트될 가능성이 더 커진다.

1. 문서 리뷰는 코드 리뷰와 동시에 일어나므로 문서화는 리뷰 및 개발 프로세스의 일부가 된다.

   a. 코드 안에 문서화된 것이 없음 = 승인 불가

   b. 승인된 코드라는 것은 문서도 승인됐다는 것을 의미한다.

2. 문서가 코드의 일부분이기 때문에 문서 리뷰가 더 쉬워진다.

3. 문서는 코드와 함께 버전 관리가 된다. 따라서 문서화의 이력을 추적할 수 있고, 필요한 경우 이전 버전을 다시 살릴 수 있다.

효과적인 코드 리뷰를 위해서는 5장에서 논의한 것처럼 문서를 코드와 동일한 수준으로 매우 중요하게 대우해야 한다. 따라서 문서에도 코드와 동일한 승인 및 검증 프로세스가 필요하다.

이제 남은 문제는 단일 코드 파일을 넘어서는 문서는 어디에 둬야 하는가다. User 클래스에 대한 문서는 파일 이름을 명확히 User.py로 해서 소스코드나 User.md 같은 별도의 문서 파일에 두면 된다. 하지만 전체 비즈니스 로직 계층에 대한 문서는 어디에 있어야 하는가?

한 가지 접근 방식은 이 전체를 아우르는 문서는 다음과 같이 동일한 프로젝트 내 상위 레벨 폴더에 두는 것이다.

```
/src /doc /bin /test
```

즉, /doc 폴더에 /arch 디렉터리를 만들어서 설계 규칙인 아키텍처 결정과 프로젝트 전체의 품질 특징 모델에 관련된 문서를 넣어둔다. 이것은 마이클 나이가드(Michael Nygard)가 아키텍처 결정을 기록하는 데 사용하는 접근 방식이다.

또 다른 모델은 별도의 문서 리포지터리를 만들어서 덜 자주 변경되는 설계 문서를 보관하는 것이다. 물론 변경 사항을 최신 상태로 유지하기가 어려워지기는 하지만, 코드에 대한 커밋을 문서의 변경 사항과 분리하는 데 도움이 된다. 특히 별도의 문서 팀이 있는 경우라면 소스 트리를 더 깔끔하게 만들 수 있다. 이것은 깃허브의 텐서플로 프로젝트에서 사용하는 방법이기도 하다.

8.3.2 다이어그램은 어떨까?

경험상 표준화된 모델링 언어(UML, Unified Modeling Language)와 같은 다이어그램과 표기법을 사용하는 팀이 다이어그램을 업데이트하는 경우는 드물다. 이런 다이어그램은 보통 초기 설계 리뷰를 위한 슬라이드 등에 사용된 후 잊혀지기 때문이다. 하지만 중요한 모델링을 다이어그램으로 하지 않는 팀이라도, 화이트보드나 메모지에 설계를 스케치 정도는 한다. 스케치는 그동안의 작업 과정을 기록한다는 의미에서 중요한 가치를 지닐 수 있다. UML 및 설계 다이어그램과 관련해 발생할 수 있는 기술 부채를 최소화하기 위해서는 저장 형식을 가능한 한 단순하게 유지해야 한다. 따라서 마이크로소프트 파워포인트, UML 도구 등의 전용 형식으로 저장하는 것보다는 이미지 파일(PNG, JPG) 또는 PDF와 같이 널리 사용되는 표준화된 형식을 사용하는 것이 좋다. 더 전문화된 다이어그램 도구를 사용하는 경우라면 사람들이 모두 이해할 수 있는 표기법을 선택하고 XMI[4] 같은 표준 형식으로 저장하자. 어쨌든 봉투 뒷면에 적당히 스케치한 것을 사진으로라도 찍어둔 것이 아무것도 기록하지 않는 것보다는 낫다. 이런 다이어그램을 통해 사람들은 공통된 인식을 가질 수 있고, 토론에 집중할 수 있으며, 대안을 탐색하는 데 도움을 받을 수 있기 때문이다.

---

4 https://www.omg.org/spec/XMI

8.3.3 코드와 테스트, 문서를 모두 함께 작성

마지막 접근 방식은 테스트를 하위 문서로 유지하는 것이다. 코드와 문서, 테스트가 동기화되지 않은 상태에 있는 것은 매우 흔한 일로, 문서가 오래되어 일부 새로운 기능이 업데이트돼 있지 않거나, 지속적인 통합 시스템이 없는 경우 일부 테스트가 누락됐을 수 있다(7장 참조). 이는 기술 부채로, 나중에 테스트 및/또는 문서를 업데이트함으로써 상환해야 한다. 업데이트하는 시기를 오래 기다리면 기다릴수록 부채는 커진다. 오래전에 변경한 사항에 대해 이제 와서 코드를 살펴보고 문서를 작성하려고 하면 최선의 경우에도 어떤 내용을 변경했는지 기억해 내는 데 어느 정도 시간이 걸리기 때문이다. 최악의 경우에는 원작자는 사라진 지 오래고 여러분은 고고학 연구를 해야 할 수도 있다.

6장에서 설명했듯이 테스트 작성은 문서화에 도움이 된다. 특히 비즈니스 목적의 인수 테스트에 중점을 둔 행동 주도 개발(BDD, Behavior Driven Development)과 같은 프레임워크를 사용해서 테스트를 작성한 경우라면 더욱 그렇다. BDD는 'given-when-then' 프레임워크를 사용해서 **왜** 특정 테스트가 실행되는지를 기록한다.

일부 언어는 코드에 문서 및 테스트를 포함하고 컴파일러 또는 빌드 시스템으로 유효성을 검사하는 기능을 제공하기도 한다. 이를 통해 문서 및 테스트가 코드 변경과 동기화된 상태를 유지하고 있는지를 확인할 수 있다. **러스트(Rust)** 언어를 사용하면 문서에 몇 가지 테스트를 포함시킬 수 있고 어떻게 작동하는지도 설명할 수 있다. 다음 예시는 `fib`라는 함수를 정의하고 사용하는 방법을 보여준다. 두 번째 피보나치 수열에서 다섯 번째 수까지 올바른 값이 나오는지 확인해보자.

```
// 피보나치 수열의 n번째 숫자 계산하기
//
// 피보나치 수열의 n번째 숫자를 알아내는
// 매우 단순한 구현입니다.
//
// ```
//   let n: [i32; 5]=[2,3,4,5,6];
//   let r: [i32; 5]=[2,3,5,8,13];
//
```

```
// for number in 0 .. 5 {
//   let result=fib::fib(n[number]);
//   assert_eq!(result, r[number]);
// }
//
// ```
pub fn fib(n : i32) -> i32 {
    return match n {
        0 => 1,
        1 => 1,
        _=> fib (n-1)+fib(n-2)
    }
}
```

러스트 빌드 시스템은 테스트를 자동 실행하는 기능을 제공하기 때문에 다음 예시처럼 문서와 함께 작성된 코드가 제대로 작동하는지 확인할 수 있다. 이런 기능은 다른 언어나 도구에도 있으므로 가능한 한 많이 사용하는 것을 권장한다.

```
$ cargo test
Compiling fib v0.1.0 (file:///home/julien/technical-debt-book/examples)
Finished dev [unoptimized+debuginfo] target(s) in 0.50 secs
Running target/debug/deps/fib-333ae8c32de5f528
running 0 tests
test result: ok. 0 passed; 0 failed; 0 ignored; 0 measured; 0 filtered out
Doc-tests fib
running 1 test
test src/lib.rs—fib (line 6)...ok
test result: ok. 1 passed; 0 failed; 0 ignored; 0 measured; 0 filtered out
```

문서를 소스 파일과 같은 폴더에 저장하는 것처럼, 테스트를 문서로 사용할 때의 어려움은 문서 중 일부가 특정 테스트에 자연스럽게 매핑되지 않기 때문에 다른 위치에 저장해야 한다는 것이다. 또 다른 어려움은 테스트가 너무나도 명백한 사실을 발견하거나 동일한 사실을 계속 반복해서 잡아낸다는 것이다.

8.4 문서 부채 피하기

여기서 문서 부채를 피하기 위한 첫 번째 원칙을 다시 한번 생각해보자. 우리는 문서화에 드는 비용보다 더 많은 이점이 있다고 생각되는 것만 문서화한다. 즉, 아무도 원하지 않는 문서는 작성하지 않는 것으로 노력 대비 수익을 즉시 높일 수 있다는 이야기인데, 어떻게 하면 문서가 쓸모없거나 불필요한지 미리 판단할 수 있을까?

이번 장 초반부에 효과적인 문서화의 7가지 원칙에 따라 여러 가지 방법을 소개했다. 이 원칙은 독자가 누구인지를 파악하고, 일관성을 유지하되 반복을 피하고, 빈번하게 질문되는 것을 문서화하는 것을 포함한다. 여기서는 문서화의 효과를 알 수 있는 두 가지 접근 방식을 추가로 제안하고자 한다.

8.4.1 추적성

첫 번째 접근 방식은 추적성(traceability)의 개념을 기반으로 한다. 추적성은 요구 사항에서 소스코드 커밋까지의 일련의 흐름을 파악해 낼 수 있다는 개념으로, 3장에서 다룬 바와 같이 현재 많은 소프트웨어 개발 및 지속적인 통합(CI) 도구가 지원한다. 이 개념은 종종 의료 기기와 같은 안전 필수 시스템에서 볼 수 있는데, 이는 누군가가 특정 요구 사항에 대해 고려했다는 것을 보장한다. 대부분의 경우 추적성은 요구 사항 및 소프트웨어 모듈을 나열하는 추적성 매트릭스에서 수동으로 구현된다.

현대 소프트웨어 개발 도구에서 추적성은 어느 정도 무료로 사용할 수 있다. 지라 또는 깃허브 같은 이슈 트래커를 사용하면 커밋에 이슈 ID를 'closes #23' 같은 형식으로 자동으로 태그할 수 있다. 추적성은 사용자 스토리 또는 제품 기능 요청으로 기록된 개발 중인 제품 기능과 해당 기능을 구현하는 코드 간의 연결을 이해할 수 있는 훌륭한 방법이다. 요즘같이 특히 지속적이고 신속한 피드백이 중요한 세상에서 효과적인 문서화는 처음부터 끝까지 생각하는 사고방식을 갖게 해준다. 추적성이 부족하거나 때때로 누락돼 버리면 지금 프로덕션 안에 어떤 제품 기능이 있는지, 그리고 어떤 기능이 성공적인지 이해하기 어려워진다. 추적성은 제품의 성과 지표 같은 결과를 측정할 때 더욱 중요하게 작용한다.

8.4.2 출시 프로세스의 일부로서의 문서 품질 확인

소프트웨어가 발전함에 따라 문서 역시 계속 개선되고 최신 상태로 유지돼야 한다. 문서에 영향을 미치는 모든 코드 변경에는 문서 변경도 수반돼야 한다. 하지만 이는 코드 변경과 관련된 문서만 업데이트될 뿐 문서의 전체적인 품질에 대한 통찰력은 제공하지 않을 수 있다. 그 어떤 것이라도 측정한 것에 한해 개선할 수 있기에 문서에도 측정 가능한 지표를 넣어야 한다. 어떤 지표가 있는지는 다음 몇 가지를 살펴보자.

첫 번째는 문서 린터를 사용해 모든 자연어 또는 프로그래밍 언어 문제와 미관상의 문제를 찾아내는 것이다. 문서 생성기에는 데드 링크 또는 구문 문제와 같이 문서의 오류를 알려주는 모드가 포함돼 있다. 린터에 어휘/문법 검사가 빠져 있다면 GNU Aspell과 같은 무료 사전 도구를 사용하는 것도 방법이다. 이는 문서 자체와 관련된 문제 수에 대한 지표를 제공해주므로 소프트웨어 수명주기 동안 이 숫자를 줄이는 것을 목표로 하면 된다. 개발자는 문서와 관련된 문제가 증가하면 즉시 대응해야 하고, 다운타임은 기존 오류를 해결하는 데 사용할 수 있다.

두 번째로 관찰해야 하는 지표는 문서의 수명이다. 형상관리 시스템을 사용하면 문서 내의 각 섹션이 얼마나 오래됐는지를 추적할 수 있고, 그 오래된 섹션이 최신 상태인지 역시 확인할 수 있다. 문서 수명에 대한 지표, 예를 들면 최소, 최대 및 90번째 백분위수 같은 것을 지속해서 사용하는 것은 좋은 접근이며 이것은 문서의 어느 부분이 업데이트가 필요한지에 대한 통찰을 제공한다.

세 번째로 살펴볼 지표는 문서화 커버리지로, 얼마나 많은 분량의 소프트웨어가 실제로 문서화되어 있는지를 의미한다. 이는 사용자 문서에서는 측정하기 어렵지만, API를 개발하면 쉽게 알아낼 수 있다. 이 지표는 소프트웨어 수명주기에서 항상 증가해야 하며 모든 회귀는 기술 부채를 유발한다. 다만 문서화 커버리지는 문서 품질은 보장하지 않는 정량적 지표이기 때문에 품질은 개발자의 리뷰를 통해서만 보장할 수 있다. 이것이 문서 변경이 코드 변경과 동일한 프로세스를 따라야 하는 이유다. 문서 역시 리뷰되고 승인되고 그 뒤에 병합돼야 한다. 다음의 마지막 원칙을 절대 잊지 말라. 문서를 리뷰함으로써 이 문서가 여러분의 필요를 충족시키는지를 확인해야 한다.

8.5 설계 및 기술 부채의 문서화

소프트웨어 문서화의 또 다른 측면은 기술 부채를 문서화하는 것이다. 기술 부채를 문서화하는 것은 이번 장의 앞부분에서 살펴본 문서화로 인한 기술 부채와는 다르다. 부채를 문서화하는 것은 기술 부채를 명백하게 만들고, 상황을 준비하며, 이 모든 것이 전략적으로 수행되고 있는지 확인하는 데 중요한 역할을 한다. 기술 부채를 잡아내는 모범 사례에 대해 다음과 같이 제안하고자 한다.

1. 첫 번째이자 아마도 가장 분명한 것은 기술 부채를 명시적으로 문서화하기 위한 계획을 세우는 것이다. 이것은 이슈 트래커에서 새 라벨을 만드는 것만큼 간단할 수 있다. 명시하지 않고 제거를 계획하는 것은 불가능하다.

2. 부채는 발생 즉시 바로 파악한다. 의도적으로 발생시킨 기술 부채는 합법적인 개발 전략이지만, 나중에 설명해야 할 때를 대비해서 지름길을 택했다는 사실을 파악해 둘 필요가 있다. 스스로 파악한 기술 부채를 FIXME 또는 HACK과 같은 코드 애너테이션의 형태로 기록하는 것은 별로 좋지 않다. 주석 대신 적절하게 대응할 수 있게 이슈로 뽑아내야 한다. 예시로 박스 8.1을 참고하라.

박스 8.1 실무자의 목소리: 마르코 바르톨리니

> [대형 망원경을 만드는] 프로젝트에서 직면하는 어려움 중 하나는 자주 사용되는 몇몇 과학 라이브러리의 품질에 나타납니다. 이 소프트웨어 제품의 일부는 기능 면에서 최첨단이지만, 보통은 연구 작업 결과가 켜켜이 쌓인 것으로 유지보수성 및 테스트 가능성은 그다지 좋지 않습니다. 하지만 아스트로피(Astropy)와 같은 새로운 세대의 과학 라이브러리는 소프트웨어 품질 면에서도 뛰어나기에 우리의 삶이 더욱 편해지고 있습니다. 프로덕트에 한계가 있다는 것을 알면서도 이것을 쓰기로 결정하면, 품질 기준을 위해 추가로 해야 하는 리팩터링이나 프로덕트 코드를 재작성하는 등 한 개 이상의 작업을 백로그에 넣습니다. 이런 작업은 시스템 내의 다른 일과 마찬가지로 예측하고 우선순위를 세우는 자연스러운 프로덕트 수명주기를 따릅니다. 이런 작업을 시스템 속 에픽과 같은 하나의 공간에 모아놓으면 언제나 부채의 총량을 파악할 수 있고, 늘어난다 싶으면 강제로 그것을 해결하는 데 시간을 쓰게 할 수 있습니다.
>
> — MB[5]

3. 스프린트 또는 이터레이션 계획을 세울 때는 부채를 처리하고 리팩터링하거나 코드베이스를 정리하는 데 스프린트의 일부를 할애해야 한다. 구체적인 방법은 여러 가지가 있다. 어떤 회사는 주요 출시 이후 전체 스프린트를 코드를 정리하는 데 쓰기도 하고, 어떤 회사는 코드를 읽고 다시 리뷰할 때마다 부채를 처리하

---

5 [실무자의 목소리]는 실무자의 경험을 인터뷰한 내용을 발췌한 것으로, 인터뷰의 전체 내용 및 다른 실무자 인터뷰는 부록에서 이름을 기준으로 찾을 수 있다.

기도 한다(조리 공간이나 주방을 깨끗하게 유지하는 셰프와 비슷하다). 매주 시간을 정해 부채 상환을 하는 회사도 있다.

4. 설계 사양이나 아키텍처 결정 기록, 기타 설계 문서에 기술 부채를 명시하는 섹션을 추가한다. 이 섹션의 내용은 어떤 결정 근거의 일부일 수도 있고 완전히 다른 것일 수도 있다. 문서에 부채 섹션을 추가함으로써 달성하고자 하는 것은 두 가지다. 첫째, 고위 이해관계자에게 어느 정도의 기술 부채가 예상된다는 것을 분명히 전달하는 것이다. 둘째, 나중에 이 문서를 읽을 독자들이 부채가 의도적으로 발생된 것인지, 혹은 왜 발생된 것인지 알고자 할 때 그 이해를 돕기 위한 것이다.

5. 마지막으로, 아키텍처 문서의 일부로 소프트웨어 모듈을 기존 기술 부채 항목에 매핑하는 섹션을 만든다. 기술 부채를 보여줄 수 있는 많은 도구가 있지만 그 도구의 정의는 사용하는 사람에 따라 상당히 다를 수 있다.

8.6 이번 장을 마치며

문서 부채는 비록 기술 부채에 대해 이야기할 때 바로 떠오르지 않을 수 있지만, 분명히 중요한 문제다. 소프트웨어를 다뤄본 사람이라면 누구나 쉬운 길을 택한 결과로 만들어진 열악하고 오래되고, 혹은 아예 존재하지도 않는 문서가 얼마나 큰 고통인지 안다. 문서는 문서화에 드는 노력보다 문서로 인해 예상되는 가치가 클 때만 작성하거나 유지해야 한다. 특히 누구를 위해 문서화하는지, 그리고 무엇을 문서화해야 하는지 이해하는 것이 중요하다. 문서를 모듈식으로 유지하고 문서의 내용이 그 문서가 다루는 코드에 가깝게 유지하는 것은 문서 부채를 줄이는 핵심 기법이다.

참고 문헌

폴 클레멘츠(Paul Clements), 펠릭스 바흐만(Felix Bachmann), 렌 배스(Len Bass) 등이 쓴 ≪소프트웨어 아키텍처 문서화(Documenting Software Architectures)≫(에이콘출판사, 2016)는 아키텍처 문서화에 대한 도전과 접근 방식에 대한 훌륭한 개요로, 데이비드 파르나스(David Parnas)와 폴 클레멘츠의 훌륭한 논문인 "합리적인 설계 과정: 어떻게 그리고 왜 속여야 하는가(A Rational Design Process: How and Why to Fake It)", IEEE 소프트웨어 엔지니어링 저널(IEEE Transactions on Software Engineering), SE-12, 2호

(1986), 251–257페이지에 나온 문서화에 대한 일곱 가지 원칙을 참고했다. 이 논문은 충분히 읽을 가치가 있는데, 프로세스가 그다지 합리적이지 않아도 적절한 문서화 같은 프로세스를 겉에 씌움으로 성과를 얻을 수 있다.

≪RELEASE IT≫(위키북스, 2017)을 저술한 마이클 나이가드는 자신의 블로그http://thinkrelevance.com/blog/2011/11/15/documenting-architecture-decisions에서 아키텍처 결정 기록이라는 개념을 처음 소개했다. 리드 더 독스(ReadtheDocs) 커뮤니티는 새로운 문서 아이디어의 좋은 소스로, 특히 기술 문서 작성 관점에 도움이 된다. 이 커뮤니티는 라이트 독스(Write Docs)라는 콘퍼런스를 매년 개최한다.

문서 린팅의 예는 스핑크스의 트집 잡기(nitpick for sphinx)로 http://www.sphinx-doc.org/en/stable/config.html#confval-nitpicky에서 찾아볼 수 있다.

규제 문서 요구 사항은 다양한 유형으로 존재한다. 예를 들어 FAA 등은 DO-178B/C를 준수하지만, 우리가 사용한 예는 FDA로, https://www.fda.gov/regulatory-information/search-fda-guidance-documents/general-principles-software-validation에서 찾을 수 있다. 표준 컴플라이언스는 일반적으로 길고 다루기 힘들지만 비행기를 조종하거나 의료 기기를 판매하기 위한 인증을 위해 필요하다.

아이클라우드(iCloud) 및 코어 데이터(Core Data)에 대해 언급된 문제에 대해 마이클 차이(Michael Tsai)는 코어 데이터의 개발자 문제를 https://web.archive.org/web/20160318012147/https://mjtsai.com/blog/2013/03/30/icloud-and-core-data/에 기록했다.

가장 쉽게 사용할 수 있는 대규모 문서 작업은 시스템 요구 사항 사양(https://apps.dtic.mil/dtic/tr/fulltext/u2/a255746.pdf)에 설명된 A7 예시다. 다른 예시도 있는데, 오래된 MIL-STD 498은 http://web.mit.edu/16.35/www/project/297749RevF.doc에서 찾아볼 수 있다.

마틴 로빌라드(Martin Robillard)와 로버트 딜라인(Robert DeLine)은 "API 학습 장애에 대한 현장 연구(A Field Study of API Learning Obstacles)", 실증 소프트웨어 엔지니어링

16, 6호(Empirical Software Engineering 16, no. 6) (2011년 12월)의 703–732페이지에 마이크로소프트에서 진행했던 API 문서 및 학습에 대한 포괄적인 연구를 기록했다. 이 연구는 개발자가 API를 사용할 때 겪은 흔한 문제에 대해 논의한다.

훌륭하고 잘 쓰여진 유용한 문서를 찾는다면 아마존 웹서비스(Amazon Web Services) 문서가 좋은 예다. 아마존 웹 서비스의 boto3 문서(클라우드 서비스와 상호 작용하기 위한 파이썬 라이브러리)에는 각 기능 및 클래스가 예시와 함께 문서화되어 있고 광범위한 리스트의 성공 및 실패 사례가 있다. 좋은 문서의 또 다른 예는 개발자 친화적이고 사용하기 쉬운 것으로 잘 알려진 스트라이프(Stripe) API다.

마지막으로, 문학 프로그래밍은 http://www.literateprogramming.com/index.html에서 호스팅되는 작지만 활동적인 커뮤니티를 중심으로 계속된다. 주피터와 같은 컴퓨팅 노트북을 사용한 최근 개발은 데이터 사이언스를 위해 코드와 문서를 혼합하는 아이디어를 되살리고 있는 것으로 보인다.

사례 연구 C:
과학 연구용 소프트웨어

요약 및 주요 통찰

과학 연구용 소프트웨어는 세상에서 가장 크고 복잡한 시스템을 실행한다. 거대 하드론 충돌기(Large Hadron Collider)부터 거대 전파망원경인 SKA(Square Kilometer Array)에 이르기까지 과학 연구용 소프트웨어는 종종 정확한 실시간으로 수천 킬로미터에 걸쳐 테라바이트의 데이터를 처리한다. 전통적으로 과학 연구용 소프트웨어는 물리학자, 화학자, 천문학자 등의 도메인 전문가에 의해 개발됐기에 결과적으로 시스템을 구축하기 위해 기반 시설을 건설하고 망원경의 작동을 준비하는 커미셔닝 및 운영에 있어 많은 기술 부채 해결 방법이 필요했다. 이번 사례 연구에서는 이런 시스템 중 하나로 현재 칠레 사막에서 활발히 사용되고 있는 ALMA(Atacama Large Millimeter Array)를 소개한다. 우리는 ALMA 프로젝트가 어떻게 요구 사항, 코드, 설계 및 테스트와 관련된 여러 기술 부채에 직면했는지, 그리고 기기를 가동한 전후 몇 년 동안 이 부채를 어떻게 다뤘는지를 살펴본다. ALMA 같은 프로젝트는 특히 사회적 부채라는 큰 어려움을 마주하는데, 프로젝트가 매우 오랜 시간 동안 많은 국가 차원의 조직을 넘나들며 진행될 뿐만 아니라 개발 후에는 망원경 개발과 운영 사이의 팀 구조 변화가 발생하기 때문이다.

배경: 전파 천문학 소프트웨어

전파 천문학 소프트웨어(radio astronomy software)는 전형적인 틈새시장에 있지만, 이런 시스템의 소프트웨어는 사실 소프트웨어 엔지니어링의 최첨단에 있다. 이런 과학적 데이터 처리 요구로 인해 소프트웨어에 여러 중요한 발전이 일어났는데, 예를 들면 통신 및 협업 문제를 해결하기 위해 CERN 고에너지 물리학 연구소에서 만든 것이 바로 월드와이드웹이다.

전파 천문학에서 대형 안테나는 1mm 파장~100km 파장의 스펙트럼 전파 부분에서 우주를 영상화한다. 다른 전자기 방사선과 마찬가지로 이 파장을 사용해서 새로운 것들을 볼 수 있다.

최초의 전파 망원경은 대형 접시처럼 생긴 것이었다. 1987년 작 제임스 본드 영화인 〈007 리빙 데이라이트(The Living Daylights)〉에 나온 푸에르토리코 아레시보 천문대의 망원경이나 1997년 작 영화 〈콘택트〉에서 조디 포스터가 연기한 캐릭터가 사용한 초대형 배열 망원경 접시를 생각하면 된다. 과학 기술이 점점 더 고도화되면서 더 많은 데이터가 수집됐다. 접시가 더 넓어졌고 여러 개의 개별 안테나로 만들어진 가상 안테나 등 새로운 유형의 안테나가 만들어졌다. 더 많은 양의 데이터를 다루기 위해 과학자들은 소프트웨어 처리 방식으로 눈을 돌렸다. 오늘날 세상에서 가장 크고 최신인 망원경이 매일 수신받는 테라바이트 규모의 데이터는 가장 강력한 슈퍼컴퓨터들이 처리한다.

여기에 기술 부채를 흥미롭게 만드는 몇 가지 고유한 요소가 있다. 첫째, 망원경 프로젝트는 공공 자금으로 진행되고 보통 자원이 부족하다. 소프트웨어 엔지니어들은 다른 어떤 엔지니어들만큼 뛰어나지만, 소수에 불과하다. 둘째, 망원경은 막대한 공공 비용이 사용된 것을 감안하면 수십 년 이상 존재할 것으로 기대된다. 마지막으로, 망원경은 복잡한 문제 영역에 존재하며 일반적으로 누구도 맞닥뜨려 본 적 없는 문제를 다루고 있다. 이런 방대한 양의 데이터를 처리하기 위한 미래 설계 논의에는 보통 대규모 인터넷 기업의 톱 엔지니어들이 참여한다.

ALMA용 소프트웨어 프로세스

ALMA는 ALMA 과학 재단(국가 과학 재단의 국제 파트너십)에서 운영하는 칠레 고지대 사막에 있는 66개의 전파 망원경 세트다. 대부분의 수십억 달러 규모의 과학 프로젝트가 그렇듯 이 망원경의 계획은 2013년에 과학 운영이 시작되기도 수십년 전에 이뤄졌다. 망원경의 건설은 2004년에 시작됐지만, 소프트웨어 개발과 설계는 1999년에 시작됐다. 망원경 프로젝트에는 기간에 따라 명확하게 나뉘는 4개의 주요 단계가 있다. 첫째, **계획 및 설계** 단계는 사전 건설이라고도 불리는데, 이 단계는 자금을 확보하고, 해당 분야 전문가 및 이전 엔지니어링 경험이 있는 사람들과 접촉해서 다음 단계를 진행할 수 있도록 일련의 조건을 만드는 다년간에 걸친 프로세스다. **건설**은 대체로 물리적 건설이 시작되는 단계로, 도로, 케이블, 전력 및 마지막에는 이 12미터짜리 망원경을 만들고 설치하는 것을 포함한다. **커미셔닝**은 작동 준비 과정으로 망원경의 과학 장치를 테스트하고 초기 배포하는 단계다. 이 단계에서는 테스트를 실행하고, 신호 처리를 테스트하기 위해 하나 또는 두 개의 접시 안테나를 온라인으로 연결하고, 슈퍼컴퓨터 클러스터를 가동하고, 당연히 소프트웨어의 초기 버전을 설치 및 배포한다. 마지막으로, **운영**은 망원경이 운영팀에 전달되는 단계로 과학자들은 망원경이 특정 시간과 전파 파장에서 하늘의 특정 부분을 관측하도록 기기에 요청을 제출할 수 있게 된다.

이것은 대부분의 사이버 물리 시스템이 그렇듯 워터폴 프로세스로 진행된다. 대형 구조물을 건설하기 위한 시스템 엔지니어링과 계획에는 수십 년간 쌓인 경험이 녹아있다. ALMA 프로젝트 및 비슷한 장치가 가진 차별점은 관찰한 데이터를 처리할 수 있는 소프트웨어 인프라를 동시에 구축해야 하는 것이었다. 특히 전파 천문학에서 여러 망원경을 연관시켜 하나의 강력한 장치를 만들기 위한 소프트웨어가 필요했다. 이 소프트웨어는 전파 관측의 형태로 원시 데이터를 처리하고 해당 관측 결과와 다른 기기들의 관측 결과와의 상관관계를 찾는다. 이것은 극도로 데이터 및 계산 집약적 연산이다.

ALMA의 소프트웨어는 세 가지 주요한 역할을 한다. 첫 번째는 들어오는 데이터를 관찰하고 처리해서 과학자들이 사용할 수 있는 후처리된 밝기 데이터로 변환하는 것이다. 이 부분은 실시간 처리가 엄격하게 보장돼야 한다. 두 번째 역할은 천문대를 관리하는 것이다. 망원경으로 대상을 포착하고, 슈퍼컴퓨터를 실행하고, 사이트의 보안 및 로그인을 관리하고, 주요 데이터 포인트와 오류 상태를 모니터링한다. 마지막으로, 망원경을 사용하기 위한 사용 요청 프로세스 자체를 관리하는 것이다. 대부분의 ALMA 사용자는 물리적 장소에 가지 않고 중앙 위원회에 사용을 요청한다. 이 위원회는 각 요청의 가치를 평가한 다음 가장 효율적인 방식으로 망원경을 사용하는 일정을 잡는다. 이렇게 많은 역할을 하는 이 소프트웨어의 코드베이스는 이 책을 쓰고 있는 시점을 기준으로 2백만 줄이 넘는 코드로 이루어져 있다.

ALMA의 기술 부채

ALMA 프로젝트 계획이 시작된 것은 1999년이었지만, 실제 운영은 2013년에나 시작했기 때문에 소프트웨어 설계, 개발 및 배포 사이에 꽤 긴 시간 차가 있었다. 14년이라는 시간 차는 오늘날의 표준으로 봤을 때 믿을 수 없을 정도로 느린 배포 속도다. 결과적으로 2013년의 관점에서 봤을 때 완전히 구식인 설계가 1999년에 일어난 것은 이상하지 않다. 한 예로 1999년의 휘발성 메모리의 가격은 메가바이트당 1.25달러였고 2013년에는 메가바이트당 0.0061달러로 약 200배 저렴해졌다. 이런 가격 하락은 시스템 설계에 중대한 영향을 미친다. 설계는 건설이 시작될 때 사용할 수 있는 잠재적인 하드웨어를 고려해야 하기 때문에 종종 망원경은 하드웨어 성능이 계속해서 향상될 것이라는 가정하에 설계된다. 예를 들어, 처리 속도가 기하급수적으로 증가할 것이라는 무어의 법칙(Moore's law)을 사용하는 방식이다. 결과적으로 테스트도 실제 하드웨어보다는 존재할 것으로 예상되는 하드웨어 모델에서 하게 되는 경우가 많다.

물론 담당 소프트웨어 엔지니어들은 제품의 점진적인 제공과 피드백의 필요성을 잘 알고 있었다. 따라서 많은 초기 프로토타이핑이 커미셔닝 전에 수행됐다. 일정 관리나 레슨 같은 일부 기능, 그리고 다른 망원경에서 사용된 코드를 재사용할 수 있다는 것은 또다른 이점이었다. 많은 사람이 망원경 프로젝트 경험이 있는 대학원생이나 졸업생이었기에 때문에 결과적으로 프로젝트에서 프로젝트로의 지식 전달이 훌륭하게 일어났다.[6] 지식 전달은 팀원의 이동뿐만 아니라 프로젝트를 뒷받침하는 과학 프로세스의 일부로 보고서와 논문을 작성할 때도 일어났다.

---

6 이것은 다른 과학 애플리케이션에도 적용된다. 과학자를 위해 대량의 데이터를 처리해야 하는 필요성은 천문학에만 국한된 것이 아니다.

우리는 ALMA 프로젝트에서 여러 종류의 기술 부채를 식별했다. 이는 사회적 부채, 요구 사항 부채, 코드 및 설계 부채, 테스트 및 배포 부채다. 문서 부채 같은 다른 부채도 더 있을 수 있지만, 여기서 설명하는 부채는 모두 보고서와 대중에게 공개된 증거에 기반을 둔 것이다. 이어서 각각에 대해 자세히 설명한다.

사회적 부채

망원경 프로젝트는 대규모 프로젝트로서 여러 국가 간 협업을 바탕으로 진행됐기 때문에 문화적 측면뿐만 아니라 업무 조정 측면에서도 협업을 어렵게 만드는 문제가 많다. 예를 들어 여러 시간대에 살고 있는 참가자들과의 화상 회의는 관리하기가 어렵다. 그렇지만 팀이 과학 연구를 위해 장치를 작동시키고자 하는 강한 동기를 가지고 있고, 커뮤니티가 매년 콘퍼런스 등에서 만나는 등 긴밀하게 결속돼 있기 때문에 이를 완화할 수 있다. 소프트웨어는 전체적인 기능적 아키텍처의 각 부분을 책임지는 여러 팀에 의해 구축된다. 초기 단계에서는 이런 구성이 잘 돌아갔지만 컴포넌트를 넘나드는 성능 같은 품질 특징 문제가 더욱 중요해지면서 하위 시스템 팀 간에도 협업이 필요하게 됐다.

이 문제를 해결하기 위해 ALMA는 여러 하위 시스템을 아우르는 요구 사항을 관리하는 기능 기반 팀을 도입했다.

요구 사항 부채

대규모 프로젝트의 요구 사항은 일반적으로 미리 잘 정의돼 있어서, 망원경에는 새롭긴 해도 다른 프로젝트에서 이미 잘 알려진 요구 사항이 많이 포함돼 있다. ALMA 프로젝트는 이런 요구 사항을 공식적인 요구 사항 도구 및 변경 추적으로 관리했다. 요구 사항 부채의 가장 큰 원인은 범위 증가였는데, 한 가지 요구 사항이 구현되면 최종 사용자가 다른 곳의 개선을 요청하기 시작했다. 예를 들면 소프트웨어의 장애를 겨우 없애고 나니 이제는 소프트웨어를 더 효율적으로 만들라고 하는 등의 요구가 들어왔다. 업그레이드 같은 새로운 능력에 대한 ALMA 요구 사항은 현재 공식적인 과학적 변경 컨트롤 위원회 및 로드맵 프로세스를 통해 관리된다.

코드 및 설계 부채

ALMA는 C 언어(실시간), 자바(컨트롤 소프트웨어) 및 파이썬(과학 연구용 인터페이스)으로 작성됐다. 설계를 테스트하고 프로토타입을 만들기 위해 작은 테스트 시설이 사용됐고, 여기서 소프트웨어 스파이크와 아키텍처 아이디어를 시험할 수 있었다. 테스트를 통해 배움을 얻고 난 뒤의 실제 설계는 별로 복잡하지 않았다. 1990년대 후반/2000년대 초반의 초기 단계에서 소프트웨어 컴포넌트를 연결하기 위한 미들웨어로 선택해야 했던 것은(책임지고 선택해야 하는 마지막 순간이 온 것이다!) 코바(CORBA)였다. 돌이켜 보면 좋은 선택은 아니었지만, 그 당시에는 무엇으로 그것을 대체할 수 있을지 알 수 없었다. 현재 망원경이 활성화되어 과학 미션을 수행하고 있는 만큼, 기존 하드웨어를 사용해서 데이터 처리 능력을 개선하는 방법 같은 향상된 기능을 위한 새로운 설계에 프로토타입 및 테스트 보고서의 초점이 맞춰지고 있다.

기술, 프레임워크, 언어 선택을 많이 제한하는 이런 기술적 결정은 일반적으로 기술 스택의 하위에 있기 때문에 매우 일찍 내려야 한다. 하지만 동시에 시스템상 추상화 레벨이 낮기 때문에 교체하기가 매우 어려울 수 있다. 마르코 바르톨리니의 인터뷰에서 참조할 수 있는 비슷한 프로젝트인 SKA의 경우에도 메시징 프로토콜에 대해 이런 식의 결정이 필요했다. SKA는 망원경의 분산 시스템을 위한 운영체제로, SKA 프로젝트는 탱고(Tango)를 프레임워크로 정했다. 이는 단지 몇 달간의 프로토타이핑 및 탱고가 최종적으로 운영될 규모에서는 수행되지 못한 테스트를 통한 결정이었다. 다른 대규모의 실용적인 테스트는 탱고를 사용한 기존 모델의 망원경을 통해 커버됐다.

구축 단계에서는 초기의 개념 증명(proof of concept) 과학 관찰을 수행하는 것이 가장 중요한 목표다. 망원경은 수년에 걸쳐 개발되어 왔고, 그것으로 실제 과학 연구를 할 수 있다는 것이 점점 현실에 가까워졌다. 다만 목표를 달성하고자 하는 부담은 마감일에 맞추기 위해 소프트웨어 표준을 지키지 않는 결과를 초래했다. 코드 복사, 오래된 라이브러리 그리고 실제 문제를 해결하기보다 임기응변식의 대응이 늘어났다. 부채가 백로그에서 추적되고 있었음에도 당장 대응해야 하는 문제로 여겨지지 않았고, 커미셔닝 팀은 후속 팀이 이를 관리하게 될 것이라는 인식을 가지고 있었다. 이 부채는 운영 단계로 넘어갔고, 기존 팀보다 더 작은 팀에서 책임지게 됐다. 그들은 지금까지도 부채와 씨름하고 있다. 반면에 데이터 처리를 관리하는 CASA 소프트웨어 패키지는 현재 다른 관측소에서도 사용하고 있는 성숙한 오 픈소스 도구로 자리 잡았다. CASA는 출시 및 개발에 대해 잘 정의된 프로세스를 따른다.

테스트 부채

이런 식의 긴 수명을 가진 시스템을 테스트하는 것은 매우 어렵다. 시뮬레이션이 일부 증 거를 제공할 수 있지만 실제 고속 데이터 시스템 없이는 환경적인 조건이 항상 어느 정도의 복잡성을 숨기기 때문이다. 예를 들어 대규모 데이터 저장소에서는 우주선(cosmic rays)으 로 인한 비트 플리핑[7]으로 데이터의 일부가 손상되기 십상이다. 따라서 백업 및 오류 수정 이 필수인데, 이것을 시뮬레이션에서 테스트하는 것은 어려운 일이다.

ALMA에 효과가 있었던 것은 엔지니어링 중심 프로젝트에서 실제 하드웨어인 프로토타입 망원경을 가지고 소프트웨어 인프라에서 실험해야 한다고 주장하는 것이었다. 하지만 이것 은 실제 망원경 기능을 이용해 소프트웨어 테스트가 아닌 과학 연구에 전념하고자 하는 과 학자, 즉 궁극적인 이해관계자의 요구와 균형을 맞춰야 했기에 항상 쉽지만은 않았다.

배포 부채

ALMA의 큰 과제는 개별적으로는 작동하는 컴포넌트를 엔드 투 엔드 파이프라인으로 옮겨 서 이 파이프라인을 통해 유용한 과학 데이터 제품을 제공하는 것이었다.

각 컴포넌트에는 특정 입출력이 존재할 것이라는 피할 수 없는 가정이 있으며, 개발이 진 행되는 동안 모의 객체로 대체된다. 따라서 ALMA 팀은 별도의 통합 테스트 설비를 만들고 시스템을 운영하는 커미셔닝 팀에게 제품을 인계함과 동시에 엔드 투 엔드 문제를 디버그 하는 작업을 진행했다. 부채를 피하기 위해 ALMA 프로젝트가 성공적으로 사용한 또 다른 접근 방식은 공통 인프라 및 소프트웨어 도구 세트를 표준화하는 것이었다.

기술 부채는 커미셔닝 중에 자주 발생했다. 이것은 활발하게 수행되지만 따라서 비용도 많 이 드는 프로젝트 단계다. 모든 하드웨어가 완성됐고 운영 비용이 발생하며 직원은 급여를

---

7 (옮긴이) bit flipping: 우주선이나 감마선이 디바이스의 마이크로칩에 사용된 실리콘에 부딪쳤을 때 디바이스에 저장돼 있는 개별적인 비트가 0에서 1 혹은 그 반대로 뒤집히는 현상

받지만, 아직 과학적 성과는 없다. 결과적으로, 이것은 마감일이 가장 중요하고 미래를 생각하지 않은 채 지름길을 선택해서 비디오 게임을 출시하는 것과 비슷하다. 그러나 프로젝트가 운영 단계에 들어감에 따라 이전 커미셔닝 단계에서는 용인됐던 변경의 속도가 이제는 부담스러워진다. 소프트웨어 변경이 데이터 품질 평가와 같은 나중 단계에 큰 영향을 미치게 되기 때문이다.

이런 어려움에도 불구하고 이 수십억 달러짜리 망원경은 현재 강력한 소프트웨어의 힘을 빌려 획기적인 과학 연구를 수행하고 있다.

참고 문헌

ALMA(Atacama Large Millimeter Array) 웹사이트는 www.almaobservatory.org다. 소프트웨어 패키지는 CASA: https://casa.nrao.edu에서 찾을 수 있다. ALMA의 다음 버전에 대한 관리 및 요구 사항은 https://www.almaobservatory.org/en/about-alma-at-first-glance/the-people/the-alma-board/the-alma-board-meetings-summaries/에서 확인할 수 있다.

이 사례 연구의 기반이 되는 논문은 다음과 같다.

A. M. 차반(A. M. Chavan), B. E. 글렌데닝(B. E. Glendenning), J. 입센(J. Ibsen), J. 커른(J. Kern), G. 코스기(G. Kosugi), G. 라피(G. Raffi), E. 슈미드(E. Schmid), J. 슈바르츠(J. Schwarz)의 "ALMA 소프트웨어 개발의 마지막 단계: 얻은 교훈(The Last Mile of the ALMA Software Development: Lessons Learned)", Proc. SPIE 8451, 천문학을 위한 소프트웨어 및 사이버 인프라스트럭처 II(Software and Cyberinfrastructure for Astronomy II), 84510Q(2012년 9월 24일); doi: 10.1117/12.925961.를 참고하라.

랄프 마슨(Ralph Marson), 라파엘 히리얏(Rafael Hiriart)의 "ALMA 제어 소프트웨어의 건설에서 운영으로의 전환(The Transition from Construction to Operations on the ALMA Control Software)", Proc. SPIE 9913은 천문학을 위한 소프트웨어 및 사이버 인프라스트럭처 IV(Software and Cyberinfrastructure for Astronomy IV), 991304(2016년 7월 26일); doi: 10.1117/12.2233584.에 수록됐다.

B. E. 글렌데닝(B. E. Glendenning), G. 라피(G. Raffi)의 "ALMA 컴퓨팅 프로젝트: 초기 시운전(The ALMA Computing Project: Initial Commissioning)", Proc. SPIE 7019, 천문학을 위한 고급 소프트웨어 및 제어 II(Advanced Software and Control for Astronomy II), 701902(2008년 7월 14일); doi: 10.1117/12.787569.를 참고하라.

SKA의 탱고 선택은 L. 피베타(L. Pivetta) 외의 "SKA 망원경 제어 시스템 가이드라인 및 아키텍처(The SKA Telescope Control System Guidelines and Architecture)"에 수록돼 있으며, 제16회 가속기 및 대규모 실험 제어 시스템 국제 회의(16th Int. Conf. on Accelerator and Large Experimental Control Systems), 스페인 바르셀로나, 2017에서 발표됐다. 참고: https://accelconf.web.cern.ch/icalepcs2017/papers/mobpl03.pdf

SKA의 탱고 선택은 L. 피베타(L. Pivetta) 등의 "SKA 망원경 제어 시스템 가이드라인 및 아키텍처(The SKA Telescope Control System Guidelines and Architecture)"에 수록되어 있으며, 제16회 가속기 및 대규모 실험 제어 시스템 국제 회의(16th Int. Conf. on Accelerator and Large Experimental Control Systems), 스페인 바르셀로나, 2017에서 발표됐다. https://accelconf.web.cern.ch/icalepcs2017/papers/mobpl03.pdf를 참고하라.

09

머신러닝 시스템의 기술 부채
― 움베르토 세르반테스와 함께

기본적으로 모든 모델은 틀렸다.
그런데 유용한 것은 있다.

- 조지 박스(George Edward Pelham Box)
시계열 분석, 실험 계획법, 베이즈 추론에 크게 기여한 통계학자

기술 부채라는 개념은 자바, C++, 코볼 및 포트란(FORTRAN) 등으로 쓰인 방대한 양의 전통적인 소프트웨어 프로그램에 가장 흔하게 적용된다. 이런 소프트웨어 시스템에는 요즘 들어 패턴과 추론에 의존해서 결정을 내리는 확률론적 데이터 분석 요소가 점점 더 많이 포함되기 시작했는데, 이것이 바로 **머신러닝 시스템**(machine learning systems)이다. 머신러닝 시스템을 구축하고 유지보수하는 기법과 스킬은 전통적인 소프트웨어 시스템의 그것과는 차이가 있다. 하지만 여러분은 이미 머신러닝 시스템을 사용하거나 유지보수해 봤을 가능성이 높은데, 온라인 광고 네트워크나 텍스트 자동 수정 기능, 이미지 라이브러리 안의 안면 인식 기능, 은행의 주택담보대출 애플리케이션 등에 모두 머신러닝 요소가 들어 있다.

머신러닝 시스템에도 당연히 기술 부채가 존재하고, 여기에는 머신러닝 시스템에서만 발생하는 특정한 형태의 부채 역시 포함된다. 이번 장에서는 먼저 전통적인 시스템과 머신러닝 시스템의 차이를 알아보고, 머신러닝 시스템에서 기술 부채를 식별하고 관리하고 궁극적으로 피할 수 있는 방법을 설명하고자 한다.

머신러닝 시스템도 전통적인 소프트웨어와 마찬가지로 기술 부채가 발생할 수 있는 위험성이 있다. 머신러닝 요소도 결국 소프트웨어이기 때문이다. 이 시스템은 라이브러리, 데이터 처리 코드, 대수학적 계산, 문서화 등에 대해 외부에 의존하기 때문에 이 책의 3장에서 8장까지 살펴본 내용이 이 시스템에도 모두 동일하게 적용된다. 오히려 머신러닝 시스템은 설계상의 선택, 통합, 설명가능성(explainability), 시스템 구성(configuration) 및 테스트와 관련된 새로운 유형의 기술 부채를 발생시키는데, 이 새로운 유형의 기술 부채가 이번 장의 핵심이다.

9.1 배경

소프트웨어의 전통적인 문제 해결 접근 방식은 문제에 대한 추론과 상태를 담아내기 위해 알고리즘과 데이터 프로세싱 코드를 작성하는 것이다. 이것을 **소프트웨어 집약적 시스템** (software-intensive systems)이라고 한다. 예를 들어 로봇 시스템이 있다면, 이 로봇이 복도를 따라 움직일 수 있게 프로그래밍하는 것이다. 플래너를 만들고, 로봇에게 데이터와 계획 및 목표를 제공해서 로봇이 스스로 이 세계의 상태에 대해 데이터를 처리하게 하는 것이다. 로봇의 소프트웨어는 루프에서 플래너를 반복적으로 돌리면서 특정 계기가 있다면 왼쪽으로 이동하거나, 아니면 오른쪽으로 이동하는 등의 결정을 내릴 것이다. 이를 컴퓨팅에 대한 기호적 접근 방식이라고 하는데, 여기서 기호라는 것은 로봇 시스템이 세상에 대해 가지고 있는 지식, 즉 로봇의 위치, 문이 열려 있거나 닫혀 있는지 여부, 로봇의 최종 목표(복도 끝까지 도달) 등이다.

우리는 점점 더 소프트웨어가 새롭고 확률적인 세계에서 작동하도록 만들고 운영한다. 인간이 시스템에 **모든** 동작을 프로그래밍할 필요 없이 어떤 동작 유형은 강력한 학습 알고리즘과 충분한 양의 적절한 훈련 데이터를 통해 시스템이 간단히 자체 학습하거나 추후 데이터 및 환경 변화에 따라 재학습한다. 이런 시스템 컴포넌트는 사람이 프로그래밍보다 **훈련**을 더 많이 하게 하는 블랙박스다. 이를 '블랙박스'라고 부르는 이유는 어떻게 이 출력이 나왔는지에 대한 이유를 추적하고 추론하는 것이 종종 불가능하기 때문이다. 시스템을 훈련하기 위해서 우리는 그저 데이터 소스를 식별하고, 학습자의 대략적인 뼈대를 만든 다음, 수치 최적화를 통해 해당 문제를 해결할 수 있는 최고의 데이터 피처[1]들과 가중치의 조합을 찾으면 된다. 이제 로봇은 단순히 목적지까지 가면서 배우라는 지시만을 받는다. 이런 시스템을 때때로 **데이터 집약적 시스템**(data-intensive systems)이라고 하는데, 우리는 이를 **머신러닝 시스템**이라고 부른다.

로봇을 데이터 집약적이고 확률론적 접근 방식으로 프로그래밍하는 것의 장점은 전통적인 규칙 지향 프로그래밍(rule-oriented programming) 기법에서는 적용할 수 없었던 새로운 가능성이 생긴다는 것이다. 일반적으로 이미 존재하는 신경망, 결정 트리(decision tree) 등의 학습 접근 유형의 라이브러리나 아키텍처를 활용할 수 있고 엔지니어들은 코드 작성이나 테스트 및 디버깅보다는 데이터 준비 및 라벨 지정, 중요한 데이터 피처 선택, 알고리즘 성능 평가 등에 집중한다.

학습 컴포넌트의 블랙박스는 더 많은 데이터를 사용할 수 있게 됨에 따라 계속 개선된다. 예를 들어 로봇이 알려지지 않은 새로운 지형을 횡단한다고 했을 때 컨트롤 구조의 '루프'

---

1 (옮긴이) 여기서 피처(feature)는 제품 기능이 아닌 데이터 특성(attribute나 variables의 의미)으로 데이터 표의 열(column)로 나타낸다.

에는 인간이 하는 결정이 입력값으로 필요하지 않다. 이에 대해 안드레이 카파시(Andrei Karpathy)는 "실제 문제의 상당 부분은 프로그램을 직접 설계하고 구현하는 것보다 데이터를 수집하거나 원하는 동작을 식별하는 편이 훨씬 더 쉬운 성향이 있다"고 말한 바 있다.

물론 소프트웨어 시스템의 새로운 머신러닝 집약적 컴포넌트가 전통적인 소프트웨어 시스템을 대체하지는 않을 것이다. 대신 이 둘은 공존하는 모양이 된다. 급여 지급 시스템에 대해 생각해보자. 이 시스템 내부에는 데이터베이스 쿼리를 수행하고, 기록을 업데이트하고, 지불액을 계산하고, 수표를 발행하고, 서드파티 라이브러리 및 외부 시스템과 상호 작용하는 많은 양의 전통적인 소프트웨어가 존재하고 앞으로도 그럴 것이다. 게다가 앞으로는 사기를 탐지하는 컴포넌트나 혜택 최적화 도구 또는 고용 최적화 도구와 같은 확률적인 블랙박스 컴포넌트들이 추가될 것이다. 머신러닝 블랙박스는 소프트웨어의 나머지 부분에 통합되어 급여 공제 내역 등의 데이터를 입력받아 실행 가능한 지표 또는 권장 사항의 형태로 통찰을 제공할 것이다. 예를 들면 급여 지급 시스템에 통합된 머신러닝 사기 탐지 컴포넌트는 사기를 칠 가능성이 있어 보이는 직원이나 부정 혜택 청구가 좀 더 눈에 띌 수 있게 강조할 수 있다.

머신러닝 시스템의 어려움 중 하나는 장애가 발생해도 이 사실을 깨닫기 어렵다는 것이다. 실제로는 정상적으로 작동하고 있지 않아도 시스템 자체는 웬만하면 계속 작동하기 때문이다. 이것은 널(null) 포인터 예외처럼 장애가 발생하면 기능이 멈춰버리는 전통적인 시스템과는 다른 모습이다. 예를 들어 예측에 사용된 데이터의 특성이 훈련에 사용된 것과 다르면 전체 정확도가 떨어지기 시작한다. 그래도 시스템은 계속 작동하고 있기 때문에 실행이 중지됐다는 의미에서 시스템이 실패했다고는 말할 수 없다. 하지만 제공하는 결과는 더 이상 정확하지 않다. 시스템이 소비자에게 상품 구매 추천을 하는 경우라면 연관성이 떨어지는 추천을 할 수 있고, 이는 매출 감소라는 결과로 이어진다. 시스템의 낮아진 정확도는 오작동보다 훨씬 더 감지하기 어렵다.

따라서 이번 장에서는 점점 더 머신러닝 하이브리드화 되어가는 시스템에 도사리는 위험성을 자세히 설명할 것이다. 여기에서도 다른 장에서의 조언이 여기에도 여전히 적용된다는 점을 명심하기 바란다. 예를 들면 10장에서 다룰 사회적 부채의 잠재적인 위험성은 훨씬 크다. 데이터 엔지니어와 머신러닝 엔지니어라는 매우 다른 사고방식과 문화를 가진 두 개

의 새로운 팀이 시스템에 참여하기 때문이다. 머신러닝 하이브리드화는 소프트웨어 프로덕
션 환경에서도 상대적으로 새롭기 때문에 여기서의 사회적 부채 역시 새로 부각되는 영역
이다. 따라서 우리가 여기서 제시하는 목록이 잠재적 위험성의 전부라고는 할 수 없다.

9.2 머신러닝 부채 식별하기

머신러닝 시스템에서는 네 가지 유형의 부채를 조심해야 한다. 이런 부채는 통합, 설명가능
성, 시스템 구성 및 테스트를 둘러싸고 있는 설계상의 선택에서 비롯된다.

9.2.1 설계상의 선택

머신러닝 시스템 개발에서는 예측에 사용되는 모델과 알고리즘을 선택하고 개발하는 데 상
당한 노력이 들어간다. 이 목표를 달성하기 위해서는 두 가지 중요한 활동이 있다. 첫 번째
활동은 데이터와 관련이 있는데, 입력 데이터를 선택해서 피처로 변환하는 것이다. 두 번째
활동은 이렇게 만들어진 데이터 피처를 사용해서 예측을 위한 알고리즘을 선택하고 훈련하
는 것이다. 이런 활동을 할 때는 많은 설계상 선택을 해야 하는데, 쉬운 길 또는 잘못된 설계
를 선택함으로 부채를 발생시킬 수 있기 때문에 조심해야 한다. 여기에서 잘못된 설계 결정
으로 인해 상당한(하지만 피할 수 있는) 기술 부채가 발생하는 두 가지 사례를 소개하겠다.

사례 1: 이 프로젝트에서 재능은 있지만 경험이 부족한 데이터 사이언티스트는 학습 모델
을 개발하는 데 6개월을 보냈다. 하지만 이 모델은 프로덕션에서 그렇게 높은 품질의 결과
를 만들어내지 못했다. 컨설턴트들이 들어와 상황을 분석한 결과, 데이터 사이언티스트가
데이터 피처 간의 상관관계를 이해하고 중요도를 식별하기 위한 데이터 분석에 충분한 시
간을 사용하지 않았다는 것을 알아냈다. 즉, 강화 학습 패러다임이라는 잘못된 설계 선택으
로 인해 접근 방식을 미세하게 튜닝하는 데 상당한 시간을 소비(낭비)했다는 것이었다. 결
국 더욱 철저한 데이터 분석 끝에 컨설턴트들이 내린 결론은 다른 학습 패러다임이 더 적절
하다는 것과 지금까지 수행한 작업은 활용할 수 없으니 처음부터 다시 시작해야 한다는 것
이었다. 데이터 분석에 충분한 시간을 할애하지 않은 채 알고리즘 선택과 정밀한 튜닝 단계
로 **빠르게** 덤비는 것은 종종 비용이 많이 드는 설계 실수로, 적절한 모델을 선택하고 튜닝

하기 위해 데이터를 분석하고 상관관계 같은 측면을 이해하는 데 충분한 시간을 할애해야 한다.

사례 2: 또 하나의 비용이 많이 드는 설계 선택은 모델이 개발되고 프로덕션에 들어간 후에 발생할 수 있다. 프로덕션 환경의 어느 부분에서 모델이 실행되는지를 주의 깊게 고려하지 않는다면 모델을 완전히 새로 작성해야만 할 수 있다. 관련된 프로젝트 예시는 이미지 처리를 하는 산업 생산 시설에서 사용하는 에지 디바이스의 딥러닝 모델이다. 초기에 모델 개발 팀은 GPU(수치 컴퓨팅에 특화된 강력한 그래픽 처리 장치)를 에지 디바이스에 사용하면 그들이 예전에 개발해둔 파이썬 알고리즘을 프로덕션에서 실행할 수 있을 거라고 단순하게 가정했다. 이렇게 해서 모델을 프로덕션에 빠르게 투입할 수는 있었지만 여기에는 큰 단점이 있었다. GPU는 실제 수명이 채 2년이 안 돼서 추후에 교체가 필요하고, 교체를 위해서는 프로덕션 라인을 멈춰야 한다는 것이었다. 이 문제를 해결하기 위해 제안된 해결책은 에지 디바이스에 있는 GPU 대신 약 10년의 수명을 가진 FPGA(Field Programmable Gate Arrays)를 사용하는 것이었다. 그러나 FPGA를 사용하려면 신경망 아키텍처를 완전히 다시 고안해야 했다. 둘은 본질적으로 다른 모델이기 때문이다. 파이썬을 사용하는 신경망인 기존 파이프라인은 간단히 FPGA로 바로 포팅할 수 없었기 때문에 파이프라인 역시 재작업이 필요했다. FPGA 사용을 처음부터 고려했다면 이런 식의 비용이 많이 드는 설계 결정을 피할 수 있었을 것이다.

머신러닝 시스템의 전반적인 기술 부채 상태를 평가하는 데 유용한 몇 가지 지표에는 사용 중인 모델과 벤치마크할 수 있는 최신 모델 사이의 성능 및 정확도의 차이를 평가하는 것이 포함된다. 사례 1이 이 지표를 사용했다면 프로젝트 개발의 훨씬 이른 단계에서 잘못된 모델 선택을 깨달을 수 있었을 것이다. 시스템 개발을 지원하기 위해 구축된 인프라의 기술 부채를 평가하는 데는 다른 지표도 도움이 된다. 예를 들면 모델의 업데이트를 얼마나 빈번하게 할 수 있는지, 프로덕션에 있는 모델을 재훈련시키고 업데이트하는 등의 지원을 얼마만큼 자동화해서 할 수 있는지를 측정하는 것이다. 낮은 수준의 자동화 및 인간의 개입이나 물리적 인프라의 변경이 필요한 길고 값비싼 업데이트 프로세스는 잠재적인 부채 영역이 될 수 있다. 이런 지표가 사례 2에서 사용됐다면 GPU에 대한 의존성을 부채 위험 신호로 식별할 수 있었을 것이다.

9.2.2 통합 부채

통합 부채는 기술 부채의 일종으로 데이터 처리 컴포넌트 같은 비머신러닝 컴포넌트와의 통합 의존성을 고려하지 않은 경우 발생한다. 다른 비머신러닝 팀들은 머신러닝 컴포넌트를 잘 이해하지 못하기 때문에 이 컴포넌트를 시스템의 나머지 부분과 통합할 때는 신중하게 해야 한다. 물론 여기서 누군가는 머신러닝 시스템은 블랙박스로 틀림없이 고도로 모듈화되어 있고, 따라서 쉽게 통합할 수 있다고 주장할 수 있다. 하지만 머신러닝 컴포넌트도 다른 컴포넌트와 딱히 다르지 않아서 정해진 입출력 정보를 문서화하는 것이 필요하다. 또한 머신러닝 컴포넌트는 실제로 완전히 별도의 라이브러리 및 의존성 생태계를 가지지만, 다른 팀은 이에 대해 잘 알지 못하거나 전문 지식이 없는 경우가 많기 때문에 신중하게 통합해야 한다. 그림 9.1은 디 스컬리(D. Sculley)의 논문에서 영감을 받은 머신러닝 컴포넌트(모델)가 의존하는 생태계의 예를 보여준다.

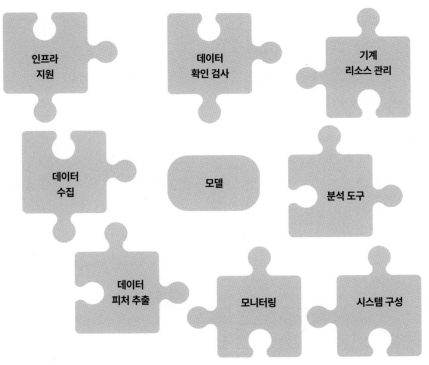

그림 9.1 머신러닝 생태계. 작은 크기의 머신러닝 코드(모델)는 전체 시스템과 관련이 있다.

컴포넌트 자체를 도입하고 데이터 흐름 구조를 통해서 함께 연결하는 등의 메커니즘 이외에도 부채 발생 원인이 두 가지 더 있다. 첫째, 얽힘(entanglement)이나 숨은 피드백 루프와 같은 데이터 의존성인데, 이것은 머신러닝 시스템이 데이터 소스에 밀접하게 결합되어 있는 성향을 가진다는 것을 의미한다. 둘째, 사회적 부채 증가의 위험성인데, 새로운 시스템의 각기 다른 부분을 유지보수하는 것은 머신러닝 팀, 데이터 팀, UI 팀, 워크플로 등 각기 다른 팀이기 때문이다. 교차 기능 팀(cross-functional team)[2] 구조를 사용하는 것이 도움이 될 수도 있다. 하지만, 가까운 미래를 위해서는 기존 개발자가 머신러닝 소프트웨어에서 기술을 향상시킬 수 있게 하는 것이 더 중요하다. 이것은 최소한 개발자가 어디에서 전문가의 도움을 받아야 하는지를 이해하는 데 필요한 지식을 제공한다.

마지막으로, 통합은 도구화 및 제공과 관련된 문제를 일으키기 쉽다. 왜냐하면 머신러닝 컴포넌트를 만들고 편집하고 디버깅하기 위한 도구는 지금도 생겨나고 있고 빠르게 변화하고 있기 때문이다. 어떤 것이 머신러닝 시스템용의 IDE처럼 쓰일 수 있는지는 아직 결정되지 않았다. 주피터(Jupyter)와 같은 컴퓨팅 노트북이 후보가 될 수 있지만, 기존 IDE가 새 패러다임을 지원하기 위해 단순히 업그레이드될 수도 있다. 머신러닝 시스템을 디버깅하는 것에는 광범위한 데이터 분석 및 모델 검증이 브레이크포인트나 메모리 검사보다 오히려 더 자주 사용된다.

통합 부채를 식별하기 위해서는 새로 도입된 라이브러리와 컴포넌트의 개수를 출시별로 혹은 기타 중요한 마일스톤을 기준으로 오랜 시간에 걸쳐 측정하는 것을 추천한다. 기존 버전과의 의존성 비호환을 식별하기 위해서는 대략적인 수준에서 여러 프로젝트를 포괄하는 리뷰 대시보드가 필수다. 이슈 트래커 내의 특정한 라벨 역시 데이터 교환 이슈를 강조하는 데 사용할 수 있다.

---

2 (옮긴이) 코딩, 디자인 등 업무 분야보다 비즈니스 목표나 제품이 전달하고자 하는 가치를 중심으로 만들어진 팀. 다양한 스킬을 가진 팀원들로 구성돼 있다. 더 자세한 내용은 9.3.3절 참고.

9.2.3 설명가능성

어떤 머신러닝 컴포넌트는 너무나 복잡하기 때문에 인간이 해석하고 완전히 이해한다는 게 거의 불가능하다. 따라서 블랙박스로 간주된다. 이번 장의 앞부분에서 예로 들었던 로봇을 다시 생각해 보자. 전통적인 소프트웨어 시스템이라면 이 로봇이 지나간 경로에 대한 근거는 분명하며 로봇 소프트웨어가 한 선택(예를 들면 코드에서의 각 분리)을 추적함으로써 디버깅할 수 있다. 그러나 머신러닝 집약적 소프트웨어 시스템에서는 이런 선택을 이해하는 것이 훨씬 더 어렵다. 로봇이 내리는 각 선택은 그저 네트워크 아키텍처상의 가중치 집합에 불과하기 때문이다. 네트워크를 통해 일부 확률적 경로를 알려주는 도구가 있긴 하지만, 아주 중요한 시스템에서는 이것으로 충분하지 않을 수 있다. 특히 안전을 중요하게 다루는 코드의 경우라면 시스템에서 일어난 행동이 왜 일어났는지 그 이유를 아는 것이 매우 중요하다.

설명가능성은 머신러닝 라벨과 해당 라벨을 생성한 내부적인 계산 방식을 명확하고 분명하게 연결하는 머신러닝 시스템의 품질 특징이다. 예를 들어 시스템이 구직자를 '고용/고용하지 않음'이라는 라벨로 지정한다면 이 라벨이 어디서 나왔는지 스스로에게 또는 규제 기관에게 설명해야 할 수도 있다. 복잡한 모델에서는 이런 설명이 매우 어렵거나 아예 불가능할 수도 있다. 이러한 설명가능성의 한 측면은 특정 모델을 사용하게 된 설계 결정에서 나온다.

8장에서 다룬 문서 부채 형태의 기술 부채는 특정 머신러닝 모델이 선택되고 훈련되지만 이 선택에 대한 명확한 근거가 문서화되지 않았을 때 발생한다. 즉, 선택한 모델이 나중에 필요할 수 있는 설명가능성을 지원하지 않는다면 이는 문서 부채가 된다. 추후 법정 소송이 생긴다면 특정 결정이 어떻게 내려졌는지를 공개해야 하기 때문이다. 이런 경우 팀은 다른 알고리즘을 사용하는 등의 방법으로 결정을 명확하게 설명할 수 있게 접근 방식을 재작업해야 할 수 있다. 머신러닝 시스템에서 잠재적인 형태의 기술 부채는 설명가능성을 고려하지 않고 순수하게 모델의 성능을 위해 최적화하는 것이다. 여느 기술 부채와 마찬가지로 쉬운 길을 택하는 것은 장기적인 문제와 더 높은 비용으로 이어질 수 있다.

기존 소프트웨어 시스템에서 발생하는 잠재적인 장애 등은 추적해보면 이상한 에지 케이스인 경우가 많다. 확률론적 시스템에서도 모델이 훈련 당시에 없었던 데이터와 프로덕션에서 맞닥뜨릴 때 비슷한 일이 발생한다. 예를 들어 이미지 전처리를 위해 컴퓨터 시각 도구와 머신러닝을 사용해서 제품 품질을 컨트롤하는 시스템이 있다고 하자. 출시된 새 제품이 모델을 훈련할 때 사용했던 학습 재료와 다른 재료를 사용하게 된다면 이 새 제품은 아마도 효과적으로 작동하지 않을 것이다. 이런 위험성을 식별하는 좋은 방법은 시스템에 모델에 관한 문서가 존재하는지 확인하는 것이다. 이 모델의 유지보수 담당자가 현재 프로덕션에 있는 머신러닝에 대한 의사 결정의 근거를 확인할 수 있는 문서가 있는가? 이것은 프로덕트/프로젝트 매니저 또는 기타 고객을 응대하는 업무를 가진 직원과 함께 대답해 볼 만한 질문이다. 소프트웨어가 어떤 결정을 내렸을 때 이 결정의 근거가 어디에서 나왔는지 거슬러 올라갈 수 있는가? 물론 비머신러닝 방법으로도 수행하기 어려운 것이 이 요구 사항 추적성이다(3장에서 논의한 바다).

9.2.4 시스템 구성

머신러닝 시스템의 구성은 머신러닝 접근 방식과 관련된 다양한 매개변수의 선택을 의미한다. 기술 부채는 모델의 구성을 선택한 이유가 명확하지 않을 때 발생한다. 예를 들어 경사하강법(gradient descent) 알고리즘에는 일반적으로 학습률이라는 매개변수가 있다. 학습률이 너무 빠르면 진정한 최적점을 놓칠 수 있고, 너무 느리면 모델이 수렴하는 데 너무 오랜 시간이 걸린다. 이 매개변수를 선택하는 방법에는 여러 가지가 있는데, 기술 부채는 선택이 합리적으로 이뤄지지 않은 경우(예를 들면 튜닝에 대해 단순히 현재 모범 사례를 따르는 경우)에 발생한다. 더 중요하게는, 8장에서 이야기한 것처럼 프로덕션 코드와 가까운 곳에 문서화된 기록을 남겨두지 않으면 기술 부채가 발생한다. 데이터 사이언스 프로젝트에 사용하는 통합 개발 환경인 주피터 IDE는 코드와 텍스트를 잘 엮을 수 있지만, 코드를 프로덕션 시스템으로 이식하면 관련된 텍스트 기반 문서가 손실될 수 있다는 위험성이 있다.

시스템 구성에 따른 부채 발생의 위험성은 머신러닝 시스템의 다른 많은 측면에도 비슷하게 존재한다. 예를 들면 신경망 아키텍처나 머신러닝 알고리즘에 대한 선택(지원 벡터 머신 혹은 4계층 순환 신경망)이나 어떻게 하이퍼파라미터 튜닝 및 모델 검증 단계를 수행했는지(혹은 하지 않았는지) 또한 문서화 대상이다. 일반적으로 데이터 세트를 테스트/훈련/검증의 서브셋으로 나누지 않는 등 부실한 방식으로 데이터 사이언스 업무를 하는 것도 기술 부채의 가능성을 높인다. 이 유형의 기술 부채를 식별하려면 문서가 존재하는지 확인해야 할 뿐만 아니라, 직원 설문조사를 통해 그들의 현재 업무 방법 및 훈련 수준을 이해해야 한다. 많은 시스템에서 구성 코드는 실제 머신러닝 컴포넌트만큼 복잡하다고 해도 과언이 아니다. 잘못된 방식으로 매개변수 선택을 관리하는 것 역시 구성 관련 기술 부채를 발생시킬 수 있다.

9.2.5 테스트

확률론적 시스템을 테스트하는 것은 전통적인 소프트웨어 시스템을 테스트하는 것과 다르다. 예를 들어 웹 애플리케이션에서 회원 가입 시 연령을 묻는 상황을 생각해보자. 웹 앱은 이 값을 데이터 저장소에 저장하는데, 전통적인 코드베이스라면 연령이 음숫값이 아닌지, 130세 미만인지, 기타 비즈니스 관련 확인 사항(연령은 18세 이상이어야 함) 등을 테스트할 것이다. 하지만 해당 필드 값이 머신러닝 접근 방식으로 생성된 경우라면, 예를 들어 친구 네트워크 혹은 쇼핑 습관을 기반으로 한다면 정수였던 그 필드 값은 이제 신뢰도 측정값과 함께 제공된다. 더 이상 연령이 18세 이상인 사용자가 성인이라고 믿고 가정할 수 없는 것이, 다른 사람이 계정을 사용할 수도 있고, 부모가 신용 카드를 공유할 수도 있기 때문이다. 우리의 테스트는 이제 이런 가능성도 고려해야 한다.

테스트와 관련하여 발생할 수 있는 기술 부채는 그 외에도 많다. 브렉(Breck)과 동료들은 자신들이 쓴 논문(참고 문헌 참조)에서 구글에서 수행한 작업을 기반으로 머신러닝 프로덕션 시스템에 쓸 수 있는 광범위한 테스트 목록을 제공한다. 논문에서는 안정성에 초점을 맞추고 다음의 사항을 판단하는 두 가지 테스트를 제안한다. 첫째, 충분한 정보를 주지 않는 데이터 피처에 계산 리소스를 낭비하지 않도록 데이터 피처가 얼마나 정보를 잘 전달하는지 판단한다. 둘째, 어느 정도의 추적성은 여전히 중요한데 상위 수준의 요구 사항이 존재하고 머신러닝 시스템이 이 요구 사항에 부합하는지 어떻게 확신할 수 있는지 확인한다. 이런 테스트는 전통적인 소프트웨어 시스템의 수준을 넘어선 것이다(6장에서 논의한 바와 같다). 이 위험성을 간단히 측정하려면 모델 버전마다 얼마나 열심히 테스트를 하는지, 즉 각 모델마다의 테스트 커버리지가 어느 정도인지를 확인해야 한다. 모델을 열심히 테스트한다는 것은 모델 자체를 테스트하는 것뿐만 아니라 정확도, 위양성 비율[3], 특정 문제별 모델, 머신러닝 인프라까지 테스트해야 한다는 것을 의미한다.

9.3 머신러닝 부채 관리하기

머신러닝 시스템의 부채를 관리하기 위해 여러 가지 구제 방법을 제안하기에 앞서 우선 **모델 개발**과 **모델 배포 및 제공** 사이에 존재하는 근본적인 갈등을 살펴볼 필요가 있다. 머신러닝 시스템의 모델을 개발할 때는 데이터 피처나 아키텍처 및 매개변수의 올바른 조합을 찾기 위해 과학적 실험을 한다. 이 실험은 본질적으로 탐색을 위한 것으로, 소프트웨어 집약적 시스템에서 주로 하는 엔지니어링과는 반대다. 머신러닝 시스템의 모델을 배포 및 제공할 때는 안정성과 유지보수성에 더 큰 관심을 가진다. 실패는 나쁘고 심각한 결과를 가져오지만, 여기서 '실패'라는 것은 대부분의 기존 소프트웨어보다 조금 더 미묘한 의미를 갖는다. 머신러닝 시스템이 여전히 실행 중임에도 불구하고 올바른 결과를 생성하지 않는 경우도 실패라고 할 수 있기 때문이다. 그렇지만 실험을 할 때는 자주 실패하는 것이 오히려 권장되고 배움에 도움이 된다고 여겨진다. 머신러닝 시스템에서 기술 부채를 적절하게 관리한다는 것은 어떤 맥락에서 특정 시스템이 작동하는지를 이해하는 것을 뜻한다. 실험 목적의 프로젝트라면 안정성 테스트의 누락이 그렇게 큰일이 아닐 수 있지만, 프로덕션 소프트웨어에서는 절대 허용되지 않는다.

머신러닝 시스템의 기술 부채에 대해 우리가 제시하고자 하는 몇 가지 가능한 구제 방법은 다음과 같다. 더 간단한 알고리즘을 사용하고, 데이터과학 프로젝트에 사용하는 통합 개발 환경의 버전을 관리하고, 교차 기능 팀을 만드는 것이다.

9.3.1 더 간단한 접근

최첨단 연구에서 도출된 가장 복잡한 모델이 있다면, 그것으로 작업하고 싶은 유혹이 생기기 마련이다. 하지만 그런 복잡성은 당연하게도 기술 부채가 일어날 더 높은 가능성이 있

---

3 (옮긴이) false positive rate: 음성이어야 하는데 양성이 나오는 비율

다. 여기서 문제는 최근에 나온 워드 임베딩과 같은 복잡한 모델과 최첨단 접근 방식이 엔지니어와 데이터 사이언티스트에게 매력적이지만, 여기서 오는 비즈니스 가치는 항상 명확하지는 않다는 것이다. 예를 들어 새로운 접근 방식은 훈련에 소모하는 시간을 늘려도, 실제적인 비즈니스 가치에는 거의 기여하지 않을 수도 있다. 기술 부채에 대한 좋은 관리 접근 방식은 이런 복잡한 접근 방식을 항상 더 안정적이고 기본적인 접근 방식과 비교하는 것이다. 예를 들어 로지스틱 회귀나 서포트 벡터 머신이 복잡한 심층 신경망 접근 방식만큼이나 좋은 성능을 낼 수도 있고, 설명 및 유지보수도 훨씬 더 쉬울 수 있다. 따라서 경험과 실증적 데이터로 뒷받침되는 확실한 이유가 있지 않는 한 항상 가장 간단한 접근 방식부터 시작해야 한다. 더 복잡한 접근 방식은 간단한 접근 방식의 성능이 불충분할 때만 검토되어야 한다.

9.3.2 탐색 실험 중의 버전 관리

탐색의 맥락이라면 일부 소프트웨어 실무는 덜 중요할 수 있다고 위에서 말하긴 했지만, 어느 정도의 버전 관리는 모든 곳에서 중요하다. 우선 한 가지 이유를 대자면, 문제에 대한 여러 접근 방식을 비교하는 것은 어떤 접근 방식이 사용됐고 어디에서 사용되고 있는지에 대한 기록이 있을 때만 가능하기 때문이다. 하지만 소프트웨어 코드에 쓰기 좋은 버전 관리 도구가 실험을 위해서라면 최상의 선택이 아닐 수 있다. 맞춤형 머신러닝 워크플로 도구에는 DVC(Data Version Control)[4]나 넷플릭스(Netflix)의 메타플로(Metaflow) 등이 있는데, 이런 도구는 입력 데이터, 구성 및 코드를 저장할 수 있다. 이런 도구를 사용하면 재현성에 필요한 모든 정보가 한 곳에 저장되어 액세스와 비교가 쉬워진다.

많은 머신러닝 기술 부채는 재현성 부족에서 비롯된다. 그림 9.1에서 볼 수 있듯이 머신러닝 시스템을 구성하는 것은 복잡하고 간단하지 않다. 이 분야는 매우 빠르게 발전하고 있기 때문에 기술 부채를 관리하는 한 가지 방법은 문서화의 모범 사례를 따르는 것이다. 모델 코드에 모델 매개변수가 흩어져 있는 것은 흔한 일이다. 예를 들어 머신러닝 모델을 만들 때는 학습률(신경망의 경우)이나 k값(k 최근접 이웃의 경우)을 선택해야 한다. 이런 매

---

4 https://dvc.org/

개변수는 우리가 수십 년 동안 알고 있던 매직 넘버 코드 스멜에 지나지 않는다. 따라서 구성 파일 안에 이런 매직 넘버와 왜 이런 결정이 내려졌는지에 관한 설명을 집어넣으면 특정 구성을 아예 별도의 실험으로 분리해서 관리할 수 있고, 언제 어떤 실험이 진행됐는지 추적할 수 있다. 코드를 깨끗하게 관리할 수 있는 것은 여기서 오는 또 다른 장점이다. 계층 크기, 학습률, 기타 중요한 매개변수가 담긴 구성 파일을 로딩하는 것만으로 머신러닝 코드를 실행할 수 있기 때문이다.

9.3.3 교차 기능 팀

마지막으로 공유하고 싶은 관리 팁은 10장에서 더 자세히 다룰 팀의 중요성과 사회적 부채의 위험성에 관한 것이다. 머신러닝은 진정 새로운 전문 기술 및 지식의 집합이기 때문에 의사소통의 어려움과 여러 커뮤니티 스멜[5] 이 일어날 위험성이 높다. 머신러닝 활동에는 일반적으로 데이터 파이프라인 및 저장을 관리하는 데이터 엔지니어링 전문가와 실험을 수행하는 데이터 사이언티스트, 그리고 모델 자체를 작업하는 머신러닝 이론가 등이 포함된다. 이 경우 그룹 간의 사일로화[6] 또는 기타 사회적 스멜이 발생할 위험성을 줄이는 한 가지 방법은 교차 기능 팀이다.

교차 기능 팀은 기술적인 능력보다는 비즈니스 목표 또는 제품 기능을 중심으로 구성돼 있다. 이 팀은 또한 수직적 분할로도 잘 알려져 있는데, 고객 잔존율(retention)을 개선하거나 사용자 인증을 관리하는 등 구체적인 임무를 가지기 때문이다. 이는 단순히 데이터베이스 팀이나 UI/UX 팀이 있는 것과는 다르다. 물론 교차 기능 팀을 조직할 때는 교차 기능 팀 내 각 역할을 하는 사람이 자신과 같은 역할을 하는 사람들과 같은 조직에 있지 않기 때문에[7] 외롭게 느낄 수 있다는 것과 동료끼리 지식 전달이 줄어들 수 있다는 점 등의 위험성을 고려해야 한다. 이런 위험성은 매트릭스 조직화[8]나 팀 간 의사소통 및 지식 공유를 위한 정기적인 기회를 간단히 마련함으로써 해결할 수 있다. 이를 달성하기 위한 한 가지 전략은 10장에서 더 논의하겠지만 일부 직원이 각 역할을 넘나들도록 충분히 교차 훈련을 시켜 조직

---

5 (옮긴이) 생산성을 방해하는 최적이 아닌 조직 구조
6 (옮긴이) silo: 회사 내에서 담을 쌓고 외부와 소통하지 않는 부서를 가리킨다.
7 (옮긴이) 예를 들면 디자이너가 디자인 조직에 있지 않고 떨어져 있게 됨
8 (옮긴이) 기존의 기능 부서 상태를 유지하면서 특정 프로젝트를 위해 서로 다른 부서의 인력이 함께 일하는 현대적인 조직 설계 방식

내부 정보 중개인의 역할을 하게 하는 것이다. 예를 들어 머신러닝 엔지니어는 이미 머신러닝 도구 및 기술에 대해 훈련을 받은 소프트웨어 엔지니어가 하는 편이 좋다. 이 경우 이 엔지니어는 이상적으로 조직 내부 정보 중개인의 역할을 할 준비가 된다.

9.4 머신러닝 부채 피하기

머신러닝 시스템에서 기술 부채를 피하는 가장 좋은 방법은 어떻게 하면 머신러닝 시스템을 적절하게 설계할 수 있는지에 집중하는 것이다. 머신러닝처럼 상대적으로 새로운 소프트웨어를 만들고 제공하는 것에 관련된 주요 설계 결정은 두 가지가 있다. 하나는 초기 머신러닝 모델을 만드는 데 필요한 아키텍처적 고려 사항이고, 또 하나는 이 모델을 프로덕션 환경에 배포하는 데 필요한 고려 사항이다. 이제부터 각각에 대해 간략히 살펴보자.

머신러닝 시스템의 수명주기 전반에 걸쳐 모델링에서 개발까지의 과정과 추후 개선을 지원하기 위한 아키텍처적 고려 사항은 다음과 같다.

1. 훈련 데이터를 가져와서 정제하고 변환하는 것 및 지도 학습(supervised learning)을 지원하기 위해 데이터 라벨을 붙이는 것
2. 피처 엔지니어링, 즉 학습하고자 하는 데이터의 특정한 속성을 선택하는 것
3. 모델 선택, 즉 머신러닝 알고리즘을 선택하고 매개변수화하고 훈련하고 튜닝하는 것
4. 모델 영속성(persistence), 즉 모델을 프로덕션 환경으로 넘길 준비를 하는 것

모델 배포 및 프로덕션에 제공과 관련된 아키텍처적 고려 사항은 다음과 같다.

1. 훈련 환경과 다른 특징을 가진 제공 환경에 모델을 배포하는 것
2. 새로운 프로덕션 데이터의 수집
3. 데이터 변환, 정제 및 유효성 검사
4. 예측. 다시 훈련하는 것을 포함할 수 있는데, 이 예측은 애초에 머신러닝 시스템이 만들어진 이유다.
5. 결과를 다른 시스템 또는 최종 사용자에게 제공하는 것

각 진행 단계에서 원하지 않는 기술 부채를 피하기 위해서는 각 단계별 고려 사항을 의식하는 것이 중요하다. 먼저 모델을 개발하고 개선할 때 나오는 문제를 고려해야 하는데, 데이터를 어떤 도구를 사용해 수집하고, 저장하고, 변환할 것인지를 생각해야 한다. 어쩌면 데이터 브로커나 데이터 변환 파이프라인을 사용하는 것도 방법일 수 있다. 피처 엔지니어링의 관점에서는 데이터를 어떻게 훈련과 테스트 및 검증용 서브셋으로 나눌지를 결정해야 한다.

이런 데이터 세트는 테스트와 재현성을 위해 로깅되고 버전화돼야 한다. 특정 영역에서는 데이터 세트의 크기가 상당히 클 수 있다. 예를 들어 게놈 데이터 세트 같은 경우는 너무 커서 전체 데이터 세트를 로딩하는 것만으로도 몇 주가 걸릴 수 있다. 이 모든 파일을 다 로딩하지 않도록 인프라에도 주의를 기울여야 하는데, 예를 들면 특수한 배치 로딩 기법을 사용할 수 있다. 일부 훈련 데이터는 민감한 정보를 담고 있기 때문에 보안 및 개인 정보 보호에도 신경 써야 한다. 모델을 선택할 때는 정확성뿐만 아니라 확장성과 프로덕션 플랫폼에서의 가용성도 고려해야 한다. 마지막으로 이러한 모델은 상당히 클 수 있기 때문에 모델 영속성, 직렬화 및 최적화와 관련된 중대한 설계 결정이 필요할 수 있다.

다음은 머신러닝 시스템을 프로덕션 환경으로 옮기는 것과 관련된 문제를 살펴보자. 가장 먼저 해야 할 일은 훈련된 모델을 프로덕션 환경에서 사용할 수 있게 하는 것인데, 프로덕션으로 옮길 때 바로 신경 써야 하는 부분은 전송 메커니즘, 버전 관리, 업데이트, 롤백, 블루-그린 배포나 카나리 배포 등 모델이 배포되는 방식이다(자세한 내용은 7장의 배포 부채 참조).

새 모델이 프로덕션 환경에 적용됐다면, 이제부터는 데이터를 제공해야 한다. 이 데이터를 어떻게 수집하고, 시스템 안에 넣어서 변환할 것인지를 결정해야 한다. 이 시점에서 이상적으로는 모델 개발 단계에서 만들어진 프로세스를 따라 데이터에서 피처를 추출할 수 있게 된다. 그러나 프로덕션 데이터 혹은 데이터 피처의 특성이나 분포가 모델링 및 개발 단계에서 봤던 것과 다르다면? 이 경우 모델의 재훈련이 필요할 수 있다. 이를 판단하기 위해서는 검증 결과를 확립, 수집, 저장, 분석해야 한다.

마지막으로 예측은 프로덕션 시스템에서 이루어진다. 예측은 모니터링돼야 하며, 예측이 품질 기준에 맞지 않으면 다시 훈련해야 할 수 있다. 재훈련은 로컬에서 할 것인지 원격으로 할 것인지 혹은 하이브리드 모델로 할 것인지 정해야 한다. 로컬에서 하는 재훈련은 추가 네트워크 대역폭이 필요하지 않다는 장점이 있지만 데이터의 사소한 변경 정도밖에 할 수 없다. 클라이언트 디바이스는 일반적으로 서버보다 처리 능력이 낮기 때문이다. 이는 수행할 수 있는 처리 및 재훈련의 종류를 제한할 수 있다. 극단적으로 사례 1에서 설명한 것처럼 전체 모델을 교체해야 할 수도 있다. 앞에서 언급했듯이 이러한 종류의 부채는 사용 중인 모델과 벤치마크할 수 있는 최첨단 모델 간의 성능 및 정확도 차이를 평가해서 피할 수 있다.

보다시피 훈련 및 서비스 파이프라인의 각 단계에서 내려야 하는 많은 결정이 존재한다. 그래도 이런 문제를 심각하게 고려한다면 머신러닝 시스템에서 지속 불가능한 수준의 기술 부채를 피하는 데 도움이 된다.

9.5 이번 장을 마치며

마틴 진케비치(Martin Zinkevich)는 "훌륭한 머신러닝 전문가의 모든 리소스를 동원한다고 해도, 우리가 얻는 대부분의 성과는 뛰어난 머신러닝 알고리즘이 아닌 뛰어난 피처 엔지니어링에서 나온다."라고 말했다. 즉, 많은 기술 부채가 머신러닝 시스템 역시 다른 소프트웨어 접근 방식과 딱히 다르지 않다는 사실을 잊어버려서 발생한다. 머신러닝도 결국 조직이 안고 있는 문제를 해결하기 위해 나온 것이라는 뜻이다. 따라서 이 책에서 다룬 많은 내용은 기존 소프트웨어 집약적 시스템과 마찬가지로 데이터 집약적 머신러닝 시스템에도 동일하게 적용할 수 있다.

1. 소프트웨어 집약적 시스템과 마찬가지로 데이터 집약적 시스템 역시 비즈니스 또는 조직 목표를 충족시키기 위해 배포된다. 따라서 요구 사항에서 배포된 모델까지 추적하는 것이 매우 중요하다.

2. 설계 및 아키텍처는 머신러닝 시스템이 작동하는 방식의 특수성과 그에 따라 발생하는 새로운 의존성을 고려해야 한다.

3. 지름길을 택하는 것은 가능하지만 이런 지름길은 보통 데이터 사이언스를 제대로 안 해서 나온다. 이런 지름길의 예시는 프로덕션 데이터가 통계적으로 훈련 데이터와 비슷한지 미리 검증하지 않은 채 모델을 만드는 것이다.

4. 테스트는 너무나 중요하다. 머신러닝 시스템은 역사가 훨씬 짧아서 테스트를 위한 도구와 기술이 아직 성숙하지 않기 때문이다.

5. 배포 부채는 운영팀이 지금 배포하는 새 모델이 어떤 새 요구 사항을 충족하고자 하는 것인지 명확하게 이해하지 못하는 경우 발생할 수 있다. 예를 들면 옮겨지는 모델의 특성, 해당 모델을 프로덕션 하드웨어에 매핑하는 것, 훈련 데이터와 프로덕션 데이터의 차이를 이해하지 못하는 경우 등이다.

6. 모든 소프트웨어와 마찬가지로, 왜 그리고 어떻게 해당 결정이 나왔는지 문서화하는 게 중요하다.

우리가 주목한 한 가지는 많은 경우 기술 부채는 저도 모르게 생겨난다는 것이다. 개발자는 종종 스스로가 작성한 코드가 프로덕션에서 얼마나 중대한 역할을 하는지 딱히 의식하지 않기 때문이다. 이것은 머신러닝 모델에 대해서도 마찬가지다. 모델은 작동만 한다면 언젠가는 프로덕션에 적용될 것이고 이것이 작동하는 한 20년쯤 후에는 반드시 조직의 IT 시스템의 중대한 부분이 되어 있을 것이다. 따라서 20년이 지나기 전인 오늘, 이 머신러닝 코드가 깨끗하게 잘 유지보수될 수 있게 주의를 기울여야 한다.

참고 문헌

머신러닝 시스템에서의 기술 부채는 D. 스컬리(D. Sculley), 게리 홀트(Gary Holt), 다니엘 골로빈(Daniel Golovin), 유진 다비도프(Eugene Davydov), 토드 필립스(Todd Phillips), 디트마르 에브너(Dietmar Ebner), 비나이 차우다리(Vinay Chaudhary), 마이클 영(Michael Young)의 "머신러닝: 기술 부채의 고이율 신용카드(Machine Learning: The High-Interest Credit Card of Technical Debt)", NeurIPS 워크숍(workshop at NeurIPS, 2015)에서 처음 언급됐다.

에릭 브렉(Eric Breck), 샹잉 차이(Shanging Cai), 에릭 닐센(Eric Nielsen), 마이클 살립(Michael Salib), D. 스컬리(D. Sculley)는 "ML 테스트 점수: 머신러닝 프로덕션 준비도 및 기술 부채 감소를 위한 루브릭(The ML Test Score: A Rubric for ML Production Readiness and Technical Debt Reduction)", IEEE 빅 데이터 논문집(Proceedings of

IEEE Big Data, 2017), https://ai.google/research/pubs/pub46555에서 프로덕션 머신러닝 시스템 테스트에 대해 기고했다. 머신러닝 모델 생성에 대한 수많은 블로그와 온라인 과정이 있는데, 그중 https://www.fast.ai는 소프트웨어 엔지니어를 위해 특별히 설계된 사이트다.

마틴 진케비치는 머신러닝에 대한 구글의 규칙을 작성했다. 마지막 업데이트는 2019년에 이루어졌는데, https://developers.google.com/machine-learning/guides/rules-of-ml/에서 찾을 수 있다. 이것은 광고 및 소셜 네트워크에 대한 구글의 경험을 바탕으로 프로덕션 수준의 머신러닝 시스템을 구축하는 데 유용한 43가지 규칙이다.

안드레이 카파시(Andrej Karpathy)는 2017년 같은 이름의 블로그 게시물(https://medium.com/@karpathy/software-2-0-a64152b37c35)에서 '소프트웨어 2.0'의 문제점을 처음으로 확인했다.

알렌AI(AllenAI) 연구소와 그곳의 연구원 및 개발자들은 좋은 엔지니어링 데이터 사이언스 워크플로의 최전선에 있다. https://github.com/allenai/writing-code-for-nlp-research-emnlp2018/blob/master/writing_code_for_nlp_research.pdf에서 튜토리얼의 일부를 확인할 수 있다.

10

팀 관리와 사회적 부채
— 데이미언 A. 탐부리와 함께

부채는 단순한 경제적 사실이 아닌
사회적 이념적 구조다.

- 노엄 촘스키

프로젝트가 순수하게 기술적인 이유만으로 실패하는 경우는 굉장히 드물다. 대부분의 실패는 아무리 부분적으로라도 의사소통 또는 관리의 문제에서 비롯된다. 한 조직의 구조는 프로젝트의 구성뿐만 아니라 소스코드 계층, 테스트 프로세스까지 직접적인 영향을 미치기 때문에 의사소통과 관리, 그리고 팀 조직은 소프트웨어 산출물에 산재하는 기술 부채에 강력한 영향을 준다. 따라서 이번 장은 조직적 상황과 기술 부채 사이의 관계에 집중한다. 사회적 부채는 조직에서 일어나는 문제가 소프트웨어 개발에 부담을 줄 때 혹은 조직 구조와 시스템 산출물 사이에 조화가 이뤄지지 않을 때 발생한다. 이런 부조화는 다른 산출물에 존재하는 기술 부채와 같은 낮은 품질의 코드, 민첩성 상실, 높은 후속 처리 비용 등의 문제를 야기한다. 여기서는 우선 사회적 부채의 개념을 소개한 뒤 이를 식별하는 방법과 관리하는 방법, 피하는 방법을 설명한다.

10.1 사회적 부채의 정의

소프트웨어 엔지니어링은 전통적으로 코드, 프로세스, 도구 등의 산출물에 초점을 맞춰왔다. 하지만 사람들과 그들이 모여 있는 팀, 팀의 구조와 성격 등 그것을 만든 사람들의 성향 역시 산출물만큼 중요하다. 사람에 집중하게 된 계기는 전문 분야로서 소프트웨어 엔지니어링의 기원으로 거슬러 올라간다. 1968년에 멜빈 콘웨이(Melvin Conway)는 지금의 콘웨이 법칙(Conway's law)에서 "소프트웨어 시스템의 구조는 그것을 생산한 조직의 사회 구조를 반영한다"라고 주장했다. 이를 뒷받침하기 위해 그는 몇 가지 일화를 증거로 인용했는데, 예를 들어 다섯 명의 개발자에 의해 개발된 코볼(COBOL) 컴파일러는 다섯 개의 단계를 거쳐 실행되고, 세 명의 개발자에 의해 개발된 알골(ALGOL) 컴파일러는 세 개의 단계를 거쳐 실행된다는 것이다. 조직 내 사회적 구조가 중요하고 실제로 실무에 엄청난 영향을 준다는 개념은 콘웨이가 이 논문을 처음 쓴 이래 여러 팀과 프로젝트를 통해 50년 넘게 증명됐다.

조직을 구성하는 방법과 시스템을 구성하는 방법은 셀 수 없이 많기 때문에, 이러한 구조들 중 일부는 최적이 아닐 가능성이 높다. 이런 시스템 구조와 조직 구조 간의 불일치를 사회적 부채로 정의한다. 자연스럽게 조직 설계를 시스템 설계에 맞추는 과정에서 일부 매핑이 최적이 아닐 수 있다.

간략하게 한 일화를 예로 들어보겠다. 하나의 소프트웨어 프로젝트를 세 팀이 함께 담당하고 있다고 가정해 보자. 이 팀들은 전자 상거래 시스템 프로젝트를 진행 중이고, 각 팀이 주요 하위 시스템을 하나씩 담당한다. 만약 이 전자 상거래 시스템이 전형적인 3계층 아키텍처로, 백엔드 계층, 비즈니스 로직 계층, 프런트엔드 계층으로 나뉘어 있다면 데이터베이스 팀은 사용자와 상호작용하는 팀보다는 비즈니스 로직 팀과 더 많은 협력을 할 필요가 있다고 예상할 수 있다. 인접한 계층을 담당하는 팀 간의 상당한 상호 작용 역시 예상할 수 있는데, 예를 들어 비즈니스 로직이 변경되면 사용자 인터페이스에도 영향을 주기 때문이다. 사용자 인터페이스 팀이 다른 어느 팀과도 거의 대화하지 않고 변경 요청이나 정보 요청에 마지못해 응하는 등 팀 간의 의사소통이 제대로 일어나지 않는다면 이는 **사회적** 부채가 된다. 원활하지 않은 의사소통은 결코 드물지 않고, 특히 여러 곳에 분산된 프로젝트나 각각 다른 팀에서 다른 컴포넌트를 개발하는 프로젝트에서 흔히 발견할 수 있다.

사회적 부채는 모든 종류의 사회기술적 부조화로 인해 발생하는 부가적인 프로젝트 비용이다. 예를 들어 사일로 효과(silo effect), 즉 프로젝트가 사일로화된 조직으로 나뉘고 그런 사일로끼리 거의 교류가 없는 상태를 생각해보자. 사일로화된 조직이 서로 의존하는 산출물에 관해 작업하는 경우, 충분하지 않은 대인 상호 작용은 문제를 일으킬 수 있다. 어떤 팀은 문서화가 필요없다고 단정짓고 다른 팀이 실제로 필요로 하는 문서를 만들지 않을 수 있다. 또 어떤 팀은 다른 팀이 직면한 어려움(일부 성능 문제 등)을 인지하지 않은 채 자체적으로 시스템을 최적화해버려서(예를 들면 멀티 스레드 적용) 새로운 문제(만약 초기 코드가 스레드 안전하지 않다면 데이터 일관성 문제가 발생)가 생길 수도 있다.

이상적으로는 프로젝트에도 사회기술적 **조화**가 필요하다. 밀접하게 연결된 컴포넌트는 서로 지속적으로 의사소통하는 팀에 의해 개발돼야 한다. 물론 같은 장소에서 일한다면 더욱 이상적이다. 상호 작용이 거의 또는 전혀 없는 컴포넌트라면, 컴포넌트의 성격과 유사하게 팀이 서로 떨어져 있는 상태에서 개발돼도 무방하다. 이 두 경우 모두 사회 구조와 기술 구조가 조화롭다고 말할 수 있다.

그렇다면 사회적 부채 및 사회적 부채가 기술 부채에 미치는 영향을 어떻게 식별하고, 부채가 있다는 것을 알게 된 후에는 이를 어떻게 관리해야 하며, 처음부터 이를 피하기 위해서는 무엇을 해야 할까? 다음 세 개의 절을 통해 확인해 보자.

10.2 사회적 부채 식별하기

코드 스멜을 통해 코딩 문제를 식별해 내는 것처럼 여기서는 커뮤니티 스멜이라는 개념을 사용해서 최적이 아닌 형태의 사회 구조와 행동을 감지하고 완화한다. 조직 구조는 사람(그리고 코드, 테스트, 문제와 같은 산출물) 간의 네트워크로, 작동하는 코드를 제공하는 것 등의 공동의 목표를 달성한다는 목적을 가지고 있다. 이런 조직 구조는 네트워크로 모델링할 수 있다. 지난 10년간 조직 구조를 모델링하기 위한 소셜 네트워크에 대한 관심은 꾸준히 늘었다. 소셜 네트워크는 일반적으로 일종의 행위자나 사람, 조직을 뜻하는 노드(node)와 그 노드 사이의 연결인 관계를 이야기한다. 소셜 네트워크 분석이라는 분야는 한 세기가 훨씬 넘게 존재했지만, 컴퓨터가 매개체가 되는 소셜 네트워크가 보편화되면서 그 중요성이 훨씬 더 커졌다.

소셜 네트워크를 분석하면 네트워크 내의 연결, 네트워크 전반에 걸친 노드와 경계의 분포, 네트워크가 클릭(clique) 같은 하위 그룹으로 나뉘는 방식에 대한 통찰을 얻을 수 있다. 즉, 하나의 네트워크 내에서 혹은 여러 네트워크 사이에서의 관계를 볼 수 있는데, 한 그룹이 주로 메시지를 보내고 다른 그룹은 받기만 하는 식의 의사소통이 균형적인지 불균형적인지, 중앙 집중식인지 분산식인지, 상호 연결 밀도가 높은지 낮은지 등을 알아낼 수 있다.

우리는 집, 직장, 여러 사회 활동에서 모두 네트워크에 속해 있다. 소셜 네트워크가 어떻게 조직되는지, 그것이 비즈니스 맥락에서는 어떤 의미를 가지는지를 생각해 본다면 특정 형태의 네트워크 구조는 그렇게 이상적이지 않다는 것을 알 수 있다.

그림 10.1에서 보는 것처럼 3명이나 5명 정도의 소규모로 이루어진 팀에게 이런 구조는 큰 문제가 되지 않는다. 하지만 팀 구성원 수가 7명만 돼도 팀의 모든 구성원이 서로의 모든 활동과 결정을 공유하는 것을 기대한다면 의사소통이 꽤 복잡해지고 많은 시간을 소모하게 된다는 것을 알 수 있다. 한 팀원이 총 12명이라면 어떻게 될까? 이 팀의 팀원들이 서로 밀접하게 연결돼 있어야 한다면 이들은 잠재적으로 66번의 의사소통이 필요하다. 당연히 업무 시간은 모두 의사소통에 사용되고 실제 업무는 전혀 진행되지 않을 것이다. 그렇다면 이 열두 명을 각각 4 명씩 3 팀으로 나누면 어떨까? 슬프게도 이 세 개의 하위 팀이 여전히 강력하게 상호 연결돼 있다면 팀을 나누는 것으로 달라지는 것은 하나도 없다. 그렇다고 팀

간의 의사소통을 줄인다면 하나의 하위 팀이 하나 혹은 그 이상의 다른 하위 팀에게 영향을 미치는 결정을 내렸을 때 그 결정이 충분히 공유되지 않을 위험이 있다.

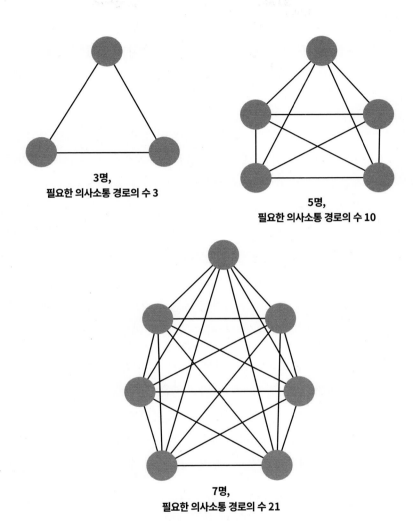

3명,
필요한 의사소통 경로의 수 3

5명,
필요한 의사소통 경로의 수 10

7명,
필요한 의사소통 경로의 수 21

그림 10.1 의사소통 네트워크 수의 기하급수적인 증가

물론 이 단순한 모델은 어디까지나 이론적인 이야기로 대부분 조직은 더 나은 역량을 가지고 이것보다는 훨씬 더 나은 상황에 있다. 이 간단한 예시의 핵심은 소셜 네트워크가 중요하며 모든 네트워크 구조가 효율적으로 작동하지는 않는다는 것이다. 사회적 부채를 식별하기 위해서는 **어떤** 패턴의 사회적 상호 작용이 해로운지 생각해 볼 필요가 있다.

사회적 상호작용은 단독으로 떼어내서 생각하기보다는 상황도 함께 고려해야 한다. 즉, 팀과 팀이 작업한 소스코드 등의 산출물을 연결 짓는 등 소셜 네트워크와 기술 네트워크를 매핑하는 것이다.

간단한 예를 살펴보자. 팀 1과 팀 2는 각각 소프트웨어 컴포넌트 A와 B를 작업 중이다. 컴포넌트 A와 B는 서로 통합되거나 함께 운영되거나 공통 자원을 공유하거나 시간적으로 의존하는 등 높은 결합도를 가지고 기술 네트워크를 형성한다. 이런 상황에서 팀 1과 팀 2가 회의나 그룹 채팅, 기술 책임자 간의 정기 회의를 통해 밀접한 의사소통을 하는 것은 자연스러운 일이다. 즉, 두 팀은 콘웨이의 법칙에 따라 두 컴포넌트의 강한 결합을 팀 사이의 높은 수준의 의사소통, 상호 작용, 협상 등에 반영해야 한다. 어떠한 소셜 네트워크라도 산출물의 네트워크에 연관 지을 수 있는데, 이것을 **기술** 네트워크라고 부른다. 소셜 네트워크의 구조가 기술 네트워크의 구조에 영향을 미치는 것은 참 흥미로운 점이다. 자연스럽게 이런 소셜 네트워크가 어떻게 관리되고 운영되는지 주의 깊게 고려하는 것이 중요해진다.

이런 상황에서 소프트웨어 프로젝트에서 반복적으로 발견되는 공통적인 커뮤니티 스멜이 있다. 표 10.1에 나와있는 것과 같이 커뮤니티 스멜은 소프트웨어의 품질 저하와 같은 기술 부채를 초래한다. 커뮤니티 스멜이 있는 프로젝트 환경에서 흔히 나타나는 무임승차 현상이 한 예시인데, 무임승차자는 기여하는 바 없이 공동의 이득을 취하는 팀원을 의미한다. 이런 행동은 더 큰 문제가 되기 전에 찾아내고 궁극적으로 제거하는 것이 바람직하다.

기술 부채를 유발할 수 있는 커뮤니티 스멜의 유형별 설명 및 원인과 결과는 표 10.1에 정리되어 있다. 이 표에서는 어떤 커뮤니티 유형이 어떤 기술 부채의 조건을 만들어낼 가능성이 있는지 보여준다.

대규모 프로젝트의 성공은 많은 경우 폭넓고 다양한 경험에 달려있다. 즉, 다양한 수준의 능력과 경험을 가진 팀원들이 있다는 이야기다. 이런 다양성은 인지 거리, 타임 워프, 배움의 비실천 등의 스멜을 유발할 수 있다. 그중 인지 거리는 기술, 교육, 사회적 배경에 상당한 차이가 있는 개발자와 동료 사이에서 인식되는 거리다. 이 심리적 거리를 방치한다면 시간과 자원의 낭비, 더 나아가 프로젝트가 서로를 불신하는 여러 집단으로 분열될 수도 있다.

그렇다고 비슷한 배경을 가진 사람들로만 팀을 구성하는 것도 프로젝트에 그렇게 도움이 되지는 않는다. 많은 연구가 이미 증명했듯이 다양한 배경을 가진 사람들이 함께하는 것은 창의력을 포함해 여러 이점을 불러오기 때문이다. 비슷한 배경을 가진 사람들로만 구성된 팀이라면 특정 스킬의 부족으로 실수가 생길 수 있다. 한 가지 예로 프런트엔드 경험이 없는 사람만 모인 팀이 만든 첫 번째 사용자 인터페이스는 그리 훌륭하지 않을 것이다. 팀이 좀 더 다양한 스킬을 갖추거나 다른 팀과 활발한 의사소통을 하는 것은 개선된 인터페이스를 빠르게 제공하기 위한 관련 리소스를 찾는 데 도움이 된다. 이 스멜을 완화하기 위한 몇 가지 방법은 공통된 기준과 실무 실천 방법, 그리고 훈련으로 팀 문화를 만드는 것이다.

또 다른 예로 **권력에 대한 거리감**이 지나치게 심한 것 역시 팀 내 신뢰성과 생산성에 부정적인 영향을 미칠 수 있다. 권력에 대한 거리감은 커뮤니티 내에서 비교적 영향력이 적은 구성원이 더 많은 권력을 가지고 영향력을 행사하는(아키텍트 등의) 다른 팀원에게 느끼는 거리다. 숙련된 선배 개발자가 상대적으로 경험이 적은 후배 개발자를 신뢰하지 않는다면 후배 개발자는 프로젝트에 기여하거나 자유롭게 아이디어를 내는 것을 두려워할 수 있다. 경우에 따라서는 개발자가 가면 증후군(imposter syndrome)에 빠져 자신의 의견이 팀원들과 공유하기에 부족하다고 여기고 프로젝트에 기여하기를 꺼리게 될 수도 있다.

표 10.1 커뮤니티 스멜 데이미언 탐부리의 2016년도 및 2019년도 연구에서 발췌

커뮤니티 스멜의 종류	설명	원인	결과
고독 개발	개발자가 자신의 방식만 고수하고 혁신적인 아이디어나 예제일 방법론 또는 데브옵스 같은 실천 방법을 거부하는 것	워터폴 모델 같은 오래된 프레임워크 내에서만 생각하는 경향	▪ 고객이 가진 기대치와 개발 커뮤니티가 가진 기대 ▪ 치의 불일치 발생
타임 워프	사람들이 조직 구조와 프로세스가 변하면 의사소통에 시간이 덜 걸리고 명시적인 추가 조정이 필요하지 않게 될 것이라고 잘못 가정하는 것	다양한 경험의 부족	▪ 낮은 소프트웨어 아키텍처 품질 ▪ 오작동하는 소프트웨어 또는 코드 스멜 ▪ 커뮤니티 내에서 체면 손상 ▪ 운영 문제의 미해결 ▪ 고객 불만족
인지 거리	개발자가 물리적, 기술적, 사회적, 문화적 배경에서 상당한 차이가 있는 팀원에 대해 인식하는 거리	다양한 경험의 부족	▪ 시간 낭비 ▪ 초보자와 전문가의 대립 ▪ 결함이 있는 코드 혹은 코드 스멜 ▪ 추가 개발 비용 발생 ▪ 운영 자원 낭비 ▪ 다양한 운영 영역에 대한 이해도 부족 ▪ 개발 네트워크 전반에 걸친 불신 ▪ 기대에 대한 잘못된 해석

커뮤니티 스멜의 종류	설명	원인	결과
신입의 무임승차	신입이 누구를 위해 무엇을 해야 하는지 이해하지 못한 채로 홀로 남겨져 별다른 기여 없이 다른 고참에게 의존하는 상황 (무임승차의 경제적 개념을 소프트웨어 엔지니어링에도 작용)	일관되지 않음	■ 높은 업무 부담 ■ 재충 유발 ■ 중간 레벨 직원의 의욕 저하
권력에 대한 거리감	소프트웨어 개발 커뮤니티에서 영향력을 덜 가진 구성원이 더 많은 권한을 가지고 있는 다른 사람을 인식하고 받아들이는 정도	아키텍처 지식 공유 부족	■ 추가 프로젝트 비용 발생 ■ 재무적 손실 ■ 일정 실패
성급한 출시	제품이 아직 준비되지 않았음에도 충분히 성숙했다고 생각하고 운영으로 넘기는 상황	개발 단계의 참여 부족 호기심 부족	■ 소프트웨어 개발 맥락에 대한 정보 누락 ■ 위험성이 높은 가정 ■ QA 비용 증가 ■ 고객 신뢰 상실
독선적인 팀원	독선적이거나 제층 나는 방식으로 운영됨 등이 타인에게 쓸데없이 예의를 강요하거나 까다롭게 행동하는 팀원	일관되지 않음	■ 추가 프로젝트 비용 발생 ■ 함께 일하는 팀원들의 좌절 ■ 팀 분위기에 부정적인 영향
제도적 동형	한 하위 커뮤니티의 프로세스 및 구조가 다른 하위 커뮤니티의 프로세스 및 구조와 유사한 상황. 비슷한 제약하에서 각각 발생할 수도 있고 커뮤니티가 서로 모방해서 발생할 수도 있다.	표준에 대한 과도한 준수 혁신 부족 공식적인 구조를 사용해 커뮤니티의 목표를 달성하려고 함 경직된 사고	■ 팀 정신에 부정적인 영향 ■ 덜 유연하거나 맛밋한 제품 ■ 조직 내 혁신 부족 ■ 커뮤니티의 침체 ■ 의사소통 또는 협업 부족

커뮤니티 스멜의 종류	설명	원인	결과
초연결 커뮤니티	커뮤니티들이 서로 너무 밀접하게 연결된 상태로, 집단 사고에 영향받기 쉽고 하위 커뮤니티에도 영향을 미치는 상황	알려지지 않음	• 분쟁 증가 • 버그가 있는 소프트웨어를 만들게 됨 • 영향력이 작은 팀원이 기회를 가지지 못하게 됨
데브옵스 충돌	다양한 지리적 위치에 있는 개발과 운영을 함께놓은 팀 안에서 발생하는 충돌. 개발 또는 운영에 대해 계약상의 의무를 가지고 있다.	지리적으로 분산됨	• 프로젝트 비용 증가 • 신뢰를 쌓기 어려움 • 개발과 운영이 가지고 있는 서로 다른 사고방식을 연결하지 못함 • 지식 전달이 원활하지 않음 • 개발과 운영 간의 문화 충돌 • 느린 개발 속도 • 비효율적인 운영 • 시스템 장애 증가 • 고객이 겪는 장애 증가
과도한 비공식성	정보 관리 및 제어 프로토콜이 상대적 부재로 업무를 절차 없이 진행하는 상황	알려지지 않음	• 개발 및 운영 관련 팀원에게 일을 맡길 수 없음 • 정보 과잉
배움의 비실천	구성원이 변화를 원하지 않기 때문에 새로운 기술이나 발전된 조직 구성 및 모범 사례 등을 훈련의 일부로 공유해도 업무에 적용하지 않는 상태	다양한 경험의 부족	• 참여 부족 • 지식 또는 모범 사례가 점진적으로 사라짐

커뮤니티 스멜의 종류	설명	원인	결과
사일로화된 조직	개발자 커뮤니티에서 격리된 영역이 발생해서 한두 명 빼고는 의사소통이 되지 않음	업무가 서로 분리된 상태에서 진행됨 의사소통 부족	▪ 의사소통이 제대로 일어나지 않음 ▪ 사회기술적 조화가 희미해짐 ▪ 터널 비전 ▪ 이기적인 행동
먹구름	구조화된 의사소통 또는 협력 거버넌스 부재로 정보가 과부하됨	조직 내부 정보 중개인의 부족 공유하고자 하는 움직임 부족	▪ 잘못된 정보의 전달 ▪ 모호한 프로젝트 비전 ▪ 신뢰 저하
고독한 늑대	동료들, 동료들의 결정, 의사소통을 고려하지 않고 혼자 작업하는 성향의 구성원	하위 그룹 내의 동형 선호	▪ 개발자 무임승차 ▪ 수용할 수 없는 아키텍처 결정 ▪ 열악한 유지보수성 ▪ 함께 일하는 팀원들의 좌절

237

커뮤니티 스멜은 어떤 프로젝트에서든 꽤나 흔하게 관찰된다. 실제로 애자일 소프트웨어 개발을 한다고 주장하는 9개의 각각 다른 분야의 조직(항공우주, 자동차, 휴대전화, 정보 시스템 컨설팅, 의료 정보학, 은행 정보 시스템, 식품 생산, 전자)의 실무자 90명을 대상으로 한 연구가 있었는데, 놀랍게도 **모든** 프로젝트에서 나름대로의 커뮤니티 스멜이 발견됐다. 가장 많이 발견된 커뮤니티 스멜은 타임 워프, 인지 거리 및 데브옵스 충돌이었는데, 특히 데브옵스 충돌은 응답한 **모든** 팀에서 발견됐다. 이런 커뮤니티 스멜은 프로젝트에서 기술 부채의 원인이 된다.

- **타임 워프**는 프로젝트 구성원이 의사소통에 필요한 시간과 의식적인 노력이 실제보다 훨씬 적게 들어간다고 가정하게 한다. 그 결과 무언가에 대한 결정이 충분한 의사소통 없이 일어나고, 추가 조정 문제가 발생한다.
- **인지 거리**는 요구 사항이 명확하게 전달되지 않아 애초부터 제대로 만들지 못하고 나중에 수정하게 될 버그가 있는 프로젝트를 제공하게 한다. 가장 경험이 많은 엔지니어가 그렇지 않은 주니어를 서포트하지 않아서 시스템 성능에 영향을 주는 복잡한 알고리즘 등의 좋지 않은 코드가 쓰인다.
- **데브옵스 충돌**은 개발자와 운영 담당자 간의 의견 충돌로 인해 개발 프로세스가 느려지고(깃 리포지터리가 매우 느림 등) 제품 배포가 지연되거나 아예 불가능해지는 경우를 말한다.

이 연구에서는 커뮤니티 스멜과 아키텍처 스멜과의 강한 상관관계도 발견됐는데, 이는 사회적 부채와 기술 부채의 밀접한 연관을 보여준다. 한 연구에서는 연구 대상이 된 프로젝트의 80%에서 이 상관관계가 발견됐다. 마지막으로 가장 안타까운 점은 프로젝트 진행도에 따라 이런 스멜의 가짓수도 함께 증가했다는 것이다. 즉, 시간이 흐를수록 경험이 쌓이고 프로젝트의 상황이 더불어 개선되는 것이 아니라, 점점 더 나빠진다는 것이다. 따라서 커뮤니티 스멜은 식별 및 관리가 필요한 현상임이 분명하고, 알아서 나아지길 기대해서는 절대 안 된다. 기술 부채와 마찬가지로 사회적 부채도 관리의 대상이라는 인식을 가지고 의식적이고 체계적인 계획을 세워 이를 관리하고 줄여 나가야 한다.

10.3 사회적 부채 관리하기

소프트웨어 개발에서 우리의 목표는 부채를 피하는 것이 아니라 부채를 관리하는 것이다. 부채는 때로는 불가피하거나 필요하거나 심지어 단기적으로는 바람직하기도 하다. 사회적 부채를 효과적으로 관리하기 위해서는 프로젝트의 소프트웨어 아키텍처를 팀의 구조에 맞추거나, 팀이 아키텍처의 구조에 맞춰야 한다. 그 밖의 모든 것은 콘웨이 법칙의 위반으로 이어지고, 이는 최선이 아닌 결과를 부른다. 따라서 아키텍트나 프로젝트 매니저는 사회적 부채에 대해 생각하고 모니터링해야 하며, 프로젝트의 사회기술적 조화를 고려해야 한다.

사회적 부채를 관리하기 위한 아키텍트 또는 프로젝트 매니저의 주요 활동은 다음을 중심으로 일어나야 한다.

1. 커뮤니티 만들기

2. 커뮤니티가 제대로 기능하게 하기

3. 커뮤니티를 지속적으로 추적하고 키우기

커뮤니티를 **만드는 것**에 있어 관리자는 각 팀이 서로 가까워질 수 있게 노력해야 한다. 모든 사람이 같은 오피스에서 근무하는 환경이라면 이는 비교적 간단하다. 팀을 서로 가깝게 배치하고 그들이 상호 작용할 수 있는 기회와 적절한 인센티브를 가질 수 있게 하면 된다. 그러나 팀이 분산된 상태에서 개발을 하거나 대다수의 개발자가 재택근무를 하는 경우라면 팀원들은 물리적으로 가깝게 일하는 이점을 누리기 어려울 수 있다. 이런 경우 팀은 공유된 리포지터리, 메일링 리스트, 화상 채팅, 인스턴트 메시징, 원격 스탠드업 미팅 등의 방법을 통해 물리적 거리감을 **전자상으로** 좁혀야 한다. 이런 전자상으로 연결된 커뮤니티는 실제로 물리적인 커뮤니티를 능가하는 성과를 내왔기에 물리적으로 함께 있는 팀에서도 실천해 볼 가치가 있다. 오늘날 깃랩이나 스트라이프(Stripe) 등 많은 회사가 오히려 원격으로 근무하는 형태로 전향하고 있으며 이는 업무 수행에 있어 물리적 거리는 큰 상관이 없음을 보여준다.

이런 커뮤니티가 실제로 잘 기능하고 있는지는 어떻게 확인할 수 있을까? 11장에서 몇 가지 특정 단계에 대해 논의하겠지만, 무엇보다도 아키텍트, 기술 리드 및/또는 프로젝트/팀 매니저가 커뮤니티에서 적극적으로 활동하는 구성원이 돼야 한다. 코치, 멘토, 어드바이저 및 물론 리더로서 말이다. 스스로가 모범이 되는 것을 대신하는 것은 없기 때문에 함께 일하는 개발자가 명확하고, 정직하고, 솔직하게, 자주 의사소통을 해주기를 원한다면 스스로가 먼저 그 본보기가 돼야 한다.

물론 모두가 프로젝트의 훌륭한 구성원으로서 흠잡을 데 없이 모범을 보인다고 해도 문제는 발생한다. 프로젝트가 크면 클수록 서로가 알지 못하는 혹은 심각한 상황이 돼서야 알게되는 문제가 발생할 가능성 역시 더 높아지기 때문이다. 사회적 부채를 어떻게 실시간으로 측정하고 모니터링하고 관리할 수 있을까?

한 가지 방법은 코드페이스(CodeFace) 또는 코드페이스4스멜(CodeFace4Smells)[1]와 같은 도구를 사용해서 커뮤니티가 어떻게 성장하고 있는지, 커뮤니티의 존재 목적에 따른 문화가 어떻게 만들어지는지를 추적해보는 것이다. 코드페이스와 코드페이스4스멜은 오픈소스 형태로 모두 무료로 이용할 수 있다. 이런 도구는 버전 관리 시스템, 이슈 트래킹 시스템 및 메일링 리스트와 같은 여러 프로젝트 데이터 소스에서 데이터를 뽑아내고, 뽑아낸 데이터를 분석해서 프로젝트의 소셜 네트워크 및 사회 활동에 대한 통찰을 제공한다. 예를 들어 코드페이스는 커뮤니티에서 중심이 되는 기여자, 가장 활발하게 다뤄지는 토론 주제, 그리고 그중 눈에 띄는 의사소통 구조를 알려준다. 이 정보를 기반으로 코드페이스4스멜은 제품 이름에서 알 수 있듯이 커뮤니티 안티패턴, 즉 사회적 스멜을 구분한다. 이런 도구의 이점은 조직의 표준 파이프라인 안에 도구를 넣거나 매일 또는 매주 분석을 실행해서 프로젝트 관리를 위한 보고서를 만들 수 있다는 것이다. 필요할 때마다 혹은 정기적으로 이런 정보를 얻음으로써 관리자와 아키텍트는 사회적 부채를 모니터링 및 관리하고 새로운 추세가 심각한 프로젝트 위험이 되기 전에 대응할 수 있게 된다.

물론 이런 도구를 통해서만 통찰을 얻을 수 있는 것은 아니다. 커뮤니티 스멜이라는 것은 단순히 프로젝트 이해관계자와 개인적인 대화를 통해 감지해낼 수도 있다. 예를 들어 경영진과 기여자 간의 정기적인 인터뷰나 1:1 또는 주간/격주 회의는 개발자, 팀, 옆 팀, 혹은 경영진 사이에 존재하는 잠재적인 문제를 논의할 수 있는 좋은 기회다. 이런 회의에는 의사

---

1 https://github.com/siemens/codeface, https://github.com/maelstromdat/CodeFace4Smells

소통 자체나 의사 결정과 의사 결정 과정에 문제가 있는지, 지식 축적에 문제가 있는지, 다른 사람들의 나쁜 행동으로 인해 발생하는 문제가 있는지 등을 확인할 수 있는 사회적 부채와 사회적 스멜에 대한 질문이 포함돼야 한다. 여기서 무엇보다도 매니저는 피드백을 환영한다는 것을 보여줘야 한다. 개발자는 종종 문제에 대해 말하는 것을 두려워하고 조직 및 의사소통 문제 같은 어려운 이야기는 피하고 싶어 하기 때문이다.

커뮤니티 스멜과 관련해 얼마나 많은 피해가 발생할 수 있는지에 대해 정확히 수치화된 추정은 아직 없지만, 박스 10.1의 전쟁 같은 이야기만 봐도 사회적 부채가 얼마든지 프로젝트의 발목을 잡고 심각한 결과를 초래할 수 있음을 쉽게 알 수 있다. 사회적 및 조직적 현상은 조직 내 네트워크에 빠르게 퍼질 수 있기 때문이다. 예를 들어 업무가 반복적으로 2시간씩 지연되고 그것이 특정 커뮤니티 스멜에 연결돼서 발생하는 일이라면(2시간에서 4시간의 지연이 흔한 상황) 이것은 조직 네트워크 내 최소 여섯 명의 팀원에게 영향을 주고, 결국 친구의 친구까지, 즉 네트워크 전체에 영향을 미칠 수 있다!

박스 10.1 실무자의 목소리: 줄리엔 댄쥬

> 지난 몇 년간 다수의 유지보수 담당자가 팀을 떠나면서 코드베이스를 지원하는 부담은 남은 유지보수 담당자가 떠안게 됐습니다. 유지보수 담당자가 특정 제품 기능에 대한 관심이나 지식이 없으면 그 코드는 실질적인 부담이 될 수 있습니다. 따라서 개발 주기의 상당 부분은 이런 기술 부채를 해결하는 데 소요됐습니다. 중요하지 않은 기능은 더 이상 사용되지 않게 됐고, 제거됐습니다. 때로는 코드를 제거하는 것이 부채를 줄이는 가장 쉬운 방법입니다. 반면에 널리 사용되는 제품 기능은 유지보수 담당자에 의해 잘 관리됐고, 발생한 문제들은 해결됐습니다. 개발팀이 기능 제거, 코드 정리, API 업그레이드에 많은 시간을 들이게 되면 새로운 기능을 제공하는 데 큰 영향을 미칩니다. 따라서 항상 타협이 필요하며 우리의 경우 팀 규모가 축소되면서 새로운 코드를 작성하기보다는 기술 부채 해결에 시간을 쏟는 것을 택했습니다. 하지만 기술 부채 해결에만 집중하면 프로젝트가 새로운 기여자의 관심을 받지 못하는 또 다른 문제가 발생할 수 있습니다. 지금은 존재하지 않아도 그런 새로운 기여자가 있어야 프로젝트 유지보수가 가능할 수 있습니다. 어려운 결정이죠.
>
> – JD[2]

---

2 [실무자의 목소리]는 실무자의 경험을 인터뷰한 내용을 발췌한 것으로, 인터뷰의 전체 내용 및 다른 실무자 인터뷰는 부록에서 이름을 기준으로 찾을 수 있다.

10.4 사회적 부채 피하기

사회적 부채도 기술 부채나 재무적 부채와 마찬가지로 처리하지 않으면 시간이 지남에 따라 점점 커지게 된다. 데이미언 탐부리와 동료들의 최근 연구에서도 커뮤니티 스멜의 수는 팀이 작업하는 개월 수에 비례해서 점점 커졌다. 팀은 애자일 방법론으로 작업했기 때문에 애자일 방법론이라고 대단히 커뮤니티 스멜을 방지한다고 볼 수도 없다.

따라서 사회적 부채를 관리하려면 앞에서 언급한 대로 커뮤니티를 모니터링하는 방법밖에 없다. 제품이 오픈소스 제품 등에 의존하는 등 높은 외부 의존성을 가지고 있거나 한창 성장하고 있는 시기라면 더욱 그렇다. 제품이 점점 더 성장함에 따라 더 많은 제품을 포함하게 되는데, 이는 통제 밖에 있는 다른 팀 등에 더 많이 의존하게 되는 것을 의미한다. 성장하고 있다는 것은 사회적 부채를 더욱 적극적으로 모니터할 필요성을 부각시킨다. 이 상황에서 조직의 구조는 개인의 통제를 벗어난 커뮤니티의 조직 구조를 따른다.

아파치 머하웃(Mahout) 프로젝트가 하둡과 맵리듀스(Map/Reduce)를 더이상 사용하지 않기로 결정했을 때 그 배경에는 적어도 부분적으로는 하둡 커뮤니티가 품질 유지를 보장할 수 없다는 인식이 있었다. 줌라(Joomla)가 맘보(Mambo)에서 분리된[3] 이유도 프로젝트 품질과 방향, 그리고 누가 어떤 프로젝트 측면을 컨트롤하는지에 대한 의견의 불일치가 원인이었다. 프로젝트는 특히 관리와 개발 사이에서 근본적으로 분열되었고 이런 분열은 결국 돌이킬 수 없게 됐다.

프로젝트 내 소셜 네트워크에서 행동 패턴을 추적하거나 익명의 기분 조사를 통해 프로젝트를 모니터링하는 것은 어떤 통찰과 뭔가가 잘못되어 가고 있다는 낌새를 알려줄 수는 있지만, 이것을 **어떻게** 관리해야 하는지까지는 알려주지는 않는다. 우리는 이미 많은 공식적, 그리고 비공식적 조직이 성공하고 실패하는 것을 지켜봤다. 그래도 다행히 품질, 특히 아키텍처의 품질에 일관적인 상관관계를 가진 프로젝트 요소에 대한 가이드는 몇 가지 존재한다. 예를 들어 소프트웨어 커뮤니티의 응집도는 일관되게 중요하다. 응집도가 높은 팀은 긴밀한 협업과 의사소통이 일어나는 팀으로 이런 조직에서는 아키텍처 문제가 적게 발

---

[3] (옮긴이) PHP 오픈소스인 줌라는 맘보 4.5.2.3 버전에서 분리돼서 줌라 1.0.0으로 배포됨

생한다. 이것은 더 긴밀하고 응집된 조직에서 아키텍처 지식의 흐름이 자연스럽게 증가되기 때문이라고 설명할 수 있다.

다행히도 커뮤니티 스멜의 결과를 논의하고 줄일 수 있는 관리자와 아키텍트를 위한 전략이 있다. 물론 맥락에 따라 효과는 다르다. 표 10.2는 몇 가지 커뮤니티 스멜을 가능한 완화책에 매핑해 본 것이다.

예를 들어 타임 워프 스멜에 시달리는 경우라면 아키텍처 결정에 대한 더 나은 조정 및 의사소통을 시도해 볼 수 있다. 리드 아키텍트가 단순히 상아탑 같은 존재가 아니라, 팀 구성원을 적극적으로 코칭하고 개발 난제를 이해하고 있음을 확실하게 해야 한다. 리스크 엔지니어링에 더 많은 리소스를 할애할 수도 있다.

인지 거리 스멜을 감지했다면 전문 의사소통 중재자를 팀과 프로세스에 도입할 수 있다. 경험이 많은 팀원과 경험이 적은 팀원을 짝지어주는 버디 페어링 실천 방법을 도입해 볼 수도 있고, 아니면 워크숍, 프레젠테이션, 프로젝트 위키같이 실시간으로 업데이트되는 문서를 통해 지식 교환을 자극하는 방법도 있다. 혹시 신입의 무임승차 스멜을 감지했다면, 다시 한번 이야기하지만 리드 아키텍트를 코치로 참여시키거나 익명의 기분 조사를 통해 팀원들, 특히 새로 들어온 팀원의 감정 소모가 아직 크지 않은 초기에 팀에 도움이 안 되는 행동을 잡아낼 수 있다.

표 10.2 커뮤니티 스멜 완화책

커뮤니티 스멜의 종류	설명/원인	가능한 완화책
묵혹 개발	워터폴 모델 같은 오래된 프레임워크에서 생각하는 경향	■ 훈련이나 개발자 교육 프로그램 및 온라인 클래스 지원 ■ 개발자와 관리자에게 새로운 기법을 소개하는 강연 개최 ■ 개발자가 새로운 기법과 프레임워크, 방법론을 배우는 것을 장려하는 개인 프로젝트 시간 제공
타임 워프	사람들이 조직 구조와 프로세스가 변하면 의사소통에 시간이 덜 걸리고 명시적인 추가 조정이 필요하지 않게 될 것이라고 잘못 가정하는 것	■ 아키텍처를 결정할 때의 의사소통 방법 개선 ■ 의사 결정을 조정하는 방법 개선 ■ 조직 내에서 누가 누구와 대화하고 결정을 내리는지의 의사소통 흐름을 명확하게 함
인지 거리	개발자가 물리적, 기술적, 사회적, 문화적 배경에서 상당한 차이가 있는 팀원에 대해 인식하는 거리	■ 전문적으로 의사소통을 중개해주는 사람의 도움을 받음 ■ 팀원들이 점심식사나 주간 모임 혹은 오프사이트 활동 등 사교 활동을 할 수 있도록 장려 ■ 각자의 팀이 어떤 작업을 하고 있는지 정기적으로 발표 등을 통해 공유 ■ 위크숍 및 발표회 개최 ■ 지속적인 문서 업데이트 ■ Collibra Inc.[4] 등의 외부 데이터 거버넌스 회사에 아웃소싱해서 프로세스를 조율함

---

[4] https://www.collibra.com/

커뮤니티 스멜의 종류	설명/원인	가능한 완화책
신입의 무임승차	신입이 누구를 위해 무엇을 해야 하는지 이해하지 못한 채로 홀로 남겨져 별다른 기여 없이 다른 고참에게 얹혀가는 상황 (무임승차의 경제적 개념을 소프트웨어 엔지니어링에도 적용)	■ 교정 ■ 정기적인 1:1 또는 일일 스탠드업 미팅 ■ 기본 조사 ■ 제출된 코드 중 어떤 코드에 가장 많은 주석이 달렸는지 등에 대해 회고 (Retrospectives) 실시
권력에 대한 거리감	아키텍처 지식 공유 부족	■ 중요한 작업을 주니어 개발자에게 맡기고 시니어 개발자에게 멘토링의 역할 부여 ■ 시니어 개발자가 주니어 개발자에게 공감을 갖는 분위기를 장려하고 주니어 개발자들이 빠르게 적용하고 시스템에 대한 더 많은 지식을 얻을 수 있도록 도움
성급한 출시	개발 단계의 참여 부족 호기심 부족	■ QA 부서 등이 테스터에게 제품을 일부러 망가뜨리고 보여 달라고 요청함으로써 제품이 아직 완전하지 않다는 것의 증명을 부탁 ■ 엔지니어가 기술 부채를 해결하고 전체 코드를 개선하는 데 집중할 수 있게 작업 시간의 10%를 할애할 수 있도록 장려 ■ 더 다양한 이력의 사람들로 팀을 구성해 성별 및 문화의 균형을 이룸
독선적인 팀원	하위 그룹 내의 동향 선호 개발 단계의 참여 부족	■ 구성원들에게 뻗칠 것 아닌 문제를 의논하는 데 낭비되는 생산성을 보여줌 ■ 팀 리더나 리뷰 과정을 세워서 독선적인 구성원들이 한 요구도 다른 요구와 마찬가지로 여러 눈의를 통해 리뷰. 프로세스를 통해 독선적인 의사 결정을 줄임.

커뮤니티 스멜의 종류	설명/원인	가능한 완화책
제도적 동형	표준에 대한 과도한 준수 혁신 부족 공식적인 구조를 사용해 커뮤니티의 목표를 달성하려고 함 경직된 사고	■ 현재 프로세스 및/또는 구조에 이의 제기 ■ 새로운 아이디어의 신속한 프로토타이핑을 통해 이것이 기존의 문제를 개선하는지 아니면 더 많은 문제를 발생시키는지 등을 빠르게 확인 ■ 다른 조직에서 가져온 데이터를 통해 결정이 편견에 의한 것이 아닌지 등의 객관성 확인
초연결 커뮤니티	인수 합병 기업 구조조정	■ 역할과 상호작용을 제한하는 엄격한 연결상태를 없애고 노 옵스[5] 등을 통해 구조 재정비 ■ 일부 의사소통 채널을 없애거나 제한
데브옵스 충돌	하위 팀 간의 지리적, 문화적, 권력 등의 거리	■ 하나의 엔티티(그룹/개인)에 데브옵스의 소유권 부여 ■ 특히 인프라 코드를 포함한 코드베이스 통합 ■ 권력에 대한 거리감 및 인지 거리에 대한 완화 고려
과도한 비공식성	경험 부족 기여에 대한 정책 및 행동 지침 부족 누락되거나 부적절하게 파진 설계 지식	■ 프로세스를 정의하고 개발자가 개발 프로세스를 따르도록 정리 ■ 조직 프로세스에서 벗어나는 것을 포함해서 개발자 액세스 및 활동을 감사하고 기록 ■ 조직 지침을 따르지 않는 모든 사용자에 대한 액세스 차단

---

5 (옮긴이) NoOps: 배포, 모니터링, 소프트웨어 운영에 있어 완전한 자동화를 강조하는 방법론

커뮤니티 스멜의 종류	설명/원인	가능한 완화책
배움의 비실천	다양한 경험의 부족	■ 회사 내에서 가까이 다른 사람을 이끌고 훈련시킬 수 있는 기술 및 프로세스를 마스터한 사람과 이것을 전파해 나갈 수 있는 에반젤리스트를 발굴 ■ 새로운 기술 또는 프로세스의 중요성을 도입하기 위해 지표를 가지고 조직 구성원을 설득
사일로화된 조직	업무가 서로 분리된 상태에서 진행됨 의사소통 부족	■ 사일로화된 그룹 간 정기적인 회의 개최 ■ 그룹 리더 간 정기적인 회의 개최
먹구름	조직 내부 정보 중개인 부족 공유하고자 하는 움직임 부족	■ 조직의 적절한 구성원에게 정보를 전달할 수 있는 프로토콜을 통해 의사소통 ■ 이런 프로토콜에 대해 조직 구성원의 피드백 받기
고독한 늑대	하위 그룹 내의 동형 선호	■ 조직 내 고독한 늑대의 행동을 식별 및 제재 ■ 고독한 늑대를 다른 조직 구성원과 둘씩 짝지어서 작업하게 함

10.5 이번 장을 마치며

사회적 부채는 현실이며 모든 프로젝트에 크든 작든 영향을 미친다. 소프트웨어 프로젝트를 관리하기 위한 다양한 프로세스가 이터레이션, 애자일, 워터폴 등의 형식으로 존재하지만, 이들 모두 사회적 부채에 굴복하고 만다. 사회적 부채는 부족 단위로 상호 작용하는 인간의 삶의 방식에 내재돼 있기 때문에 불가피하게 발생한다. 오래된 프로젝트가 신생 프로젝트보다 커뮤니티 스멜의 영향을 더 많이 받는다는 사실은 그저 자연스러울 뿐이다.

다행히 부채가 발생하도록 바라만 보지는 않아도 된다. 우리는 커뮤니티 스멜을 자동으로 감지함으로써 특정 종류의 사회적 부채를 식별할 수 있고, 감지한 스멜을 관리하거나 완전히 회피할 수 있는 완화책을 가지고 있기 때문이다.

참고 문헌

콘웨이 법칙의 원래 버전은 50년도 훨씬 더 전에 나왔다. M. E. 콘웨이(M. E. Conway)의 "위원회는 어떻게 발명하는가(How Do Committees Invent)", 데이터메이션(Datamation) 14, 4호(1968): 28 – 31페이지 중 31페이지를 확인하라.

소프트웨어 개발의 인간적 측면에 대한 다른 중요한 작업으로는 톰 드마르코(Tom DeMarco)와 티모시 리스터(Timothy Lister)의 ≪피플웨어≫(인사이트, 2014), 제럴드 와인버그(Gerald Weinberg)의 ≪프로그래밍 심리학≫(인사이트, 2014), 그리고 IBM이 OS/360 시스템을 구축하면서 직면한 프로젝트 관리 문제를 설명한 것으로 가장 잘 알려진 프레드 브룩스의 ≪맨먼스 미신≫(인사이트, 2015)이 있다.

기술과 관련되지 않은 문제, 즉 비즈니스, 관리 및 사회적 문제로 인해 프로젝트가 실패할 수 있는 예는 수없이 많다. 그중 하나는 "탄광의 카나리아...(The Canary in the Coal Mine...): 소스포지의 쇠퇴에서 얻은 교훈(A Cautionary Tale from the Decline of SourceForge)"으로, 소프트웨어 실무 및 경험(Software Practice and Experience), 2020년 7월 14일자에서 찾아볼 수 있다.

수십 년에 걸쳐 네트워크와 실무 커뮤니티의 역할에 대해 많은 글이 나왔다. 예를 들면 M. 투쉬먼(M. Tushman)의 "혁신 과정에서의 특별 경계 역할(Special Boundary Roles in the Innovation Process)", 행정 과학 분기 저널(Administrative Science Quarterly) 22(1977): 587 - 605페이지가 있다. 또한 R. 타이글랜드(R. Teigland)와 M. 와스코(M. Wasko)의 "전통의 풍요로움과 도달의 확장: 전자적 실천 네트워크에서의 참여와 지식 교환(Extending Richness with Reach: Participation and Knowledge Exchange in Electronic Networks of Practice)"과, P. 힐드레드(P. Hildreth), C. 킴블(C. Kimble) 편, 지식 네트워크: 실천 공동체를 통한 혁신(Knowledge Networks: Innovation Through Communities of Practice)(IGI Global, 2003), 19장도 참고할 수 있다. 마지막으로 E. 바스트(E. Vaast)는 "형제여, 너는 어디에 있는가? 인트라넷 사용을 통한 공동체에서 실천 네트워크로(O Brother, Where are Thou? From Communities to Networks of Practice Through Intranet Use)", 관리 커뮤니케이션 분기 저널(Management Communication Quarterly) 18, 5호(2004)에서 전자적 실천 공동체가 물리적 공동체보다 더 나은 성과를 낼 수 있음을 보여줬다.

이번 장에 제시된 커뮤니티 스멜은 D. 탐부리(D. Tamburri), R. 캐스만(R. Kazman), H. 파히미(H. Fahimi)의 "커뮤니티 이끌기에서 아키텍트의 역할(The Architect's Role in Community Shepherding)", IEEE 소프트웨어(IEEE Software) 33, 6호(2016년 11월/12월)를 참고했다. 그리고 D. 탐부리, F. 팔롬바(F. Palomba), R. 캐스만의 "오픈소스에서 커뮤니티 스멜 탐색: 자동화된 접근(Exploring Community Smells in Open-Source: An Automated Approach)", IEEE 소프트웨어 엔지니어링 저널(IEEE Transactions on Software Engineering), 2019에서 이번 장에서 논의된 완화 전략의 일부를 찾아볼 수 있다.

실제 프로젝트에서 스멜이 얼마나 널리 퍼져 있는지 보여주는 연구는 D. 탐부리, R. 캐스만, H. 파히미의 "애자일 팀에서의 조직 구조 패턴: 산업적 실증 연구(Organisational Structure Patterns in Agile Teams: An Industrial Empirical Study)", arXiv:2004.07509 이다.

애자일 팀에서 발생하는 커뮤니티 스멜과 아키텍처 스멜과의 상관관계를 조사한 최근 설문 조사는 D. 탐부리, R. 캐스만, W. 반 덴 헤이벨(W. van den Heuvel)의 "애자일 팀에서 커뮤니티와 소프트웨어 아키텍처 스멜의 결합: 산업적 연구(Splicing Community and Software Architecture Smells in Agile Teams: An Industrial Study)", 하와이 국제 시스템 과학 컨퍼런스 논문집(Proceedings of the Hawaii International Conference on System Sciences, HICSS) 52, 와일레아, 마우이, 2019년 1월을 통해 확인할 수 있다.

사례 연구에서 사회적 부채와 관련된 비용을 실제로 수치화한 논문은 D. 탐부리, P. 크룩튼(P. Kruchten), P. 라고(P. Lago), H. 반 블리트(H. van Vliet)의 "소프트웨어 공학에서의 사회적 부채: 산업으로부터 얻은 통찰(Social Debt in Software Engineering: Insights from Industry)", 인터넷 서비스 및 애플리케이션 저널(Journal of Internet Services and Applications) 6, 10호 (2015): 1 – 17페이지다.

마지막으로, 사회적 부채 관리 전략을 논의하는 연구는 D. 탐부리의 "소프트웨어 아키텍처 사회적 부채: 비소통 요인 관리(Software Architecture Social Debt: Managing the Incommunicability Factor)", IEEE 컴퓨테이셔널 소셜 시스템 저널(IEEE Transactions on Computational Social Systems) 6, 1호(2019년 2월)을 참고하라.

11

비즈니스 사례 만들기

마음 내키는 일에는
일찍 일어나서 즐겁게 뛰어나가기 마련이니까.

- 윌리엄 셰익스피어, ≪안토니우스와 클레오파트라≫
"안토니우스와 클레오파트라"에서 발췌. 신상웅 번역, 동서문화사. 291페이지 이번 장에서는 기술 부채 관리에 대해 비즈니스가 직면한 어려움을 실무자 관점에서 설명한다. 비기술직 사람들이 (a) 기술 부채가 무엇인지 알고 (b) 기술 부채 해결의 중요성 및 실용성을 이해할 수 있게 세 가지 측면에서 접근하고자 한다. 이는 관리자를 위한 지표, 취해야 할 구체적인 조치, 부채의 기술적 측면과 사회적 측면 간의 격차를 해소하는 방법을 통한 것이다.

1장에서 말했듯이 '기술 부채'라는 용어는 원래 소프트웨어 구현에서 지속적으로 리팩터링하고 재설계해야 하는 필요성을 정당화하기 위해 사용된 메타포였다. 워드 커닝햄이 이 용어를 통해 초점을 맞춘 것은 소프트웨어에 여전히 어디에나 남아 있는 문제로, 조직이 소프트웨어를 출시한 후에는 소프트웨어를 개선하는 데 충분한 시간과 리소스를 거의 사용하지 않는다는 것이다. 소프트웨어는 매우 유연하여 변경하기 쉬운 반면에, 우리는 소프트웨어가 해결할 것으로 기대하는 문제를 보통 제대로 이해하지 못한다. 하지만 이런 이해 부족이 있음으로 인해 우리의 소프트웨어는 끊임없이 변화하고 발전하게 된다. 여기서 분명한 것은 소프트웨어 프로젝트를 빠르게 진행하는 데 기술 부채가 중요하게 작용하고, 소프트웨어 개발에 있어 기술 부채는 불가피하다는 것이다. 따라서 여기에서 핵심은 기술 부채로 발생하는 비용과 기술 부채를 통해 얻을 수 있는 가치의 균형을 맞추는 것이다. 대부분 조직에서 이 균형은 비즈니스가 담당하는 영역이다.

소프트웨어의 유연성은 어떤 조직이 무언가의 제품 기능을 구성해서 프로덕션에 출시할 수 있게 해준다. 사실 이 조직은 방금 출시된 것이 정확히 무엇이었는지 딱히 이해하고 있지는 않지만 소프트웨어의 유연성 덕분에 이런 출시가 가능한 것이다. 전통적으로 경영진은 소프트웨어가 일단 출시됐다면 그걸로 완성이라고 생각하곤 했다. 그러나 1970년대에 들어와서 이런 식의 이해는 오류라는 것이 명백해졌다. 매니 레만이나 라슬로 비라디, 버튼 스완슨 같은 사람은 소프트웨어가 낡아서 목적에 대한 적합성을 잃어버리지 않도록 지속해서 유지보수하는 것이 얼마나 중요한지를 이해했다. 하지만 그때도 지금과 마찬가지로 지갑을 쥐고 있는 사람들에게 재작업이 필요하다고 설득하는 것은 어려운 일이었다. 두 가지의 사고방식이 그 기반에 있었는데, 첫째, 경영진은 종종 소프트웨어를 투자보다는 비용으로 취급했고, 둘째, 소프트웨어 프로젝트를 관리하는 사람들은 유지보수가 훨씬 덜 빈번한 도메인에서 오는 경우가 많았다.

첫 번째 문제는 대부분의 경영진이 IT 프로젝트, 특히 내부 프로젝트를 전기료를 내거나 서류 봉투를 사는 것 같은 발생 비용으로 취급하는 것이다. 이런 비용은 당연히 투자수익률이 미미하기 때문에 자연스럽게 가능한 한 줄여야 한다는 인식으로 이어졌다. 이것은 소프트웨어를 비용 부문 관점에서 보는 것이다.

두 번째 문제는 소프트웨어를 관리하는 많은 사람이 매우 다른 성격의 프로젝트 이력을 가지고 있다는 것이다. 예를 들어 제조업의 자본재 프로젝트 이력을 가진 관리자라면 이 사람에게 새 창고를 만드는 일은 일회성의 창고 건설 비용을 발생시키고 이미 존재하는 감가상각 법칙에 따라 창고의 가치는 시간이 지남에 따라 떨어질 것으로 간주된다. 언젠가 창고는 지붕 교체 등 약간의 유지보수를 필요로 하겠지만, 이런 일은 매일 일어나지는 않을 것이고 또한 일어난다고 해도 먼 미래의 일일 것이다. 이는 소프트웨어 개발과 굉장히 대조적이다. 소프트웨어는 설계 무결성을 유지하고 문제에 대한 우리의 지식이 변하는 것에 맞춰 변경이 일어나기 때문에 지속적인 투자가 필요하다. 지금까지 많은 회사가 소프트웨어를 급여 지급이나 재고관리 등 회사 내부의 기능을 담당하는 것일 뿐, 회사의 경쟁우위 요소로 생각하지 않았다. 하지만 점점 더 많은 회사가 소프트웨어를 경쟁의 필수 요소이자 경쟁우위의 원천이라고 생각하고 실제로 소프트웨어를 통해 차별화를 꾀하고 있다. 더 효과적인 비즈니스를 하고 있는 사례로 페이스북 또는 아마존과 같은 주요 소프트웨어 회사가 자주 인용되는 이유도 바로 이것이다. 이런 회사는 뼛속부터 소프트웨어인 사람들이 이끌어 나가고 있다.

이번 장에서는 기술 부채에 대한 기술적 이해를 비즈니스 가치와 대응에 일치시키는 방법에 대해 살펴본다. 우리는 부채를 식별하기 위해 비즈니스와의 연관된 부분을 조사하는 것을 시작으로, 기술 부채에 대해 경영진이 어떤 전략적 접근을 할 수 있는지를 알아볼 것이다. 마지막으로 기술과 비즈니스의 방향성을 더 잘 일치시킬 수 있는 두 가지 접근 방식을 살펴보면서 이번 장을 마무리하겠다.

11.1 지표를 통한 기술 부채 식별

11.1.1 기술 부채로 인한 경제적 영향의 수치화

기술 부채 메타포가 성공적으로 퍼질 수 있었던 큰 이유 중 하나는 비즈니스와 기술진 사이에서 사용되는 언어의 격차를 해소할 수 있었기 때문이다. 소프트웨어 설계 문제를 재무적 용어로 표현하는 것은 기술 지식이 없는 이해관계자들에게 코드 품질 같은 문제를 구체적으로 설명하는 데 큰 도움이 됐다. 1970년대와 1980년대에 걸쳐 라슬로 비라디와 배리 뵘(Barry Boehm) 같은 선구자들의 연구에 기반해 소프트웨어 전문가들 사이에서도 소프트웨어 역시 유지보수되지 않으면 가치가 떨어진다는 감가상각의 개념이 잘 알려지게 되었다. 하지만 오늘날 여전히 많은 회사에서 자산으로서의 소프트웨어는 제대로 이해받지 못하고 있다. 감가상각이라는 개념도 공장 설비 같은 자산에나 일반적으로 사용되고 소프트웨어라면 매우 드물게, 잘 해봐야 마이크로소프트 오피스 같은 규격품에나 적용된다. 하지만 소프트웨어에도 감가상각이 적용돼야 한다.

이 메타포를 조금 더 확장해보자. 그림 11.1(그림 2.1과 동일)은 기술 부채가 과연 경영진이 신경 쓸 만한 문제인가라는 관점을 보여준다. 대부분의 회사가 가지고 있는 주요 관심사는 이익과 손실이다. 이 관점에서 리팩터링 작업에 시간을 보내는 것은 실제로 발생하는 재무적 비용으로 새로운 기능을 개발하거나 버그를 수정하는 데 사용할 수도 있었던 돈으로 간주된다. 비영리 조직이라면 이 비용은 시간으로 나타난다. 발생한 비용은 즉각적이고 구체적이지만, 돌려받을 이익은 보통 모호하고 시간이 오래 걸린다. 결과적으로 경영진은 기술 부채를 상환하기 위한 재작업을 거의 승인하지 않는다(비용 추정과 기술 부채에 관한 박스 11.1 참고). 따라서 기술 부채가 소프트웨어 시스템의 궁극적인 가치와 회사의 이익에 결과적으로 어떤 영향을 미치는지를 설명하는 것은 너무나도 중요하다. 기술 부채가 어떻게 생산성과 혁신을 방해하는지 역시 이 설명의 주요한 부분이 된다.

그림 11.1은 기술 부채의 개념을 가치 곡선에 나타낸다. y축은 제공한 소프트웨어의 가치를 나타내고 x축은 시간을 나타낸다. 소프트웨어 개발자가 가져야 하는 분명한 목표는 가치를 극대화하는 것으로, 이는 더 높은 가격결정, 더 많은 사용자, 더 많은 클릭 수 등으로 이어진다. 우리는 기술 부채를 하나의 간단한 가치 공식으로 나타내는 것으로 경영진에게

기술 부채의 중요성을 전달할 수 있다. 이 공식은 코드의 기능과 품질 특징 속성이 가진 가치를 의미할 뿐만 아니라 지연된 출시로 인한 비용, 구현 및 배포 비용, 그리고 마지막으로 우리가 가장 관심을 갖는 재작업 비용까지 측정한다. 재작업은 시간이 지남에 따라 누적되는 부채를 상환하는 데 필요한 비용이다.

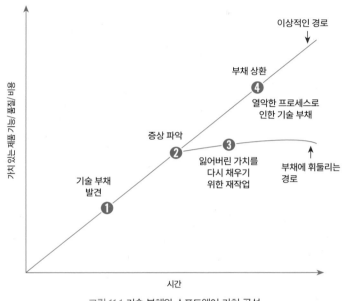

그림 11.1 기술 부채와 소프트웨어 가치 곡선

이 책에서 부채는 틀림없이 상환해야 하는 원금의 액수를 나타낸다. 예를 들어 최선이 아닌 라우팅 알고리즘으로 코드를 작성해서 해당 코드를 더 빨리 제공하는 것을 가능하게는 했지만 결과적으로 기술 부채가 증가했다면 여기에서 원금은 앞으로 더 나은 알고리즘을 구현하고 테스트하고 출시하는 데 들어갈 비용이다. 원금을 가지고 있다는 것은 그에 동반하는 이자가 있다는 것을 의미하는데, 기술 부채 세계의 이자는 부채를 유지하기 위해 지속해서 일어나는 상황을 말한다. 이 이자는 작고 원금에 상관없는 버그 수정, 의사소통 지연, 오해, 그리고 팀이 책임져야 하는 속도 저하를 생각하면 이해하기 쉽다. 이자는 비용을 발생시킬 뿐 딱히 가치를 더하지는 않는다. 라우팅 알고리즘 예시로 돌아가 보면, 이 경우 발생하는 이자 비용은 알고리즘의 최적화 부족으로 인해 발생하는 성능 저하다. 물론 더 높은 CPU 부하, 더 많은 데이터 센터 공간 등으로 볼 수도 있다. 이 이자 비용은 금융 부채와 마찬가지로 원금을 상환하면 작아져야 한다.

경영진에 기술 부채를 이해시키는 가장 간단한 방법은 소프트웨어 시스템에 대해 다음과 같이 생각하는 것이다. 먼저 단순히 다양한 비용과 가치를 합산한다(자세한 내용은 비용 추정에 대한 박스 11.1 참고). 그다음 이를 투자에 대한 현재 가치로 경영진에게 보고한다. 그리고 그림 11.1과 같이 시간 경과에 따른 궤적을 추적한다.

그림 11.1의 곡선은 부채에 대해 지불하는 이자 비용이 제품 가치에 상당한 영향을 미치기 시작할 때 갈라진다. 물론 이 중 일부는 지연 비용 감소 등 다른 값이 원인이 될 수도 있으므로 괜찮을 수도 있다. 그러나 이자 비용을 지불하지 않거나 부채를 상환하지 않으면 결국 시스템은 부채에 시달리고 이 그래프는 밑으로 내려가는 궤적을 갖게 된다. 곡선 아래의 면적은 소프트웨어에 드는 노력의 총 투자수익률을 나타내는데, 이 갈라지는 것을 식별해 내서 경영진에게 보고하는 것이 중요하다.

그림 11.1에 표시된 동그라미 안의 숫자는 부채가 발견되고 발생하고 상환되는 시점을 나타낸다. 1지점에서 부채가 발생한다. 아마도 리팩터링을 하기보다는 더 빨리 출시하기로 결정했을 것이다. 2지점에서 해당 결정으로 인한 영향이 보이기 시작한다. 예를 들어 더 많은 버그가 보고되거나 하는 식이다. 3지점에서 부채를 갚기 위해 소프트웨어 재작업을 시작한다. 이 작업이 성공적으로 수행된다면 소프트웨어의 가치가 이상적인 궤적, 즉 4지점에 더 가까워지게 된다.

이 보고를 자동화하는 여러 대시보드가 존재하지만 부채를 식별하고 추적하는 가장 직관적인 방법은 이것을 단순하게 기존 보고 프로세스의 일부로 만드는 것이다. 이러한 유형의 궤적 분석은 자동화할 수 있고 프로젝트 매니저에게 중요한 피드백을 제공하며 연간 예산 책정 활동에 유용하게 쓰일 수 있다.

11.1.2 기술 부채 구제 방법의 정당화

많은 관리자와 경영진이 소프트웨어를 유틸리티 혹은 비용 부문으로 간주하기 때문에 기술 부채를 줄이기 위해서 리팩터링에 투자하자고 주장하는 것은 어려울 수 있다. 리팩터링은 즉각적인 가치를 보여주지 않기 때문이다. 기술 부채를 줄이는 것은 장기적인 투자를 하는 것이다. 앞에서 언급했듯이 이 투자의 비용은 즉각적이고 구체적인 반면, 이점은 장기적이고 불확실하다. 장기적 이점에 집중하는 것이 너무나도 어려운 이유는 인간은 하나의 종으로서 장기적 욕구보다 단기적 필요와 욕구에 훨씬 더 많은 관심을 기울이는 경향을 지니기 때문이다. 그래서 살을 빼고 운동을 더 하겠다는 새해 결심이 쉽게 무너져 버리곤 하는 것이다. 소파가 무척 편안해 보이고 접시에 담긴 디저트가 너무 맛있어 보이는데 이걸 포기하는 어려운 선택을 오늘 꼭 해야만 하는 것은 아니지 않는가? 인간은 어디까지나 **호모 사피엔스**로, 경제적 결정에 관한 한 이성적 의사 결정자인 **호모 이코노미쿠스**는 아니다. 그런 인간이지만, 그래도 기술 부채에 대해 올바른 결정을 내릴 확률을 높이기 위해 한 걸음씩 내디딜 수는 있다.

박스 11.1 비용 추정 및 기술 부채

소프트웨어를 만들기 시작한 이래 개발자들은 늘 이 소프트웨어를 만드는 데 얼마나 오래 걸릴지 예상해 달라는 질문을 받았다. 자연스러운 질문이기는 하지만, 소프트웨어 개발이라는 맥락에서는 매우 어려운 질문이다. 가장 간단한 메커니즘은 경험 많은 사람을 모아 어떤 작업이 얼마나 오래 걸리는지 얼마만큼의 비용이 들지 예측하게 하는 것이다. 이것을 조금 변형한 방법은 여러 사람의 추측 값 중 제일 높은 값과 제일 낮은 값은 버리고 나머지 값의 평균을 구하는 것이다. 신기하게도 냅킨 뒷면에 써서 내는 등 간단히 내는 추정치는 놀라울 정도로 정확한 것으로 판명됐다.

스크럼 프로세스에서는 플래닝 포커를 사용해서 추정한다. 사용자 스토리는 복잡성에 따라 포인트가 할당되며 가능한 값은 피보나치 수열(1, 1, 2, 3, 5, 8, 13)에서 가져온다.

앞에서 설명한 것보다 훨씬 더 정교한 추정 방법은 이 분야의 선구자인 배리 뵘의 저서 ≪소프트웨어 엔지니어링 경제학(Software Engineering Economics)≫(Prentice Hall, 1981)에서 찾아볼 수 있다.

한편, 많은 추정치가 실제로 쓰이기에는 틀리거나 시대에 뒤떨어진다는 사실에 입각해서 이런 추정을 완전히 없애자고 주장하는 #NoEstimates 운동도 있다. 이 운동은 소프트웨어의 복잡성이 너무 커서 어떤 것도 정확하게 추정할 수 없기 때문에 경영진이 진정으로 애자일하고 반복적인 프로세스를 수용하게 하는 편이 더 낫다고 주장한다.

이를 달성하고 리팩터링을 정당화하기 위한 첫 번째 접근법은 기술 부채의 실제 비용 추정치를 알아내기 위해 다음 질문에 답해보는 것이다. 지금 프로젝트의 누적된 부채 비용은 얼마인가? 그중 기술 부채 원금은 4장에서 소개한 여러 도구를 사용해서 알아낼 수 있다.

물론 도구를 사용하지 않아도 여러 가지 질문을 통해 부채를 추적할 수 있다. 버그 비율이 올라가고 있는가, 내려가고 있는가? 버그를 수정하는 데 필요한 평균 시간이 증가하고 있는가, 감소하고 있는가? 제품 기능을 개발하는 팀 크기로 정규화된 속도는 어떤가 등을 살펴보는 것이다. 하지만 어떤 경우에는 코딩의 구문적 측면을 수정하는 비용이 의존성을 업그레이드하는 것보다 저렴하고 모든 코딩 이슈에는 동일한 구제 비용이라는 것이 없기 때문에 도구를 잘 선택하는 것이 중요하다. 여러 도구와 질문 등의 접근 방식을 통해 여러 가지 추정을 해보는 것이 실제 비용을 측정할 수 있는 감각을 얻는 핵심이 된다. 이렇게 얻은 추정값이라는 재무적 숫자는 기술 부채 문제를 금전적 가치라는 경영진이 이해할 수 있는 개념으로 바꿔준다. 이제 이 비용을 가지고 발생한 사고를 분석하거나 문제의 근본 원인을 분석해서 문제가 발생하는 실질적인 원천을 찾아야 한다.

두 번째 접근법은 효율성과 관련이 있다. 대부분의 상당한 기술 부채가 있는 코드베이스는 버그 수정이나 새로운 제품 기능의 제공을 지연시킨다. 제품 기능이 반복적으로 몇 주씩 지연된다면 당연히 고객 신뢰에도 영향을 줄 수 있다. 이런 코드베이스는 또한 회사를 보안 문제에 노출시킬 수 있는데, 취약점이 발견된 후에 새 라이브러리로 마이그레이션하는 데도 몇 주나 소요될 수 있다. 이는 총체적으로 회사에 사업적 손실 등의 재무적 결과를 초래한다. 따라서 경영진은 장기적인 위험을 완화하기 위해 단기 투자를 할 것인가의 여부를 결정해야 한다.

세 번째 접근법은 인적 자원 관리 및 유지에 관한 것이다. 열악한 코드베이스는 개발자를 비참하게 만든다. 이해하기 어렵고, 수정이나 테스트 또는 작성하기 어려운(혹은 앞에서 언급한 여러 가지가 복합적으로 존재하는) 코드는 개발자를 좌절시키고 효과적으로 일할 수 없게 만든다. 이는 팀의 사기를 떨어뜨리고 궁극적으로 엔지니어는 팀을 옮기거나 이직하면 스스로의 시간을 더 잘 활용할 수 있게 될 것이라고 생각하게 된다. 기술 부채로 가득 찬 코드베이스에서 작업하는 팀은 퍼포먼스가 떨어지는 엔지니어의 모임이 될 뿐만 아니라 높은 이직률, 지식 손실, 속도 및 민첩성 감소 등의 위험성을 안게 될 것이다. 더 나은 코드베이스를 위한 투자가 이 모든 것을 해결해 주지는 않지만, 적어도 윗선의 경영진이 개발자를 소중하게 여기며 개발자들과 프로젝트의 상황을 개선해주고 싶어 한다는 의미를 담은 강력한 신호가 될 수 있다.

경험상 회사는 기술 부채를 구제하는 데 개발자의 시간 중 15~20%를 사용하는 것이 바람직하다. 이것은 우리가 건강한 프로젝트에서 관찰해온 수치다. 우리가 이 책을 위해 인터뷰한 사람 중 두 명은 20~25%라고 말하기도 했다. 스트라이프가 2018년에 진행한 개발자

설문조사에 따르면 개발자는 일주일 중 약 30%를 기술 부채를 해결하는 데 사용했다고 한다. 이는 너무 높은 것으로 보인다.

여러분이 근무 중인 회사가 기술 부채의 구제 방법에 투자하지 않고 있다면 지금 이 순간에도 부채는 빠르게 누적되고 있을 것이고 그 끝에는 나쁜 상황이 기다리고 있을 것이다. 경영진은 엔지니어가 부채에 집중하고, 효율성과 민첩성을 유지할 수 있게 시간을 주고 기다려야 하고, 기술 리드와 관리자들은 기술 부채를 우선시하고 무엇이 가장 중요한 문제인지를 파악하는 것에 집중해야 한다. 기술 부채를 줄이는 것은 중요하지만 모든 부채를 제거할 것이라고 기대하는 것은 완벽히 비현실적이다.

11.2 경영진의 대응 방법

기술 부채를 줄이고 피하는 것에 집중하기 위해 경영진에 권장하고 싶은 몇 가지 구체적인 방안이 있다.

11.2.1 고기능 팀의 구성

9장에서 논의한 것처럼 사회적 부채를 이해하는 것은 매우 중요하다. 이것은 추후 소개할 실무자의 목소리에도 잘 반영돼 있다. 우리의 경험에서뿐만 아니라 제럴드 와인버그(Gerald Weinberg)의 책 ≪프로그래밍 심리학≫(인사이트, 2014)에서도 볼 수 있듯이 소프트웨어 엔지니어링에서 발생하는 대부분의 문제는 결국 인간과 사회적 문제로 거슬러 올라간다. 효율적인 경영진은 원치 않게 계속 쌓이는 기술 부채를 피하기 위해 잘 조직되고 효율적으로 움직이는 팀을 만드는 것에 방해가 되는 요소를 제거해야 한다. 이는 단순히 스포티파이(Spotify)같이 잘나가는 조직의 구조를 모방하는 게 아니다(스포티파이는 기술과 HR을 중심으로 한 매트릭스 관리 형태인 스쿼드/트라이브 모델이 있다). 경영진이 집중해야 하는 부분은 커뮤니티 스멜과 잠재적인 사회적 부채다. 팀의 건강과 효율성은 하루 중 일어난 커밋 또는 작성된 코드 줄 수 등의 자동화된 지표를 통해 추적할 수 있다. 그러나 이런 식의 많은 지표가 그러하듯, 굿하트의 법칙(Goodhart's law)[1]에 빠져버리기 쉽다. 팀이

---

1 (옮긴이) 어떤 수치가 측정 목표가 되면 수치의 본질적인 의미가 사라져서 측정 목적에 따른 가치를 잃는다는 법칙

전체 가치보다 숫자를 최적화하는 데 집중하는 것이다. 예를 들면 커밋한 것들이 모두 환경 설정 변경이나 코드 스타일 혹은 주석에 대한 사소한 개선이었다면, 커밋 수는 그렇게 대단한 가치를 담고 있지 않을 것이다. 추가되거나 검사된 코드 줄의 수를 세는 것 역시 일부 언어는 다른 언어보다 훨씬 더 장황하기 때문에 언어 자체 또는 프로그래머의 스타일에 따라 다를 수 있다.

따라서 이 대신에 우리는 다음과 같은 정성적인 접근 방식을 통해 팀의 전반적인 건강 상태를 파악하는 것을 제안한다.

1. **간단한 설문조사 및 인터뷰:** 팀이 어떤 온도감을 가지고 일하고 있는지 기분 조사를 하고, 팀이 어떻게 느끼고 있고 그들의 가장 큰 어려움은 무엇인지 물어보자. 설문 조사는 익명으로 해서 사람들이 후환을 두려워하지 않고 솔직하게 피드백을 공유할 수 있게 해야 한다.

2. **매니저와의 1:1 미팅:** 매니저는 자신에게 리포트하는 개발자와 주기적으로 만나 팀 또는 더 광범위하게는 조직 내에 비효율을 초래하는 패턴이 있는지 확인해야 한다.

3. **팀 내부 및 팀 간의 의사소통:** 관리자는 팀 내부 및 외부에서 일어나는 의사소통을 눈여겨보고 마찰이나 비효율 발생의 징조를 찾아야 한다. 마찰이 일어나는 지점 및 다른 문제에 대해 좋은 통찰을 얻기 위해 분석할 수 있는 몇 가지 의사소통 채널이 있다. 이런 채널에는 주요하게는 코드 리뷰와 이슈 트래커가 있지만, 메일링 리스트나 슬랙(Slack) 채널 혹은 그룹 의사소통 형식 역시 일반적이다.

4. **스탠드업 및 팀 회고:** 소프트웨어 프로세스의 일부로 매일 또는 매주 30분 미만의 짧은 스탠드업은 기술적인 장애물과 어려움을 빠르게 파악할 수 있는 방법이다. 회고와 포스트모템은 지난 제공 사이클이 어땠는지 반성할 수 있는 활동이다.

각 팀 구성원은 고객 문제뿐만 아니라 마케팅, 영업, UI, 백엔드, 운영 등의 각종 요구 사항에 대한 다양한 관점을 제공할 수 있기 때문에 그들이 가지고 있는 다양한 지식을 통합하고 활용해야 한다. 비즈니스나 마케팅에 대해서만 주야장천 이야기하는 것도, 혹은 엔지니어링에 대해서만 논의하는 것도 결과적으로 팀원들의 관점을 제한한다. 이런 제한적 관점만 가지고 제품을 만들면 결과적으로 고객의 요구를 충족시키지 못하고 구축 및 유지보수가 불가능하며 재작업이 계속 필요한 제품을 만들고 말 것이다. 팀 간 의사소통은 조기에 이루어져야 하며 제품 제공 후에도 제품 수명주기 동안 지속적으로 이루어져야 한다.

효과적인 경영진은 하루동안 만든 빌드 수 같은 어떤 하나의 지표나 수명주기 안의 특정한 마일스톤보다는 업무 흐름의 효율성에 집중해야 한다. 이것은 제품 기능을 파악한 순간부터 소프트웨어로 출시할 때까지의 전반적인 제품 기능 사이클 타임이다. 단기적인 해결책에 주의를 빼앗기지 말아야 한다. 예를 들면 코드 컴파일링을 최우선으로 하는 것은 컴파일이 실제로 병목인 경우에만 쓸모가 있다. 대신 테스트에 걸리는 시간 등 진짜 병목 현상이 일어나는 곳을 찾아서 그것을 해결하는 데 투자해야 한다. 다음에 논의하는 린 접근 방식은 진행 중인 작업이 급격히 느려지는 병목 현상을 표면에 드러나게 할 것이다.

11.2.2 가치 흐름에 초점 맞추기

요구 사항에서 출시까지의 흐름을 추적하는 기능의 중요성은 3장에서 요구 사항을 다루면서 이야기했다. 여기서 함께 살펴볼 수 있는 개념은 린 제조에서 파생된 **가치 흐름**이다. 효과적인 경영진은 현재 개발 주기의 어떤 프로세스에서 작업이 이루어지고 그 작업이 어떤 가치로 이어지는지 항상 인식하고, 반대로 가치로 이어지지 않는 낭비를 제거하기 위해 움직여야 한다. 이는 어떤 것을 작업하고 어떤 것을 무시할 것인지에 대한 요구 사항을 결정하는 맥락에서 가장 뚜렷하게 나타난다. 우리는 이전 장에서 했던 조언을 기반으로 다음과 같은 구체적인 조치를 제안한다.

1. **새로운 기술 확인:** 효과적인 기술 리더십은 팀의 효율성이나 제품의 품질을 극적으로 향상시킬 수 있는 새로운 기술을 지속해서 파악해야 한다. 물론 새로운 기술이 모든 것을 다 해결해주지는 않지만, 엔지니어링에서 개선할 수 있는 사항은 분명히 존재하며, 아키텍트나 기술 리드 또는 PM은 새로운 기술로 스스로를 교육할 책임이 있다. 관리자는 최신 기술을 유지하는 것의 가치를 이해하고 엔지니어가 전문성을 가질 수 있게 지원해야 한다. 객체지향 프로그래밍으로 일찍이 전환했거나 마이크로서비스로 소프트웨어를 분리했거나 데브옵스를 활용한 조직은 모두 상당한 이득을 봤다.

2. **가능한 구제 비용 및 이득을 추적하기 위한 DSM 분석:** 설계 분석의 한 부분인 설계구조행렬(DSM)은 시스템 아키텍처의 현재 유지보수성을 보여준다. 설계가 복잡하고 점점 다루기 힘들어지고 있는가? 이 설계가 버그를 늘리고, 속도를 저하시키는 등 프로젝트에 부담을 주지는 않은가? 이에 대한 자세한 논의는 4장에 수록돼 있다.

3. **코드 품질 분석 수행:** 경영진은 항상 소프트웨어의 현재 상태를 전반적으로 꿰뚫고 있어야 한다. 특정 지표가 어떤 궤적을 그리고 있는지, 이 지표가 경쟁자의 지표와 어떤 관계를 가지고 있는지가 지금 이 순간 해당 지표가 어떠한지보다 더 중요하다. 더 자세한 설명은 5장과 박스 11.2를 참고하기 바란다.

4. **테스트 자동화 및 커버리지 추적 지원:** 테스트 자동화는 중요하지만 테스트 결과에 대해 자신감이 없으면 아무런 소용이 없다. 유용하고 정보가 풍부한 테스트 스위트는 소프트웨어 상태에 대한 증거를 제공하는 데 중요하다. 6장을 참조하라.

5. **데브옵스 문화 수용:** 일단 테스트가 있다면 자동 배포 환경으로 전환하는 것으로 사이클 타임을 크게 단축시킬 수 있다. 물론 자동 배포가 제대로 되게 하려면 테스트 환경이 프로덕션 환경을 모방하는지 확인해야 한다. 이 방법으로 제품의 배포뿐만 아니라 고객에게의 제공도 더 수월하게 진행할 수 있다. 모든 코드가 이 지속적인 통합(CI) 프로세스의 흐름을 지나가는지 확인해야 한다. 7장에서 논의한 내용이다.

6. **관찰가능성 및 배포 지표를 위한 노력:** 각 배포가 측정 가능한 결과와 연결돼 있는지 확인해서 CI 접근 방식의 가치를 측정해야 한다. A/B 테스트나 블루–그린 테스트는 주어진 제품 기능의 가치를 이해하기 쉽게 도와준다. 여기에서 다음과 같은 질문을 추적해볼 수 있다. 더 많은 사람이 이 제품 기능을 사용하고 있는가? 매출이 늘었는가? 사용자가 이 웹사이트에서 더 많은 시간을 보내는가?

7. **문서와 코드를 함께 작성:** 문서화의 가치 제안은 언제나 문서를 사용하는 것이 문서를 작성하는 것보다 더 큰 가치를 창출할 때만 효력이 있다는 것을 기억해야 한다. 문서와 소프트웨어가 평행으로 발전하는 것을 확인하는 것이 중요한데, 문서화는 어떤 결정이 내려졌을 때 바로 문서화하는 것이 나중에 되돌아와서 기억해 내려고 애쓰는 것 보다 훨씬 쉽기 때문이다. 또한, 가능하다면 문서를 코드에 더 가깝게 위치시켜야 한다. 이는 프로그램 요소에 대해 좋은 이름을 선택하는 것과 같은 간단한 기법을 의미할 수도 있고, 8장에서 논의한 것처럼 문서를 텍스트 친화적인 마크다운 등의 형식으로 만들어서 문서 코드와 가까운 곳에 저장하는 것일 수도 있다.

8. **문서 사용성 추적:** 문서화의 가치 제안의 한 부분으로써 문서가 의도한 독자들에게 지속해서 유용하게 쓰이고 있는지를 정기적으로 리뷰해야 한다. 문서가 목적에 적합하게 쓰이고 있는가? 예를 들어 문서가 새 개발자가 적응하는 데 도움을 주기 위해 쓰인 것이라면 이 문서가 실제로 이 목적으로 사용되고 있는가? 아니면 새 개발자가 여전히 팀 리더를 괴롭히고 있는가? 8장에서 이 문제를 자세히 다뤘다.

9. **머신러닝의 영향 이해:** 9장에서 논의한 머신러닝 시스템은 기술 부채와 함께 새로운 기회와 도전을 가져온다. 효과적인 경영진은 시스템의 설명가능성과 같은 위험성을 이해하고 기술 부채를 전략적으로 사용해서 필요에 따라 머신러닝을 활용할 수 있게 할 것이다.

11.3 기술자들과 경영진의 방향성 일치

한 회사의 경영진이 있다고 하자. 이들은 재무 등 비기술적 분야 출신으로 소프트웨어의 출시와 관련된 기술적 어려움은 거의 이해하지 못한 채 매출 향상 등 기술적이지 않은 부분에만 관심을 가지고 있다.

> 기술 부채로 인한 가장 빈번한 영향은 프로젝트 발전 비용의 급격한 증가와 팀 개발 속도의 저하가 결합되는 것입니다. 또한 기술 부채는 코드베이스에 존재하는 결함의 수에 영향을 미치며 결함의 문제 해결과 제거를 방해합니다. 부수적으로는 사람들, 특히 시니어 레벨의 엔지니어들이 기술 부채가 많은 프로젝트에 참여하기를 꺼리게 된다는 점이 있습니다.
>
> – AS[2]

이런 경영진과 기술 부채 처리의 필요성을 성공적으로 소통하기 위한 첫 번째 작업은 소프트웨어 투자를 위한 예산 책정 프로세스가 무엇이며 액수가 어떻게 책정되는지를 알아내는 것이다. 예산이 고정된 가격과 고정된 결과물을 사용하는 연간 접근 방식으로 책정되는가? 가격과 결과물에 대해 수정의 여지가 있는가? 경영진이 소프트웨어 설계에 있어 본질적으로 복잡한 특성을 납득하고 반복적 개발을 지원하는가? 경영진의 궁극적인 비즈니스 목표는 무엇인가? 이러한 질문에 답해보는 것은 비즈니스 측과의 의사소통을 더 원활하게 도와줄 것이다.

우리의 첫 번째 임무는 어떻게 하면 이미 가지고 있는 기술 부채를 식별하고 수치화한 다음 알아낸 것을 경영진에게 전달할 수 있을지를 생각해 내는 것이다. 기술 부채를 식별하고 수치화하는 일은 다른 장에서 배운 기법을 활용해서 할 수 있으므로 여기에서는 알아낸 정보를 비기술직 관리자들에게 전달하는 방법에 중점을 둔다.

11.3.1 리얼 옵션 개념의 적용

소프트웨어에 재무적 가치를 부여하려는 시도는 오래 전부터 광범위하게 이뤄져왔다. 그 접근 방식의 하나는 버지니아 대학의 케빈 설리번(Kevin Sullivan)의 연구를 기반으로 한 소프트웨어에 대한 리얼 옵션(real option)이라는 개념이다. 금융에서 옵션은 무언가를 살 수 있는 권리를 말하는데, 리얼 옵션은 미래의 어떤 시점에서 비즈니스 결정을 할 수 있는 권리이며, 의무는 아니다. 소프트웨어 모듈 역시 미래의 비즈니스 결정을 가능하게 하므로 리얼 옵션으로 간주되고 분석될 수 있다. 경제학의 모든 것과 마찬가지로, 옵션에는 재무적

---

2 [실무자의 목소리]는 실무자의 경험을 인터뷰한 내용을 발췌한 것으로, 인터뷰의 전체 내용 및 다른 실무자 인터뷰는 부록에서 이름을 기준으로 찾을 수 있다.

가치가 있으며 그 가치는 변동될 수 있다. 예를 들면 배럴당 80달러에 석유를 사는 옵션은 유가가 배럴당 70달러에 도달하면 가치가 훨씬 더 떨어지는 것이다. 주식이나 소(cattle)에 대한 옵션이라면 근본적인 가격 책정 모델에 대해 경험에서 나온 가정을 할 수 있기 때문에 상대적으로 가격을 책정하는 것은 어렵지 않다. 소프트웨어에서의 가격 책정은 매우 어려운 일이지만 이 옵션이라는 프레임워크는 소프트웨어 설계와 설계에 포함된 옵션이 무엇인지를 고려하는 데 유용한 방향성을 제시한다.

설리번에 따르면, 옵션 접근 방식은 "프로젝트와 제품을 자산 포트폴리오로서 가치 있는 옵션을 포함하도록 설계할 수 있고, 시간이 흘러 불확실성이 해결되고 새로운 정보를 획득함에 따라 이 포트폴리오를 활발하게 관리할 수 있게 한다"는 것이다. 소프트웨어 개발에서 기술 부채를 관리한다는 것은, 다시 말해 팀 리더와 프로덕트 매니저가 설계와 개발에서의 이런 옵션을 이해할 수 있다는 것이다. 옵션에는 잠재적인 미래 가치가 있고 근본적인 자산 가치는 더 올라갈 수 있기 때문에 옵션거래의 기본 개념은 옵션 행사를 가능한 한 나중으로 미루는 것이다. 소프트웨어의 경우 성숙하지 않은 단계에서 설계를 결정하는 것은 1년 이내에 확장하기 어려운 프레임워크에 갇히는 것임을 의미할 수 있다.

미래의 비즈니스 결정을 생각해 볼 수 있는 또 다른 관점은 레베카 워프스−브록(Rebecca Wirfs−Brock)이 말한 것처럼 '책임져야 하는 마지막 순간'까지 결정을 미루는 것이다. 만약 아키텍트가 추상화 계층을 만들어서 시스템의 나머지 부분을 프레임워크의 지식에서 분리했다면 이 프레임워크는 나중에 쉽게 변경할 수 있다. 추상화 계층을 만들었다는 것은 개발자가 미래의 어느 시점에 프레임워크를 전환한다는 옵션을 행사할 권리를 구매한 것과 마찬가지다. 이것을 분석함에 있어 필요한 질문은 현재 추상화하는 비용, 즉 옵션 비용이 미래에 이 옵션을 행사했다고 쳤을 때의 예상 가치보다 많이 드는가, 아니면 적게 드는가가 된다.

옵션 방식을 사용하는 것은 기본 수학보다는 사고 모델에 더 가깝다. 여기서 포착해야 하는 중요한 점은 오늘 발생한 부채가 미래에 새로운 접근 방식을 취할 수 있는 귀중한 옵션을 팀에 제공하는 경우라면 이 부채는 유용하다는 것이다. 미래에 어떠한 다른 방식으로 전환할 가능성이 크고 그 전환 비용이 높다고 판단될수록 오늘 해당 옵션을 구매할 가능성이 커진다.

또한 옵션은 기술 부채가 비선형적이라는 의미를 내재하고 있다. 코드베이스의 일부가 품질이 낮고 이해하기 어렵지만 변경할 필요가 없다면 이 부채의 실제 비용은 제로(0)다. 반면에 동일한 부채라도 코드베이스의 중요한 부분에 존재한다면 비용은 천문학적일 수 있다. 크리스 매츠(Chris Matts)는 이런 비선형성을 반영하기 위해 '대안 없는 콜 옵션(unhedged call option)'이라는 개념을 사용한다. 특정 설계 접근 방식을 선택하면 보통 그 외의 대안은 고려하지 않는다. 하나 이상의 접근 방법을 구현하지 않기 때문이다. 콜 옵션은 우리가 특정 설계 접근 방식을 선택함으로써 효과적으로 유연성이라는 옵션을 팔았다는 것으로, 미래의 어떤 순간에 그것을 갚으라는 요구(콜)를 받을 수 있다는 의미다.

이론상 우리는 옵션이 콜(call)될 위험성과 이 옵션을 판매함으로써 얻는 프리미엄을 합리적으로 계산해서 그것에 따라 이성적으로 행동할 수 있다. 즉, 프리미엄이 위험성을 초과하는 경우에만 옵션을 판매하는 것이다. 이 메타포는 처음부터 제대로 하지 않고 빨리 가기 위해 택한 지름길이 오히려 더 많은 시간과 비용을 발생시킬 수 있다는 관점을 담는다. 즉, 복잡하고 새로운 영역에서의 소프트웨어 개발에 만연한 불확실성을 더 자세히 보여준다.

켄 파워(Ken Power)는 시스코의 소프트웨어 개발자로서, 그의 팀에 이 접근 방식을 도입했다. 기술 부채는 기능 개발 및 버그 등의 품질 부채와 함께 우선순위의 한 옵션으로 명확하게 추적됐다. 이 접근 방식의 가장 구체적인 실천은 믹 커스텐의 책 ≪프로젝트에서 제품으로≫(에이콘출판, 2022)에서 찾아볼 수 있다. 커스텐은 소프트웨어 개발 작업을 제품 기능, 위험성, 기술 부채 및 버그라는 네 가지 유형으로 구분했다. 위험성은 보안 및 개인 정보 문제와, 기술 부채는 리팩터링과 새로운 기능을 출시하기 위한 준비와 관련이 있다. 시스코와 마찬가지로 각 작업 유형의 상대적인 양은 상황에 따라 매우 다르기 때문에 각 작업이 총 작업량 대비 어느 정도로 할당돼야 하는지에 대한 명확한 기준은 없다. 하지만 앞에서 언급한 바와 같이 경험상 작업의 15~20%가 기술 부채에 할당돼야 한다. 커스텐은 조직이 이 네 개의 작업 유형 중 어느 하나라도 손을 놓고 있다면 그것은 우려할 일이라고 이야기한다.

여기서 더 중요한 것은 시간의 경과에 따라 진행 상황을 추적할 수 있는 능력이다. 커스텐의 접근 방식에서 발견되는 혁신은 기술 부채를 명확하게 처리해야 하는 작업의 한 유형으로 보는 것이다. 경영진은 어떠한 업무 주기에서 기술 부채 작업을 하지 않기로 결정할 수 있다. 하지만 그 결정의 이유는 분명해야 하며(원칙적으로) 정당화돼야 한다.

11.3.2 소프트웨어 설계 움직임 추적

설계 움직임(design move)은 기술 부채에 대한 기술진과 경영진의 생각을 일치시키는 또 하나의 방법이다. **설계 움직임**은 선택을 말하는데, 인증 관리를 위해 특정 라이브러리를 고르거나 중복된 코드를 제거하는 것 등으로 설계 자본이 늘어나거나 줄어드는 결과로 이어진다. 설계 움직임을 통해 각 조직은 설계 자본을 보유한다. 더 많은 설계 자본은 문제 해결을 할 수 있는 더 많은 옵션과 같다. 이런 옵션을 쉽게 선택하고 실행할 수 있는 능력을 감소시키는 것이 기술 부채다.

설계 움직임이란 개념은 프로덕트 매니저와 경영진에게 겉보기에는 별로 가치가 없어 보이는 작업이 왜 중요한지를 설명할 수 있는 방법이다. 이들에게 새로운 기능을 개발하는 것은 어느 무엇보다도 중요하기에, 기술 부채를 줄이기 위해 중복된 코드를 외부 모듈로 리팩터링하자는 요청은 종종 이러한 노력이 결실을 맺을 것인가라는 회의론에 부딪힌다. 이런 상황에서 설계 움직임은 기술진이 해당 작업이 프로젝트에 내재된 설계 자본의 양을 증가시킬 것이라고 설명할 수 있게 해준다.

나라야난 라마서부(Narayanan Ramasubbu)는 여러 회사에서 설계 움직임을 연구했다. 이 연구에서 한 회사는 새로운 환경 설정 데이터베이스를 사용해서 제품 환경 설정을 단순화했다. 이 설계 움직임은 결과적으로 환경 설정과 관련된 기술 부채를 제거함으로써 회사가 새 제품의 환경 설정을 더 빠르고 쉽게 출시하게 만들었다.

이와는 대조적으로 부채가 발생한 설계 움직임도 있었다. 멀티플랫폼 배포 환경으로 전환한 또 다른 회사의 이야기다. 고객의 사용은 늘어났지만 결과적으로 부가적인 지불 시스템에서 기술 부채가 발생했다. 라마서부는 이런 상이한 결과를 기술 부채 관리를 위한 프레임워크로 확장했다. 핵심은 기술 부채를 먼저 식별한 뒤, 지표를 적용해서 설계 움직임 같은 최종 구제 방법이 실제로 얼마나 중요하고 성공적인지 평가할 수 있게 하는 것이었다. 세 개의 대기업을 대상으로 한 더 자세한 추적 관찰 연구(longitudinal study)를 통해 그는 이 접근 방식이 어떻게 작용했는지를 설명했다. 각각의 회사는 이슈 트래커처럼 위험성을 가시화할 수 있는 도구인 리스크 레지스터를 만들었다. 이 레지스터는 경영진과 기술진 간의 공유된 자산으로, 회사는 레지스터에 부채 감소를 위한 미래 지향적인 로드맵과 부채 구제 계획을 상세화했다. 라마서부는 레지스터를 구현하고 설계 움직임을 계획하는 데 드는 추가 비용을 감안하더라도 이 접근 방식이 소프트웨어 비용을 줄이고 가치를 높인다는 것을 보여줄 수 있었다. 레지스터를 구현하고 가능한 옵션을 추적하는 것은 기술 부채에 대한 전반적인 조직의 접근 방식을 일치시키는 데 큰 도움을 줬다.

11.4 이번 장을 마치며

기술 부채가 가지고 있는 본질적인 성격을 조직 내의 비즈니스 부분과 소통하는 것은 이해와 동의를 구하는 데 있어 매우 중요하다. 이는 신중하게 고의로 만들어진 기술 부채가 긍정적으로 혹은 부정적으로 끼치는 재무적 영향을 이해함으로써 가능해진다. 우리는 회사가 기술 부채에 대한 결정을 내릴 때 기술진과 상호 작용할 수 있는 세 가지 장치를 제시한다.

1. 지표를 통해 기술 부채를 식별한다.
2. 기술 부채를 다루는 특정 경영적 조치를 지원한다.
3. 소통을 통해 기술진과 경영진 간의 이해의 차이를 메꾼다.

궁극적으로 조직의 두 부분은 수익성, 미션 성공, 외부 측정을 충족시키는 것이라는 비슷한 목표를 가지고 있다. 다만 이를 인식하는 데 있어 언어나 문화, 지식 등의 차이로 여러 어려움을 겪게 된다. 기술 부채는 이러한 격차를 메우기 위한 자연스러운 메타포로 시작됐다. 마틴 파울러는 그의 고전 ≪리팩터링≫(한빛미디어, 2020)에서 관리자에게 리팩터링의 중요함을 납득시키는 방법에 대한 질문에 다음과 같이 조언한다.

> 많은 관리자와 고객은 코드베이스의 건강이 생산성에 어떠한 영향을 미치는지 이해할 수 있는 기술적인 인식을 가지고 있지 않다. 이런 경우의 나의 조언은, 물론 논쟁의 여지가 있긴 하지만, "그냥 말을 하지 말아라!"이다.

약간 억지스러운 면도 없지는 않지만 그가 제안하고자 하는 바는 결국 코드를 다루는 것은 개발자가 돈을 받고 하는 그의 업무라는 것이다. 따라서 모든 기술 부채를 구제하는 것에 대해 재정 승인을 요청할 것도, 비즈니스를 고려할 것도 없다. 여러분은 전문가로서 부채를 효율적으로 제거하는 것에 책임감을 가지고 일상적인 개발 실무의 일부로 그냥 하면 된다.

물론 대규모 재작업 단계라면 기술 부채 완화의 가치에 대한 이해를 비즈니스 담당자와 일치시키는 것이 필수다.

참고 문헌

켄 파워(Ken Power)의 경험은 "팀과 조직의 용량 및 속도에 대한 기술 부채의 영향을 이해하기: 팀과 조직의 용량을 리얼 옵션의 포트폴리오로 보는 관점(Understanding the Impact of Technical Debt on the Capacity and Velocity of Teams and Organizations: Viewing Team and Organization Capacity as a Portfolio of Real Options)", 기술 부채 관리(Managing Technical Debt, MTD), 2013 제4회 국제 워크숍(2013 4th International Workshop), 28-31. IEEE, 2013에 잘 나타나 있다.

소프트웨어 설계 및 구축의 가격을 매기는 방법으로서 실제 옵션에 대한 자세한 내용은 K. 설리반(K. Sullivan), P. 찰라사니(P. Chalasani)와 S. 자(S. Jha)의 "소프트웨어 설계를 투자 활동으로 보기: 리얼 옵션 관점(Software Design as an Investment Activity: A Real Options Perspective)", 215-262, 리얼 옵션과 비즈니스 전략: 의사 결정에 대한 적용(Real Options and Business Strategy: Applications to Decision Making)(Risk Books, 1999)을 참고하기 바란다.

이 주제에 대해 더 가벼운 내용은 크리스 매츠(Chris Matts)의 만화책인 http://www.lulu.com/shop/chris-matts/real-options-at-agile-2009/ebook/product-17416200.html에서 볼 수 있다.

나라야난 라마서부(Narayana Ramasubbu)는 피츠버그 대학교 경영대학원 교수로서 비즈니스 관점에서 소프트웨어 개발에 대해 연구한다. 그의 논문은 "기술 부채 관리와 소프트웨어 품질 관리 프로세스 통합: 규범적 프레임워크 및 현장 테스트(Integrating Technical Debt Management and Software Quality Management Processes: A Normative Framework and Field Tests)", IEEE 소프트웨어 공학 저널(IEEE Transactions on Software Engineering), 2019에서 찾아볼 수 있다. 또한 https://ieeexplore.ieee.org/abstract/document/8114229와 "디자인 자본 및 디자인 움직임: 디지털 비즈니스 전략의

논리(Design Capital and Design Moves: The Logic of Digital Business Strategy)", 경영 정보 시스템 분기별(Management Information Systems Quarterly), 2013을 참고하기 바란다.

라슬로 비라디(Laszlo Belady)와 매니 레만(Mani Lehman)은 IBM의 OS/360 프로젝트에서 작업한 경험을 바탕으로 소프트웨어 유지보수 및 진화에 관한 영향력 있는 논문인 "대규모 프로그램 개발 모델(A Model of Large Program Development)"을 썼고, 이는 IBM 시스템 논문(IBM Systems Journal), no. 3(1976): 225–252페이지에서 찾아볼 수 있다. 이 프로젝트는 프레드 브룩스(Fred Brooks)의 논문 및 책인 ≪맨먼스 미신≫(인사이트, 2015)의 저술에도 영향을 끼쳤다. 이 논문에서는 "소프트웨어 진화의 법칙"을 제안하는데, 그중 많은 부분이 의도한 동작에서 벗어나는 소프트웨어의 경향을 다루고 있다. 예를 들어 '엔트로피 증가의 법칙'은 '시스템의 엔트로피(비구조화)는 시스템을 유지하거나 줄이기 위해 특정 작업을 실행하지 않는 한 시간이 지남에 따라 증가하는 것'을 의미한다.

이와 동시에 버튼 스완슨(E. B. Swanson)은 "소프트웨어 유지보수의 차원(The Dimensions of Maintenance)"에서 완벽함(설계 리팩터링), 교정성 및 적응도(외부 상황의 변경에 대한 고려)를 제안했다. ACM/IEEE 국제 소프트웨어 엔지니어링 컨퍼런스 논문집(Proceedings of the ACM/IEEE International Conference on Software Engineering), 샌프란시스코, 캘리포니아, 1976, 492–497페이지를 참고하면 된다.

토요타 생산 시스템에서 나온 린 소프트웨어 방식은 광범위하게 목록화되고 있다. 특히 메리 포펜딕(Mary Poppendieck)의 글(http://www.leanessays.com/2015/06/lean-software-development-history.html)과 메리 포펜딕과 톰 포펜딕(Tom Poppendieck)의 ≪린 소프트웨어 개발≫(인사이트, 2007), 도널드 라이너센(Donald G. Reinertsen)의 ≪제품 개발 흐름의 원칙(Principles of Product Development Flow, 2nd ed.)≫(Celeritas, 2009), 그리고 데이비드 J. 앤더슨(David J. Anderson)의 ≪칸반≫(인사이트, 2014)은 자동차 공장에서 개발된 철학이 소프트웨어로 옮겨지는 방법을 설명하는 데 중요한 역할을 했다.

리팩터링은 마틴 파울러의 책 ≪리팩터링≫(한빛미디어, 2020)에서 유명해졌으며 원서 기준으로 2018년에 완전히 수정된 두 번째 버전이 출시됐다.

스포티파이의 스쿼드 접근 방식의 팀 구성(이후에 크게 수정됨)에 대해 많은 글이 작성됐다. 원본은 https://blog.crisp.se/2012/11/14/henrikkniberg/scaling-agile-at-spotify 에서 찾을 수 있다. 믹 커스텐의 책 ≪프로젝트에서 제품으로≫(에이콘출판사, 2022)는 린 소프트웨어 개발에 대한 작가의 실무 경험을 담았다.

개발자의 생산성과 만족도라는 주제는 오랫동안 논의됐다. 이 주제에 대한 첫 번째 책은 제럴드 와인버그의 ≪프로그래밍 심리학≫(인사이트, 2014)이고, 그 이후 톰 드마르코와 티모시 리스터가 쓴 ≪피플웨어≫(인사이트, 2014)가 출판됐다.

현재 학계 연구자들은 개발자 만족도와 생산성을 직접 연구하고 있는데, 그라비톤(Graviton)은 불행을 유발하는 219가지 요인을 보여주는 대규모 설문조사를 수행했다. 그 내용은 다니엘 그라비톤 등(Daniel Graviton et al.)의 "개발자의 불행에 대하여(On the Unhappiness of Developers)", EASE, 2018, https://arxiv.org/abs/1703.04993 을 참고하기 바란다. 또한 프로그래밍과 설계를 할 때의 뇌 활동에 대한 새로운 연구도 있는데, 예를 들면 피트 등(Peete et al.)의 "프로그래머의 머릿속을 들여다보다(A Look into Programmers Heads)", IEEE 소프트웨어 엔지니어링 저널(IEEE Transactions on Software Engineering), 2018이다.

행동 경제학의 관점에서 인간이 일반적으로 얼마나 비합리적인 방식으로 경제적 결정을 내리는지에 대한 저서도 많다. 이 주제에 대해 최근에 나온 세 권의 훌륭한 책은 댄 애리얼리(Dan Ariely)의 ≪예측 불가능한 비합리성(Predictably Irrational)≫ (하퍼, 2009), 리차드 탈러(Richard Thaler)와 캐스 선스타인(Cass Sunstein)의 ≪넛지≫(리더스북, 2022), 그리고 마지막으로 대니얼 카너먼(Daniel Kahneman)의 ≪생각에 관한 생각(Thinking Fast and Slow)≫(파라르, 스트라우스와 지로우, 2013)이 있다.

씽크웍스레이더(Think Works Radar) 같은 소셜 미디어나 컨설팅 회사의 보고서를 읽으면 새로운 접근 방식과 기술 옵션을 쉽게 이해할 수 있다. 스트라이프(Stripe)의 2018년도 보고서 "개발자 계수: 소프트웨어 엔지니어링 효율성과 그것이 세계 GDP에 미치는 3조달러의 영향(The Developer Coefficient: Software Engineering Efficiency and Its $3 Trillion Impact on Global GDP)"은 https://stripe.com/files/reports/the-developer-coefficient.pdf에서 확인할 수 있다.

사례 연구 D:
안전 필수 시스템

요약 및 주요 통찰

이번 사례 연구에서는 안전이 필수인 산업에서 기술 부채가 유발하는 특정한 문제를 살펴본다. 안전 필수 시스템(safety-critical system)에서 가장 중요한 품질 요구 사항은 안전이므로 이 시스템상의 기술 부채는 또 새로운 모습으로 발견된다. 안전 필수 시스템은 종종 특정한 언어와 컴파일러 및 설계를 선택한다. 또한 이 시스템은 여기서 소개하는 사례처럼 임베디드 시스템인 경우가 많아서 테스트 및 배포에 큰 어려움이 있다. 우리는 이 예시를 통해 해당 시스템이 어떻게 코딩과 테스트, 배포와 관련된 어려움에 직면했는지를 설명하고, 더 현대적인 도구의 사용과 테스트 인프라의 개선 및 문서 작업을 통해 어떻게 이런 어려움을 해결할 수 있었는지를 보여줄 것이다. 이런 노력은 모두 시스템이 현재 겪고 있는 기술 부채를 줄이는 데 필요하다.

이 (익명의) 시스템 사례 연구는 이 책의 저자 중 한 명의 개인적인 경험을 기반으로 했다.

배경

이 사례 연구는 사람의 생명이나 수백만 달러가 걸려있는 군사, 항공 전자 또는 원자력 시스템에 사용되는 안전 필수 시스템에 관한 것이다. 우리가 연구한 특정 소프트웨어는 C 언어로 작성됐으며 위성 기반 위치 확인 시스템의 중요한 작업을 수행한다. 이 소프트웨어가 실패하면 보트나 비행기, 트럭에 영향을 줄 수 있다. 예를 들어 이 시스템이 위치 및 경로 파악을 실패하면 수백 대의 차량 흐름이 마비될 수 있다.

시스템 개요

초기 설계

이 프로젝트는 1980년대 정부 프로젝트로 시작됐다. 사양은 텍스트 문서로 작성됐고 요구 사항은 스프레드시트로 도출됐다. 정부 계약에 따라 개발된 필수 시스템이 언제나 그렇듯이 여러 독립 계약자가 시스템의 서로 다른 부분을 담당했다. 특히 테스트도 마찬가지였는데, 구현과 테스트 코드가 각각 다른 개발자들에 의해 작성됐다. 테스트는 사양이 아닌 테스터가 가지고 있는 구축에 대한 이해를 바탕으로 작성됐기 때문에 테스터가 성공 케이스만 테스트하는 시나리오를 방지할 수 있었다. 하지만 다수의 다양한 조직이 연계됐기 때문에 사회적 부채(10장 참조)는 불가피하게 발생했다.

설계, 테스트 및 인수 문서는 인증 기관의 요구에 따라 모두 긴 텍스트 또는 스프레드시트의 형태로 만들어졌다. 불행히도 이러한 문서를 이해하는 것은 현대인이 이집트 상형 문자를 이해하려는 것만큼 어려웠다. 결과적으로 시간 제약이나 재무적 압박 때문에 시스템에 대한 명확한 이해 없이 엔지니어가 소프트웨어를 승인하고 소프트웨어를 검증하는 일이 놀랍지도 않게 발생했다. 현재 이 프로젝트를 작업하는 엔지니어들은 이런 문서를 이해하는 데 굉장한 어려움을 겪고 있는데, 문서를 완전히 이해하기 위해서는 프로젝트의 시작부터 전체적인 맥락을 알아야 하기 때문이다.

구현

이 시스템은 특정 프로세서 계열 파워PC(PowerPC) 아키텍처에서 작동하도록 설계됐다. 시스템은 한번 결정하면 그것을 따라야 했고 엄격한 실시간 타이밍 제약하에서 작동해야 했다. 구현 당시에 이런 제약조건을 충족할 수 있는 언어는 어셈블리어, C 언어, 그리고 에이다(Ada) 정도였다. 이때 내린 결정은 C 언어를 사용하는 것으로, 어셈블리어는 이런 프로젝트에서 쓰기에는 너무 복잡했기 때문에 대안이라고 하면 에이다 정도가 유일했다.

구현 당시 표준은 가독성보다 성능을 중시하는 것이었다. 새로운 소프트웨어 엔지니어링 방법론과 지표가 막 등장하던 참이었고, 깨끗하고 좋은 코드를 작성하기 위한 엄격하고 형식화된 방법도 아직은 존재하지 않았다.

코드는 여러 가지 이유로 이해하기 어려웠다. 소프트웨어는 선택한 아키텍처에 대한 맞춤형 C 컴파일러로 작성됐고, 성능을 위해(그리고 컴파일러의 최적화 부족으로 인해) 많은 코딩 트릭, 예를 들면 전역 변수와 루프, 함수 호출을 피하기 위한 많은 중복된 코드가 사용됐다. 이 소프트웨어는 서로 다른 개발자들이 작성했기 때문에 코딩 스타일 역시 일관되지 않았다.

다행히도 프로젝트는 성공적으로 인수됐고 제공됐다. 테스트가 작성됐고 실행됐고 확인까지 완료됐다. 이 엔드 투 엔드 테스트에서 엔지니어는 수작업으로 결과를 컴파일하고 실행하고 관찰해야 했다. 이것은 자동화할 수 없는 수작업이자 고도로 집중해야 하는 활동이었다.

정당한 기술 부채

이 프로젝트는 특히 코딩 및 테스트 측면에서 오늘날의 관점에서 기술 부채가 되는 문제를 발생시켰다.

개발자들은 처음에는 최적화와 성능을 위해 전역 변수를 집중적으로 사용했다. 그 당시에는 유지보수와 가독성보다는 코드의 최적화가 더 중요했기 때문에 절대 이상하지 않은 선택이었다. 또한 대부분의 코드에서 C 매크로를 많이 사용했는데, 이는 함수 호출을 피하기 위해 내린 결정이었다. 이런 접근 방법은 정당한 이유가 있었다. 안전이 필수인 시스템이기에 엄격한 실시간 마감일을 준수할 필요가 있었고, 따라서 모든 성능에 대해 최적화가 고려됐다.

그 당시에는 컴파일러가 다양했고, 아마도 다중 플랫폼을 위한 레퍼런스 컴파일러의 부족으로 인해 전체 빌드 시스템은 비공개 파워PC 컴파일러에 의존했다. 컴파일러는 특정 프로세서를 대상으로 했으며, 특정 시스템 클래스(그때는 지금보다 더 다양한 운영체제가 있었음)에서 실행됐다.

앞에서 언급했듯이 테스트는 대부분 수동으로 진행되었는데, 소프트웨어 정확성을 확인하기 위해 엔지니어는 테스트를 직접 컴파일하고 실행해야 했다. 검증 기관에서 요구한 특수한 스프레드시트 문서는 컴파일 및 실행할 테스트, 그리고 테스트할 값 등의 테스트 시나리오를 설명했다.

유지보수 및 교정성 문제

수년에 걸쳐 버그가 보고되고 수정 사항이 요청되고 적용됐다. 하지만 시간이 지남에 따라 다음 문제들로 인해 변경은 점점 더 어려워졌다.

- **코딩**: 성능과 실행 시간을 최적화하기 위해 선택한 지름길은 변경 사항을 더 복잡하게 만들었다. 예를 들어 전역 변수의 사용은 소프트웨어의 컨트롤 흐름, 예를 들면 어떤 기능이 어떤 변수를 어떤 값으로 변경하는지 등을 추적하기 매우 어렵게 만들었다. 이로 인해 버그를 찾는 시간과 찾은 버그를 궁극적으로 수정하는 시간이 늘어났다.

- **재현 가능한 빌드**: 컴파일러는 특정 플랫폼에서만 실행되는 비공개 소프트웨어였기 때문에 일반적인 운영체제에서는 실행되지 않았다. 원래 컴파일러는 더 이상 지원되지 않았으므로 원래 제공한 소프트웨어를 다시 빌드하기가 어려워졌다. 결과적으로 새 버전의 소프트웨어를 구축하는 데는 시간이 매우 오래 걸렸고, 그것을 어떻게 하는지도 오직 소수의 사람만이 알고 있었다.

- **훈련**: 코드는 그 자체만으로도 이해하기 매우 어려웠고(부분적으로는 주석 부족으로 인해) 대부분의 문서는 기술 세부 사항에 대해 구체적인 내용 없이 대략적으로 작성돼 있었다. 제품이 수년간 계속 지원됨에 따라 개발자는 훈련을 받아야 했지만 배우기가 매우 어려워서 개발자가 소프트웨어를 변경할 수 있을 만큼 준비되기까지는 몇 달이 걸렸다.

- **테스트**: 테스트는 많은 노동력을 요하는 수작업으로 진행됐다. 테스트는 각 변경에 대해서 자동으로 실행되지 않았고 소프트웨어가 제공되기 직전인 유지보수 주기의 마지막에 실행됐다. 이로 인해 수정 사항을 제공하는 데까지 드는 시간이 늘어났다.

실제 문제들은 초기 구현 후 몇 년 후에 발생했는데, 특히 시스템이 오작동을 나타내는 신호 없이 갑자기 작동을 멈추곤 했다. 개발자는 자신이 작성하지 않은 시스템에서 문제를 일으킨 버그를 찾아야 했다. 프로젝트의 상태 및 관련된 기술 부채로 인해 이러한 문제를 해결하는 데 몇 달이 걸렸고, 버그를 수정하는 동안 시스템에는 또 다른 셧다운이 일어났다.

코딩 부채

처음에 코드는 루프를 피하기 위해 전역 변수 또는 매크로를 사용하는 오래된 코딩 패턴을 사용해 작성됐고, 이는 코드의 가독성과 유지보수성을 떨어뜨렸다. 어느 순간에 이러한 패턴의 사용이 정당화되기는 했지만, 동시에 프로그램을 읽고 이해하는 데 필요한 시간도 늘어났다. 이는 새로운 엔지니어가 코드를 배우고 익숙해지고 적극적으로 기여할 수 있게 될 때까지 더 많은 시간이 필요하게 했다. 이는 초기 기술 부채에 대한 이자 비용의 증가로 볼 수 있다.

코드베이스 내에서 일어나는 수정이 전체적으로 일관되게 하는 데 걸리는 시간도 늘어났다. 코드 블록이 복사됨에 따라 이것을 유지보수하는 사람은 중복된 코드도 수정이 필요한지를 추적하고, 발생한 문제로 인해 중복된 코드의 어떤 블록이 영향을 받았는지 판단해야 했다.

테스트 부채

실제 코드에서 발생한 부채 외에도 6장에서 다뤘던 테스트 부채 역시 발생했다. 코드 변경이 완료되면 수동 테스트가 시작됐다. 모든 컴포넌트에서 일관되게 실행되고 올바르게 통합됐는지 확인하는 자동 테스트는 존재하지도 않았다. 최선책으로 일부 컴포넌트에서 사용할 수 있는 몇 가지 단위 테스트가 있었지만 변경 사항을 인수하기에는 충분하지 않았다.

이 부채는 부분적으로 개발 프로세스가 원인이었다. 각 컴포넌트가 독립된 계약자에 의해 개발되었기 때문에 계약자는 서로의 컴포넌트에 액세스할 수 없었고, 통합 테스트도 종종 다른 독립된 계약자에 의해 수행되었다. 이것은 테스트 기회를 제한하는 결과를 낳았다.

배포 부채

마지막으로 7장에서 이야기한 중요한 배포 문제가 남아 있었다. 첫째, 특정 플랫폼에서만 시스템을 구축할 수 있었기 때문에 개발자는 자신의 노트북에서 시스템을 구축할 수 없었고 이는 민첩성을 저하시켰다. 또한 시스템을 로컬에서 테스트할 방법도 없어서 각각의 테스트는 코드를 컴파일한 뒤 하드웨어에서 실행해야 했다. 이로 인해 새로운 출시까지의 속도가 매우 느려졌다.

기술 부채를 어떻게 해결해야 할까?

여기서 행해진 모든 것이 나쁘다고 말하려는 것은 아니다. 항상 그렇듯이 모든 것은 문맥에 따라 크게 달라지기 때문이다. 이 사례에서도 성능을 최적화했어야 하는 그 당시 상황을 고려한 원래의 구현 결정은 합리적이었다. 다만 기술은 변화하고 진화하기에 원래 선택의 대부분은 오늘날에는 유효하지 않다.

원본 코드 그 자체로는 기술 부채가 되지 않는다. 반면에 코드를 업데이트하지 않고 실제 코딩, 테스트 및 배포 표준에 맞추지 않으면 구식이 되기 시작하고 기술 부채 더미가 되어 버린다.

다음 절에서는 이 부채를 어떻게 해결할 수 있는지 논의한다.

최신 컴파일러 사용

기술 부채를 없애기 위한 첫 번째 방법은 컴파일러를 교체하거나 VM/에뮬레이터를 사용하는 상용 하드웨어(x86 - 64 아키텍처)에서 작동하는 최신 컴파일러를 사용하는 것이다. 이렇게 하면 개발자는 최소한 노트북에서 코드를 컴파일하고 실행할 수 있고, 하나의 전용 플랫폼에서 작업할 필요 없이 부분적으로 늘려가며 작업할 수 있게 된다. 물론 컴파일러를 빠르게 바꾸는 것은 쉬운 일이 아니고, 새로운 컴파일러가 시스템 구축뿐만 아니라 기존의 모든 테스트를 통과하는지 역시 확인해야 한다.

공유 테스트 환경의 개발

두 번째 방법은 테스트를 자동화해서 개발자가 자신의 노트북에서 테스트를 실행할 수 있게 하는 것이다. 이를 위해서는 역시 프로젝트에 최신 컴파일러가 필요하다! 테스트 부채에 대해서는 6장에서 자세히 논의했는데, 여기서는 극복해야 하는 난관을 두 가지 강조한다.

1. 단위 테스트의 작성 및 자동화
2. 엔드 투 엔드 테스트를 위한 모의 환경 설계

단위 테스트의 작성과 자동화는 엔지니어가 더 효율적이고 더 빠르게 이터레이션을 진행할 수 있게 도와준다. 엔지니어는 자신의 노트북에서 테스트를 실행할 수 있게 된다. 물론 일부 테스트, 특히 시간에 민감한 테스트는 실제 하드웨어를 실행해야 하기 때문에 노트북에서 하는 테스트로 소프트웨어가 올바르게 작동한다는 완전한 확신을 얻을 수는 없지만 테스트의 90% 이상을 커버할 수는 있다. 이것은 단위 테스트에만 해당한다. 엔드 투 엔드 테스트를 위한 모의 환경 설계라는 두 번째 측면은 엔지니어가 단위 테스트를 넘어 통합 테스트를 실행할 수 있게 해준다. 모의 환경은 실제 실행 환경을 복제하고 프로세서, 센서 및 기타 장치를 시뮬레이션한다. 많은 개발자는 실제로 특정 하드웨어를 시뮬레이션하기 위한 확장 기능이 있는 표준 에뮬레이션 도구인 QEMU 버전으로 이 작업을 수행한다. 이렇게 하면 각 계약자도 기능 테스트를 실행할 수 있게 된다.

이 규모의 프로젝트에서는 이런 테스트를 작성하는 데 몇 달이 걸릴 수 있다. 그러나 이는 미래에 도움이 될 뿐만 아니라 새로운 버그를 발견하고 소프트웨어를 더욱 강력하게 만드는 데 도움이 된다. 대부분의 기술 부채를 관리하는 데 내려지는 선택과 마찬가지로 이는 수년간의 노력을 필요로 하겠지만 효과는 확실히 있을 것이다. 즉, 시스템 소유자는 소프트웨어 유지보수에 지속적으로 투자해서 장기적으로 기술 부채를 줄이는 실천 방법을 받아들일 수 있게 함과 동시에, 잠재적으로 발생할 문제 역시 신속하게 해결할 수 있게 해야 한다. 이 경우도 테스트가 있었다면 정상 작동 후 몇 년이 지난 후에야 발생한 문제를 더 빠르게 해결할 수 있었을 것이다.

정적 분석기의 사용 및 정기적인 리팩터링

앞에서 권장한 것은 현재 실무에 맞춰 시스템을 최신 상태로 만들고 이터레이션 시간 단축 및 상용 하드웨어에서의 개발 촉진 등의 개발 효율성을 높이는 것이었다. 시스템 내의 기술 부채를 줄이는 또 다른 방법은 정적 분석기를 사용하고 가장 큰 문제부터 수정하는 것이다. 이런 문제에는 전역 변수의 사용이나 초기화되지 않은 값 또는 5장에서 다룬 것처럼 단순히 많은 코드가 코드베이스에서 복사되는 것이 포함된다.

정적 분석기는 소프트웨어 결함, 소프트웨어 복잡성 또는 중복된 코드 같은 다양한 차원의 문제를 표면화한다. 정적 분석기를 정기적으로 사용하고 문제를 식별하고 수정하면 시스템의 전반적인 품질이 향상되고, 특히 개발자와 관리자는 이런 개선을 확인할 수 있게 된다. 이를 통해 개발자와 관리자는 새로운 버그의 발생 역시 알아챌 수 있다.

문서화 방식의 개선

한 가지 개선 가능한 영역은 문서화와 관련이 있다. 더 자세하게는, 어떻게 하면 문서가 개발자에게 더 유용하게 쓰일 수 있을지다. 모든 안전 필수 시스템의 경우 대부분 문서는 인증 기관에서 요구하는 텍스트 프로세서 또는 스프레드시트로 만들어졌다. 그러나 이 문서는 매우 방대했고 처음 사용하는 사람은 이해하기 어려운 경우가 많았다.

더 유용하게 쓰일 수 있었던 문서화의 측면은 다음과 같다.

1. **시작 가이드**: 소프트웨어를 구축, 배포, 실행하는 방법을 단계별로 설명하는 가이드. 시스템의 각 부분이 여러 계약자에 의해 오래전에 구현됐기 때문에 시스템을 어떻게 시작하면 좋을지에 대한 최신 정보를 하나로 정리한 문서가 없었다. 따라서 새로 온 개발자가 소프트웨어를 실행하는 것에만 며칠이 걸렸다.

2. **개요를 담은 문서**: 열 페이지 미만의 짧은 문서로, 패키지 구조와 함수 등의 전반적인 소프트웨어 배포 관련 시스템 아키텍처를 보여준다. 대략적이긴 하지만 이것만 있었어도 특정 기능을 수정할 때 어디를 보면 되는지를 알 수 있었다.

3. **코드 문서**: 많은 코드가 문서화되지 않은 채로 남았다. 개요를 담은 문서도 없었고 코드 문서도 부족했기 때문에 트러블 슈팅 및 조사를 위해 코드를 살펴보는 데 많은 시간이 낭비됐다.

인증 기관에서 문서화를 요구하는 프로젝트에서는 요구된 것 외에는 문서화하지 않으려는 유혹이 항상 존재한다. 문제는 기관에서 요구하는 문서가 종종 개발자에게 쓸모가 없다는 것이다. 그 대신 8장에서 논의한 바와 같이 소프트웨어가 어떻게 구성되었는지를 빠르게 이해하는 데 도움이 되는 가볍고, 개발자 친화적인 문서의 작성을 추천한다. 이런 문서의 목표는 개발자가 빠르게 시작할 수 있고, 대략적인 개요를 제공하므로 새로 온 개발자라도 몇 시간 또는 최대 며칠 내에 코드에 익숙해지게 하는 것이다.

12

결론

현실에서의 엔딩은
행복하든 불행하든 항상 깔끔하게 끝나지는 않는다.

- 스티븐 킹

이 책은 메타포를 통해 기술 부채를 소개하는 것으로 시작했지만, 이 책에서 우리가 의도했던, 그리고 지금도 의도하는 바는 그 메타포를 넘어서는 것이다. 메타포는 의사소통과 의식향상에 도움이 된다는 면에서 확실히 유용하다. 그러나 우리는 엔지니어로서, 혹은 엔지니어가 되기를 열망하는 자로서 증거와 분석을 기반으로 한 의사 결정이라는 과학적 접근 방식을 취한다.

메타포를 넘어 좀 더 체계적인 접근 방식으로 기술 부채를 다루는 방법을 전달하기 위해 3장에서부터 9장까지 기술 부채를 식별하고, 관리하고, 피하는 공통 구조를 사용했다. 각 장에서는 코딩, 설계, 배포, 테스트와 같은 소프트웨어 개발에서 일어나는 주요 엔지니어링 활동 또는 경영진이 우려해야 하는 문제를 다뤘다. 9장에서는 기술 부채가 머신러닝 시스템을 포함해서 소프트웨어 개발의 새로운 영역에도 적용될 수 있는 개념이라는 것을 이야기했다.

각 장에서 개발자와 관리자가 기술 부채를 식별하고 관리하고 피할 수 있도록 기술 부채에 대해 과학적으로 추론할 수 있는 실용적인 방법론과 지표, 도구를 제공했다. 여기서 제안한 방법론, 지표, 도구는 우리의 단순한 의견이 아니라 실제로 여러 프로젝트에서 검증됐고 오늘날에도 사용되고 있는 것이다. 이것이 이 책의 제목을 ≪개발자를 위한 기술 부채 실무 가이드≫로 정한 이유다. 우리는 실무를 통한 경험만이 결국 소프트웨어 개발에서 아이디어의 가치를 측정하는 유일하고 진정한 척도가 된다고 굳게 믿고 있다.

도구와 기법을 사용해서 부채를 식별하고 해결하는 것은 이제 여러분에게 달렸다. 우리가 지금까지 이야기한 것은 모두 여러분의 프로젝트 ROI에 기반해서 측정되고 우선순위가 매겨져야 한다. 모든 부채 항목이 무조건 나쁜 것은 아니고, 모든 부채가 상환할 가치가 있는 것도 아니다. 부채를 상환하는 것에는 비용이 드는데, 부채를 상환하기 위해 사용하는 매시간과 비용은 버그를 수정하거나 새로운 제품 기능(즉, 고객이 여러분에게 돈을 지불해서 얻고자 하는 것)을 만드는 데 사용하지 **않는** 시간이다. 기술 부채는 신중하게 발생됐을 때 전략적 가치가 있다.

우리가 소개한 도구와 기법을 여러 방면에 사용하는 것은 사실 쉬운 부분이다. 여러분이 실제 부채, 즉 정말로 갚아야 할 부채를 파악했다면 프로젝트의 다른 이해관계자에게 이 빚을 열심히 갚는 것은 좋은 생각이라는 확신을 줘야 한다. 새 제품 기능을 개발하고 급한 불을 끄는 것이 코드베이스를 리팩터링하는 것보다 훨씬 더 매력적으로 보일 수는 있다. 그러나 결국에는 우선순위가 높은 부채를 갚는 것이 옳은 일이며, 부채 상환은 나중에 더 나은 생산성과 더 나은 기술 환경의 측면에서 몇 배의 이득으로 돌아올 것이다.

오늘날 대부분의 조직과 PM, 개발자는 이 작업을 수행하지 않는다. 기술 부채를 식별 및 관리하고 피하는 실무는 아직 소프트웨어 개발 세계에 널리 퍼져 있지 않으며, 조직의 현재 상황이 아닐 가능성이 크다. 따라서 몸담고 있는 조직에서 변화의 주체가 여러분이어야 한다. 여러분이 알고 있는 부채에 대해 조치를 취하도록 조직을 설득하고, 여러분이 모르는 것을 찾아내고, 그것이 더 큰 문제가 되기 전에 처리해야 한다.

우리는 사례 연구 A부터 사례 연구 D까지 4가지 사례 연구를 통해 기술 부채가 현실이라는 것을 보여줬다. 각 사례에서 기술 부채에 대해 조치를 취하는 방법을 알려주거나 조치를 취했다. 잠시 각 사례 연구와 그 결과를 간략하게 요약해 보자.

사례 연구 A에서는 최신 제품 기반의 소프트웨어 회사와 이 회사가 기술 부채를 처리하는 방법을 살펴봤다. 브라이트스퀴드라는 이 회사는 의료 산업을 위한 보안 통신 제품을 개발한다. 이 연구를 통해 4장에서 다뤘던 도구와 기법이 기술 부채를 식별하고 전략적으로 관리하는 데 어떻게 도움이 될 수 있는지 보여줬다. 우리는 설계 지표와 아키텍처 설계 결함을 찾아내는 도구를 사용해서 코드베이스의 어디가 문제인지를 찾아냈고 부채를 '갚기' 위한 리팩터링 계획을 세웠다. 적절한 데이터를 수집해서 이를 예상 ROI 데이터와 함께 경영진에게 제시함으로써 브라이트스퀴드의 아키텍트는 수정해야 할 사항을 정확하게 파악했을 뿐만 아니라 경영진이 리팩터링 스프린트를 승인하도록 설득할 수 있었다. 그들은 가장 심각한 부채를 상환했고, 결과적으로 그들의 삶은 훨씬 나아졌다. 버그는 훨씬 줄어들었고 생산성은 훨씬 더 높아졌다.

사례 연구 B에서는 크고 빠르게 성장하는 회사인 트위터의 초기 설계 및 구현 선택으로 인해 발생한 기술 부채가 초래한 심각한 문제를 어떻게 다뤘는지를 논의했다. 초기 트위터는 서비스 확장과 관련해 많은 기술적인 문제에 직면했으며 장애가 자주 발생했다. 오늘날 트위터는 세계에서 가장 강력한 서비스 중 하나인데, 이러한 변화를 달성할 수 있었던 이유는 그들이 부채를 인식하고 마이크로서비스 및 새로운 프레임워크로의 전환을 포함한 대규모 설계 변경을 통해 부채를 상환했기 때문이다. 더불어 테스트 커버리지를 크게 늘리는 것으로 테스트 부채를 상환했고 지속적인 통합(CI) 사고방식과 CI 도구를 활용했다.

사례 연구 C의 ALMA 프로젝트에서는 복잡하고 장기간 지속되는 프로젝트를 위한 과학 소프트웨어의 매우 복잡하고 불확실한 영역이 제시됐다. 우리는 프로젝트팀이 요구 사항, 코드, 설계, 테스트를 포함해서 다양한 차원의 부채를 관리하고 상환하는 방법을 보여줬다. 그들은 공식적인 요구 사항 도구와 변경 추적 프로세스를 도입해서 요구 사항 부채를 통제했다. ALMA 프로젝트는 코드와 설계 부채를 완전히 해결했다고 말할 수는 없지만 그것을 의식하고 있고, 통제하기 위해 노력하고 있다. ALMA 팀은 더 많은 리소스를 위해 싸우고 고유한 통합 테스트 팀을 만드는 등 조직 레벨로 테스트 부채를 해결했다. 마지막으로 ALMA는 사회적 부채라는 어려움도 겪었는데, 이 프로젝트는 장기간에 걸쳐 많은 국가 조직이 참여했을 뿐만 아니라 망원경 개발과 운영 사이의 팀 구조 변화에도 대응해야 했기 때문이다. 이러한 형태의 부채를 처리하기 위해 그들은 협업을 더 잘할 수 있게 도와주는 교차 기능 팀을 만들었다.

마지막으로, 사례 연구 D에서는 엄격한 실시간 요구 사항을 충족해야 하는 안전 필수 시스템에 대한 연구를 살펴봤다. 안전이라는 하나에만 초점을 맞춘 결과, 이 프로젝트는 여러 방면에서 상당한 기술 부채를 발생시켰다. 개발 조직은 이 부채를 갚지 못했고 부채를 발생시킨 결정으로 인해 크게 고생했다. 우리는 이 연구의 끝부분에 정적 분석과 정기적인 리팩터링, 개선된 문서화 접근 방식, 최신의 자동화 테스트 접근 방식이 있었다면 부채의 일부를 **해결할 수도 있었을** 거라는 의견을 추가했다.

여러 사례 연구에서 알 수 있듯이 이 책에서 중요하게 시사하는 바는 기술 부채가 단순한 구현 부채 그 이상이라는 것이다. 설계 및 구현에서 축적되는 부채에 대한 우려가 바로 메타포가 시작된 곳이다(4장과 5장 참조). 소프트웨어 프로젝트에서 종종 가장 힘을 쏟는 곳은 설계와 구현이지만 우리가 기술 부채와 관련된 문제를 처음 연구하기 시작한 이래 부채에는 **다양한** 차원이 있다는 것을 알게 됐다. 이것을 무시하는 것은 위험하다.

이는 매우 유용한 관점이다. 설계 프로세스의 지름길이나 코드에 대해 걱정하는 것으로 우리의 사고를 제한한다면, 소프트웨어 개발의 다른 중요한 영역에서 취할 수 있는 광범위한 차선책의 접근 방식은 고려하지 못할 것이다. 요구 사항 프로세스를 잘 정의하는 데 있어 매우 중요한 것은 ALMA 망원경 사례 연구에서 보여줬듯이 구축해야 할 대상을 이해하는 것이다. 요구 사항이 변경될 것으로(혹은 적어도 여러분이 이해한 바가 변하리라는 것도!) 예상해야 하지만, 특히 크고 복잡한 프로젝트의 경우 코드에 커밋하기 전에 요구 사항이 어떻게 변할지에 대한 합리적인 이해를 하는 것이 중요하다.

요구 사항을 최대한 이해하지 않은 채 구현을 서두르면 부채를 발생시킬 수 있다. 물론 일부 요구 사항은 시스템 개발의 초기 단계에서 간단히 알 수 없고, 그것은 부채가 아니다. 부채가 문제가 되는 경우는 요구 사항을 더 잘 이해하고 더 나은 제품을 생산할 수 **있었지만** 무언가를 서둘러 제공하느라 그렇게 하지 않기로(아마도 무의식적으로) 선택했을 때다. 마찬가지로, 급하게 진행되는 배포 프로세스는 불필요하게 복잡하거나 유연하지 않은 시스템을 만들어서 힘들게 설계하고 구현한 것이 모두 물거품이 될 수 있다.

다양한 형태의 부채를 식별하고 모니터링하고 관리하는 것이 만병통치약이 아니라는 점을 강조하고 싶다. 인간은 여전히 실수할 수 있고 프로젝트는 여전히 실패할 수 있지만 이것은 불확실성을 가진 인간이 하는 어떤 시도에도 적용되는 사실이다. 여기서 중요한 것은 언제, 어디서, 얼마나 많은 부채가 생성되고(상환할 것이라면) 언제 상환할 것인지에 대해 주의를 기울이고 의식적으로 선택함으로써 성공 가능성을 극적으로 높일 수 있다는 것이다.

실제로 중요도가 높고 수명이 긴 소프트웨어를 구축하고 있다면 부채를 갖게 될 것이고 사실 부채를 갖는 편이 바람직하다. 그렇더라도 이 부채를 추적, 관리, 완화하기 위해 총 프로젝트 노력의 20%에 달하는 정성을 다해야 한다. 이보다 노력을 적게 들이는 것은 위험성을 안고 가는 어리석은 판단이다.

우리 책의 마지막 중요한 교훈은 "측정할 수 없으면 관리할 수 없다."이다. 피터 드러커 같은 경영 전문가는 이것을 수십 년간 강조해왔고 여러분도 들어본 적이 있을 것이다. 축적된 기술 부채 문제에 대한 가시성 부족이 프로젝트를 망치는 경우가 많기 때문에 기술 부채는 측정으로 시작돼야 한다. 측정을 통해 문제를 식별할 수 있고, 정기적인 측정을 통해 부채를 관리하고 처음부터 부채를 피하는 것 또는 최소한 그 최악의 결과를 피하는 것이 개발 프로세스의 자연스럽고 정상적인 일부가 된다. 단언컨대, 이런 식으로 생각하기 시작하면 여러분은 더 이상 예전에 해왔던 소프트웨어 개발 방식으로는 돌아갈 수 없을 것이다!

부록

실무자의 목소리
인터뷰 전문

인터뷰: 마르코 바르톨리니

인터뷰: 줄리엔 댄쥬

인터뷰: 니콜라스 데빌라드

인터뷰: 바딤 미크네비치

인터뷰: 앤드리 샤포카

인터뷰: 마르코 바르톨리니[1]

소개

마르코 바르톨리니(Marco Bartolini)는 세계에서 가장 큰 전파 망원경을 작업하는 소프트웨어 엔지니어다. 그는 컴퓨터 사이언스 분야에서 경력을 가지고 이탈리아 천체 물리학 재단(INAF, Italian Astrophysics Foundation)을 포함한 전파 천문학 분야에서 계산과 관련된 요구 사항을 지원해 왔다. 그는 또한 SKA(Square Kilometer Array Telescope) 프로젝트에서 사용한 방법론인 스케일드 애자일(SAFe, Scaled Agile Framework) 자격증 소지자다.

요약 및 주요 통찰

이 인터뷰에서 마르코는 SKA 소프트웨어 프로젝트에서 경험한 기술 부채에 대해 이야기한다. SKA는 사용자용 데이터 처리 스크립트에는 파이썬을 사용하고 데이터 집약적인 연산에는 C++를 사용한다. SKA 프로젝트의 가장 어려운 부분 중 하나는 아키텍처가 아직 계획 단계에 있다는 것으로, 이 책의 다른 사례 연구 및 인터뷰보다 이른 수명주기 단계에 있다. 또 다른 어려움은 이 프로젝트가 다국적이고 정부 주도하에 실행되기 때문에 자주 바뀌는 경향이 있다는 것이다.

마르코는 이 인터뷰에서 특히 잘 관리된 최신 라이브러리를 테스트하고 사용하는 것과 부채를 적극적으로 관리하는 것의 필요성을 강조한다. 예를 들어 SKA는 11장에서 논의한 리

---

[1] (옮긴이) 사람 이름의 한글 표기는 영어 발음을 기준으로 했다.

스크 레지스터를 사용해서 향후 이터레이션에서 리팩터링해야 하는 라이브러리를 명확하게 식별해낸다. 마르코는 기술 부채를 적절히 관리하기 위해서는 이를 조기에 식별해 내는 것이 필수라고 굳게 믿고 있다.

상세 인터뷰

소프트웨어 엔지니어링에 대한 이력과 경험을 포함한 간략한 자기소개를 부탁드립니다.

안녕하세요. 제 이름은 마르코 바르톨리니고 현재 SKA 조직에서 소프트웨어 품질 엔지니어로 일하고 있습니다. 저는 컴퓨터 사이언스를 공부했고 대부분의 커리어는 천문학 분야에서 소프트웨어 시스템을 개발하는 데 보냈습니다.

프로젝트 내에서 기술 부채를 어떻게 정의하고 또 적용해 왔나요?

기술 부채를 일관된 방식으로 정의하는 것은 매우 어렵습니다. 특히 개발자들과 비즈니스 쪽 사람들이 잘 이해할 수 있으면서도 개발 중인 소프트웨어 시스템의 품질에 대한 변명과 타협으로 이어지지 않는 방법으로는 더욱 그렇습니다. 이상적으로 지금 하고 있는 프로젝트에서는 마틴 파울러의 기술 부채 사분면에서 '고의적이고 신중하게'로 분류한 것만 '기술 부채'로 기록합니다. 즉, 기술 부채는 우리의 품질 표준에 부합하지 않는 솔루션을 의식적으로 채택할 때만 발생해야 합니다.

저희는 높은 품질의 소프트웨어를 개발하는 것을 지속해서 강조하며, 기술 부채를 개발 활동의 품질 측면을 건너뛰게 해주는 지름길로 생각하지 않습니다. 예를 들어 테스트 없이 개발된 제품 기능은 시스템에 기술 부채를 남기기 때문에 인수하지 않습니다. 그러나 차선책이 불가피하게 필요한 경우가 있습니다. 제 관점에서 중요한 것은 기술 부채를 통제하고, 저희가 다루는 기술 부채의 양을 측정할 수 있는 시스템을 유지보수하고, 기술 부채의 양을 할당함으로써 기술 부채가 제어할 수 없는 양 이상으로 넘어가지 않게 하는 것입니다. 리팩터링을 정상적인 개발 활동의 일부로 만드는 것도 부채를 통제할 수 있는 핵심 요소입니다.

저희 커뮤니티 멤버인 LSST 망원경 프로젝트에서 온 팀 제너스(Tim Jenness)는 제시카 커(Jessica Kerr)가 트위터(https://twitter.com/jessitron/status/1123310331957145601)에서 이야기한 것처럼 '기술 부채' 대신 '위험성 확대'라는 용어를 사용하는 것을 제안했습니다.

프로젝트에 대해 더 알려주세요. 프로젝트가 무엇에 관한 것인지, 사용자 수는 몇 명인지, 사용자가 개인인지 회사인지, 오픈소스인지 비공개 소스인지, 어떤 특별한 혹은 어려운 요구 사항 등은 없었는지 궁금합니다.

SKA 프로젝트는 세계에서 가장 큰 전파 망원경을 만들기 위한 국제적 노력으로, 궁극적으로 수집 면적이 100만 제곱미터가 넘습니다. SKA의 규모는 상세한 설계와 잘 진행 중인 준비 작업을 통해 고유한 장치를 만들고 제공하는 엔지니어링 및 연구 개발 모두에서 엄청나게 도약하고 있음을 나타냅니다. 역사상 가장 큰 과학 연구 시도 중 하나인 SKA는 프로젝트의 결실을 위해 세계 최고의 과학자, 엔지니어, 정책 입안자를 한자리에 모을 것입니다.

2019년 7월 현재 이 프로젝트는 설계 단계를 마무리하고 있으며, 구축은 2020년에 시작될 것으로 예상됩니다. [참고: 망원경은 2020년 9월 건설 승인을 받았다.]

이 세상에 단 하나밖에 없는 망원경을 구현해 내기 위해서는 많은 소프트웨어 시스템을 설계하고 개발해야 합니다. 이는 망원경을 작동하는 제어 시스템부터 과학 데이터를 처리하는 데 사용되는 슈퍼컴퓨터, 천체 관측의 수명주기를 관리하는 복잡한 로직에 이르기까지 다양합니다. 소프트웨어 개발 활동은 회원국 및 산업 파트너의 여러 연구 기관을 포함해서 다양한 주체의 대규모 협력으로 수행됩니다. 이처럼 고도로 분산되고 넓게 퍼져 있는 개발 모델은 그 자체로 도전이고, 이것을 이뤄내기 위해서는 의사소통, 투명성, 관련 정보에 대한 용이한 액세스가 모두 핵심적인 역할을 합니다. 오픈소스 라이선스 모델을 채택하고 공통 코드 소유권(common code ownership)을 촉진하는 것은 우리 프로젝트의 방향성을 위한 기본 단계 중 하나입니다.

소프트웨어 엔지니어링 관점에서 볼 때 가장 까다로운 요구 사항은 확실히 망원경에서 생성되는 데이터의 양을 처리하는 데 필요한 성능입니다. 저희는 망원경이 초당 약 15테라비트의 천문학 데이터를 집계해서 전달할 것으로 예상하며, 다룰 수 있는 크기의 과학 데이터를 저장할 수 있도록 이 데이터를 실시간으로 처리해야 합니다. 이를 위해서는 천문 관측에 참여하는 250페타플롭(Pflops) 규모의 슈퍼컴퓨터가 필요한데, 이 슈퍼컴퓨터는 실시간으로 데이터를 처리하고 연간 300페타바이트 규모의 과학 데이터를 저장합니다.

제 관점에서 이 망원경과 상호작용하는 모든 사람은 '사용자'로 간주할 수 있습니다. 사용자에는 천문학 데이터를 보는 과학자뿐만 아니라 망원경을 구축하거나 유지보수를 수행하는 엔지니어, 망원경 운영자도 포함됩니다. 수천 명의 사람이 소프트웨어에 의해 조정되는 방식으로 망원경과 상호 작용할 것이라고 생각하면 이해하기 쉽습니다.

프로젝트의 역사에 대해 알려주세요. 이 프로젝트는 언제 시작되었나요? 몇 년 전에는, 그리고 지금은 누가 그 유지보수를 담당하고 있나요? 프로젝트는 시간이 지남에 따라 어떻게 설계되고 관리되나요?

많은 대규모 과학 프로젝트와 마찬가지로 SKA는 긴 시간 동안 구상되었습니다. 실제 구축은 시작되지도 않았는데 이미 SKA 이력 콘퍼런스가 열리고 있었어요. 이 프로젝트의 뿌리는 1990년대 초로 거슬러 올라갑니다. 1993년 9월 IURS(International Union of Radio Science)는 차세대 전파 천문대를 위한 과학적 목표와 기술 사양을 개발하기 위한 세계적인 노력을 시작하는데, 이때 설립된 것이 대형 망원경 작업 그룹(Large Telescope Working Group)입니다.

이때부터 2008년에 첫 번째 프로젝트 사무실을 얻을 때까지 1997년, 2000년, 2005년도에 걸쳐 여러 국가 기관 간에 MoU가 체결됐고, 여러 조사 단계가 진행됐습니다. 설계 개발을 위한 법률 조직은 2011년에 영국 회사에서 만들어졌고 상세한 설계는 추후 10년 동안 이뤄졌습니다.

이 프로젝트는 2019년 7월 시점에 설계 단계를 마무리하고 있습니다. 이 단계에서 망원경은 가볍게 만들어진 중앙 조직에 의해 다양한 요소의 집합체로 설계됐습니다. 그중 일부는 과학 데이터 프로세서(SDP, Scientific Data Processor)나 망원경 관리자(TM, Telescope Manager)와 같이 확실히 소프트웨어가 중요한 부분을 차지하는 요소들이 있었습니다. 이러한 요소들에 대해서는 잘 문서화된 소프트웨어 아키텍처를 개발하고 제공하는 데 설계 노력을 집중했고, 시간과 리소스가 허용되는 한 프로토타입을 통해 일부 가정을 검증했습니다. 저희는 이제 아키텍처를 단일 시스템으로 통합하는 단계에 있으며, 이전 단계에서 설계된 아키텍처를 검증하는 데 도움이 되는 진화적 프로토타입을 점진적으로 개발하고 있습니다. 그렇게 함으로써 점진적으로 문서 기반, 획득된 가치, 단계별 프로세스 집합(stage-gated set of processes)으로부터 코드베이스, 가치 흐름 기반의 스케일드 애자일 프레임워크(https://www.scaledagileframework.com/)를 통일하는 린-애자일 프로세스로 피벗해 나가고 있습니다.

프로젝트에 사용된 언어에 대해 알려주세요. 어떤 프로그래밍 언어가 사용되고, 어떻게 상호 작용합니까?

저희는 매우 다양한 시스템들을 보유하고 있지만 주요 프로그래밍 언어는 파이썬 버전 3입니다. 이것은 우리 표준의 일부로 정의돼 있으며, 저희는 파이썬이 가능한 모든 경우에 최대한으로 사용될 것이라고 예상합니다. 언어가 상당한 수준의 성숙도에 도달했고 과학 커뮤니티, 특히 천문학 업계에서 널리 채택되었기 때문입니다. 파이썬을 주로 사용하긴 하지만 성능이 핵심인 많은 시스템에는 C++가 GPU 라이브러리 및 컴파일러와 함께 광범위하게 사용됩니다. 웹 기반 인터페이스는 대부분 자바스크립트를 사용해서 구현됩니다. 스카다(SCADA) 시스템 개발은 탱고(https://www.tango-controls.org/)라는 미들웨어 프레임워크를 기반으로 하며, 이는 경량 버전의 코바(CORBA)를 통해 구현되고 프로그래밍 언어로 C++, 자바, 파이썬을 지원합니다. 이것은 실제로 시스템 간의 접착제 역할을 하는데, 처리량이 많은 컴포넌트 사이에서 다양한 데이터 형식과 전송 프로토콜이 정보를 교환하는 데 사용됩니다. FPGA 펌웨어는 애드혹 처리 보드용으로도 개발되었으므로 VHDL은 저희 언어 생태계에서 제일 중요한 역할을 합니다.

시스템은 어떻게 테스트되나요? 단위 테스트나 통합 테스트를 실행하나요? 코드 커버리지는 어떻습니까? 프로젝트가 시작된 이래 무엇이 사용됐으며, 이후 어떤 테스트가 추가되었습니까?

저희의 테스트 여정은 이제 막 시작되었으며 테스트 정책과 전략이 정의되고 있습니다. 저희는 확실히 단위 테스트로 시작하고 있으며, 테스트 주도 개발을 표준 개발 방식으로 채택하고 있습니다. 이를 위해 처음부터 대부분 테스트를 자동화하고 있으며 소프트웨어 컴포넌트를 지속적으로 테스트하고 통합하고 있습니다. 또한 전체 시스템에 대한 지속적인 통합 및 지속적인 전달 모델을 목표로 합니다. 저희는 가상 테스트 환경에서 전체 소프트웨어 시스템을 테스트하고 통합하고자 하기 때문에 하드웨어 시뮬레이터 및 모의 소프트웨어가 테스트 전략에서 핵심적인 역할을 할 것입니다.

프로젝트에서 기술 부채는 어떻게 설명할 수 있나요? 가장 큰 부채는 무엇이며 팀은 어떻게 접근하고 해결하고 있습니까? 부채의 영향을 수치화할 수 있나요?

기술 부채는 다양한 형태로 발생할 수 있습니다. 프로젝트에서 저희가 직면하는 어려움 중 하나는 자주 사용되는 몇몇 과학 라이브러리의 품질에 나타납니다. 이 소프트웨어 제품의 일부는 기능 면에서 최첨단이지만, 보통은 연구 작업 결과가 켜켜이 쌓인 것으로 유지보수성 및 테스트 가능성은 그다지 높지 않습니다. 하지만 **아스트로피(Astropy)**[2] 같은 새로운 세대의 과학 라이브러리는 소프트웨어 품질 면에서도 뛰어나기에 저희의 삶이 더욱 편해지고 있습니다. 저희는 프로덕트에 한계가 있다는 것을 알면서도 이것을 쓰기로 결정하면 품질 기준을 위해서 추가로 해야 하는 리팩터링이나 프로덕트 코드를 다시 작성하는 등 한 개 이상의 작업을 백로그에 넣습니다. 이런 작업은 시스템 내의 다른 일과 마찬가지로 예측을 하고 우선순위를 세우는 자연스러운 프로덕트 수명주기를 따릅니다. 이런 작업을 시스템 속 에픽과 같은 하나의 공간에 모아 놓으면 언제나 부채의 총량을 파악할 수 있고 늘어난다 싶으면 강제로 그것을 해결하는 데 시간을 쓰게 할 수 있습니다.

---

2 https://www.astropy.org

일부 영역의 극한 성능에 대한 연구는 보통 수명이 짧은 최신 기술과 소프트웨어 솔루션을 채택하기 때문에 기술 부채를 증가시킬 수 있습니다. 저희는 소프트웨어 시스템이 망원경의 수명, 즉 최소 50년 동안 유지보수되고 업데이트돼야 한다는 점을 항상 염두에 두고 있습니다. 이는 종종 제품의 성숙도와 즉각적으로 얻을 수 있는 성능 이점을 놓고 절충안을 찾지 않으면 안 된다는 것을 의미합니다. 이런 식의 열린 접근 방식을 유지하고 세트 기반의 설계[3]를 도입하는 것은 가장 수익성 있는 순간에 결정을 내리는 데 매우 중요합니다.

기술 부채가 프로젝트에 어떤 영향을 미쳤는지에 대한 이야기를 들려주세요. 그 영향과 결과는 무엇이었습니까?

첫 번째 프로토타입을 위해 저희는 특정 소프트웨어 라이브러리를 채택했는데, 이것은 망원경으로 포착하는 것과 관련된 천문학 계산을 위한 것이었습니다. 저희는 노출된 인터페이스의 의미론적 측면과 API가 개발자에게 얼마나 깔끔하게 보이는지가 정말 마음에 들었습니다. 불행히도 계산 코어는 잘 작성되었지만 지금은 더 이상 업데이트되지 않는 라이브러리를 기반으로 했습니다. 최종적으로 얻은 결과는 의식적으로 라이브러리를 있는 그대로 채택하면서도, 동시에 동일한 API를 유지하면서 다른 계산 코어로 이식하기 위해 일부 인력을 할당하는 것이었습니다. 이 특정 사례는 천문학적 소프트웨어 개발의 전체 에코시스템을 개선하는 데 기여했기 때문에 저희는 이것이 오픈소스 커뮤니티에 기여하는 한 가지 방법이라고 생각합니다.

프로젝트를 되돌아봤을 때 우선순위 지정, 리팩터링 등 기술 부채 측면에서 더 잘할 수 있었던 것은 무엇입니까?

SKA 프로젝트의 시작 단계에서 배운 주요 교훈 중 하나는 기술 부채를 명시적으로 표현하는 것이 도움이 된다는 것입니다. 저희는 계획 단계에서 꽤 일찍부터 기술 부채를 공식적으로 기록했지만 이를 해결하고 TDD를 장려하고 일상 업무의 일부로 리팩터링을 장려하기까지는 꽤 시간이 걸렸습니다.

---

3 (옮긴이) 세트 기반의 설계(set-based design)는 제품 개발 및 엔지니어링 분야에서 사용되는 접근 방식으로, 초기 설계 단계에서 다양한 가능한 솔루션들을 병렬로 탐구하고, 프로젝트가 진행됨에 따라 점차 최적의 솔루션으로 범위를 좁혀나가는 방식이다.

프로젝트(크든 작든, 혼자든 팀으로든) 작업을 시작하는 사람에게 조언을 해주신다면 어떤 것이 있을까요?

'완료'라는 것의 정의와 개발 프로세스를 명확히 하는 것은 기술 부채를 통제하는 데 있어 핵심적인 부분입니다. 테스트를 우선시하는 실천 방법을 채택하고 코드베이스를 지속해서 리팩터링하는 것은 코드베이스의 높은 품질을 유지하는 훌륭한 기법이 될 수 있습니다. 이는 개발 프로세스 및 정책의 일부로 명시적으로 허용되고 권장돼야 합니다. 정보에 입각해 선택하고 기술 부채를 사전에 측정하려고 노력하십시오. 시스템의 문제는 가능한 한 빠르게 발견할 수 있게 노력하십시오. 기존 기술 부채에 대한 단순히 지식을 가지고 있고, 기술 부채를 받아들이고 있다는 것만으로도 개발 활동 중의 의사 결정 과정에서는 중요한 역할을 할 수 있습니다. 좋지 않은 것을 숨기려 하지 말고 시스템의 기술 부채 규모에 대해 공개하십시오. 이를 처리하는 프로세스가 잘 이해된 상태라면 개발자가 잠재적인 문제를 숨기는 대신 적극적으로 알릴 수 있게 도울 수 있습니다.

인터뷰: 줄리엔 댄쥬

소개

줄리엔 댄쥬(Julien Danjou)는 오픈스택(OpenStack) 및 데비안(Debian)과 같은 대규모 프로젝트에 참여한 경험이 있는 오픈소스 소프트웨어 베테랑이다. 그는 현재 데이터도그(Datadog)에서 스태프 엔지니어로 일하고 있으며 오픈스택을 포함한 여러 오픈소스 프로젝트에 적극적으로 참여하고 있다. 또한 머지파이(Mergify)⁴라는 풀-리퀘스트 서비스를 운영하고 있다. 이 인터뷰에서 그는 레드햇(Red Hat)에서 일할 때의 경험을 이야기한다.

요약 및 주요 통찰

이 인터뷰에서 줄리엔은 자신이 참여했던 프로젝트에서 대부분의 모범 사례를 도입하려고 했음을 보여준다. 그는 프로젝트에서 단위 테스트 및 통합 테스트(6장 참조)가 어떻게 진행됐는지, 제한된 시간 내에 테스트해야 하기에 모든 테스트를 할 수 없어서 찾아야 했던 절충안과 그에 따른 기술 부채를 설명한다. 또한 새 코드를 지속적인 통합 시스템을 사용해서 병합하는 방법도 이야기한다(7장 참조). 오픈스택 프로젝트에서의 대부분의 부채는 오버 엔지니어링된 제품 기능이나 테스트되지 않은 레거시 코드에서 발생했거나, 종종 엔지니어가 팀을 떠나는 사회적 요인으로 인해 발생했다(10장 참조). 줄리엔은 불필요한 코드를 작성하지 않고 제품을 오버 엔지니어링하지 않음으로써 일을 단순하게 유지하는 것의 중요성을 강조한다. 여기서 또 등장하는 것이 이것이다. "단순하게 하라고, 바보야!(Keep it simple, stupid!)"

---

4 https://mergify.io

상세 인터뷰

소프트웨어 엔지니어링에 대한 이력과 경험을 포함한 간략한 자기소개를 부탁드립니다.

제 이름은 줄리엔 댄쥬입니다. 저는 레드햇에서 수석 소프트웨어 엔지니어로 일하고 있고, 지난 20년간 오픈소스 개발을 해 왔습니다. 지난 7년간 저는 가장 큰 파이썬 기반 오픈소스 소프트웨어 프로젝트인 오픈스택에서 주로 작업했습니다. 오픈스택은 IaaS(Infrastructure as a Service)를 제공하는 클라우드 컴퓨팅 플랫폼입니다. 저는 이 프로젝트에서 대부분 원격 측정(telemetry)에 관한 작업을 맡았습니다. 저는 이 에코시스템에서 지표 수집 시스템(metric retrieval system)인 셀로미터(Ceilometer)와 분산 시계열 데이터베이스인 그노키(Gnocchi)를 포함한 여러 프로젝트를 시작했고 이끌었습니다.

프로젝트 내에서 기술 부채를 어떻게 정의하고 또 적용해 왔나요?

제게 기술 부채는 미래의 저를 망가뜨리거나 앞으로 더 나아가는 것을 막는 존재이므로 수정하거나 고쳐야 하는 코드입니다. 시간을 들이고 코드 수정을 해서 코드 업데이트라는 비용을 지불해야 합니다. 오래된 코드는 여러분이 장기적으로 그것에 만족하지 않을 것이라는 점을 느낌에도 불구하고 아무런 조치를 하지 않아 코드베이스에서 썩기 시작하는 순간부터 부채가 됩니다.

기술 부채가 프로젝트에 발생하는 방식은 여러 가지가 있습니다. 일부 내부 변경으로 내부 API에 대해 이전 버전과의 호환성을 유지하는 경우 코드 기반의 다른 부분을 조정해야 할 수 있습니다. 종종 외부 종속성에서 생기는 경우도 있는데, API 변경으로 인해 길을 잃거나 새 라이브러리로 대체될 수 있습니다.

마지막으로, 가장 최악은 제품 기능을 설계하는 단계에서 우리의 미래를 제한할 것을 알면서도 택하는 몇몇 지름길입니다. 물론 거의 발생하지는 않지만 한번 발생하면 상당히 골치 아픈 문제가 될 수 있습니다.

프로젝트에 대해 더 알려주세요. 프로젝트가 무엇에 관한 것인지, 사용자 수는 몇 명인지, 사용자가 개인인지 회사인지, 오픈소스인지 비공개 소스인지, 어떤 특별한 혹은 어려운 요구 사항 등은 없었는지 궁금합니다.

셀로미터는 지표 수집 시스템입니다. 다른 클라우드 컴포넌트에서 데이터를 수집해 오픈소스 분산 시계열 데이터베이스인 그노키에 저장합니다. 이 프로젝트는 오픈소스이기 때문에 사용자가 몇 명인지 정확히 알기는 어렵지만 꽤 많다는 것은 알고 있습니다! 주로 클라우드 인프라를 실행하고 대량의 지표를 저장하는 회사가 사용합니다.

셀로미터는 오픈스택 중심적이지만, 반면 그노키는 독립적으로 설계되었고 대규모 작업이 가능하면서도 배포 및 운영이 쉽습니다. 아키텍처는 시계열 데이터베이스에 꽤 잘 어울리는데, 모든 컴포넌트가 수평적으로 확장될 수 있기 때문입니다.

프로젝트의 역사에 대해 알려주세요. 이 프로젝트는 언제 시작되었나요? 몇 년 전에는, 그리고 지금은 누가 그 유지보수를 담당하고 있나요? 프로젝트는 시간이 지남에 따라 어떻게 설계되고 관리되고 있나요?

셀로미터는 2012년에 시작됐고 초기 몇 년 동안은 개발팀이 많은 작업을 소화했습니다. 출시 초반에 오픈스택이 많은 관심을 얻으면서 이 팀은 처음 세 명의 유지보수 담당자로 출발해 지금은 정기적으로 기여하는 사람만 해도 열 명이 넘는 팀으로 매우 빠르게 성장했습니다. 저희가 직면한 가장 큰 어려움 중 하나는 비정기적으로 프로젝트에 기여하는 사람들이었는데, 오픈소스 프로젝트에서 개발자들은 각자의 목표에 따라 다양한 수준의 영향을 주기 때문입니다. 일부 개발자는 장기적으로 기여하는 반면, 그렇지 않은 다른 개발자는 그저 코드를 요청받은 대로 리포지터리에 던져 넣습니다. 그 차이는 한눈에 들어오지는 않습니다. 하지만 후자는 코드를 유지보수할 가능성이 적기 때문에 기술 부채 측면에서 더 큰 위험성이 있습니다. 지난 몇 년간 오픈스택의 유행은 시들해져서 저희 팀의 규모는 세 명으로 확 줄었습니다. 이것은 저희에게 완전히 새로운 도전이 되었습니다. 다수의 개발자가 개발한 크고 오래된 코드베이스를 이제 세 명이 책임지게 되었기 때문입니다.

이 프로젝트에 사용된 언어에 대해 알려주세요. 어떤 프로그래밍 언어가 사용되고, 어떻게 상호 작용합니까?

저희는 기본적으로 모든 프로젝트와 도구 및 라이브러리에 파이썬을 사용합니다.

시스템은 어떻게 테스트되나요? 단위 테스트나 통합 테스트를 실행하나요? 코드 커버리지는 어떻습니까? 프로젝트가 시작된 이래 무엇이 사용됐으며, 이후 어떤 테스트가 추가되었습니까?

저희는 단위 테스트부터 통합 테스트에 이르기까지 여러 수준의 테스트를 합니다. 단위 테스트는 병합 정책의 일부로서 모든 프로젝트에 필수로 적용됩니다. 검토자는 변경을 승인하기 전에 단위 테스트를 통해 새 코드가 제대로 적용되는지를 확인합니다.

기능 테스트는 더 높은 수준에서 프로젝트를 테스트하는데, 다른 환경 설정 시나리오를 가진 소프트웨어를 배포해서 테스트를 설정합니다. 기능 테스트는 제품 기능이 다양하게 사용되는 상황으로 구분해서 진행하고, 모든 시나리오는 패치가 병합되기 전에 테스트됩니다.

테스트의 가장 마지막은 통합 테스트로, 저희가 유지보수하는 모든 프로젝트가 몇 가지 다른 환경 설정 시나리오에 배포된 상태에서 진행됩니다. 그리고 또 다른 테스트 세트를 실행해 모든 것이 완벽하게 함께 작동하는지, 서로 다른 구성 요소 간의 상호 작용이 중단되지 않았는지 확인합니다. 시나리오는 완전하거나 완벽하지 않기 때문에 테스트 매트릭스가 너무 넓지 않고 적시에 실행될 수 있게 여러 절충안이 있는 것이 사실입니다. 모든 테스트 시나리오는 패치가 아무것도 손상시키지 않게 프로젝트로 전송되는 모든 풀-리퀘스트에 대해 실행됩니다. 그러나 모든 것을 테스트하는 것은 많은 컴퓨팅 시간이 필요로 하기에, 자원도 시간도 무한하지 않은 저희는 테스트하는 시나리오의 수를 제한할 수밖에 없습니다.

프로젝트에서 기술 부채는 어떻게 설명할 수 있나요? 가장 큰 부채는 무엇이며 팀은 어떻게 접근하고 해결하고 있습니까? 부채의 영향을 수치화할 수 있나요?

셀로미터에서 대부분의 기술 부채는 오버 엔지니어링되었거나 테스트되지 않았거나 사용되지 않는 제품 기능에서 발생합니다. 앞서 언급했듯이 지난 몇 년간 다수의 유지보수 담당자가 팀을 떠나면서 코드베이스를 지원하는 부담은 남은 유지보수 담당자가 떠안게 됐습니다. 유지보수 담당자가 특정 제품 기능에 대한 관심이나 지식이 없으면 그 코드는 실질적인 부담이 될 수 있습니다. 따라서 개발 주기의 상당 부분은 이런 기술 부채를 해결하는 데 소요됐습니다. 중요하지 않은 기능은 더 이상 사용되지 않게 됐고, 제거됐습니다. 때로는 코드를 제거하는 것이 부채를 줄이는 가장 쉬운 방법입니다. 반면에 널리 사용되는 제품 기능은 유지보수 담당자에 의해 잘 관리됐고, 발생한 문제들은 해결됐습니다. 개발팀이 기능 제거, 코드 정리, API 업그레이드에 많은 시간을 들이게 되면 새로운 기능을 제공하는 데 큰 영향을 미칩니다. 따라서 항상 타협이 필요하며 우리의 경우 팀 규모가 축소되면서 새로운 코드를 작성하기보다는 기술 부채 해결에 시간을 쏟는 것을 택했습니다. 하지만 기술 부채 해결에만 집중하면 프로젝트가 새로운 기여자의 관심을 받지 못하는 또 다른 문제가 발생할 수 있습니다. 지금은 존재하지 않아도 그런 새로운 기여자가 있어야 프로젝트 유지보수가 가능할 수 있습니다. 어려운 결정이죠.

기술 부채가 프로젝트에 어떤 영향을 미쳤는지에 대한 이야기를 들려주세요. 그 영향과 결과는 무엇이었습니까?

셀로미터 프로젝트가 시작됐을 때 사용자는 많은 제품 기능을 원했습니다. 이로 인해 저희는 전체 아키텍처에 대해 매우 모듈화된 접근 방식을 택했습니다. 하지만 프로젝트가 진행되면서 그러한 기능 중 일부가 거의 사용되지 않으면서도 유지 및 프로젝트 운영 성과에는 도움이 되지 않는다는 것을 깨달았습니다.

여러 출시 주기에 걸쳐 더 이상 사용되지 않는 코드를 단계적으로 제거함으로써 저희는 아키텍처를 덜 복잡하게 만들 수 있었습니다. 이는 여러 긍정적인 영향을 미쳤는데, 코드 풋프린트가 크게 줄면서 코드를 유지보수하기가 더 간단해졌고 데이터 처리 속도도 훨씬 빨라졌습니다.

프로젝트를 되돌아봤을 때 우선순위 지정, 리팩터링 등 기술적 부채 측면에서 더 잘할 수 있었던 것은 무엇입니까?

소프트웨어의 특정한 부분에 대해서는 애초부터 기술 부채가 발생하지 않도록 저희가 좀 더 적극적으로 움직였어야 했다는 생각이 듭니다. 미래에 무엇이 여러분의 발목을 잡을지 미리 아는 것이 말만큼 쉬운 것은 아니지만 때로는 과거의 경험이 좋은 힌트가 되기도 합니다. 기술 부채를 왜 해결해야 하는지에 대해서 알게 된다면 기술 부채를 해결하는 일이 오히려 더 쉽고 재미있을 수 있습니다. 이것은 특히 오픈소스에서 새롭게 프로젝트에 기여하고자 하는 사람들의 훌륭한 진입로가 되기도 합니다. 그 외에는, 더 나은 로드맵이 있었다면 쓸데없는 리팩터링에 시간을 낭비하지 않았을 것 같은 경우가 몇 번 있었습니다. 이 코드가 몇 주 후에 제거될 줄 알았다면 그 코드를 리팩터링하는 데 몇 주를 보내는 선택은 안 했을 테니까요.

프로젝트(크든 작든, 혼자든 팀으로든) 작업을 시작하는 사람에게 조언을 해주신다면 어떤 것이 있을까요?

혼자 일하는 경우라면 현실에 대해 스스로에게 솔직해져야 합니다. 많은 것은 그저 내버려 두면 그대로 썩어갑니다. 여러분은 매우 많은 리팩터링을 해야 하는 첫 번째이자 유일한 사람이 될 텐데, 이것은 실제로 여러분을 세컨드 시스템 증후군[5]에 빠뜨릴 수도 있습니다. 이 증후군은 여러분을 처음부터 다시 시작하고 싶은 유혹에 빠뜨려서 여러분이 지금까지 투자한 대부분을 잃게 할 수 있습니다. 여러분이 팀의 일원인 경우라면, 항상 정해진 사람들만 리팩터링하는 데 시간을 쓰게 해서는 안 됩니다. 코드 품질을 유지하는 것은 모든 사람이 공유하는 문제여야 하기 때문입니다. 제가 같이 일하는 사람 대부분은 굉장히 진솔하고, 그들이 담당하는 부분의 프로젝트를 깔끔한 상태로 유지하는 데 자부심을 느낍니다. 즉, 그들은 자율적이고 정기적으로 부채를 청산합니다. 여러분과 함께 일하는 사람들이 모두 이렇게 행동하는 것을 목표로 삼아야 합니다. 모두가 이렇게 일하지 않으면 두 가지 일이 발생할 수 있습니다. 프로젝트의 부채가 너무 심각해져서 모두가 낙담하고 있는 상태에서 문제를 해결하기 위한 지속적인 자극이 필요해지는 상황이 오거나, 아니면 어떤 이유에서든 팀

---

5 (옮긴이) Second-system Syndrome: 기존 시스템을 부정하고 새로 만들고 싶어하는 상태에 빠지는 증후군

이 프로젝트에 적극적으로 참여하지 않고(지루한가?) 아무 생각 없이 리포지터리에 코드를 던져 넣고 있을 수 있습니다.

코드 풋프린트가 클수록 부채 비율을 낮게 유지하기가 더 어려워집니다. 코드 수정에 압도되지 않기 위한, 장기적으로 효과가 있는 조언은 단 하나입니다. 필요한 것보다 더 많은 코드를 작성하지 마십시오. 여러분 스스로가 그냥 완전히 게으르다고 자가 최면을 걸고, 절대 요구되는 것보다 더 많은 코드를 작성하지 마십시오. 더 많은 코드를 작성하면 할수록 미래에 지게 되는 빚은 더 커집니다. 가능하면 라이브러리를 활용하세요. 외부 제품을 사용한다고 해서 코드에 대한 통제를 잃지 않는 것은 아니지만 라이브러리가 다른 팀의 책임이라면 그들과 이야기할 수 있고, 오픈소스 프로젝트라면 패치를 보내고 유지보수 작업을 공유할 수 있습니다.

인터뷰: 니콜라스 데빌라드

소개

니콜라스 데빌라드(Nicolas Devillard)는 원래 엔지니어였다가 프로덕트 매니저로 커리어를 전환했으며, 총 25년의 경력을 가지고 있다. 니콜라스는 커리어 내내 여러 시스템을 작업해 왔고, 각기 다른 플랫폼에서 실행되는 복잡한 소프트웨어를 만들었다. 이 인터뷰는 그의 전문 분야인 임베디드 디바이스에 초점을 둔다.

요약 및 주요 통찰

니콜라스는 암호화 애플리케이션에서 임베디드 시스템을 개발할 때 맞닥뜨린 어려움을 소개한다. 이 인터뷰는 오랜 시간 동안 소프트웨어를 지원하기 위해서는 처음부터 좋은 설계가 필요하다는 점을 강조한다(3장과 4장 참조). 그렇지 않으면 업스트림 종속성의 변경으로 인해 소프트웨어를 거의 처음부터 다시 만들어야 하는 경우가 생길 수도 있기 때문이다. 예를 들어 그는 암호화 요소에 직접 액세스하는 초기 가정이 지금은 얼마나 효력이 없는지를 이야기한다. 그에 따르면 "프리미티브는 모두 암호화 키 자료를 직접 조작할 수 있다고 가정하지만 이것은 시장에서 가장 안전한 요소들과는 호환되지 않는다". 이 인터뷰 역시 부채를 미리 계획하고 관리하고 제품의 새 버전에 레거시 코드를 유지하지 않아야 하는 필요성을 강조한다. 이것은 기술 부채가 해커들에 의해 얼마든지 악용될 수 있는 암호화 분야에서는 너무나도 **뼈**아픈 사실이다.

상세 인터뷰

소프트웨어 엔지니어링에 대한 이력과 경험을 포함한 간략한 자기소개를 부탁드립니다.

제 이름은 니콜라스 데빌라드입니다. 저는 파리에서 전자공학을 공부하고, 신호처리를 전공했습니다. 지난 25년간 저는 실시간 영상 처리, 천문학 데이터 처리, 암호화, 공개키 인프라 및 모바일 보안과 같은 프로젝트에서 소프트웨어 엔지니어로 일했습니다. 최근 10년간은 인터넷 보안과 관련된 프로젝트 및 제품의 프로덕트 매니저로 일하고 있습니다.

프로젝트 내에서 기술 부채를 어떻게 정의하고 또 적용해 왔나요?

소프트웨어는 진공 상태에서 만들어지지 않습니다. 어떤 난해한 코드라도 하드웨어, 사용자, 대용량 저장소, 네트워크 등과 무조건 상호 작용해야 합니다. 물론 소프트웨어가 하는 일에만 집중하고 외부 세계와의 상호 작용은 다른 부분에 아웃소싱할 수 있습니다. 운영체제는 하드웨어와의 상호 작용을 처리하고 라이브러리는 GUI, 파일 파싱 등을 처리하죠.

하지만 본인이 직접 작성하지 않은 소프트웨어와 상호 작용할 때마다 매번 인터페이스, 버전 번호 및 이에 대한 프로그램 등을 선택해야 합니다. 이런 식의 접점은 모두 기술 부채가 만들어지는 곳이 됩니다.

이런 부채의 가장 분명한 예는 그래픽 사용자 인터페이스입니다. 제가 처음 소프트웨어 엔지니어로서 커리어를 시작했을 때 선택할 수 있었던 그래픽 사용자 인터페이스에는 여러 후보가 있었습니다. 윈도우는 3.1, 애플은 시스템 7, 썬OS는 X11 기반의 썬뷰(SunView)나 오픈윈도우(OpenWindow), 그 외 다른 유닉스(Unix) 기반 시스템은 나중에 Motif 라이브러리를 기반으로 한 CDE(Common Desktop Environment)와 함께 제공됐습니다. 그중 하나를 선택하는 것은 몇 년 후에 그때까지 했던 모든 것을 버리고 처음부터 다시 작성하는 것을 의미합니다.

코드 재작성을 허락하는 회사에 있을 만큼 운이 좋다면 소프트웨어를 GUI와 GUI 변경을 견뎌내는 내부 엔진이라는 두 부분으로 분리할 것입니다. 불행히도 당시 대부분의 SDK는

GUI용 스켈레톤 앱을 생성하는 데 도움이 되었지만, 생성된 함수 내부에 애플리케이션 코드를 작성해야 했기 때문에 그 코드는 해당 GUI에 매우 단단히 묶였습니다.

저는 여러 회사가 이것을 방지하기 위해 엔지니어에게 비공개 계층 아래에 GUI 계층을 캡슐화하도록 요청하는 것을 봤습니다. 물론 이것은 생각대로 되지 않죠. GUI 라이브러리는 단지 함수의 세트일 뿐만 아니라 플랫폼과 언어에 따라 크게 달라지는 설계 원칙과 함께 제공되기 때문에 독점 계층을 매우 빠르게 유지보수하는 것은 불가능합니다.

1990년대 중반 그 당시 저희가 찾아낸 해결책은 사용자 인터페이스를 Tcl/Tk로 전환하는 것이었습니다. 결과는 아름답지는 않았지만, 적어도 동일한 모양과 느낌으로 모든 곳에서 동일하게 작동했습니다. 하지만 그 후 Tcl/Tk에서 호환성 문제가 발생했고, 저희는 하나의 특정 버전을 골라 그걸로 끝까지 가야만 했습니다. 기술 부채는 줄어들었지만 여전히 존재한다는 것은 변하지 않았습니다.

프로젝트가 성숙해지면서 발생하는 또 다른 종류의 기술 부채가 있습니다. 애초부터 필요 없었기 때문에 조잡한 상태로 남아있는 설계들입니다. 나중에 돌아왔을 때 이 부분이 생각했던 것보다 훨씬 더 복잡하게 제품의 나머지에 영향을 끼치고, 그로 인해 대규모 재설계를 유발한다는 사실을 알게 됩니다.

제품이 미래에 진화할 수 있게 여지를 남겨두면서 소프트웨어를 설계하는 것과 쓸모없는 추상화 계층을 너무 많이 추가하는 등 코드를 오버 엔지니어링함으로써 초기 목표를 완전히 놓치는 것 사이에서 균형을 찾기란 쉽지 않습니다.

한 가지 예를 들자면 여러분이 많은 양의 데이터를 저장해야 하고 DB 엔진에 대한 연결을 결정해야 한다고 해봅시다. 여러분은 DB 엔진이 요즘 유행처럼 자주 바뀐다는 것을 알고 있고 아마도 미래의 어느 시점에서 변경하게 될 것입니다. 따라서 여러분은 해당 엔진에 특화된 것은 포함하지 않으려고 할 것입니다. 하지만 한편으로는, 애초에 이 엔진을 선택하는 이유인 이 엔진만의 독특한 강점을 활용하지 않는 것도 뭔가를 놓치는 기분이 들 것입니다. 이 부분에 대한 좋은 해결책은 없습니다. 이런 독특한 강점을 사용할 때마다 지금 이 순간의 효율성은 올라가겠지만 몇 년 후 이 엔진을 마이그레이션하게 되는 누군가가 해결하게 될 기술 부채를 발생시킨다는 것은 알아야 합니다.

프로젝트에 대해 더 알려주세요. 프로젝트가 무엇에 관한 것인지, 사용자 수는 몇 명인지, 사용자가 개인인지 회사인지, 오픈소스인지 비공개 소스인지, 어떤 특별한 혹은 어려운 요구 사항 등은 없었는지 궁금합니다.

지금 제가 하고 있는 프로젝트는 작은 디바이스들에 TLS 연결을 제공하는 임베디드 C 라이브러리입니다. 이 프로젝트는 오픈소스이며 거의 모든 아키텍처와 OS에서 작동합니다. 깃허브에서 라이선스를 지불하지 않고도 상용 프로젝트에서 사용할 수 있습니다.

프로젝트의 역사에 대해 알려주세요. 이 프로젝트는 언제 시작되었나요? 몇 년 전에는, 그리고 지금은 누가 그 유지보수를 담당하고 있나요? 프로젝트는 시간이 지남에 따라 어떻게 설계되고 관리되고 있나요?

이 소프트웨어는 처음에 상용 SSL 라이브러리를 제공하는 작은 회사에서 구입했는데 나중에 모든 사람이 사용하고 기여할 수 있게 허용된 라이선스로 오픈소스화해서 깃허브에 올렸습니다. 현재 제 팀은 주로 영국 케임브리지에 있고, 프랑스, 폴란드, 이스라엘에서 엔지니어들의 도움을 받고 있습니다.

프로젝트는 두 명의 유지보수 담당자에서 시작해 여러 어려움을 겪긴 했지만 완전한 팀을 가질 만큼 성장했습니다. 최근 1년간 저희는 암호화 하드웨어 지원에 대한 어려움을 이겨내고 네트워크 계층을 단순화하기 위해 전체 스택의 주요 재설계를 하고 있습니다. 새 버전은 모든 API를 중단할 뿐만 아니라 모든 임베디드 장치에서 좀 더 일반적인 암호화를 지원하기 위한 기반도 제공해야 합니다.

이 프로젝트에 사용된 언어에 대해 알려주세요. 어떤 프로그래밍 언어가 사용되고, 어떻게 상호 작용합니까?

사용하는 언어는 모두 C 언어이고, 라이브러리를 빌드하기 위한 기이한 Makefile과 파이썬 스크립트도 있습니다. 기본 OS와의 상호 작용은 포팅을 돕기 위해 상당히 제한되고 추상화돼 있습니다.

시스템은 어떻게 테스트되나요? 단위 테스트나 통합 테스트를 실행하나요? 코드 커버리지는 어떻습니까? 프로젝트가 시작된 이래 무엇이 사용됐으며, 이후 어떤 테스트가 추가되었습니까?

모든 암호화 프리미티브는 표준 테스트 벡터와 다른 테스트 벡터를 사용해서 테스트합니다. 물론 다른 TLS 스택과의 호환성도 테스트합니다. 저희에게 가장 중요한 것은 라이브러리가 작은 Cortex-M 마이크로컨트롤러에서 빌드되고 사용될 수 있는 것인데, 이 마이크로컨트롤러는 실생활의 작은 스마트 디바이스에서 주로 쓰입니다. 저희는 마이크로컨트롤러 보드 팜에 액세스할 수 있으며 어디에서나 라이브러리가 동일한 방식으로 실행되는지 테스트할 수 있습니다.

프로젝트에서 기술 부채는 어떻게 설명할 수 있나요? 가장 큰 부채는 무엇이며 팀은 어떻게 접근하고 해결하고 있습니까? 부채의 영향을 수치화할 수 있나요?

저희가 가진 가장 큰 부채는 레거시 API에 대한 지원입니다. 지난 수년간 사용자들은 이 API에 의존해 왔으며 이 시점에서 무언가를 변경하는 것은 기존 소프트웨어의 많은 부분을 망가뜨릴 수 있습니다.

이 소프트웨어는 원래 외부 세계에 대한 SSL/TLS 연결을 처리하는 작은 임베드형 라이브러리로 설계됐습니다. 이런 연결은 암호화 프리미티브에 크게 의존하기 때문에 저희는 AES, DES, RSA 및 오로지 이 라이브러리를 위해 개발된 타원 곡선 같은 알고리즘들을 가지고 있습니다. 하지만 대부분의 라이브러리 사용자가 관심을 보인 것은 TLS 기능 자체보다는 암호화 프리미티브였습니다. 우리가 받는 대부분의 피드백은 프리미티브를 더욱 강력하고 더 작고 더 빠르게 하는 것과 관련돼 있으며, 이는 자주 하드웨어 지원을 필요로 합니다. 불행히도 레거시 라이브러리는 이를 위해 설계되지 않았습니다. 프리미티브는 암호화 키 자료를 직접 조작할 수 있다고 가정하지만, 이는 시장에서 가장 안전한 요소들과는 호환되지 않습니다.

따라서 저희는 암호 이면의 전체 모델을 다시 생각해야 했습니다. 개발자는 암호 키를 직접 처리하는 대신 핸들로 키를 참조하고, 라이브러리를 암호 서비스를 제공하는 블랙박스로 사용하는 것을 생각해 냈습니다. 키를 사용할 수는 있지만 직접 볼 수는 없는 것입니다. 이것은 실수할 수 있는 여지를 많이 줄여 주며, 스마트카드 같은 보안 요소를 지원하는 또 다른 가능성도 만들어줍니다. 이는 또한 저희가 분할된 환경에서 작업할 수 있게 해 주는데, 예를 들면 Cortex-A에서의 TrustZone과 Cortex-M에서의 앞의 TrustZone과 같은 것들 말입니다. 분할된 하나의 환경은 표준 펌웨어를 보유하고 다른 하나의 환경은 암호화 키를 보유해서 연산을 통해서만 액세스할 수 있습니다. 예를 들면 디바이스 비밀키로 바이트에 서명하면 결과를 보여준다거나 해당 바이트를 복호화하면 일반 텍스트를 보내지만 키는 알려주지 않는 것입니다.

기술 부채가 프로젝트에 어떤 영향을 미쳤는지에 대한 이야기를 들려주세요. 그 영향과 결과는 무엇이었습니까?

레거시 코드는 암호화 키가 C 구조체의 일부로서 이동한다고 가정합니다. 재설계된 버전은 호출자가 키 핸들을 식별하고 수행할 연산을 요청하도록 합니다. 이것은 키 보호를 위한 추상화 계층을 추가합니다. 이는 보안에는 좋지만 코드 크기와 속도 면에서는 치러야 할 대가가 있습니다. 항상 실제 암호화 작업에서 몇 번의 함수 호출이 있고, 어떤 경우에는 이것이 작은 마이크로컨트롤러에 들어갈 수 있는 것 이상으로 라이브러리 크기를 키우기 때문입니다.

저희가 바라는 건 암호화 하드웨어를 사용하기 쉽게 만들어 모든 동등한 소프트웨어 암호화 프리미티브를 컴파일하고 하드웨어 드라이버에 대한 호출로 대체해 전체 공간을 줄이는 것입니다.

이 결과는 양자택일이 아닙니다. 저희는 더 안전한 라이브러리를 갖게 됐는데, 이는 실제로 저희가 애초부터 TLS와 같은 프로토콜을 임베딩한 이유였습니다. 다만 코드 크기 및 리소스 사용 측면에서 요구 사항이 증가했고, 또한 많은 소프트웨어를 망가뜨렸습니다. 물론 고객이 업그레이드할 충분한 시간을 가질 수 있도록 몇 년간 지속적으로 레거시 버전을 지원하는 방법으로 완화하긴 했지만 말입니다.

아무것도 하지 않는 것은 선택지에 없었습니다. 레거시 코드에 대응하기 위한 몇 가지 성공적인 학문적 및 실무적인 조치를 알고 있었습니다. 최신 리엔지니어링이 없었다면 벽에 부딪혔을 것이고 라이브러리는 그저 패치하기에는 너무 비싼 보안 허점이 있는 소프트웨어 정도로 끝났을 것입니다.

기존 소프트웨어를 재구현하는 것은 생각보다 훨씬 더 많은 작업을 필요로 합니다. 레거시 기술의 벽에 부딪힌 소프트웨어 엔지니어는 어쩌면 "이 36개의 클래스를 통해서 구현하려는 기능은 고 언어가 이미 기본적으로 제공하는 거잖아. 버그도 셀 수 없이 많고, 난 모든 세부 사항을 이해하지도 못하겠어. 고 언어로 전환하는 즉시 이 모든 문제가 사라질 거야."라고 생각할 수 있습니다.

하지만 이 레거시 기술이 전 세계 약 200명의 고객에 의해 사용되고 있다는 사실을 잊지 말아야 합니다. 당신이 고객에게 멋지고 새로운 고 언어 버전을 가져가도 그들은 "이게 나에게 어떤 도움이 되지?"라고 되물을 것입니다. 만약 새 버전이 기존과 동일한 기능을 제공한다면 고객은 업그레이드할 이유가 없을 것이고, 결국 제거하고자 하는 레거시 버전과 새로운 버그가 있는 새 버전을 모두 유지보수해야 하는 상황에 놓이게 될 것입니다.

이전 회사에서 저희는 네 개의 레거시 제품을 하나로 대체할 계획이었으나, 결국 남은 것은 레거시 버전과 새로운 제품, 4+1이었습니다. 부채라는 놈은 꽤 끈질겨서, 반짝이는 새 도구로 대체되기 전까지는 오랜 기간 남아 있을 수 있습니다. 은행 업계가 여전히 코볼 소프트웨어에 의존하는 데는 이유가 있습니다.

프로젝트를 되돌아봤을 때 우선순위 지정, 리팩터링 등 기술 부채 측면에서 더 잘할 수 있었던 것은 무엇입니까?

처음에는 라이브러리를 다이렉트 키 액세스에서 키 스토어 모드로 리팩터링하는 데 3~6개월 정도 걸릴 것이라고 생각했습니다. 하지만 그로부터 18개월이 지난 지금, 이 작업은 아직도 끝나지 않았어요. 저희는 리엔지니어링된 버전과 레거시 버전을 같이 효과적으로 유지보수하고는 있지만, 리엔지니어링된 버전은 팀에 큰 부담을 주고 모든 것을 느리게 합니다. 엔지니어를 늘리려고 시도는 했지만 마법 같은 일은 일어나지 않아요. 새 엔지니어는 기존 팀으로부터 훈련을 받아야 하므로 프로젝트에 한동안 시간을 들일 수 없게 됩니다.

장기적으로 보면 레거시 버전과 새 버전을 몇 년 동안 동시에 유지보수하는 것이 어렵다는 걸 알고 있습니다. 제가 과거로 돌아가서 바꿀 수 있는 한 가지가 있다면, 저희 관리자가 프로젝트를 위해 애초부터 더 많은 사람을 고용하도록 동기를 부여하는 것입니다. 저는 이 교체에 필요한 작업량을 분명히 과소평가했습니다.

프로젝트(크든 작든, 혼자든 팀으로든) 작업을 시작하는 사람에게 조언을 해주신다면 어떤 것이 있을까요?

제가 배운 가장 큰 교훈은 첫 번째 시도에서 완벽한 결과를 얻을 수는 없다는 것입니다. ≪맨먼스 미신≫(인사이트, 2015)이라는 책에서 프레더릭 브룩스는 "첫 번째 버전은 버리고 갈 거예요. 어차피 그렇게 될 것이기 때문이죠."라고 말했습니다. 그 단계를 넘기는 가장 좋은 방법은 프로젝트에 집중할 수 있게 해주는 언어로 만들어진 프로토타입으로 시작하는 것입니다. 저는 일반적으로 파이썬이나 고 언어로 프로토타입을 만들어서 상황을 파악하고, 배운 것을 가지고 다른 언어로 다시 시작합니다. 파이썬으로 작성한 코드 몇 페이지는 쉽게 버릴 수 있지만 몇 날 며칠 집중해서 작성한 소중한 C++ 클래스와 C 함수를 삭제하는 것은 어려울 것입니다. 모델을 구현하는 데 모든 에너지와 창의성을 사용하기 전에 모델이 작동하는지 확인하십시오.

저는 처음부터 C++로 작업하면서 코드와 클래스로 산을 쌓았음에도 전체 모델이 작동하지 않는 것을 나중에야 깨닫고 마는 엔지니어를 무수히 보았습니다. 그들은 작성한 것을 포기하지 못하고 어떻게든 모델을 변경해서 사용자의 필요를 오히려 그들이 프로그래밍한 것에 맞추려고 했습니다. 그것은 확실하게 아무도 사용하고 싶지 않은 소프트웨어를 만들어냅니다. 결국 마케팅 부서에서는 시장이 준비되지 않은 것이라고 시장을 비난하고 여러분은 참담한 결과에 대한 좋은 변명거리를 얻습니다. 하지만 현실적으로 여러분이 출시하려고 그렇게 애썼던 첫 번째 버전은 원래 쓰레기통으로 갔어야 하는 연습용 버전이었습니다.

제가 프로젝트가 건강한지 어떤지를 판단하는 데 사용하는 한 가지 기준은 커피 타임에 엔지니어들이 어떤 토론을 하는지 듣는 것입니다. 사용 중인 도구에 대해 끝없이 논쟁하고 있는지, 아니면 구축 중인 제품에 대해 이야기하고 있는지입니다. 점심시간과 커피 타임에 고객 요구를 만족시키기보다 C++ 템플릿 또는 컴파일러 옵션을 둘러싼 열띤 싸움에 전념하는 모습을 보면, 저는 이 팀이 이미 프로젝트가 달성하고자 하는 목표가 무엇인지 잊어버렸다는 것을 확신하게 됩니다.

인터뷰: 바딤 미크네비치

소개

바딤 미크네비치(Vadim Mikhnevych)는 소프트서브의 소프트웨어 엔지니어이자 기술 리드다. 그는 2005년부터 통신 및 의료 프로젝트에서 자바를 주로 사용해서 작업해 왔다. 소프트웨어 개발 분야에서 16년 이상의 경험을 가진 그는 기술 부채에 대해 충분한 경험을 가지고 있다.

요약 및 주요 통찰

이 인터뷰는 4장에서 다룬 시스템의 소프트웨어 아키텍처가 프로젝트의 중심이며, 성능 문제가 발생하면 개발자는 성능 목표를 달성하기 위해 애플리케이션을 리팩터링할 수밖에 없는 상황에 놓인다는 것을 강조한다. 이런 문제는 테스트 부족(여기서는 성능 테스트 부족)으로 더 악화되는데, 이런 테스트 부족은 6장에서 논의한 바와 같이 테스트 부채를 관리할 필요성을 강화한다. 또한 바딤은 글로벌한 소프트웨어를 개발할 때 따르는 팀 관리 및 사회적 부채에 관련된 어려움이 10장에서 논의한 것처럼 어떻게 제품 품질에 영향을 주는지 보여준다.

상세 인터뷰

소프트웨어 엔지니어링에 대한 이력과 경험을 포함한 간략한 자기소개를 부탁드립니다.

저는 바딤 미크네비치로 기술 리드입니다. 2005년부터 자바를 써 왔으며 소프트서브에서 지난 6년 동안 통신 및 의료 프로젝트를 주로 담당했습니다.

프로젝트 내에서 기술 부채를 어떻게 정의하고 또 적용해 왔나요?

일부 기술 부채는 처리되지 않은 채로 남아 있습니다. 제품 기능을 제공하는 데 직접적인 결과를 가져오지 않기 때문이죠. 따라서 우선순위가 더 높은 다른 작업이 먼저 진행됩니다.

프로젝트에 대해 더 알려주세요. 프로젝트가 무엇에 관한 것인지, 사용자 수는 몇 명인지, 사용자가 개인인지 회사인지, 오픈소스인지 비공개 소스인지, 어떤 특별한 혹은 어려운 요구 사항 등은 없었는지 궁금합니다.

이 프로젝트는 환자 정보를 다루는 EHR(Electronic Health Records) 애플리케이션입니다. 비공개 소스로, 사용자는 회사 기반으로(이 시스템을 사용하는 각 고객사에 고유한 사용자가 존재하는 다중 테넌트 애플리케이션) 정확한 사용자 수는 알려져 있지 않습니다. 가장 까다로운 요구 사항은 역시 바뀌는 요구 사항입니다.

프로젝트의 역사에 대해 알려주세요. 이 프로젝트는 언제 시작되었나요? 몇 년 전에는, 그리고 지금은 누가 그 유지보수를 담당하고 있나요? 프로젝트는 시간이 지남에 따라 어떻게 설계되고 관리되고 있나요?

이 프로젝트는 약 3년 전에 시작됐고 제가 참여하기 시작한 것은 백엔드 기술 리드가 그만둔 시점이었습니다. 저는 소프트서브에서 현재 이 프로젝트에 가장 오랫동안 몸담고 있는 사람입니다. 원래 팀의 팀원이 한 명, 두 명 떠났고 새로운 사람들이 왔습니다. 그 이후로 프로젝트가 확장되어 현재 소프트서브뿐만 아니라 미국, 루마니아 및 기타 EU 국가의 고객 팀에서도 개발이 진행되고 있습니다. 대부분의 아키텍처 및 관리는 고객 측에서 하고 있지만 결정의 제안이나 논의는 모든 팀의 기술 리더급의 사람들이 대표로 참여하는 정기적인 아키텍처 회의에서 일어납니다.

이 프로젝트에 사용된 언어에 대해 알려주세요. 어떤 프로그래밍 언어가 사용되고, 어떻게 상호 작용합니까?

자바 백엔드는 REST 서비스를 통해 JS/Angular 프런트엔드와 상호 작용합니다. audit과 같이 Node.js에 작성된 몇 가지 추가 서버사이드 컴포넌트는 HTTP를 통해 통신합니다.

시스템은 어떻게 테스트되나요? 단위 테스트나 통합 테스트를 실행하나요? 코드 커버리지는 어떻습니까? 프로젝트가 시작된 이래 무엇이 사용됐으며, 이후 어떤 테스트가 추가되었습니까?

언급된 모든 종류의 테스트가 존재했습니다. 코드 커버리지는 처음에는 매우 낮았지만 최근에 개선됐습니다.

프로젝트에서 기술 부채는 어떻게 설명할 수 있나요? 가장 큰 부채는 무엇이며 팀은 어떻게 접근하고 해결하고 있습니까? 부채의 영향을 수치화할 수 있나요?

가장 눈에 띄는 부채는 유지보수 및 성능 측면에 있습니다. 리팩터링이 필요한 몇 가지 성능 문제가 있었는데, 이 문제는 일상적인 테스트 및 개발에 영향을 미치지만 작업 우선순위가 높지 않습니다. 저희는 성능 테스트도 충분히 하고 있지 않습니다. 유지보수성과 관련해서는 어느 정도의 중복된 코드와 보일러플레이트 코드가 있긴 하지만 크게 영향을 미치지는 않고 때때로 팀에서 "보이 스카우트 규칙(캠핑장을 떠날 때는 왔을 때보다 깨끗하게 치우고 가라 – NE)"에 따라 해결합니다.

기술 부채가 프로젝트에 어떤 영향을 미쳤는지에 대한 이야기를 들려주세요. 그 영향과 결과는 무엇이었습니까?

최근 성능에 주의를 기울이지 못해 달팽이만큼 느린 속도의 데모와 고객 담당자가 다소 짜증을 내는 상황이 발생했습니다. 이를 계기로 이런 식의 문제의 해결 우선순위가 높아졌는데, 이것은 바람직하다고 봅니다.

프로젝트를 되돌아봤을 때 우선순위 지정, 리팩터링 등 기술 부채 측면에서 더 잘할 수 있었던 것은 무엇입니까?

개발 시간의 약 25%를 리팩터링 및 기술 부채 관리를 포함한 비기능적 요구 사항에 사용할 것입니다.

프로젝트(크든 작든, 혼자든 팀으로든) 작업을 시작하는 사람에게 조언을 해주신다면 어떤 것이 있을까요?

비기능적 요구 사항의 우선순위를 너무 뒤로 미루지는 마십시오.

인터뷰: 앤드리 샤포카

소개

앤드리 샤포카(Andriy Shapochka)는 23년 경력의 베테랑 소프트웨어 엔지니어다. 그는 소프트서브 내의 명망 있는 아키텍트로 다양한 언어, 운영체제, 소프트웨어 영역에서 일해 왔고, 현재는 자바, 파이썬 및 자바스크립트로 작업하는 소프트서브 내부 및 클라이언트 프로젝트에 컨설팅 전문 지식을 제공하고 있다.

요약 및 주요 통찰

이 인터뷰는 인기 있는 비즈니스 개발 언어의 기술 부채와 앤드리가 데이터 분석을 위해 사용해 온 소나큐브(SonarQube) 같은 도구에 대해 이야기한다. 인터뷰에서 앤드리는 기술 부채는 실제로 재무적 비용을 발생시키지만 이해관계자는 여전히 그 결과를 잘못 이해하고 있으며 여전히 개선에 투자하는 것을 꺼린다고 명확하게 표현한다(11장 참조). 이 인터뷰도 기술 부채를 관리하기 위해서는 끊임없는 노력이 필요하고 이자를 합리적인 수준으로 유지하기 위해서는 프로젝트의 총 엔지니어링 리소스의 15%~20%가 필요함을 재확인해 준다. 앤드리는 4장에서 논의한 것처럼 장기적인 기술 부채를 피하기 위해서는 초반에 아키텍처의 기반을 구축할 때 신경 써서 잘하는 것이 필수적이라고 굳게 믿고 있다.

상세 인터뷰

소프트웨어 엔지니어링에 대한 이력과 경험을 포함한 간략한 자기소개를 부탁드립니다.

앤드리 샤포카라고 합니다. 소프트서브 내의 이름 있는 아키텍트로 새로운 소프트웨어 시스템 설계 및 기존 시스템 평가를 포함해 소프트웨어 엔지니어링 및 아키텍처 전반에 걸친 23년의 경험을 가지고 있습니다.

프로젝트 내에서 기술 부채를 어떻게 정의하고 또 적용해 왔나요?

간단히 말해서 기술 부채는 일반적으로 단기적으로는 제품 기능 구현 및 제공 속도를 높이지만, 장기적으로는 팀 개발 속도와 품질에 부정적인 영향을 끼치는 결정을 내리거나, 혹은 내리지 않음으로써 늘어납니다(프로젝트 이슈를 만들어내 프로젝트 진행 속도를 저하시킴).

프로젝트에 대해 더 알려주세요. 프로젝트가 무엇에 관한 것인지, 사용자 수는 몇 명인지, 사용자가 개인인지 회사인지, 오픈소스인지 비공개 소스인지, 어떤 특별한 혹은 어려운 요구 사항 등은 없었는지 궁금합니다.

아키텍트로서 저는 보통 장기 프로젝트는 하지 않습니다. 대신 다른 팀들(소프트서브 또는 타사)에서 진행하는 프로젝트에 대한 평가를 포함한 컨설팅을 하고 있습니다. 이런 프로젝트는 모두 비공개 소스인데, 제가 다루는 대부분의 프로젝트는 수십만에서 수백만 라인에 이르는 대규모 코드베이스를 가지고 있습니다. 이런 코드베이스는 종종 복잡하고 난해하며 썩은 코드의 징후를 명백히 보이는 오버 엔지니어링입니다.

프로젝트의 역사에 대해 알려주세요. 이 프로젝트는 언제 시작되었나요? 몇 년 전에는, 그리고 지금은 누가 그 유지보수를 담당하고 있나요? 프로젝트는 시간이 지남에 따라 어떻게 설계되고 관리되고 있나요?

두 가지 일반적인 경우가 있습니다. 하나는 처음부터 하나의 조직이 프로젝트를 유지보수하면서 팀을 성장시키고 구성원을 교체해 나가는 것입니다. 또 하나는 초기 프로젝트 구현은 다른 회사에서 이뤄지지만, 그 회사의 프로젝트가 인수되면서 인수한 회사가 코드베이스를 유지보수 및 발전시켜 나가는 것입니다. 대부분의 경우 기존 아키텍처에 대한 지식은 없어지거나, 아니면 실제 구현된 것에 맞지 않은 상태입니다. 이런 프로젝트는 최소 몇 년에 걸쳐 진행됩니다.

이 프로젝트에 사용된 언어에 대해 알려주세요. 어떤 프로그래밍 언어가 사용되고, 어떻게 상호 작용합니까?

저는 주로 자바, 파이썬, 자바스크립트 스택으로 작업합니다. 프런트엔드는 일반적으로 자바스크립트로 구현하고 REST API를 통해 해당 스택 중 하나로 코딩된 백엔드와 통합합니다.

시스템은 어떻게 테스트되나요? 단위 테스트나 통합 테스트를 실행하나요? 코드 커버리지는 어떻습니까? 프로젝트가 시작된 이래 무엇이 사용됐으며, 이후 어떤 테스트가 추가되었습니까?

일반적으로 단위 테스트, 통합 테스트, 부하 테스트를 어느 정도까지는 구현할 수 있습니다. 하지만 프로젝트 후원자는 구현된 시스템의 기능에 직접 더해지지 않는 테스트에 리소스를 쓰는 것을 꺼리고, 의사 결정자는 이를 이해하지 못합니다. 따라서 종종 테스트 자체가 부족하거나, 최신 상태가 아니거나, 혹은 비즈니스 로직, 복잡한 시나리오, 극한의 부하를 적절하게 테스트하기에는 너무 단순해서 큰 가치를 제공하지 못하기도 합니다.

프로젝트에서 기술 부채는 어떻게 설명할 수 있나요? 가장 큰 부채는 무엇이며 팀은 어떻게 접근하고 해결하고 있습니까? 부채의 영향을 수치화할 수 있나요?

대부분의 팀은 소나큐브 분석을 통해 기술 부채를 발견하고 수치화합니다. 하지만 그들은 소나큐브가 발견한 문제를 해결하는 것이 반드시 필수적인 부채 제거에 기여하지 않는다는 것을 나중에 깨닫고는 하죠. 프로젝트에서 실제 부채를 일으키는 가장 큰 프로젝트 이슈는 많은 경우에 도구나 문서를 통해서는 잡아낼 수 없습니다. 기술 부채를 수치화할 수 있는 가장 유용한 방법은 상대적 변경 비용을 확인하는 것입니다. 상대적 변경 비용이라는 것은 시스템의 특정 부분을 발전시켜 새로운 요구 사항, 변화하는 요구 사항, 연기된 요구 사항(기능적 또는 비기능적)을 지원하게 하는 데 필요한 비용입니다. 여기서 '상대적'이라는 의미는 실제 코드를 변경하는 데 필요한 비용과 코드를 변경하는 데 필요할 것 같은 비용(코드에 식별된 기술 부채가 없다는 전제하에)의 비교를 나타냅니다.

기술 부채가 프로젝트에 어떤 영향을 미쳤는지에 대한 이야기를 들려주세요. 그 영향과 결과는 무엇이었습니까?

기술 부채로 인한 가장 빈번한 영향은 프로젝트 발전 비용의 급격한 증가와 팀 개발 속도의 저하가 결합되는 것입니다. 또한 기술 부채는 코드베이스에 존재하는 결함의 수에 영향을 미치며 결함의 문제 해결과 제거를 방해합니다. 부수적으로는 사람들, 특히 시니어 레벨의 엔지니어들이 기술 부채가 많은 프로젝트에 참여하기를 꺼리게 된다는 점이 있습니다.

프로젝트를 되돌아봤을 때 우선순위 지정, 리팩터링 등 기술 부채 측면에서 더 잘할 수 있었던 것은 무엇입니까?

여기에서 실현 가능한 한 가지 접근 방식은 개발 시간의 일정 비율(15% 또는 20%)을 정해서 기술 부채(기술 부채 분석, 우선순위 지정, 점진적인 리팩터링 등)를 해결하는 것입니다. 또한 제품 버전을 공개적으로 출시하기 전에 회귀 및 안정화 일정을 잡는 것도 도움이 됩니다. 우리는 이자가 하늘 높이 쌓이기 전에 부채를 갚기 위해 항상 노력해야 합니다…

프로젝트(크든 작든, 혼자든 팀으로든) 작업을 시작하는 사람에게 조언을 해주신다면 어떤 것이 있을까요?

쓰고 버리는 프로토타입이 아닌 이상, 제품 기능뿐만 아니라 다양한 측면의 기반 기능들까지 갖춘 상태로 시작하기를 권합니다. 여기에는 적절한 인증 및 권한 부여에 대한 지원, 로깅, 데이터베이스와 기타 데이터 소스 및 메시지 큐와의 효율적인 통합, 적절한 API의 정의, 수평적 확장성 지원, 프레임워크 및 라이브러리를 위한 확실한 선택 등이 포함됩니다. 이렇게 하면 프로젝트가 올바른 노선에서 시작되어 처음부터 많은 유형의 기술 부채(특히 아키텍처)를 피하는 데 도움이 됩니다.

찾아보기